辽宁经济法前沿(2013)

辽宁省法学会经济法学研究会 编

东北财经大学出版社
Dongbei University of Finance & Economics Press
大连

图书在版编目（CIP）数据

辽宁经济法前沿（2013）/辽宁省法学会经济法学研究会编．—大连：东北财经大学出版社，2013.12
ISBN 978-7-5654-1381-0

Ⅰ．辽… Ⅱ．辽… Ⅲ．经济法-研究-辽宁省-2013
Ⅳ．D927.310.229.04

中国版本图书馆 CIP 数据核字（2013）第 288449 号

东北财经大学出版社出版
（大连市黑石礁尖山街 217 号 邮政编码 116025）
教学支持：（0411）84710309
营 销 部：（0411）84710711
总 编 室：（0411）84710523
网 址：http：//www.dufep.cn
读者信箱：dufep @ dufe.edu.cn

大连永盛印业有限公司印刷 东北财经大学出版社发行

幅面尺寸：148mm×210mm 字数：348 千字 印张：12 7/8 插页：1
2013 年 12 月第 1 版 2013 年 12 月第 1 次印刷

责任编辑：时 博 王纪新 王 斌 宋雪凌 韩敌非 责任校对：刘咏宁
封面设计：张智波 版式设计：钟福建

ISBN 978-7-5654-1381-0
定价：40.00 元

在研究会会长座谈会上的讲话

（代序）

国长青①

同志们：

今天，省法学会在这里召开研究会会长会议。这次会议的主题，一是研究如何充分发挥研究会的作用，进一步提升研究会在组织、推动、引领法学研究方面的能力，使研究会真正成为法学研究的主阵地和主力军；二是征求各研究会对省法学会党的群众路线教育实践活动的意见和建议。刚才听了大家的汇报，总体上我感到我们研究会还是做了大量工作的，能够紧紧围绕本学科、本领域的重点问题开展学术研究、法学交流和法制宣传，为活跃和推进法学研究和我省的法制实践作出了应有的贡献。

在肯定研究会工作的同时，我们也必须清醒地看到存在的问题：一是研究会的发展还很不平衡。目前我们18个研究会，可以分为三大类：第一类是工作搞得有声有色、很有成效的，学术成果很突出，每年年会、小型研讨会、专题报告会、法律宣传等项活动灵活多样、卓有成效的；第二类是以常规性工作为主、工作缺乏新意、较为平淡的；第三类就是工作无声无息、基本处于停滞状态的。二是研究会的工作还很不规范。省法学会每年对研究会都有具体的考核办法，主要是通过表彰鼓励先进，带动落后，推动整个研究会的发展。但是日常工作中，研究会对省法学会布置的工作、对自身开展的各项活动没有做到及时上报、沟通情况，即使有的上报了工作，但是对工作开展后取得的成果缺乏总结，没有形成有针对性的法制建议，供领导参考。今年年初要求各研究会把贯彻落实省法学会常务理事会情况予以上报，仅有少数研究会上报了情况。而且，随着我国法治进程的推进，

① 辽宁省法学会党组书记、常务副会长。

当社会上出现一些法治热点问题时，我们研究会的各位专家的声音还很薄弱，很少能听到我们的专家学者通过微博等各种媒介站出来，从法律的角度对某一问题进行正面的解读和引导，这实际上是研究会的一项很重要的工作。三是研究成果应用转化工作还很薄弱。目前多数研究会，开完年会、开完研讨会，就万事大吉了，既没有很好地对研究成果进行提炼、总结、归纳，也没有及时形成年会、研讨会的会议综述、纪要和法治建议，而且也没有及时向法学会反馈情况，实际上，这等于我们只做了一小半的工作，而忽视了最关键的环节。省法学会很重视研究会工作，把各研究会作为省法学会大家庭中最重要的一分子，所以也希望在座的各位会长重视研究会工作，做好研究会工作。

下面，就研究会的建设问题，我再强调两点意见。

一、找准定位，明确职责，锐意进取，焕发激情

研究会的职能定位问题，以前我曾强调过，今天在会长会上我再重申一下。研究会作为省法学会推动法学研究的主阵地和骨干力量，作为省法学会组织体系的重要支撑，其主要有六方面的重要职责：对研究会理事进行社会主义法制理念教育、为国家和本区域法制建设实践服务、参与培养和推荐优秀法学成果和人才、开展国际和地区间的法学交流与合作、开展法制宣传、反映法学法律工作者的意见和建议。

法学会是党领导下的人民团体、群众团体、学术团体和政法战线的重要组成部分，研究会的职能是基于法学会的性质、地位而决定的。最近，素芝会长对省市法学会的工作又提出了新的目标和明确的要求，即法学会工作要努力实现“四化”：法学研究、法制宣传、参与立法、课题研究等项工作要坚持做到系列化、精品化、品牌化、成果化。这不仅是今后一个时期做好法学会工作总的指导思想，也是做好研究会工作必须遵循的总的指导原则，希望各研究会认真贯彻这一要求，进一步明确职责，锐意进取，满怀激情地做好研究会工作，切实承担起引领和繁荣法学研究，培养和造就高素质法学研究队伍的重要职能。

二、切实增强研究会的活力和影响力

（一）研究会要把开展法学研究、形成良好的学术氛围，作为研究会发展的第一要务。“带好队伍、出好成果”是研究会的两大任务。完成好这两大任务的根本前提就是要集中力量开展法学研究、形成研究会良好的学术氛围，这一点至关重要。研究会的核心工作是直接组织、推动和繁荣法学研究。目前，在学术界，包括在我们的研究会里，不注重脚踏实地地研究学问、不注重孜孜以求地搞科学研究的现象还时有发生，搞花架子、抄袭之风还存在着。因此，研究会要倡导实事求是、扎实严谨的研究风气，维护学术公正，坚持学术道德，倡导学术自由。坚持“百花齐放，百家争鸣”方针，在学术问题上要鼓励和倡导不同观点、不同学派、不同风格之间的自由争鸣和切磋。通过论坛、沙龙、学术交流、研讨会等发表见解。特别是大力发扬理论联系实际的优良传统和良好学风，树立“以问题为中心”的研究导向，立足基本国情、省情、法制建设的实情，关注社会现实，把握时代脉搏，真正使我们的研究成果能用、管用，更好地服务于中国特色社会主义法治国家建设。同时，要组织协调不同学科和专业的研究会，探索建立跨部门、跨学科的综合应用型法学研究机制，协同进行课题攻关，更有效地为党和政府的决策提供参考。

（二）研究会要把做好研究成果应用转化工作，作为研究会寻求突破的关键环节。法学研究成果应用转化工作是衡量研究会工作的一个重要的标志，是衡量组织引导、引领法学研究的一个重要指标，也是研究会是否“有为”的一个具体体现。所以，我们要从思想上给予高度重视。一是研究会在确定年会、课题研究的主题和内容时，就要考虑这个问题，选题要重实效、接地气。二是要建立研究成果应用转化机制，加强研究成果的收集、提炼、发布、推广、应用、反馈系统建设。这个成果，既可以是我们年会研究的成果，也可以是专家学者和实务部门同志日常形成的优秀研究成果。按照省法学会的要求，每年每个研究会都要至少形成一篇以上有价值的法治建议，这是个硬杠杠，否则，就不具备评优的资格。各研究会作为学术团体，要集中精力把学术研究和学术交流组织好，力争多出成果、出好成果，为法学、法律工作者搭建良好的研究平台。

（三）研究会要把加强自身建设，作为做好研究会工作的前提基础。重点是抓好研究会的组织机构、制度和人才队伍建设。为做好这些工作，第一，研究会的会长要认真履行会长职责，充分发挥会长作用。事实表明，研究会工作搞得好不好，各项活动能否顺利进行，有价值的研究成果能否不断涌现，会长起着关键作用。作为会长，要有攻坚克难的精神，有高度的政治责任心和社会责任感，实实在在地履行自己的职责，不能只挂名不管事。工作再忙也要经常抽时间思考研究会的工作，广开思路、多想办法，着力搞好自身建设，努力带好研究会。要掌握本研究会资深专家、学科带头人情况，建立起分梯次的中青年学者和资深专家队伍，带出一支在全国都可以叫得响的优秀研究会。第二，要进一步加强组织建设，建立健全研究会组织规程、活动规则、管理机制、运行机制，依《辽宁省法学会研究会管理办法》和各研究会的活动规则开展活动。第三，研究会要坚持及时向省法学会汇报工作开展情况。要按照省法学会年度工作要求，逐项对照做好工作，并及时做好上情下达、下情上达工作。对于不能按要求完成年度工作或不能按时召开年会或学术研讨会的，要上报说明情况和理由，对于连续3年不开展学术活动，长期处于瘫痪状态的研究会，也要考虑予以撤销。第四，研究会按照“看好自己的门，管好自己的人”的原则，带好队伍。严把入口、疏通出口，建立入会审查制度和离会制度，对连续2年无故不参加研究会活动的，实行自动离会，对于违反党纪政纪受到处分的或给省法学会造成严重影响的，应及时终止其理事资格，以确保法学研究队伍的良性循环。

同志们，法学会的工作搞得如何，很大程度上取决于研究会工作开展得如何，研究会工作开展得如何，很大程度上取决于在座的各位。所以，我衷心地希望研究会的各位同志切实担负起工作职责，以饱满的热情、认真负责的态度卓有成效地做好研究会的工作。

2013年9月6日

目　　录

上篇　环境与资源保护法律制度研究

下篇　经济法及其他法律制度研究

上篇
环境与资源保护法律制度研究

汽车尾气排放大气污染诉讼初探
——以日本道路公害诉讼判例为考察对象

王爱群
（大连大学法学院 116622）

摘 要 近来，全国许多城市的“PM2.5”指数严重超标，雾霾笼罩着城市，给人的健康和大气的环境带来深远的影响，也引发了各国对中国环境污染问题的极度关注，引起雾霾的原因诸多，其中汽车尾气排放是主要原因之一，由于汽车尾气排放造成大气污染从而使得人身、财产受到损害的事件屡见不鲜，然而因此提出损害赔偿的却罕有听闻。本文针对大气污染诉讼的特点，结合日本汽车尾气排放大气污染损害赔偿的相关判例和理论的探讨，提出我国汽车尾气排放大气污染损害赔偿的可行性。

关键词 环境污染 大气污染 损害赔偿 汽车尾气 PM2.5

一、引言

近来，以北京为首的全国许多城市的“PM2.5”指数超标，雾霾笼罩着城市，严重影响了人们的健康和生存环境，也引发国内外对中国环境污染问题的极度关注。造成雾霾的主要原因之一就是汽车尾气排放，由于汽车尾气排放造成大气污染从而使得人身、财产受到损害的事件显而易见，但因此提出损害赔偿的却从未听闻，而一些发达国家，汽车尾气污染引起的诉讼却早已屡见不鲜，诸如美国的“环保先锋”起诉汽车制造商破坏环境案、日本东京大气污染诉讼案等。

随着我国经济的高速发展，汽车保有量逐年上升，据2013年国家统计局公布的《2012年国民经济和社会发展统计公报》显示，中国2012年末全国民用汽车保有量达12 089万辆，比上年末增长14.3%。私人汽车保有量增长依然显著，去年中国私人汽车保有量达到9 309万辆，增长18.3%。民用轿车保有量5 989万辆，增长20.7%，其中私人轿车保有量5 308万辆，增长22.8%。[①] 我国汽车保有量正在以不可控制的速度急速增长，有学者预测，中国汽车保有量在2020年和2030年将分别达到2.5亿~2.9亿辆和4亿~5.2亿辆[②]。可见，未来我国由于汽车尾气排放引起的环境污染会更加严重，因此，研究汽车尾气排放环境污染诉讼问题也势在必行。多年来，日本公害诉讼及相关理论积累了丰富的经验，这些经验值得我国借鉴。本文拟通过对日本汽车尾气排放大气污染诉讼的判例及特点，思考我国汽车尾气排放环境损害赔偿的可行性。

二、日本六大汽车尾气排放大气污染诉讼及影响

在日本，因人为的原因对环境进行破坏和污染，造成人身和财产的损害被称为“公害”[③]，因此汽车尾气排放造成大气污染叫做“道路公害”。从20世纪70年代到90年代，日本发生了多起因道路公害引起的诉讼。本文选取了六起有代表性并且具有全国影响力的道路公害诉讼判例，通过这些判例了解汽车尾气排放大气污染的特点。

（一）国道43号诉讼（1976—1995年）

1. 案情概要

131名原告（每一住户派一名代表）起诉了国家和阪神高速公路

① 中华人民共和国国家统计局．2012年国民经济和社会发展统计公报[DB/OL]．http：//www. stats. gov. cn/tjgb/ndtjgb/qgndtjgb/t20130221_ 402874525. htm，2013-5-20.

② 郝瀚，王贺武，欧阳明高．中国乘用车与商用车保有量预测［J］．清华大学学报（自然科学版），2011（6）：52.

③ 原田尚彦．环境法［M］．东京：弘文堂，1994：4.

公团，向其提起噪音、废气排放的损害赔偿和停止侵害的诉讼请求。最高法院判令政府和阪神高速公团赔偿道路两边的居民的健康损失①。最终，1998 年 3 月，达成了 2.3 亿日元的和解。

2. 影响

该诉讼的长期斗争发起了全国性的反对道路公害住民运动。虽然法院最终没有认定汽车尾气和健康受害之间的因果关系，但由于认定了国家和道路管理者对道路两侧居民负有生活妨害的责任，对道路行政产生了重大的影响。

（二）西淀川公害诉讼（1978—1995 年）

1. 案情概要

519 名原告提起的工场煤烟和汽车尾气排放引起都市复合型大气污染的损害赔偿案。大阪地方法院判决国家承担大气污染的赔偿责任②。1998 年 7 月，原告与国家以 39.9 亿日元告以和解。

2. 影响

西淀川公害诉讼是日本大气污染诉讼中原告人数最多的全国性诉讼。其最大特点是同时追究了工场排烟和道路的汽车尾气排放的公害责任，即提出了“都市型复合性污染”的诉讼，受到社会各界的关注。日本的共同侵权行为、责任论、因果关系论等因此上升了一个新高度。

（三）川崎大气污染诉讼（1982—1998 年）

1. 案情概要

401 名原告将国家和首都高速公路公团诉至法院，提出了损害赔偿和停止排放污染物质的诉讼请求。法院认定了被告的损害赔偿责任③，1999 年 5 月，原告与被告达成了 31 亿日元的和解。

---

① 日本最高法院 1996.7.7 判决，民事判例集 49.7.1870.

② 大阪地方法院平 4.3.29 判决，判例时报 1383.

③ 横滨地方法院 10.8.5 判决，判例时报 1658.

2. 影响

该案判决之后，当地提出了被害的救济、公害的杜绝和环境的再生三个方针，在川崎提出环境再生城市建设的策略。当地对于哮喘病患者的医疗费的救济不局限于公害健康被害补偿法的指定地区的受害者，使得“全市全年龄段”得到救济。

（四）尼崎大气污染诉讼（1988—2000年）

1. 案情概要

1988年到1996年，在兵库县尼崎地区居住的公害患者、死者家属作为原告将国家、阪神高速公路公团、电力、钢铁等9家作为被告，提出了损害赔偿和停止侵害的诉讼请求。1999年2月，被告企业方以24.2亿日元的赔偿金达成了和解，2000年1月，神户地方法院判令国家、高速公路公团对道路沿线50米内居住的原告做出赔偿，国家承担211 838 400日元，高速公路公团承担12 102 610日元的连带责任，并且判令在原告居住地不得排放超出限量的浮游粒子物质[①]。该判决被认为是具有划时代意义的判决，在社会上引起了巨大的反响。

2. 影响

该判决结果一出，次日，日本建设省、环境厅、通产省、运输省、警察厅的领导小组召开了“五省厅联合会议”，2月4日，东京都知事强调对柴油车尾气排放的取缔对策，从2003年起，所有的柴油车都有义务配备柴油尾气微粒子去除装置（DPF）。5月10日，大阪府知事、京都府知事、兵库县知事、大阪市长、神户市长六人联名向国家、石油联盟、日本汽车工业会提出了推进柴油车对策的希望书。可见，该判决对各级政府带来了很大的影响，日本也开始了根除道路公害的行动。

① 神户地方法院2000.1.31判决.

（五）名古屋南部大气污染诉讼（1989—2001年）

1. 案情概要

263名原告因汽车尾气排放和工场煤烟排放影响健康为由，向国家和10家企业提起了损害赔偿、停止侵害之诉。2001年8月，原、被告达成了15.2亿日元的和解①。

2. 影响

该案重大意义是法院判决汽车尾气引起的大气污染和公害病之间具有因果关系，并且支持了原告停止侵害的诉讼请求。前文中尼崎诉讼判决是日本法院第一次对道路的污染做出停止侵害判决。这里需要说明的是，如果只是单纯的损害赔偿而不去做停止侵害判决的话，污染是杜绝不了的。正是这两起诉讼的判决，使得这种司法判断被确定下来，体现了人的生命健康比道路的公共性重要的原则。此外，判决还指出了国家负有长年没有设置汽车尾气排放测定系统的不作为责任和长期排出大气污染源的企业责任，并且继四日市诉讼判决以来，再一次对于三氧化硫和健康被害之间的因果关系进行了确认。

（六）东京大气污染诉讼（1996—2006年）

1. 案情概要

1960年开始，东京为汽车尾气排放造成大气污染而困扰。随着交通网络的完善日益增加的汽车给城市带来了严重的污染。汽车大量排出的尾气含有浮游粒子状物质和一氧化二氮等有害物质。因汽车废气排放造成哮喘等呼吸器官疾病的人不断增加。1996年5月，527名哮喘病患者将负有道路的管理责任和废气排放规制责任的国家、东京都、首都高速道路公团以及7家汽车制造和销售的汽车制造销售商（丰田、日产、三菱、日野、马自达、五十铃）告上了法庭。东京地裁的判决支持了不属于公害认定中救济的患者的损

① 名古屋地方法院2000.11.27判决.

害赔偿，但没有认定汽车商的责任和停止侵害的诉讼请求①。原、被告上诉后，该案于2007年8月达成了和解，和解的结果是汽车生产商支付33亿日元、国家承担60亿日元、首都高速道路有限公司支付5亿日元给东京都。

2. 影响

确立了汽车尾气排放与大气污染之间的因果关系，认定了造成该原因的责任主体为汽车制造商，该诉讼拉开了损害赔偿和救济制度的新篇章。至今为止的大气污染诉讼都是基于《公害健康被害补偿法》认定的患者才能成为原告，东京大气污染诉讼的原告是《公害健康被害补偿法》中没有认定的哮喘、慢性支气管炎、肺气肿病的患者。此外，2008年8月形成了东京都内全部哮喘病患者的医疗费全部免费的制度。还设定了PM2.5的环境标准以及国家和东京都承诺要进行一系列的道路公害对策。直到现在"东京地区的道路交通环境改善联络会"、"东京医疗费补助制度联络会"仍然持续着公害地区的相关活动。

三、汽车尾气排放大气污染诉讼的特点

通过上述判例，可以看出汽车尾气排放大气污染公害及其诉讼具有不同于其他环境污染诉讼的特点。

（一）汽车尾气排放大气污染诉讼主体的不确定性

1. 原告

从上述判例可以看出，汽车尾气排放大气污染诉讼的原告主要是道路两旁居住的居民，并且有距离的限定，如尼崎诉讼中，原告确定为道路两侧50米内住户。事实上，公害诉讼的受害人具有不确定性，并且人数众多。如果通过诉讼的途径解决的话，不可能覆盖受害的全部区域中的受害人；而且由于受害者人数太多，也造成难以得到全部

① 东京地方法院2002.10.20判决，判例时报1116.

赔偿的结果。

2. 被告

由于城市的人口密度大，都市公害具有相互性，没有重点源，是由无数的小规模排出源产生出来的①。上述判例中的被告有：国家、高速公路公团、汽车制造商和排污的工场。其中，除了都市复合型环境污染外，主要承担赔偿责任的是国家和汽车制造商。

日本的民事责任承担方式主要以金钱赔偿为核心，除了极少数情况外，很少支持停止侵害的诉讼请求。因此，在前文的判例中，支持停止侵害诉讼请求的也占少数。另外，从审判结果看，原被告以和解解决的居多。

（二）汽车尾气排放大气污染损害的特殊性

1. 汽车尾气排放的危害

（1）对空气的危害

由于汽油、柴油燃烧不充分，排放出的尾气中含有大量直径等于或小于 2.5 微米的细微颗粒物（简称 PM2.5）。由于这些细粒子很容易随着呼吸进入人体肺部，又被称为入肺颗粒物。其中，有 30%～50%元素碳（碳黑）和有机碳，这些细粒子长期飘浮在空气中，使空气变得浑浊，对阳光有散射作用，使空气能见度下降。有机碳中大部分为挥发性有机化合物，在紫外线照射下，产生氧化反应，变成醛、酮类化合物，还会生成过氧乙酰硝酸酯和臭氧等氧化物，是形成光化学烟雾的主要条件。

（2）对人体的危害

光化学烟雾容易刺激人的眼睛和喉头，导致咳嗽、哮喘等疾病。汽油和柴油在燃烧过程中还产生半挥发性多环芳烃化合物等强致癌物质。细粒子还富集了铅、砷、钒等重金属氧化物。在儿童铅中毒的主要因素中，汽车尾气位居榜首。这些病症和损害都具有潜伏性和长期性和不容易被发现等特点。

---

① 冷罗生. 日本公害诉讼理论与案例评析［M］. 北京：商务印书馆，2005.

2. 损害的潜伏性和长期性

损害的潜伏性和长期性包括道路公害在内的环境污染。即使能够认定环境污染是人身损害的原因，也很难判断谁是加害者。而且加害行为是长期积累后才发生损害，汽车尾气排放的发生源头本身是不特定的、不稳定的，因此在举证上存在很多困难。日本公害诉讼中一些原告从提起诉讼到判决、和解历时大多为10年以上，甚至有一些受害人在诉讼过程中死亡。

（三）汽车尾气排放大气污染因果关系的特殊性

针对这样的特征，环境污染诉讼采取举证责任倒置、因果关系推定和无过错责任。

道路管理人、汽车制造销售商与汽车尾气排放和健康被害的因果关系是否存在是向其提出损害赔偿的依据。对于每个受害人来说，证明每个因果关系的手段是采用疫学因果关系的方法去证明。即采取医学上“疫病学”的方法进行证明，推断侵权行为和被害之间的因果关系。[①] 在东京大气污染等上述三个判决中，均是采取疫学的方法初步认定了在四倍以上发病率的地区居住的原告发病与汽车尾气具有总体因果关系，再推定每个原告的病患和汽车尾气排放具有个体因果关系。由于原告支气管哮喘的发病原因是汽车尾气排放引起的可能性在75%以上，因此推定原告发病和汽车尾气排放之间的因果关系存在高度盖然性。

但是疫学因果关系认定使得哮喘的发病率不到四倍的地区居住的原告不能认定具有总体因果关系，因此个体因果关系也得不到认定。例如，在调查地区非道路两旁污染地段居住的哮喘患者中，有50%是由于汽车尾气排放造成的，但是却没有得到任何法律救济。即使是被认定发病原因是汽车尾气排放引起的可能性在75%以上的居民，也不能得到全部的赔偿。

---

① 平井宜雄．债权各论［M］．东京：弘文堂，1992：89.

（四）汽车尾气排放大气污染对策的综合性

在日本，每一次大规模诉讼后会带来一些政策性改善。可以说每一项立法和政策的出台背后，都以一些纠纷和诉讼为背景，几十年来，日本出台了一系列和汽车尾气大气污染有关的法律和政策。当然，为了保护环境，不仅仅只是针对道路污染而进行，而是需要综合性的对策①。1967 年 8 月，制定了公害对策基本法；1968 年 6 月，制定了大气污染防治法；1972 年 1 月，制定了关于浮游粒子状物质环境的标准；1973 年 1 月，公告了汽车尾气排放的允许限度；1992 年 7 月，关于汽车 NO_X 总量削减特别措施法开始施行；1993 年 7 月，公布了环境基本法；2000 年 9 月，修改了噪音环境标准；2000 年 10 月，公布了关于推定全球暖化对策等相关法律及规定；2001 年 7 月，修改了汽车 NO_X 法；2002 年 7 月，关于报废汽车再生资源化的法律；2005 年，京都协议书生效。

日本的民事责任承担方式主要以金钱赔偿为核心，除了极少数情况外，很少支持停止侵害的诉讼请求。因此，在前文的判例中，支持停止侵害诉讼请求的也占少数，最终原被告以和解解决的居多。因此，日本除了通过司法制度，还通过行政手段对于环境污染受害人给予补偿，确立了一系列的公害应急措施和简便的救济制度。

四、结语

通过上述判例及其特点分析可以看出，被害人因汽车尾气排放大气污染提起诉讼是具有可行性和参考性的。我国也应对汽车尾气排放引起的大气污染的诉讼持肯定态度。可将该类案件的诉讼主体确定为汽车制造商和道路管理部门，参考因果关系推定的理论认定汽车尾气排放和健康、财产受损之间的因果关系，使企业的社会责任具体化，

---

① 盐野宏．行政法［M］．东京：有斐阁，2006：358.

最终也能通过诉讼推进立法和政策的出台，从立法和政策层面上重视环境保护，从而使得环境能够切实得到保护，实现与经济利益相比较，更加重视人的生命、健康和尊严的理念。

环境犯罪立法理念的重构

孙非亚

（东北财经大学法学院　116025）

摘　要　我国 1997 年在《中华人民共和国刑法》中采用专节的形式集中规定“破坏环境资源保护罪”以来，至 2011 年通过的《中华人民共和国刑法修正案（八）》都对环境犯罪作了很多调整，扩大了我国法律环境保护的范围，具有积极意义。但随着经济的发展，新的环境问题又随之出现，我国现行刑法在打击环境犯罪时显得有些乏力。对此笔者通过对环境犯罪在立法理念上的剖析，以期环境犯罪在实体法和程序法上得以重构。

关键词　环境犯罪　环境犯罪法益　疫学因果关系　相对严格责任

环境是人类生存的基本条件，然而我国当今社会对环境的污染与破坏却愈来愈严重，相应的环境犯罪也愈演愈烈，这不能不说与我国刑法不能有效地预防和减少环境犯罪有一定的关系。虽然我国 1997 年在《中华人民共和国刑法》中就采用专节的形式集中规定了“破坏环境资源保护罪”，并且在 2001 年 8 月通过的《中华人民共和国刑法修正案（二）》、2002 年 12 月通过的《中华人民共和国刑法修正案（四）》、2009 年通过的《中华人民共和国刑法修正案（七）》、2011 年通过的《中华人民共和国刑法修正案（八）》中都对环境犯罪作了很多调整，扩大了我国法律环境保护的范围，在立法上具有积极意义。但随着经济的发展，新的环境问题又随之出现，我国现行刑法在打击环境犯罪时显得有些乏力。因此，笔者试图对环境犯罪在立法理念上存在的问题进行剖析，期望能对以后的立法有所裨益。

一、环境犯罪的概念与特征

（一）环境犯罪的概念

随着经济的发展，环境犯罪行为的不断出现，国内外学者对环境犯罪概念的研究不断升温。但从对国内外学者各种观点中可以看到，对环境犯罪概念的界定比较复杂。然而，笔者认为对环境犯罪概念的界定应把握以下两点：

第一，环境犯罪是一类罪，包含范围较广，不仅包含污染环境的犯罪还包含破坏环境的犯罪，还涉及我国现行刑法没有规定但危害程度已经达到定罪标准的其他危害环境的行为。所以，在界定环境犯罪的概念时应考虑该概念能否适用于所有的环境犯罪类型，应当从环境犯罪的整体特征去把握，而不是仅限于特定的几个罪名。

第二，应把环境从传统的法律思维模式中"解放"出来，作为独立的个体予以法律保护。因为环境已不再是人类生存的附属品而是作为依附品存在，没有良好的环境，谈何人类生存和发展？

基于上述分析，笔者认为，环境犯罪的概念可表述如下：自然人或非自然人主体违反环境保护法规，故意或过失或无过失污染或破坏环境，造成或足以造成环境污染或环境破坏，应受刑罚处罚的行为。

（二）环境犯罪的特征

环境犯罪具有不同于其他普通犯罪的诸多特性。正是这些特性，对传统刑法理念造成了冲击，只有对其进行更新和发展，才能建立起与之相适应的崭新的刑法理论。

1. 环境犯罪产生的后果不特定

环境犯罪行为主要表现在对环境的污染与破坏，其污染或破坏的程度如何难以确定，因为环境自身有其自净能力和再生能力，但就目前来说环境的自净能力和再生能力是难以估测的，如果超出自净能力和再生能力的范围，则环境也许永难恢复原貌；且事物都有一定的关联性，对环境的污染与破坏也会影响到周边环境，这种扩散性的后果也是难以想象的。即使在环境的自净和再生能力范围内，环境的恢复也需要一定的时期，且这个过程是相当缓慢的。

2. 环境犯罪认定上的复杂性

环境犯罪涉及面广，在认定上也较为复杂。首先，认定环境犯罪需要运用现代科技搜集大量资料，由于现代技术有限，很多环境犯罪的资料难以搜集。其次，对污染或破坏环境没有十分精准的标准。再次，在实践中，地方保护主义，部门保护主义的现象普遍存在。且环境危害后果具有一定的潜伏期，短时间内很难察觉，由于时差上的原因，很多环境犯罪造成的严重后果往往不了了之。

3. 环境犯罪具有行政附随性

这种行政附随性主要体现在以下几方面：其一，环境犯罪的成立要求对环境产生一定的危害，而危害的标准及鉴定则依据环境保护行政部门制定的相关标准，如《中华人民共和国环境保护法》（以下简称《环境保护法》）第九条规定“国务院环境保护主管部门制定国家环境质量标准”。第十条规定“国务院环境保护主管部门根据国家环境质量标准和国家经济、技术条件，制定国家污染物排放标准”。其二，地方环境保护主管部门在对环境犯罪危害程度的认定上即使有不合理之处，司法机关也不能强加干涉，而只能由其上级主管部门监督管理。如我国《环境保护法》第七条规定“环境保护行政主管部门对全国环境保护工作实施统一监督管理”。由此可以看出，环境犯罪的成立与否及定罪量刑的标准在很大程度上依赖环境保护行政主管部门的各项制度。所以，环境犯罪具有很强的行政附随性。

4. 社会对环境犯罪行为容忍度较高

首先，很多环境犯罪现象都是在经济利益的诱使下发生的。经济的发展决定着一个地方的生活水平，生活水平低下，当地政府则会受到社会的责难，反之，则受到社会的颂扬。所以，每个阶层的政府的首要责任就是加速当地经济发展。这种情况下很容易出现地方保护主义，有了政府的保护伞，很多企业在发展经济的同时无视对环境的污染和破坏。而社会关注的直接利益又是经济发展带来的生活水平的提高，加之人们对环境犯罪产生的危害认识不够，所以，有些地区的人们对污染或破坏环境的行为处于默然的态度，认为污染或破坏环境是在所难免的，即使构成犯罪也是可以理解的。其次，环境犯罪首先危害的是环境而不像其他犯罪危害的是人类的直接利益（如人身、财产等），其严重后果需要很长时间才能显现，为了当前利益，人们往往不考虑很长时间才会出现的“后顾之忧”。

二、环境犯罪法益的重构

（一）环境犯罪法益的概念

法益是指由法律所确认和保护的利益。作为刑法所保护而为犯罪行为所侵害的利益称为刑法法益。所谓环境犯罪法益是指为刑法所保护的，被犯罪行为所侵犯的，通过环境要素和其结合来体现的环境利益。这种利益是对人们具有重要意义的公共环境利益，即会对人们的生产和生活、对社会的存在和发展产生重大现实影响，并且是必不可少的利益。如维护地球生命不断延续所必需的一定数量和质量的水体、土地、大气、动植物资源等，这些环境利益是人们生存的必要前提。其他的环境利益，如非重大的环境公共利益依靠民事或行政手段即可达到保护的目的，因此不属于本文探讨的环境法益。①

（二）关于环境犯罪法益内容的不同看法

关于环境犯罪法益的具体内容主要有三种看法：第一，环境犯罪的法益是人身和财产法益，只是因为环境犯罪在客观方面表现为以环境为媒介，故将其作为一类犯罪独立出来；第二，环境犯罪的法益就是环境法益本身，无需与人身或财产法益相关；第三，环境犯罪的法

① 杜万平．论环境刑法的法益［D］．武汉：武汉大学，2002，19.

益既包括人身、财产法益也包括环境法益。少数发达国家持第二种观点，经济落后地区或国家大多持第一种观点，剩下的大部分国家持第三种观点，但各自的存在侧重点不同。至于环境犯罪的法益究竟是什么，应结合相关因素和我国的具体情况而决定。刑法以刑罚的强制力作为后盾，刑罚的严厉性必然要求动用的审慎，即刑法应具备谦抑性，应合理界定罪与非罪的界限，不能任意入罪，只有在运用民事和行政制裁仍不足以制止时方能动用。倘若环境犯罪的法益范围过宽将导致过度犯罪化，使人们在进行经济活动时束手束脚，影响经济发展，损害公民的权利；相反而言，如环境犯罪的法益范围过窄又不利于保护生态环境和公共利益，达不到环境刑事立法的目的。

（三）环境犯罪法益内容的重构

将何种程度的违法行为上升为环境犯罪，取决于立法者对环境法益的选择和与其他相关法益的衡量，并决定于社会经济发展的状况和公众的认识水平。为此，笔者认为需要考虑的因素主要有：

第一，环境现状。环境现状是确立环境刑事政策的重要依据。我国目前的环境污染情况十分严峻。总体来说，除了个别环节的情况有所改善外，城市和农村的环境破坏和污染的压力愈来愈大，生态环境严重破坏和污染的事故也越来越多，因此有必要加大处罚力度和范围。

第二，经济发展水平。首先，经济发展水平决定着解决环境问题的能力大小。如果经济实力雄厚，有足够的资金作后盾，解决环境问题的能力自然强。如果经济水平落后，不可能有充足的资金用来治理环境，更重要的在于落后国家无暇关注环境，因为他们大部分精力都放在国家经济建设和提高人民的生活水平上了。其次，经济发展水平不同的地区人们对环境质量的要求不同。一般而言，经济发达地区的人们对环境质量要求高，相应政府和企业承担的环境压力也更大，环境违法行为受到追究的几率大。也正是因为如此，西方发达国家的环境刑事法网比较严密。这些年我国的经济水平有了很大的提高，但是相对发达国家来说还有很大的差距，现阶段我国首要的任务依然是经济建设，正是因为如此，很多既得利益者包括企业家和某些地方政府以经济为挡箭牌放任环境污染。另外现实中还存在不少由于经济实力差，为了赚钱而破坏生态的现象，例如，挖掘发菜、甘草卖钱，据说，一斤发菜要以破坏20亩草地为代价，一斤甘草会令10亩草场变为沙丘。① 这些因素决定了我国在加大治理环境犯罪力度时要注意节奏，应综合采取多项措施来提高环保水平。

第三，公众的环境意识水平。公众的环境意识水平决定了人们对环境犯罪行为的认识程度，如果刑法脱离公众的环境意识水平随意将行为定罪，只会遭到公众的反对和抵制。所谓环境意识就是人们在认知环境和了解环保规则的基础上，根据自己的基本价值观念而产生的参与环境保护的自觉性，它最终体现在有利于环境保护的行为上。目前我国大多数人对于环境问题的客观状况缺乏清醒的认识。调查显示，人们对我国环境现状缺乏了解，自觉保护环境的意识差，相反那种认为“我国地大物博，资源取之不尽，用之不竭”的观念在不少人心中根深蒂固，人们为了追求既得的、眼前的、局部的利益而不惜破坏资源、牺牲环境。因此我国环境刑法的规定必须考虑公众的心理承受能力，合理选择环境犯罪的法益，同时应加强环境保护的教育。

第四，环境执法状况。当前，我国在环境执法方面存在普遍不力的情况。某些地方政府及其领导狭隘地从发展本地经济的角度出发，没有坚持“环境、经济与社会的协调和持续发展”的环境法基本原则，而是走上了“重开发，轻保护”、“先污染，后治理”的传统发展的道路，在进行经济发展规划时不考虑可能造成的环境影响，个别地方政府和部门甚至知法犯法，作出明显违反环境法律规范的经济发展决策，对于辖区内的“税收大户”，只见他们缴纳的税款，对其破坏环境的行为视而不见，更有甚者公然包庇。基于此种情况必须扩大惩处的范围，对相关的执法人员工作不力或放纵环境犯罪的行为应依法定罪，加大处罚力度。

综上所述，由于我国的环境状况令人堪忧，为了实现可持续发

---

① 陈异慧．缺失与重构：生态环境刑法保护的伦理反思［J］．河南师范大学学报2011（7）：7.

展，必须加大环境犯罪的惩治力度和扩大环境保护范围，但考虑到我国的经济发展水平和公众的环境意识水平，必须把握合理的节奏，而不能随意入罪，因此笔者认为环境犯罪的法益应既包括人身、财产法益也包括环境法益。这就要求在关注对人身、财产法益和环境法益保护的同时，以对环境法益造成损害为基本构成要件，对人身或财产法益造成损害为加重构成要件。法益作为犯罪构成要件之一的客体的具体内容，在修改我国环境犯罪的法益后，应以此为基础完善我国现行刑法中有关环境犯罪的具体规定。

三、环境犯罪因果关系理论的重构

（一）环境犯罪因果关系的含义与特征

我国传统犯罪理论在判断因果关系是否成立上，通常采用相当因果关系学说。该学说认为，根据一般社会生活经验，在通常情况下，某种行为产生某种结果被认为是相当的场合，行为与结果之间就具有因果关系。“相当”是指该行为产生该结果在日常生活中是一般的、正常的，而不是特殊的、异常的。① 破坏类环境犯罪的因果关系与刑法中一般犯罪的因果关系的理论是一致的，这里不作过多的论述，但污染类环境犯罪的因果关系呈现一定的特殊性。如依照通行的相当因果关系理论，要认定污染环境犯罪的刑事责任就必须证明原因行为与损害结果之间存在客观严格的引起与被引起关系，这样，就必须证明有以下因果链条的存在：即企业在生产过程中有特定有毒物质产生→该有毒物质排入环境→通过空气、水、土壤扩散→到达被害人的身体或财产→损害发生。② 除了证明这个全方位的因果链条外，对链条的每一环节还要进行细节性的证明，例如，还应当证明污染物使人、畜、种植或养殖物致病或致死的详细机理等。要证明这些问题，在实

① 张明楷．刑法学［M］．北京：法律出版社，2004：176.
② 刘景一，乔世明．环境污染损害赔偿［M］．北京：人民法院出版社，2000：14.

践中存在着相当的难度，因为污染类环境犯罪与传统犯罪相比具有自身的特点，而这些特点导致其因果关系不同于一般犯罪中的因果关系。主要表现在：

1. 存在多个原因行为，导致原因物质不易查清

污染类环境犯罪不像杀人、放火、抢劫行为那样具有直观性。污染类环境犯罪中往往存在多个污染源，涉及多个污染者，在追究环境犯罪的刑事责任时，就必须考虑多个污染源在环境中的迁移、转化及共同作用，在科学分析的基础上追究真正的犯罪行为人的刑事责任，从而切实贯彻“罪责自负”原则。

2. 原因行为与损害结果产生之间有着很长的时间周期

污染环境行为的结果通常不具有即时性，往往是在经历较长的周期后才出现。这种结果出现的快慢并不完全取决于污染行为的实施进度，还取决于环境的自净和承受能力，只有当环境自身无法承受负荷时，才会出现危害后果，因而导致原因行为和危害后果间的因果关系由于时间上的阻隔而难以论证。如日本的水俣病事件，1955 年前就发生了让人难以理解的奇怪的病状，但直到 1968 年才查明病痛的原因来自于有机汞中毒。由于污染环境犯罪行为历时久远，从而很可能导致证据灭失，进而难以证明因果关系。

3. 因果关系复杂，难以判断

各种不同性质的污染物被排入环境后相互间可能会发生物理、化学、生物学的反应，形成各种层次的次生物质，加上后续排放的污染物质，与次生物质交叉反应，再通过环境媒介危害具体环境对象，其间的作用过程促使对污染经过的判断难度增加。①

（二）新型因果关系学说的兴起

由于相当因果关系学说难以应用于污染类环境犯罪中，各种新型的因果关系学说纷纷兴起，主要有以下三种：

---

① 邓建志，陈杨，陈凌．试论环境犯罪中的疫学因果关系［J］．长沙民政职业技术学院学报，2004（4）：46-47.

1. 疫学因果关系说

所谓疫学，又称传染病学，是利用统计学的方法，就有关疾病发生的原因进行调查，了解各原因与某疾病之间的关系，在没有 A 物质就不会产生 B 结果的高度盖然性的情况下，即可断定 A 与 B 有因果关系。在环境犯罪中，按照疫学的方法，如果能证明行为人排出的有害物质与附近居民损害间存在高度盖然性，就认定它们之间存在刑法上的因果关系，而不必从生理学和药理学的角度证明该结论的正确性，此即所谓疫学的证明，依此所证明的因果关系，就是疫学的因果关系。① 根据疫学因果关系学说，符合以下四个条件，就可以肯定某因子与疾病之间具有因果关系：第一，该因子是在发病的一定期间之前起作用的因子；第二，该因子的作用程度越显著，患病率越高，此即量与效果的关系；第三，该因子的分布消长与疫学观察记载的流行特征并不矛盾；第四，该因子作为原因起作用与生物学的说明不发生矛盾②。上述四个条件只需通过数量统计能达到高度盖然性即可，而不必严格的科学试验证实。在司法实务中运用疫学因果关系较多的代表国家是日本。一般认为，奠定疫学因果关系合法地位的是富山“骨痛病”判决。此案是由日本三井矿山神岗工厂排放的含镉污染，致使神通川下游一带发生骨痛病引起的，本案争议的中心问题在于骨痛病是否与被告公司排放的镉存在因果关系。一审裁决中主要运用了疫学因果关系，证明骨痛病主要原因确系慢性镉中毒所致。具体依据有：①此污染物的排放地区有该病发生。②此污染物排放量越多，发病人数亦越多。③此污染物少的地方，骨痛病患者也少。④此结论与医学和实验的结果不矛盾。裁决中指出，从骨痛病理上说，在主要方面是可以证明的，虽然不能否认还存在需要今后进一步查明和研究的课题。③ 该案居于日本四大公害案件首位，尽管是作为民事案件审理并裁决的，但从性质上看，应属于刑事案件。在随后 1970 年国会立法《关于危害人

① 张汀．试析环境犯罪的因果关系［J］．山东审判，2005（3）：65.
② 张明楷．外国刑法纲要［M］．北京：清华大学出版社，1999：128.
③ 付立忠．环境刑法学［M］．北京：中国方正出版社，2001：630.

体健康的公害犯罪制裁法》（以下简称《公害罪法》）中规定了类似因果关系的条款。当然该学说的不足之处是只能适用于因污染类环境侵害导致疾病的案件，而不能适用于所有环境犯罪案件。

2. 间接反证说

鉴于疫学因果关系仅适用于因污染类环境侵害所致的疾病案件，学者们又提出了间接反证说。该说是德国民事证据法上的一种理论学说。间接反证说认为，在尚不明确主要事实是否存在时，举证责任发生转移，即由不负举证责任的当事人来承担，并反证该主要事实不存在，将它运用到环境犯罪案件中的规则是：只要弄清如果不是某种污染物排放作用于人体，也就不会有某种疾病或症状发生的事实，尽管这种因果关系只是部分关联事实，但其余大部分或主要事实被推定为存在，并由加害企业来反证其不存在，如果企业不能反证事实不存在，即可认定具有因果关系。日本新舄水俣病案件运用了这一学说。该案争议焦点，不是汞与水俣病之间的因果关系，而是汞的来源是否为被告排放所致。原告主张系工厂排放废液所致，被告则全面否认。新舄地方裁判所认为，没必要完全从自然科学角度上去一一证明：①有机汞是以什么样方法和通过什么样途径混到废液中去，②它是通过什么途径污染了鱼类，而是根据情节证据推定被告昭和电器公司就是污染源，如果被告拿不出足以推翻这种推定的反证来，那么就可判定具有因果关系。本案适用间接反证说主要基于以下考虑：①受害者所患疾病特征及其原因物质；②原因物质到达受害者身上的途径（污染途径）；③加害企业对原因物质的排放情况（产生、排放装置及生成和排放量）。关于第一点，已有科学的证明（这里的科学性指临床、病理、动物实验的研究成果）；关于第二点，根据积累的情节证据与有关科学的关系已做出无矛盾说明；关于第三点，被告不能反证其工厂不是污染源。因此，可在事实上推定被告即是污染源，因而本案具有法律上因果关系。该案不仅在民事制裁且在刑事制裁上也可断定工厂就是犯罪人。①

3. 推定说

推定说包括事实推定和法律推定，这实际是疫学因果关系说和间接

① 藤木英雄. 公害犯罪［M］. 丛选功，译，北京：中国政法大学出版社，1992：55.

反证说的综合运用。事实上推定，实际上是自由心证主义的一种表现，法官可以根据证据情况按照自己的内心评断去决定事实的有无；而法律上推定，是明确被告企业责任的一种有效制度，可以防止企业乱提反证，且符合法的公平价值。运用推定方式判断环境犯罪与危害后果之间的因果关系存在与否有两个前提条件：第一，排放的有害物质致使公众的生命和健康受到严重危害；第二，在发生严重危害的地域内正在发生由于该种物质的排放所造成的对公众的生命和健康的严重危害；第三，只适用于某个工厂的排放行为，而不适用于数个工厂排放导致的复合污染的情况。① 日本熊本水俣病是综合运用疫学因果关系和间接反证说的典范，推定原则得以全面运用。我国司法实践中在对某些环境污染行为追究行政或民事责任中也采用了这一原则。例如，某市南区的几个郊乡中，少数群众出现失眠、头痛、便秘、口有金属味等症状，经诊断，疾病系铅中毒引起，对周围水域、土壤及群众食物进行化验，未发现铅污染现象，但空气中铅的日平均值竟超过国家规定标准的 7 倍，原来发病群众都生活在某铅熔厂的下风向区 500 米至 1 000 米范围内，该铅熔厂平均每天排放含铅蒸汽的烟气 600 立方米，于是推定该铅熔厂排放含铅烟气的行为与群众铅中毒间存在因果关系，判定由该厂承担赔偿责任。②

（三）环境犯罪疫学因果关系说的引入

我国应当考虑引入疫学因果关系运用于污染类环境犯罪中，但不赞成引入间接反证说和推定说，原因在于间接反证说是在尚不明确主要事实时就转移举证责任，这样大大减轻了公诉方的责任，相反就大大加重了被告人的责任，容易导致刑罚滥用，使无辜者被追究刑事责任。引入疫学因果关系具有必要性和可行性：第一，疫学因果关系符合现阶段加大惩治环境犯罪力度的需要。由于污染类环境犯罪的因果关系按照相当因果关系学说很难证明，但不能因此否认构成犯罪，否

---

① 付立忠．环境刑法学［M］．北京：中国方正出版社，2001：628.

② 曹子丹，颜九红．关于环境犯罪若干理论问题的探讨［J］．烟台大学学报，1998（1）：28.

则大多数环境犯罪将无法惩治，环境状况也将持续恶化。第二，疫学因果关系符合刑事诉讼的证明标准。刑事诉讼上的证明标准并不是要求案件的证明程度完全达到客观真实，而是要求达到法律真实，因为按照哲学理论客观真实是无法达到的。由此推论，刑法上的因果关系也无需百分之百得到科学法则证明，只要能够排除一切合理的怀疑就可以了。疫学因果关系认为当某一因子具有高度的盖然性发生结果时，就可以认定因果关系的存在。这里所说的“高度盖然性”不同于民事诉讼中的“优势证据说”，而是要达到“排除合理怀疑”的程度，“它不是发生与不发生的可能性平分秋色的50%，也不是多数与少数之分的75%对25%，而是绝大多数与例外之别，若用比例的话，发生的可能性至少应占90%以上”。[①] 第三，疫学因果关系具有证据学和疫学理论的基础，并没有违反因果关系的客观性。疫学因果关系中作为推定的基础是疫学的统计事实，其推定所遵循的疫学原理，是以疫学理论为基础的，并非无科学根据。因此疫学因果关系并没有以主观臆测代替客观事实，其以疫学推定的证明方法来认定因果关系，恰恰体现了对因果关系客观性的尊重。第四，疫学因果关系和相对因果关系并没有本质的区别，两者存在共同点。大冢仁教授认为，既然在社会观念上已经认识到某事实与某事实之间具有高度盖然性的联系，就不妨肯定其间存在刑法上的因果关系，并认为占通说地位的相当因果关系学说也无非是按照人类的社会经验所认识到的在实施行为与结果之间存在的实施某种行为就会由它产生某种结果这种高度盖然性，因此在这种意义上它与疫学因果关系没有本质的不同。

四、相对严格责任理念的重构

（一）严格责任的含义

我国刑法学界对严格责任含义的界定大概有三种：第一，严格责

① 张少林. 刑事证据的运用［M］. 北京：中国方正出版社，2003：360.

任是指行为人主观上既没有故意也没有过失，只要实施了法律规定的危害行为就构成犯罪。此种严格责任完全排除行为人的主观罪过为构成犯罪的必要条件，只要具备法律规定的危害行为即可定罪，实际上是英美法系刑法中所称的严格责任，也被称为无过失责任。第二，严格责任是指行为人实施了特定的危害行为，但主观罪过形式不明确时仍然构成犯罪的刑法制度，笔者认为称为相对严格责任更为确切。此意义上的严格责任的含义至少应包括两个方面：一是，行为人对于危害行为主观上存在罪过，非故意即过失，即至少有过失；二是，行为人主观方面具体是故意还是过失不明确且不必由公诉方加以证明。相对严格责任并非不问罪过，而是在特定情况下推定罪过。此种推定罪过和我国民法通则中规定的对特殊侵权行为实行的无过错责任可算殊途同归。大陆法系中也存在此种严格责任。例如，德国刑法典第二百二十一条规定："行为人将某人置于无助的状况或者在无助的状况下丢下不管，尽管行为人保护着该人或者有其他义务帮助该人，和因此使该人遭受死亡或严重的健康损害危险的，处三个月以上五年以下的自由刑。"本罪推定行为人将某人置于无助状况或在无助的状况丢下不管的行为至少有过失，至于行为人主观罪过到底为何种形式在所不问。这种严格责任承认主观方面的有责行为构成犯罪的必要要件，而在某些特定的犯罪中推定行为人有责，从而认定行为人构成犯罪，同时被告人仍可以以主观方面无过错进行抗辩，因此符合我国刑法中的主客观相统一的原则和罪责刑相适应原则，符合犯罪构成理论。第三，严格责任是指行为人实施了特定行为，而不问主观罪过或者主观罪过形式不明确仍然构成犯罪的刑法制度，笔者认为可称为绝对严格责任，也被称为绝对责任。这种意义上的严格责任不仅仅是指那些对缺乏主观罪过的行为追究刑事责任的情形，还包括是否有罪过不明确和有罪过而罪过形式不明确的情形。①

综上所述，可以发现我国学者对于严格责任概念的分歧正是源于混淆了无过失责任、严格责任和绝对责任，上面的三种定义刚好对应

① 徐骏．环境犯罪中的严格责任辨析［J］．昆明理工大学学报，2004（2）：25-27.

这三者，实际上三者之间是存在差别的。

（二）无过失责任、严格责任和绝对责任的区别

在英美刑法中，传统的刑事责任构成要素包括犯罪行为和犯意两个方面。从立法规定来看，所有刑法罪名的这两个要素都规定在实体法中，但由于英美刑法具有实体规范与程序运作相结合的特点，往往一个法律规范同时具备实体法和程序法双重功效。在这种情况下，刑事责任要素在理论上可以细分为两个层次，即实体性责任要素和程序性责任要素，前者说明的是刑事责任要素在事实上如何成立的问题，后者说明的是这种事实上的刑事责任怎样通过司法程序转化为法律上的可以最终加诸于被告人的刑事责任问题。下面来看看三种不同的责任制度对于刑事责任构成要素的不同要求：

（1）在无过失责任制度中，实体和程序两个层面都只有行为一个要素，这意味着被告人主观上没有过错，但因为实施了法律所禁止的行为而被追究刑事责任。

（2）在严格责任制度中，实体性层面依然需要具备行为和犯意两个要素，只不过犯意是推定的，而程序性层面只有行为一个要素，因为立法免除了公诉方对被告人犯意的举证责任。

（3）在绝对责任制度中，实体性层面可能包括行为和犯意两个要素，也可能只存在行为一个要素，而程序性层面和严格责任一样，只有行为一个要素。①

（三）相对严格责任的确立

通过上文对严格责任概念的界定以及与相关制度的比较，笔者赞同第二种概念，并认为在我国环境犯罪的立法中有确立相对严格责任的必要性，而且是可行的。其必要性在于：我国正面临着极其严峻的环境危机，而环境犯罪现象却依然有增无减，大量的环境犯罪使我国本已十分脆弱的环境状况犹如雪上加霜。单纯的民事处罚和行政处罚

---

① 付霞．论刑法中的严格责任［D］．北京：中国政法大学，2004：8-9.

已无法起到威慑作用，可传统的犯罪理论又使得众多环境犯罪案件无法纳入刑罚范围，在这种情况下如果对环境犯罪贯彻相对严格的责任制度，就可发挥刑罚的威慑作用，有效控制环境犯罪。其可行性在于：相对严格责任的实质与我国刑法总则规定的罪过责任是一致的，符合犯罪构成理论。在相对严格责任中允许被告人以无过错辩护，从逻辑上看，"无过错"对应的是"有过错"，只不过这种过错不是由公诉方证明，而是依据法律推定的。推定罪过依然属于过错责任，只不过是一种特殊情形。此种推定罪过表明在适用相对严格责任时，仍然要求行为必须符合犯罪构成的四大要件，只不过免去了公诉方对犯罪嫌疑人主观方面的证明责任。英美国家为了避免严格责任原则的滥用，规定了对其的限制，主要有两种：一种是法定辩护，包括无过失辩护理由和第三者辩护理由。所谓无过失是指由于认识错误、意外事故或行为人不能控制的其他原因，并且行为人曾做出了适当的努力来避免发生该项犯罪，就可以免责。而第三者辩护理由是要求被告人不仅要证明自己方面没有过失，而且需要证明该违法事实是由于第三者的行为或过错引起的。[①] 另一种是善意辩护，即公诉方以严格责任起诉某一犯罪时，允许被告人以合理而诚实的理由证明他没有主观过错，若他能说服陪审团或法官即可免罪，实际上是将"无过失"法定辩护理由普遍化，即无论法律规定与否，被告都可以无过错为由进行抗辩。[②] 此种限制十分重要，它可以避免对没有过错的人处以刑罚。笔者认为我国在适用相对严格责任时也应规定相应的限制，结合我国的具体情况，可作出以下规定：第一，相对严格责任只适用于法人环境犯罪，而且必须属于危险行业，例如，核电厂或化工厂；第二，必须建立特别的程序机制，允许被告人以无过错和第三者过错进行辩护，并设立举证倒置原则，允许被告人举证推翻推定的过错。总之，相对严格责任原则可能带来的种种负面影响是可以通过法律限制

① 戚道孟，王俊．我国环境犯罪实现无过错责任原则初探［J］．律师世界，2001（7）：9.

② 刘仁文．刑法中的严格责任［J］．比较法研究，2001（1）：54.

予以解决的，这不应该成为在我国确立相对严格责任的阻碍。

五、我国刑法环境犯罪重构的具体建议

（一）环境犯罪实体法上的完善

我国自1997年修订通过的《中华人民共和国刑法》（以下简称《刑法》）中设立了专节惩治环境犯罪，至2011年《中华人民共和国刑法修正案（八）》中都对环境犯罪作了很多调整，拓展了环境要素的保护范围，增强了对环境犯罪的刑罚力度。但仍有许多不足之处。为了更好地打击环境犯罪，有必要对相关法律法规进一步修订和完善。

1. 完善环境犯罪的立法模式

我国现行环境犯罪立法采用了以法典式为主的模式①，并在刑法典中设专节“破坏环境资源保护罪”，这样规定在某种程度上有利于保持我国刑事法制的统一，但却难以适应我国制裁环境犯罪的现实需要，并具有以下弊端：第一，刑法典作为实体法，无法对环境犯罪的刑事诉讼程序作出规定；第二，刑法典不可能及时规范新的环境犯罪形式，毕竟作为一部法典不能朝令夕改。考虑到环境犯罪具有不同于普通犯罪的诸多特性，构成要件有必要作出相应的重构，应采用综合式立法模式，具体来说就是要集中与分散相结合：刑法典规定大部分常见的环境犯罪，新出现的或涉及很强专业性的环境犯罪形式规定在附属刑法中。换句话说，就是以刑法典的规定为主要表现形式，其他环境保护单行法的刑法条款作为辅助形式。这样的立法模式符合我国保护环境打击犯罪的实际需要，也符合世界环境犯罪立法的趋势，相比较而言，不失为一种较为理想的环境刑事立法模式。

2. 扩大环境刑事立法的保护范围

1997年至2011年《刑法》的颁布和不断地修订，虽然增设了不少

---

① 如我国在2003年6月28日《中华人民共和国放射性污染防治法》第五十四条中就明确规定的新型环境犯罪。

环境犯罪罪名，扩大了环境要素的保护范围，但依然存在不少漏洞。例如，《刑法》规定的四个破坏土地资源的犯罪中，直接规定破坏土地资源的犯罪仅有非法占用农用地罪，可实践中却存在大量的以其他方式破坏土地的行为，像破坏湿地等行为。应参照他国的立法和我国环境问题现状，在刑法典和环境保护单行法中增设新的环境犯罪罪名，例如，破坏自然保护区罪；破坏湿地罪；拒不执行环保机关命令罪；破坏野生植物罪；残害动物罪；非法从事开发建设活动导致水土流失、土地沙化或者地面沉降罪；擅自开垦山坡地罪；违法采集经营植物罪；破坏城市绿化罪；破坏土地质量罪；违反防治义务罪；故意提供虚假环境影响报告书罪等，以加大对环境生态的刑法保护力度。

3. 增设环境犯罪中的危险犯规定

我国《刑法》共规定有 25 种环境犯罪①，其中绝大多数属于结果犯，少数属于行为犯，没有危险犯的立法规定；而且环境犯罪中原因行为与危害结果之间较其他犯罪缺乏一种明确的表面联系，危害结果的出现一般需要较长时间，证明因果关系难度大，且危害后果一旦出现，损失十分巨大，所以处罚危险犯显得尤其重要。因此，笔者认为可以借鉴我国危害公共安全犯罪中对于环境犯罪中的危险犯加以规定。增设危险犯，其依据如下：

第一，惩治危险犯，把可能导致严重后果的环境犯罪行为遏止在危险状态，充分发挥环境刑事立法的预防作用。因为危害后果一旦发生，将造成环境法益的重大破坏和众多人的生命与健康受到损害，且这种危害后果一般长时间难以得到消除，有的甚至根本无法消除和恢复，如物种的消失、地下水的污染等。

第二，在当前环境保护尚未得到充分重视，以及科学技术不断发展、污染源不断增加，造成危险的可能性及现实性都在增大的实际情况下，如果刑法只惩罚污染环境行为的实害犯，人们不会充分重视已经发生的危险状态，甚至视而不见。因此有必要对环境危害行为采取积极预防的态度，那种在危害结果出现后方进行事后性惩罚是远远不够的。

---

① 其他单行法的附属刑法条款中的环境犯罪的新罪加起来也不过 30 种。

第三，如果刑法规定环境犯罪以危险犯作为基础犯罪形态，有利于发挥刑法的预测和指引作用，人们可从中预知到自己的行为可能产生的刑事后果，从而会竭尽全力避免危险状态发生；即使危险状态已经发生，行为人也会为免受加重处罚而去阻止危险状态转变为实害结果。

为此，笔者建议，应根据我国环境犯罪特点，设立处置危险犯的规定。这样既可以修正处置行为犯的不足，又可以防止处置结果犯的滞后。有效地防止环境犯罪的发生。

4. 在刑法典立法体例上对环境犯罪设专章规定

我国1997年《刑法》在分则第6章“妨害社会管理秩序罪”第6节中作了“破坏环境资源保护罪”的规定。这样规定虽然注意到了环境犯罪具有相对独立的同类客体并将其单独列为一节，但是把环境犯罪归到妨害社会管理秩序罪一章是不恰当的。不仅会降低环境刑事立法的独特价值，而且在法律实施过程中当环境效益与经济利益冲突时，还会使环境刑事立法在价值判断上陷入困惑。因为环境犯罪的客体并非是环境资源的管理秩序，更不是社会管理秩序，非但如此，环境犯罪还具有不同于普通刑事犯罪的诸多独特之处。所以，为了突出环境犯罪的本质特征，使之与其他普通犯罪相区别，应将其在《刑法》中设专章规定，这样才能体现出环境犯罪中犯罪客体的特殊性和社会危害的严重性。

5. 提高刑罚幅度、增设刑罚类型

具体说来就是，扩大“财产刑”的适用，设置“资格刑”；对“单位环境犯罪”适用“非刑罚措施”。刑罚本身的性质决定了其适用范围的有限性，我国的环境犯罪刑罚体系本身也存在着一定的不科学性。具体表现在两个方面：第一，《刑法》关于“破坏环境资源保护罪”的刑罚规定普遍轻于类似的财产犯罪。如《刑法》第三百四十二条规定的“非法毁坏耕地罪”，其法定最高刑只有5年有期徒刑，而“故意毁坏财物罪”的法定最高刑是7年有期徒刑，“破坏生产经营罪”的法定最高刑也是7年；还有“盗伐林木罪”的最高刑是15年有期徒刑，而盗窃罪的最高刑是死刑，其实林木的生态价值远非实物能比。第二，刑罚种类过少，特别是对单位犯罪虽然规定实行“双罚制”，但对单位的处罚仅限于罚金，而且数额偏低，而环境犯罪中主要是“单位犯罪”，这样的刑罚配置显然不够健全，造成司法实践中刑罚不足，不能起到预期的威慑作用，无法有效遏制日益严重的环境犯罪。纵观国外环境刑事立法，普遍规定多种刑罚手段，例如，《俄罗斯联邦刑法典》关于生态犯罪的刑罚共规定了7种：剥夺自由、限制自由、劳动改造、罚金、拘役、剥夺担任一定职务的权利、强制性工作。这一多种刑罚手段的规定值得我们借鉴。因此，应扩大财产刑的适用范围，增加其刑罚幅度。在环境犯罪中，“单位犯罪”现象尤为突出，而“财产刑”和“资格刑”分别从经济上和主体资格上剥夺了犯罪人的犯罪能力，因而被认为是“惩治单位犯罪的最佳手段”。环境犯罪中，“过失犯”占有相当大的一部分，而对“过失犯”判处“财产刑”会比判处“自由刑”收到更好的效果。此外，还可针对环境犯罪的企业法人设置“禁止其从事某种生产经营”的资格刑，这既符合“罪刑相适应原则”也符合“刑罚经济原则”的要求。从而使环境刑事立法始终以环境保护作为其出发点和归宿，最大限度地发挥其保护环境资源的功能。

6. 协调环保单行法的刑罚条款和刑法典之间的关系

我国大多数环境保护法律、法规与我国刑法典的接轨方式有三种：①“依照式”，即直接援引《刑法》的具体条款；②“概括式”，即只规定“依照《刑法》追究刑事责任”；③“类推式”，即通过立法类推追究刑事责任。但《刑法》对环境犯罪只作了专节规定，而且《刑法》又确立了“罪刑法定”原则，废除了一切形式的类推，这些因素都给现行的环境保护法律、法规接轨方式提出了挑战，但我国《刑法》至今没有规定解决方案。

协调环境保护单行法中的刑罚条款和《刑法》二者关系的关键，就是要严格遵照“罪刑法定”原则，准确适用《刑法》。首先，要修改环境资源保护法中有关刑罚条款，如修订后的《土地管理法》在“附则”之后附上“《刑法》有关条文”借以协调两法的关系。其次，可以由全国人大常委会通过决定，以补充立法的形式对环境资源保护法中援引《刑法》有关条款作出明确的规定。但以上方法均属权宜之计，笔者以为，待时机成熟时，最根本的可行对策还是制定综合性的环境保护单行刑事法律。

（二）环境犯罪程序法上的完善

1. 环境犯罪刑事启动程序的完善

程序法和实体法具有不同的价值和功能，程序法不仅能保障实体权利的实现，而且能在一定情况下弥补实体法的不足，因而在完善实体法的同时，也必须更新相应的程序法，真正做到实体公正和程序正义。目前我国对于环境犯罪的追诉是按照刑事诉讼法进行，但是由于环境犯罪具有特殊性，现行的刑事诉讼程序难以有效地追究该类行为，制定适合的环境刑事程序成为现实的要求。国内部分学者对此作了论述，笔者在此基础上，提出以下设想：

（1）环境犯罪立案的完善

立案是刑事诉讼开始的必要程序，没有立案，刑事诉讼活动便不能有序进行。我国2012年修订通过的《中华人民共和国刑事诉讼法》（以下简称《刑事诉讼法》）第一百零七条规定，公安机关或者人民检察院发现犯罪事实或者犯罪嫌疑人，应当按照管辖范围，立案侦查。立案的基本条件有两个：一是认为有犯罪事实；二是需要追究刑事责任。所谓有犯罪事实是指有依照刑法的规定构成犯罪的行为发生，并且该犯罪事实的存在有一定的证据证明。针对环境犯罪，原有的刑事立案的基本条件显得过于刻板，因为这类案件比较复杂，证据难以收集，尤其是污染环境的犯罪行为，如果严格按照立案标准，不少案件无法及时立案，致使危害面不断扩大。结合我国现阶段环境犯罪日益猖獗的现状，可考虑适当放宽立案条件，改为“存在环境被严重危害的事实并可能需要追究刑事责任”。

（2）环境犯罪起诉权的改进

目前我国的环境诉讼不足以保护环境，这是因为《中华人民共和国行政诉讼法》（以下简称《行政诉讼法》）[①] 对原告的资格规定

---

① 2000年3月10日开始实施的《最高人民法院关于执行<中华人民共和国行政诉讼法>若干问题的解释》对《行政诉讼法》的原告资格做了进一步的解释。即该解释第十二条规定：与具体行政行为有法律上利害关系的公民、法人或者其他组织对该行为不服的，可以依法提起行政诉讼。

为：与具体行政行为有法律上利害关系的公民、法人或者其他组织对该行为不服的，可以依法提起行政诉讼。2012 年修订的《中华人民共和国民事诉讼法》第五十五条首次明确提出了在污染环境、侵害众多消费者合法权益等损害社会公共利益的案件中，有关机关和组织可以根据法律的授权提起"公益诉讼"的主体资格。并且"公益诉讼"的提起不需要与事件有"利害关系"，只要具备法律的授权即可。除此之外，我国的《刑事诉讼法》和《海洋环境保护法》（以下简称《海洋环境保护法》）也对"公益诉讼"作了规定。《海洋环境保护法》第九十条第二款规定："对破坏海洋生态、海洋水产资源、海洋保护区，给国家造成重大损失的，由依照本法规定行使海洋环境监督管理权的部门代表国家对责任者提出损害赔偿要求。"就目前而言，我国其他领域尚没有被法律明确授权赋予提起公益诉讼的机关和组织，所以，新的《刑事诉讼法》颁布和实施后，需要有关部门尽快完善立法和明确授权。因而，笔者提出以下设想：

第一，设立环境犯罪公益诉讼制度。环境犯罪公益诉讼是相对私益诉讼而言的，是指任何公民、社团组织、国家机关依法对侵害或有可能侵害当代人或后代人的环境公共利益的行为，向人民法院提起诉讼，由人民法院追究违法犯罪者刑事责任的司法活动。[①] 随着经济的发展和科技进步，公害事件越来越多，为了更好地维护公共利益，环境公益诉讼便应运而生。学者们讨论的环境犯罪公益诉讼是以民事诉讼和行政诉讼为基础的，是想借鉴此项制度而在环境犯罪的刑事程序中设立环境犯罪公益诉讼，这样能更好地保护环境，达到预防犯罪的目的。不过环境犯罪公益诉讼并不等同于环境公益诉讼，因为刑事诉讼有其特有的规则。我国现行《刑事诉讼法》规定的起诉权分为两类：一类是人民检察院的公诉权，另一类是被害人的自诉权。考虑到环境犯罪的特殊性和保护公众利益的需要，结合具体国情，赋予环保机关和相关社团提起环境犯罪公益诉讼的权利，这两类组织可依法对侵害或可能侵害环境公共利益的行为提起诉讼。

① 沈展昌．论我国环境公益诉讼制度的构建［D］．福州：福州大学，2004：34.

第二，设立环境犯罪集团诉讼制度。实践中，大部分环境侵权都涉及多个受害人，为了快速妥当地解决纠纷，控制环境污染，许多国家建立了环境纠纷集团诉讼。环境犯罪案件也往往涉及多个被害人，因此有必要建立类似于环境民事纠纷中的集团诉讼制度。虽然民事诉讼和刑事诉讼是两种不同的诉讼，但二者是有许多相通之处的，可以适当借鉴。所谓环境犯罪集团诉讼，是指因同一环境犯罪行为导致多个被害人，可由被害人中的适格的个别或部分当事人代表所有的被害人参与刑事诉讼，法院裁判的效力对代表人及其余的所有被害人均具有法律效力的一种特殊的刑事诉讼制度。建立此种制度有利于诉讼经济。集团诉讼通过代表人参加诉讼的方式，一方面使所有被害人的诉权得以集中行使，有利于解决被害人众多和诉讼空间容量有限的矛盾；另一方面可减轻法院在审理案件时由于被害人众多而产生的压力，简化诉讼程序，加快审判过程。①

2. 环境犯罪审判管辖的完善

根据我国《刑事诉讼法》的规定，大部分环境犯罪案件都由基层人民法院审理，考虑到污染类环境犯罪涉及专业知识，而且不少案情错综复杂，有必要对此进行一定的修改。破坏类环境犯罪案件的审判管辖仍按照刑事诉讼法的原有规定。而污染类环境犯罪案件统一改为由中级以上人民法院受理，并在现行的法院组织体系内设立环境犯罪案件审判合议庭，负责审理环境犯罪案件，另外在环境案件多发地区可考虑设立专门的环境法庭。跨行政区域的环境犯罪案件由涉及共同的上一级行政区域内的中级以上人民法院受理，以避免各当事区域偏袒自身，推诿责任。

3. 环境犯罪追诉期限的延长

关于犯罪的追诉期限，按照刑法第 87、88 和 89 条的有关规定：法定最高刑为不满 5 年有期徒刑的，追诉时效为 5 年；法定最高刑为 5 年以上不满 10 年有期徒刑的，追诉时效为 10 年；法定最高刑

---

① 齐树洁，林建文．环境纠纷解决机制研究［M］．厦门：厦门大学出版社，2005：238-239.

为10年以上有期徒刑的，追诉时效为15年；法定最高刑为无期徒刑、死刑的，追诉时效为20年；如果20年以后认为必须追诉的，须报请最高人民检察院核准；在人民法院、人民检察院、公安机关采取强制措施以后，逃避侦查或者审判的，不受追诉期限的限制；追诉期限从犯罪之日起计算，犯罪行为有连续或者继续状态的，从犯罪行为终了之日起计算；在追诉期限以内又犯罪的，前罪追诉的期限从犯后罪之日起计算。凡是已经过了追诉期限的，不再追究犯罪人的刑事责任。对于普通的犯罪行为来说，按照刑法规定的追诉期限一般是可以的，然而对于具有特殊性的环境犯罪而言远远不够，环境犯罪过程的复杂性、犯罪结果潜伏性决定了有必要延长环境犯罪的追诉期限，例如，有的非法处置放射性废物的行为过了10年甚至20年后才被发现造成了损害后果，[①] 这就使得如按照传统的追诉期限无法很好地保护被害人的权益，毕竟遵照现行法律规定，在20年后认为必须追诉须报请最高人民检察院核准并不容易，会给受害人带来许多不便。因而有必要对环境犯罪规定较长的追诉期限，具体可规定为：破坏类环境犯罪的追诉期限遵照原有规定，一般性质的污染类环境犯罪的追诉期限为15年，对于特殊性质的污染类环境犯罪则不规定追诉期限，任何时候都可提起诉讼。

4. 环境犯罪刑事运行程序的完善

①举证责任内涵。我国《刑事诉讼法》中没有使用举证责任一词，举证责任是理论界的说法，是指一种法律推定的后果，即对特定类型案件，法律规定由特定一方当事人承担证明案件事实的义务，如果该方不能提供证据证明其主张，将推定其主张不能成立，而承担败诉的法律后果。刑事诉讼的举证责任是指对于被告人是否有罪以及犯罪情节轻重，应由谁提出证据并加以证实的责任。[②] 在我国，刑事诉讼中的举证责任一般由公诉方承担，但也存在例外情况需要被告人承

① 付立忠．环境刑法学［M］．北京：中国方正出版社，2001：619.

② 吴育莹．论刑事诉讼中的举证责任倒置［J］．福建政法管理干部学院学报，2005(4)：70.

担一定的举证责任，这种便是举证责任倒置。破坏类环境犯罪的举证责任按照通行规则没有问题，但污染类犯罪不行，存在举证困难的问题。

②我国应针对污染类环境犯罪设立举证责任倒置。一般地，普通民众无法了解企业的先进工艺技术、设备及排放污染物的详细情况，因此，也无法提前做好规避措施。另外，先进工艺和先进技术受专利权保护，是保密的，不对外公开。此种情况下，要原告证明损害是由于被告排放污染物所致，确定被告的排污行为与损害事实之间有必然的因果关系，是十分困难的，甚至是不可能的，这样会使受害者处于十分不利的地位。正是由于实务中存在上述问题，学者们提出应对环境犯罪实行举证责任倒置。环境犯罪中举证责任倒置是指按刑事诉讼一般规则应由公诉方所负的指控被告方有罪的举证责任，按举证责任倒置原则由被告方对其无罪负举证责任。对环境犯罪实行举证责任倒置具有必要性：第一，传统的刑事诉讼理论要求公诉方提出被告人有罪的排他性证据的要求，已无法应对环境犯罪的特殊性。如果在追究环境犯罪中坚持采用传统的刑事诉讼规则，势必造成许多犯罪人逃脱刑事追究，致使污染环境的行为越来越多，环境状况更为恶劣。第二，在刑事诉讼中存在举证责任倒置的先例，《刑法》第三百九十五条巨额财产来源不明罪中要求被告人对其明显超出合法收入部分的财产，负有举证说明其合法来源的责任，否则承担有罪的法律后果。第三，基于企业现代生产的高度技术性和秘密性，同时工业生产也给企业带来了丰厚的利益，按照“谁受益，谁就应承受风险”的原则，应在环境犯罪中设立特殊的举证规则。污染类环境犯罪涉及专业知识，公诉方并非专业人士，无法完全掌握和了解相关的资料信息，相比之下污染企业却拥有从污染物质的基本构造到生产流程的全部知识。在这样的情形下，即使拥有强大调查取证权的国家机关，与污染企业相比也并不占有优势地位。①

---

① 吴育莹．论刑事诉讼中的举证责任倒置［J］．福建政法管理干部学院学报，2005(4)：71.

③设立举证责任倒置应注意的问题。设立举证责任倒置原则应注意的几点问题：第一，举证责任倒置的前提是公诉方必须证明污染存在可能或已经给环境资源或他人生命健康和公私财产造成重大损害。如同公诉方在巨额财产来源不明罪中，虽不需证明差额财产的来源，但必须先证明被告人的财产与支出明显超过合法收入，且差额巨大。第二，举证责任倒置并不意味着要被告人承担全部的举证责任，只是让其在一定范围内负“自证无罪”的责任。在公诉方提出证据证明污染事实存在并引起或足以引起一定的后果后，就要求被告人提出证据，以证明自己无罪，否则将承担刑事责任。第三，举证责任倒置并不意味着证明责任的倒置。“举证责任”不同于“证明责任”，在环境犯罪中对被告人苛以一定的“举证责任”，并不意味着让其承担“证明责任”。“证明责任”始终由公诉方承担。证明责任是指司法机关或当事人收集或者提供证据，并运用证据证明其主张的案件事实成立或者有利于自己的责任，不履行这种责任，将承担其主张不能成立的危险。在举证责任倒置的情况下，被告人负的只是举证责任，而不是证明责任。因为举证责任强调的是“举”，即提出或提供（包括收集、调取）证据。而证明责任强调的是“证明”，即运用证据进行论证、核实、逻辑思维的定案过程。①

5. 刑事诉讼期间的完善

刑事诉讼中的期间是指法律规定的公安机关、人民检察院和人民法院以及诉讼参与人完成某项刑事诉讼行为必须遵守的法定期限。刑事诉讼法对每一个阶段的刑事诉讼活动的期间都作了明确的规定，不论公、检、法三机关还是诉讼参与人都必须严格遵守。考虑到环境犯罪案件的特殊性，有必要适当放宽诉讼期间，以利于查明真相。具体可作以下调整：针对破坏类案件公安机关提请起诉意见、公安机关和检察机关的侦查期限、检察机关的起诉期间分别为6个月，而污染类案件为1年；法院一审污染类犯罪案件期间为1年，最迟不超过1年

① 吴育莹．论刑事诉讼中的举证责任倒置［J］．福建政法管理干部学院学报，2005（4）：71-72.

半，破坏类犯罪案件期间为3个月，最迟不超过6个月；二审期间与一审期间规定相同。参照日本四大公害案件的司法过程，对于重大复杂的污染类案件的诉讼期间还应放宽（具体放宽的期限建议可由相关专家和实务人员先提出议案，再按照法律规定的修改法律程序进行），以避免犯罪分子逃脱刑事追究，也只有作出符合实践要求的规定，才能让存在犯罪心理的人不会因为心怀侥幸而放纵自己，触犯法律。

6. 建立专业陪审制度

我国《刑事诉讼法》实行人民陪审员制度。根据《刑事诉讼法》第一百四十七和一百七十四条的规定：除基层人民法院适用简易程序的案件可由审判员一人独任审判，以及人民法院审判上诉和抗诉案件，由审判员3人至5人组成合议庭进行外，基层人民法院、中级人民法院审判第一审案件，应当由审判员三人或者由审判员和人民陪审员共三人组成合议庭进行，高级人民法院、最高人民法院审判第一审案件，应当由审判员3人至7人或者由审判员和人民陪审员共3人至9人组成合议庭进行。人民陪审员在人民法院执行职务期间，是他所参加的合议庭的组成人员，同审判员有同等的权利。环境犯罪案件牵涉许多专业知识，法院审判人员由于业务限制，对环保科学知识和政策的掌握不如专业人员，因此有必要建立专业陪审制度，即组成一个具有专业知识的陪审员队伍，在人民法院审理环境案件时，必须有一名以上的专业人员充当陪审员参与案件审理，如案件特别重大复杂，可考虑选择两名专业人员充当陪审员。另外，针对因事实方面的原因而提出的上诉和抗诉案件，应改变现行规定，在合议庭中加入专业陪审员，以运用他们掌握的专业技能，帮助其他审判员查清案件事实，作出合理判决。

六、结　语

由于环境犯罪有着不同于其他普通犯罪的诸多特性，对传统刑法产生了较大的冲击，因此有必要突破传统思维的定式，重构环境犯罪的刑法理念，并以开放的姿态学习他国立法以完善我国现有立法。具体来说：第一，应转变观念，确立以人类中心主义为环境刑法的伦理基础，并以此修改环境犯罪的法益。1997 年刑法只注重人身和财产法益，忽视了对环境法益的保护，应同时关注对人身、财产和环境的保护；第二，在环境犯罪的认定中应引入疫学因果关系学说和确立相对严格责任原则；第三，应完善环境犯罪的立法模式，扩大保护范围，增设危险犯，拓展法人犯罪的刑罚方式等。当然，环境犯罪中还有不少问题有待研究，例如，破坏动植物资源犯罪和环境监管失职罪的完善等，只能留待以后再做探讨。

辽宁海洋生态建设的立法缺陷与完善*

王　松　孙晶映
（东北财经大学法学院　116025　中国人民银行沈阳分行　110000）

摘　要　辽宁在海洋生态建设以及相关的损害赔偿领域等方面存在明显的立法空白。由于缺乏可操作的行政法规、部门规章及相应的技术标准，使得目前海洋生态损害的索赔迄今没有展开全面有效的实质性工作，许多海洋环境污染事件所导致的海洋生态损害，最终只能由国家负担。因此，我们向辽宁的相关立法机关提供了相关地方性法规的草案，并提出了一些完善建议和具体措施，有利于弥补当前辽宁在海洋生态建设中存在的立法空白。

关键词　生态文明　海洋生态建设　海洋生态文明

党的十七大在强调坚持中国特色社会主义经济建设、政治建设、文化建设、社会建设的基础上，首次提出要推进社会主义生态文明建设。我国是一个陆海兼备的大国，在海洋上有着广泛的战略利益。国家“十二五”规划纲要对海洋工作进行了全面部署，对加强海洋环境保护提出了明确要求，海洋生态文明建设已成为促进海洋经济可持续发展和建设现代化海洋强国的必然选择。海洋生态文明建设是社会主义生态文明建设的重要组成部分。加强海洋生态文明建设是贯彻落实科学发展观的本质要求、是实现沿海经济社会可持续发展的根本出

* 基金项目：辽宁省法学会2013年重点立项课题（自费）“辽宁海洋生态建设的法律保障研究”（立项编号：LNFXH2013B012）成果。

路、是满足人民群众过上美好生活期盼的客观需求。

一、辽宁海洋生态建设的现状与立法缺陷

辽宁位于我国万里海疆的北部之端，海域广阔，海域（大陆架）面积15万平方公里，其中近岸管辖海域面积6.8万平方公里，陆地海岸线全长2 292.4公里，占全国海岸线的12%，居全国第五位。辽宁是海洋大省，发展海洋经济潜力巨大。2011年，辽宁省水产品总产量实现453万吨，增长了5.5%，渔民人均纯收入实现1.3万元，全省海洋生产总值达2 850亿元，占全省生产总值的14.3%，比2010年提高了0.3个百分点。

然而，纵使海洋资源再丰富，也并非“取之不尽、用之不竭”的，不合理、不科学的开发，重大、频发的各类海洋污染事故不但会导致海洋环境和海洋生态系统遭到严重破坏，更会使得现有的自然环境资源遭受难以恢复的损失。近几年辽宁海洋经济在保持持续、快速发展的同时，周围海域也陆续发生了如2010年大连“7·16”输油管爆炸和2011年渤海湾蓬莱19—3油田溢油等海洋污染事故，所造成的生态损害较为突出，给海洋生态环境所带来的压力也是有增无减，可以说是经济发展机遇与环境保护压力并存。因此，当前辽宁在大力推进海洋事业蓬勃发展的同时，必须也要把海洋生态文明建设摆在更加突出的位置，不断健全和完善地方法律制度体系，有效保障和推进我省海洋经济快速、稳定和协调发展。

党的十七大报告提出了生态文明的概念。生态文明的提出，是党对粗放式经济发展方式的反思，是党在对新中国成立以来社会主义建设历程进行总结的基础上提出的一种科学的经济社会发展思路。十七大报告将生态文明建设上升到文明和伦理的高度，体现了党对生态文明建设的高度重视。在生态文明建设中，海洋占有重要地位并对人类生活有巨大影响，因此，研究海洋生态建设中所涉及的相关法律保障问题就显得尤为必要。党的十八大报告也论述了生态文明，并把生态文明建设摆在五位一体的高度来论述。在生态文明中，海洋占有重要

地位。2012 年，辽宁省海洋主要产业总产值实现 4 542 亿元，增加值为 2 089 亿元，同比分别增长 14.5% 和 11.5%。然而，经济发展的同时也给环境带来了不小的压力，海洋经济可持续发展机遇和挑战同时并存。因此，辽宁海洋生态建设的法律保障研究就显得尤为必要。

近一段时期以来，我省始终坚持以人海和谐发展为目标，推进海洋生态保护与建设。一是编制了海洋生态环境保护相关规划。现在已经编制完成了《辽宁省海洋生态功能区划》和《辽宁省海洋生态保护与建设规划（2011—2020）》，并且提出了生态功能保护措施及对策。二是积极推进海洋保护区建设，建立了绥中原生沙质海岸等 5 个海洋自然保护区，建立了锦州笔架山国家级海洋特别保护区。三是实施重点区域海洋生态修复。我省共投资 9 000 余万元开展锦州白沙湾海岸综合整治修复工程、营口白沙湾沙滩浴场整治修复示范工程、双台子河口受损滨海湿地景观修复示范工程。四是强化海洋环境质量评价。已经逐步建立了省、市、县三级海洋环境监测体系，开展海洋生态调查和海洋环境监测，还编制了《辽宁海洋环境质量公报》，为治理海洋生态环境，合理开发海洋资源提供有力支撑。

虽然在实施沿海经济带发展战略、发展海洋经济的同时，辽宁加大了海洋环境保护力度，使辽宁海洋环境恶化的趋势得到缓解，但是随着我省海洋经济和沿海经济带的持续快速发展，给辽宁周围海洋环境带来的压力仍是有增无减，海洋经济可持续发展机遇和挑战并存。地方性的海洋环境保护法规主要是对国家海洋立法的细化和补充，具有具体、灵活、操作性强等特点。国家立法制定的一些规则和制度过于原则、缺乏可操作性，地方立法将其转化为适于在各个不同的地方实施的具体措施，使国家立法真正得到落实和贯彻实施。同时，在一定程度上，地方性海洋环境保护法规具有前瞻性和预测性，在某些海洋环境问题的预防和处理上领先于国家立法。例如，《山东省海洋生态损害赔偿和损失补偿费管理暂行办法》和《山东省海洋生态损害赔偿和损失补偿评估方法》中对损害赔偿的主体及标准的规定，就为我们辽宁的地方性海洋生态建设立法提供了可以借鉴的有益经验。

二、应当制定对海洋生态损害赔偿费管理评估的地方规章

2010年6月12日，山东省财政厅和山东省海洋与渔业厅联合制定下发了《山东省海洋生态损害赔偿费和损失补偿费管理暂行办法》，这是我国首个海洋生态方面的补偿和赔偿办法，对海洋生态损害赔偿和损失补偿的界定、对主体和适用范围等方面都作出了较为详细的规定。另外，山东省还出台了《山东省海洋生态损害赔偿和损失补偿评估方法》，其中规定对造成1 000公顷用海生态损失，应当缴纳2亿元损失补偿费。这些先进立法经验和做法都很值得辽宁在制定地方性法规时予以借鉴。

从辽宁地方角度来看，无论是2011年的“蓬莱19-3油田溢油事故”还是2010年的“7·16”大连原油爆炸泄漏事故，都对省内海域的海洋生态环境造成了不同程度的损害，然而，辽宁截至目前却在海洋生态损害赔偿领域存在明显的立法空白。因此，我们认为，辽宁相关立法机关应当制定对海洋生态损害赔偿费管理评估的地方规章，对在辽宁的海域内已经造成一定规模用海生态损失的行为，应当根据其实际的污染程度标准缴纳不同数额的损失补偿费，从而弥补当前辽宁在海洋生态文明建设方面存在的立法空白。为此，课题组特提出以下《辽宁省海洋生态损害赔偿与补偿管理办法（建议草案）》供我省有关立法机构参考。

辽宁省海洋生态损害赔偿与补偿管理办法

（建议草案）

第一章　总则

第一条　为了加强海洋环境保护，整治海洋污染，恢复海洋生态，促进海洋经济的可持续发展，根据《中华人民共和国环境保护法》《中华人民共和国海洋环境保护法》《中华人民共和国渔业法》等法律法规，结合辽宁省实际，制定本办法。

第二条　在辽宁省管辖海域内发生的海洋污染事故以及其他各种

违法开发利用海洋资源等行为所导致的海洋生态损害，以及有关单位及个人实施海洋工程建设、海岸工程建设和海洋倾废等行为导致海洋生态环境改变的，应当缴纳海洋生态损害赔偿费和海洋生态损失补偿费。

第三条 有下列情形之一的，即是本办法所称海洋污染事故和其他各种违法开发利用海洋资源等行为：

（一）海上溢油污染；

（二）海上热污染；

（三）高浓度盐卤污染；

（四）未按照规定进行海上施工造成的污染；

（五）未按照规定进行水下作业造成的污染；

（六）未经批准的围海填海，或未按照规定进行先围后填的填海；

（七）未经批准的海洋倾废，或未按照规定进行的海洋倾废行为；

（八）其他各种造成海洋污染和各类违法开发利用海洋资源行为。

第四条 县级以上人民政府海洋与渔业行政主管部门应当代表国家及时向造成海洋生态损害和引起海洋生态损失的单位以及个人提出海洋生态损害赔偿和损失补偿要求。

第二章 海洋生态损害赔偿

第五条 海洋污染损害事故发生地的县级以上人民政府海洋与渔业行政主管部门，应当在海洋生态损害行为发生后及时采取应急处置措施，并在24小时内报告省海洋与渔业厅。

省海洋与渔业厅应当在事故或行为发生后15日内委托具有相应评估资质的单位进行海洋生态损害评估，并根据评估结果委托有关部门提出赔偿要求。

第六条 省司法局等法律援助机构有义务为上述部门提出赔偿要求等相关法律问题提供必要的法律援助。

第七条 下列海洋污染损害案件由省海洋与渔业厅处置并提出赔

偿要求：

（一）海洋污染事故的受害范围涉及两个或两个以上设区的市；

（二）海洋污染事故造成直接经济损失额在500万元以上的；

（三）涉外海洋污染事故或涉及港、澳、台地区的海洋污染事故；

（四）其他应当由省海洋与渔业厅提出赔偿要求的重大污染事故。

第八条　对本辖区海洋污染事故造成直接经济损失额不足500万元的，一般应当由设区的市、省财政直接管理的县（市）海洋与渔业行政主管部门提出相关的赔偿要求。

其他县（市、区）海洋与渔业行政主管部门对海洋污染提出赔偿的权限，由设区的市海洋与渔业行政主管部门规定。

第三章　海洋生态损失补偿

第九条　海域使用、海水利用及其他海洋开发利用活动的环境影响评价报告书（表），应当包括海洋生态损失补偿的内容。

县级以上人民政府海洋与渔业行政主管部门在海域使用、海水利用及其他海洋开发利用活动的审批中，应当委托专家对海洋环境评价报告书（表）中的海洋生态损失补偿费金额进行核定，并且告知申请人。

第十条　申请人应当在环境影响评价报告书（表）批复前或者取得海域使用证前缴纳海洋生态损失补偿费。

申请人不缴纳海洋生态损失补偿费的，海洋与渔业行政主管部门应当中止相关审批程序。

第十一条　凡属应当免缴海域使用金的用海项目，免缴海洋生态损失补偿费；凡属应当减缴海域使用金的用海项目，按相同比例减缴海洋生态损失补偿费。

第四章　赔偿费和补偿费的征收管理

第十二条　海洋生态损害赔偿费和损失补偿费由财政部门负责征收管理，由提出赔偿要求和具有相应审批权限的海洋与渔业行政主管部门具体征收。

第十三条　国家审批的用海项目，海洋生态损失补偿费由省海洋与渔业厅负责具体征收。

第十四条　海洋生态损害赔偿费和损失补偿费属于政府非税收入，应纳入财政预算，实行“收支两条线”管理。

第十五条　海洋生态损害赔偿费和海洋生态损失补偿费实行一次性征缴。

第五章　赔偿费和补偿费的使用管理

第十六条　海洋生态损害赔偿费和海洋生态损失补偿费专项用于海洋与渔业生态环境修复、保护、整治和管理。具体包括以下范围：

（一）海洋污染事故应急处置费用；

（二）海洋与渔业生态环境的调查、评价和管理费用；

（三）海洋与渔业生态环境的修复、保护和整治费用；

（四）海洋生态损害赔偿和损失补偿的调查取证、评估鉴定和民事诉讼等项目的支出；

（五）海洋与渔业生态环境保护的科学研究费用；

（六）其他必要的支出费用。

第十七条　海洋生态损害赔偿费和海洋生态损失补偿费的使用实行年度预、决算制度。各级海洋行政主管部门要按照预算管理要求，严格根据海洋生态损害赔偿费和海洋生态损失补偿费的支出范围，编制年度专项支出预算，并且报同级财政部门。

第十八条　省级留成的海洋生态损害赔偿费和损失补偿费分别用于省本级和补助各市、县海洋与渔业生态环境修复、保护、整治和管理，由省财政厅会同省海洋与渔业厅安排到具体项目。省海洋与渔业厅按规定程序编报年度项目专项支出预算。对省级安排各市、县（市、区）的项目，资金由省级财政部门逐级拨付。

第十九条　海洋生态损害赔偿费和损失补偿费应严格按照预算安排使用，专款专用，年终结余结转下年度使用。海洋生态损害赔偿费和损失补偿费的支付按照财政国库管理制度有关规定执行。

第六章　监督检查

第二十条　县级以上海洋与渔业行政主管部门应当按照管理权限

对造成海洋生态损害、损失的行为进行处置和提出赔偿、补偿要求，不得越权处置和提出赔偿、补偿要求。

第二十一条　海洋生态损害赔偿费和损害补偿费征收、使用和管理应当接受财政、审计、海洋与渔业行政主管部门的监督检查。

第二十二条　对违反本规定，多征、减征、缓征、停征、免征，或者侵占、截留、挪用海洋生态损害赔偿费和损失补偿费的单位及相关责任人，要依照相关法律法规依法进行处理。构成犯罪的，依法追究刑事责任。

第七章　附则

第二十三条　本办法由省海洋与渔业厅、省财政厅负责解释。

第二十四条　本办法自　　　　年　　月　　日起施行。

三、应当对海洋生态损害行政处罚的适用范围进行扩大

在被誉为中国海洋生态环境索赔第一案的“塔斯曼海轮”溢油案中，一审法院认定溢油所致生态损害的赔偿范围仅为环境容量损失、自然资源损失及相关的调查、监测评估与恢复研究费用，却对海洋生态服务功能的损失、海洋沉积物恢复费用、潮滩生物环境恢复费用、浮游植物恢复费用、浮游动物恢复费用等未予认定。因此我们认为，辽宁相关立法应当扩大海洋生态损害行政处罚的适用范围。

针对2011年的渤海湾溢油事件，国家海洋局对康菲公司处以包括停止回住、停止钻井、停止生产作业，重新编制海洋环境影响报告书，重新修订蓬莱19–3油田总体开发方案等五项决定。但是，根据相关报道所述，康菲公司之后所表现出来的一些行为，包括没有及时向社会公众公布溢油事故，未及时采取有效措施以及提供虚假报告等，由于我国法律法规没有规定并没有得到适当的处罚，这说明了《海洋环境保护法》仍然存在很多的不足之处。我们认为，在今后《辽宁省海洋环境保护方法》的修订中，可适当增加以下可以给予行政处罚的行为：

（一）应当增加对不及时公开海洋环境信息企业的处罚

在此次溢油事件中，早在2011年6月蓬莱19-3油田即已发现发生了溢油，而社会公众获得溢油信息却已是在时隔一个月以后，溢油事件的相关信息迟迟未向社会公开。这其中产生原因之一是海洋环境公开法律责任的制度方面存在缺陷。《海洋环境保护法》对海洋环境信息公开基本未涉及，而对于海洋环境信息公开责任则更无从谈起。针对海洋环境信息的专业性和特殊性，我们认为，海洋环境信息公开的主体不仅包括政府及政府部门，还应包括相关企业，而本文也仅仅是探讨作为行政相对人的企业应承担的信息公开责任。

对企业环境信息公开首次系统规定是《环境信息公开办法（试行）》（以下简称《公开办法》）。国家环境保护总局2007年第一次局务会议通过《公开办法》，于2008年5月1日起施行。该办法共二十九条，除了规定了相关环保部门的职责，还对政府环境信息公开和企业环境信息公开及违反《公开办法》应承担的法律责任做出了具体规定，对推进和规范环保部门以及企业公开环境信息，维护公民、法人和其他组织获取环境信息的权益，推动公众参与环境保护提供了法律法规的依据。该办法在第三章第十九条[①]和二十条[②]规定了企业环境信息公开的相关内容。根据其规定，企业环境信息公开分为自愿公开和强制公开。自愿公开属于鼓励性的，不具有约束力。强制公开属于义务性条款，具有约束力。然而，强制公开环境信息的企业限于

---

① 《公开办法》第十九条规定："国家鼓励企业自愿公开下列企业环境信息：（一）企业环境保护方针、年度环境保护目标及成效；（二）企业年度资源消耗总量；（三）企业环保投资和环境技术开发情况；（四）企业排放污染物种类、数量、浓度和去向；（五）企业环保设施的建设和运行情况；（六）企业在生产过程中产生的废物的处理、处置情况，废弃产品的回收、综合利用情况；（七）与环保部门签订的改善环境行为的自愿协议；（八）企业履行社会责任的情况；（九）企业自愿公开的其他环境信息。"

② 《公开办法》第二十条规定："列入本办法第十一条第一款第（十三）项名单的企业，应当向社会公开下列信息：（一）企业名称、地址、法定代表人；（二）主要污染物的名称、排放方式、排放浓度和总量、超标、超总量情况；（三）企业环保设施的建设和运行情况；（四）环境污染事故应急预案。企业不得以保守商业秘密为借口，拒绝公开前款所列的环境信息。"

“污染物排放超过国家或者地方排放标准，或者污染物排放总量超过地方人民政府核定的排放总量控制指标的污染严重的企业”，除此之外的企业，不属于此种强制公开环境信息的范畴。这样的范围未免过窄，一些企业排污虽未超标，但其生产和运行过程会损害海洋生态系统，这些企业的环保投资和环境技术开发情况，环保设施的建设和运行情况等信息都不在强制公开的范围内。因此《辽宁省海洋环境保护办法》应对会造成海洋生态损害的企业环境信息公开的范围、程序、责任等相关事项进行规定。

首先，扩大信息公开的主体。不应仅限于污染物排放超标的企业，由于海洋生态系统的脆弱和极难恢复性，生产要素涉及海洋领域的企业都有义务定期向公众公开信息，包括向海洋排放污染物的企业、船公司及进行海洋石油勘探的企业。其次，公开信息的范围涉猎面应更广。应当包括企业对总体开发方案的实行情况及环境保护设施使用情况；因船舶碰撞、石油勘探等海洋作业引发的突发性事故，包括溢油事故及其他污染海洋生态环境的事故；企业按有关规定编制的溢油应急划；事故处置工作进展的信息，包括采取的措施及其效果。再次信息公开程序可参照《公开办法》第二十一条的规定，① 按规定应向社会公开环境信息的企业，在所在地主要媒体上公布其环境信息，并将向社会公开的环境信息报所在地环保部门备案。最后不对上述信息进行公开的违法企业的行政责任规定也是不可或缺的，对应公开而不公开信息的企业，由辽宁海洋行政主管部门予以警告，并处十万元以下罚款，并代为公布。

（二）应当增加对未采取有效处理措施企业的处罚

发生溢油事件后，国家海洋局于 7 月 30 日下发通知，责令康菲公司限期彻底排查溢油风险点、彻底封堵溢油源、加快溢油污染处

---

① 《公开办法》第二十一条规定：“依照本办法第二十条规定向社会公开环境信息的企业，应当在环保部门公布名单后 30 日内，在所在地主要媒体上公布其环境信息，并将向社会公开的环境信息报所在地环保部门备案。”

置，然而期限届满，康菲公司没有完成两个“彻底”，直至10月14日海洋局通报溢油事故附近海面仍有油花溢出。三个多月的持续溢油使附近海域造成的生态损害是可想而知的，可是《海洋环境保护法》并未对此种不负责任的行为施以任何行政处罚，这样无异于给其他企业一个很不好的信息：在违法行为发生后即使没有及时有效地进行补救也不会受到行政处罚，这样对问题的处理是很不利的。因此，我们建议，应当在相关的立法中增加对未采取有效处理措施企业的行政处罚。这种行为的可罚性不应当被污染海洋行为所吸纳。

上文中介绍了“按日连续处罚”大陆法系模式的，这里在设置处罚时可采用此种模式。《辽宁省海洋环境保护办法》第三十一条对损害海洋生态系统的违法行为规定了法律责任，但处罚力度较小，我们建议针对此法条应做出以下修改：“违反本办法规定，有下列情形之一的，由海洋与渔业部门予以警告，情节严重的，处1万元以上3万元以下罚款；同时责令限期治理。期限届满仍未采取措施，或者采取治理措施不力的，由主管部门按照本法的规定，自期限届满之日的第二天起实施按日计罚，每日的处罚额综合考虑违法行为造成的损失、违法者的态度、违法所得、违法者的经济能力以及其他合理的事项：（1）使用有毒有害物质填海、围海的；（2）采挖海砂、砾石或者开发海岛及周围海域资源，未采取生态保护措施，造成海岛地形、岸滩、植被以及海岛周围海域生态环境破坏的；（3）在半封闭海湾、河口兴建工程建设项目，影响潮汐通道、行洪安全和降低水体交换能力的。”这样的修改加强了处罚的力度，更有利于违法企业及时有效的采取措施修护已受损的海洋生态环境。

（三）应当增加提供虚假报告污染企业的行政处罚

在国家海洋局规定的“两个彻底”期限届满之时，康菲公司不仅没有完成其各项要求，而且，还故意隐瞒真实情况，向国家海洋局提交了完成“两个彻底”工作情况的总结报告。康菲公司故意提交虚假处理报告的行为理应受到处罚。然而，在《海洋环境保护法》中并没有对此种故意提交虚假处理报告的行为进行处罚的规定适用，与其相类似行为的行政处罚规定在第七十四条和七十五条中。① 第七十四条第一款是对申报污染排放物时弄虚作假行为处罚的行政责任规定，第七十五条是对拒绝现场检查或在检查时弄虚作假行为处罚的行政责任规定，都不适用于此次康菲公司提交虚假处理报告的情况。

我们认为，在此次溢油事件中康菲公司各种行为主观上已经表明其不负责任的态度，客观上不利于事故的处理，主观恶性和客观后果都不亚于在申报污染物排放和在检查时弄虚作假的行为，因此，建议在《辽宁省海洋环境保护办法》中增加一条对违法企业在各种情形下弄虚作假行为的责任规定，即："违法企业存在弄虚作假行为的，包括对故意隐瞒真实情况，不报或迟报污染事故，提交虚假的处理报告等，由海洋行政主管机关予以警告，并处一定数额的罚款。"这样就涵盖了污染者在任何一个环节的弄虚作假行为，从而保证其在所有环节都能遵纪守法。

随着生态损害进入法律调整领域，人们对相关的立法也提出了更高的要求。此次发生在渤海湾的蓬莱 19-3 油田溢油事故暴露出海洋环境保护法规行政责任方面存在的缺陷和不足，我们结合实际为辽宁相关立法提出上述几点建议，希望立法者可以在行政处罚的设立以及适用范围方面更加的完善，最终，期冀能通过对违法企业施以严厉的行政处罚，可以逐渐减少甚至是杜绝破坏海洋生态环境的违法行为。

---

① 《海洋环境保护法》第七十四条：违反本法有关规定，有下列行为之一的，由依照本法规定行使海洋环境监督管理权的部门予以警告，或者处以罚款：

（一）不按照规定申报，甚至拒报污染物排放有关事项，或者在申报时弄虚作假的；

（二）发生事故或者其他突发性事件不按照规定报告的；

（三）不按照规定记录倾倒情况，或者不按照规定提交倾倒报告的；

（四）拒报或者谎报船舶载运污染危害性货物申报事项的。

有前款第（一）、（三）项行为之一的，处二万元以下的罚款；有前款第（二）、（四）项行为之一的，处五万元以下的罚款。第七十五条：违反本法第十九条第二款的规定，拒绝现场检查，或者在被检查时弄虚作假的，由依照本法规定行使海洋环境监督管理权的部门予以警告，并处二万元以下的罚款。

四、应当对海洋生态损害的行政处罚种类和数额加以改进

首先，虽然在我国的《海洋环境保护法》以及《辽宁省海洋环境保护办法》中都规定了“责令限期改正”、“责令停止生产或者使用”、“罚款”等多种行政处罚的种类，但是在实际执法时，我们认为应当以能从根本上杜绝生态损害发生的“责令停止生产或者使用”为主，而非当前的以罚款为主。其次，在具体处罚额度上，应当积极借鉴2008年修订的《水污染防治法》之先进经验，实行按损失比例处罚，对责任者的罚款额不应再设置上限，改变当前罚款额度普遍较低（根据目前的相关规定最高罚款仅为30万元）、威慑力明显不足的现状。

《辽宁省海洋环境保护办法》（以下简称《办法》）于2006年6月14日辽宁省第十届人民政府第59次常务会议审议通过，2006年8月1日起施行，是国家海洋局与辽宁省人民政府根据其上位法——《海洋环境保护法》，结合辽宁实际情况制定的地方性法规。该《办法》共三十七条，除了规定相关部门的法律责任外，还分别就海洋环境监督管理、海洋生态保护、海洋污染防治、海洋生态修复、海岸工程及海洋工程环境管理、海洋防灾减灾以及违反本《办法》必须承担的法律责任等作出了具体规定。造成海洋生态污染的行政相对人应承担的惩罚性行政责任主要是行政处罚，《辽宁省海洋环境保护办法》第三十一条规定了“罚款”，但是在对罚款设计上存在一定的问题，无法起到惩罚和警戒的作用，应进行改进和完善。此次溢油事件带来的海洋生态损害以及康菲公司的傲慢态度大家有目共睹，而中国海监第二支队政委何建苗表示此次事件最高处罚是20万。作为美国第一大炼油企业的康菲石油公司，在2011年世界500强位列第12位，资产超过1 563亿美元，康菲公司是其下属的全资子公司，目前员工超过500名，与中海油共同开发中国海上最大油田——蓬莱19-3油田，在北京、塘沽和蛇口等地都设有办公室。虽然我们没有

得到康菲公司资产总额的确切数字，但仅20万的罚款数额对于这样的石油巨头来说，根本无法起到罚当其过的惩戒作用。这也体现了我国海洋立法“违法成本低，守法成本高”的重大缺陷。但是，如果仅仅提高罚款额度，肯定会遭到一些企业的抵制甚至激烈反对，给执法工作带来不便，因此我们建议构建“按日连续处罚”制。

目前，许多国家和地区都针对持续性的环境违法行为，引入了按日连续处罚的机制，其中不仅包括像美国、加拿大、德国这样的发达国家，也包括像印度、菲律宾等这样的发展中国家，以及我国的香港特别行政区和台湾地区等。汪劲教授通过对各国、各地区相关法律规定的汇总分析，将“按日连续处罚”的规定大致分为“英美法模式”和“大陆法模式”两类。前者如美国和我国的香港特别行政区的规定，对于持续的环境违法行为直接进行按日连续处罚。后者如法国和我国台湾地区的规定，对于环境违法行为不论是否持续，先作为“一次”进行处罚并通知限期改正，届期仍未改正的再按日连续处罚，此种模式是作为执行罚来处理的。

2008年《中华人民共和国水污染防治法》在进行修订时，包括汪劲教授的一批学者曾经提出将“按日处罚”写入该法，但未成功。此后，经过一年多的改革，重庆和深圳率先尝试了“按日处罚”制度，并且获取了不错的效果。例如，《重庆市环境保护条例》第一百一十一条就率先规定了“按日连续处罚”制度，其规定：“对违法排污行为和破坏生态环境的行为造成严重环境污染或危害后果的，可加收2倍以上5倍以下的排污费。违法排污拒不改正的，环境保护行政主管部门可按条例规定的处罚额度按日累加处罚。有前两款规定情形之一的，对主要负责人处以1万元以上10万元以下罚款。”该条例的规定与“大陆法模式”相类似，我们认为，目前我国应采用此模式。因为“英美法模式”下的按日处罚是以本国强大的执法监督为前提的，这要求其海洋环境保护部门有充足的人力、物力、财力，可以有效地监督企业日常的生产活动以及时发现企业的违法行为。而我国的海洋环保部门人力、物力和财力不足，汪进教授在《构建我国环境立法中的按日连续处罚制》一文中提到，环保部门所有的人员中，只有不到1/3的人是外出执法的，而在这1/3的人当中，绝大部分又是专门负责收排污费的，真正现场执法的人很少①。这意味着企业的违法行为被发现的概率较低，除非违法企业自己承认，否则很难证明企业持续违法。再者，此模式并不是对所有违法企业进行按日罚款，而是给予那些被责令限期改正后仍未改正的企业以按日处罚，这就将选择权交给企业：若其可以在限期内改正将不会受到再次的处罚。因此，此模式虽然力度不及“英美法模式”，但是，其人性化地给予了企业一次整改的机会，使其对企业是一种压力的同时，也是促进企业积极改正的动力。

由于此次溢油事故是由于康菲公司违规生产造成，而《辽宁省海洋环境保护办法》中并没有规定海损溢油事故的责任，因此，我们建议应当及时修订《辽宁省海洋环境保护办法》，增加一条有关海损事故溢油事件责任的法条。具体如下：“由于下列原因造成海损事故溢油造成海洋生态损害的，由辽宁海洋行政主管部门予以警告，并处五万元以上二十万元以下罚款，并且责令其限期治理。期限届满仍未采取措施，或者采取治理措施不力的，由主管部门按照本法的规定，自期限届满之日的第二天起实施按日计罚，每日的处罚额度最多可达20万元。①船舶或油轮因碰撞、触损、搁浅等事故造成的泄漏溢油；②违规进行海洋石油勘探开发发生井喷、漏油事故；③海底管道渗漏，破裂造成的溢油事故。”

按日连续处罚的关键是如何科学地设定每日的处罚额。因为如果过轻，就会空有“按日处罚”的名头，而未达到“按日处罚”的效果，无法有效遏制某些违法行为；但是如果过重，又可能给企业造成过重的经济负担，影响社会经济发展。为此我们认为，上述数字应根据辽宁当地的经济水平，综合考虑违法行为造成的损失、违法者的态度、违法所得、违法者的经济能力以及其他方面合理的事项，来确定最终的处罚数额。“按日处罚”不仅仅是一种罚款，更带有一种惩罚

① 汪劲，严厚福．构建我国环境立法中的按日连续处罚制——以《水污染防治法》的修改为例［J］．法学，2007（12）：18.

性，是为企业无法履行承诺影响环境而应有的惩罚。所以在制定每日罚金时，也必须以督促企业尽快改进违法行为为目的，而非流于表面。当然，也有一些人会质疑此制度会滋生权利滥用行为，这是完全有可能的。但是这个问题可以通过完善行政罚款“收支两条线”和加强内部行政责任制度来解决。但是，这点也说明“按日连续处罚”制度要很好地发挥作用还要依赖于相关制度和措施的完善。

五、应当设立出台由第三方托管的海洋生态损害赔偿基金

海洋资源开发是一项高风险、高技术含量的产业，因此，其在开发的过程中，极容易发生海洋环境污染事故，事故发生后的生态修复就面临着巨大的资金问题。世界重要海洋国家很早就建立了海洋油污基金制度。例如，加拿大就制定了《加拿大航运法》，明确要求有哪些存在潜在污染可能的业主要提供油污防备基金，为溢油防备工作和合理的应急反应等工作提供足够的资金支持。而再看美国，在 2010 年英国石油公司（以下简称 BP）墨西哥湾漏油事件发生后不久，BP 在美国政府的要求下向肯尼斯·费恩伯格（Kenneth Feinberg）管理下的第三方托管基金“湾岸索赔工具”（Gulf Coast Claims Facility）拨出了 200 亿美元。迄今为止，总共已经有大约 67 亿美元从该基金中提走，这些所提出的资金除了用于向索赔人支付赔偿金外，同时还被用于支付清洁成本和通过向美国地方政府付款的方式来实施重建项目。因此，借鉴以上做法我们认为，辽宁应当制定出台相关的地方性法规或规章，设立类似的海洋生态损害赔偿基金，为在辽宁海域内受损的渔民提供必要的资金补偿。另外，我们还看到在美国墨西哥湾溢油事件发生之后，美国政府并没有一味地指望事故责任方的赔偿，而是在事故发生前，一直经营着一个应对这种突发事故的应急基金，利用这个基金在事故发生后最短的时间内调动全部应急源，及时处理事故。另外，美国还可以依法要求事故责任方设立基金来支付赔偿。所以，美国溢油基金的设立，有利于其及时处理溢油，更有利于及时挽

救受损的海洋生态环境，控制污染损害的进一步扩大。

然而反观我国渤海湾溢油事故爆发后，清污、堵漏、生态修复等各个环节资金都严重短缺，严重影响了海洋生态修复的进程。所以，为了更好地保护海洋环境，我国政府应当借鉴国外先进经验，积极设立海洋生态损害赔偿基金制度。海洋生态损害赔偿基金制度离不开国家政策的支持，我们认为，可以由辽宁地方政府出台相关法律法规或相关政策，明确规定地方政府、社会以及企业三方在基金制度中各自的权利义务，保证海洋生态损害赔偿基金制度能够落到实处。另外，为了明确基金的用途，应建立“一个案件一项基金”的专项赔偿基金制度。当发生海洋环境污染时，根据污染情况和涉及范围等因素确定动用基金的数额，并且坚持贯彻每次海洋污染单独对应一笔资金的原则，这样既能够提高基金使用效率，又便于行政监督。“一个案件一项基金”的专项赔偿基金和海洋生态损害责任保险，两者相辅相成，为我省海洋生态环境保护和建设保驾护航。

六、结论

虽然我们懂得，对于海洋的开发，应采取谨慎合理的态度，用科学的方法去进行开发和利用，保证海洋环境生态的可持续发展。然而实际上，在巨大的利益面前，很多的地方政府往往抱着“先污染后治理、先开发再恢复”的放松心态。此外，在我国海洋经济持续快速发展的同时，也存在着重近岸开发，轻深远海域利用；重资源开发，轻海洋生态效益；重眼前利益，轻长远发展谋划的“三重”与“三轻”的严重矛盾。而更为棘手的是，随着海洋资源开发的深入，我国海洋开发和海洋生态、资源以及环境的矛盾表现得越来越激烈和复杂。由于海洋的产业活动和开发利用活动发生在近岸海域，近岸开发已呈现明显的过渡状态。不合理的海洋开发，造成生态系统结构失衡与整体功能退化，生物多样性和珍稀濒危物种减少，生态灾害事件爆发的频率和强度持续增加。

海洋开发，如何在利用海洋资源的同时，避免污染和过度开发，预防海洋蓝色变黑色的悲剧发生，一直是学者研究的课题，也是政府的重大议题。我们期望通过上述研究，在理论上明确相关责任主体所应承担的海洋生态损害民事责任、行政责任和刑事责任，在实践上向我省相关立法机关提出资政建议和地方性法规的草案，弥补当前辽宁在海洋生态文明建设中存在的立法空白，希望藉此来加强辽宁海洋环境保护的工作。我们必须实行开发与保护相结合，法制与民治相结合、专管与群防相结合、标本兼治、优先治本，尽快遏制海洋环境质量下降的趋势，力争使得辽宁的海洋经济发展与海洋环境保护实现双赢。

参考文献

[1] 陈茂云．马骧聪．生态法学［M］．西安：陕西人民教育出版社，2000.
[2] 周珂．生态环境法论［M］．北京：法律出版社，2000.
[3] 曹明德．生态法原理［M］．北京：人民出版社，2002.
[4] 韩立新．船舶污染损害赔偿法律制度研究［M］．北京：法律出版社，2007.
[5] 郑冬梅．海洋生态文明建设——厦门的调查与思考［J］．中共福建省委党校学报，2008（11）：64.
[6] 李志文，杜萱．船舶压载水引发海洋生态损害的法律思考［C］//生态文明与环境资源法—2009年全国环境资源法学研讨会（年会）论文集，2009.
[7] 司玉琢，李志文．中国海商法基本理论专题研究［M］．北京：北京大学出版社，2009.
[8] 刘家沂．海洋生态损害的国家索赔法律机制与国际溢油案例研究［M］．北京：海洋出版社，2010.
[9] 岳小花，密晨曦．论国家索赔海洋生态损害的赔偿责任［J］．中国海洋大学学报，2011（3）：20.
[10] 韩立新．海上侵权行为法研究［M］．北京：北京师范大学出

版社，2011.
[11] 刘赐贵. 加强海洋生态文明建设 促进海洋经济可持续发展［N］. 人民日报，2012-06-07（3）.
[12] 周生贤. 生态文明建设与可持续发展［N］. 光明日报，2012-09-20（6）.

新时期我国生态文明法制建设问题探析

姜纪元　赵　晶

（大连大学法学院　116622　大连大学法学院　116622）

摘　要　伴随着我国经济的高速发展，生态危机问题渐渐地暴露出来，越来越引起国家和社会的关注。如何面对我国当前生态危机加剧的挑战，加强生态文明建设，实现生态文明的法治建设，推动整个社会走向生产发展、生活富裕、生态良好的文明发展道路，已成为法学、经济学和社会学领域专家、学者共同探讨的课题。

关键词　生态文明　法制建设　公众参与意识

一、我国生态文明建设现状及立法状况

1. 我国生态文明建设现状

我国是从20世纪中后期开始注重对生态环境的建设和保护，而生态文明的实践则是从党的十六大以后开始的，而且主要是从生态的角度来诠释生态文明。从生态文明的实践历程上来看，我国自“十一五”期间开始有了一定的突破性进展。为了推进生态文明建设的发展，在环境改造方面，“十一五”计划中明确规定，2010年单位国民生产总值能源消耗降低20%，主要污染物排放总量减少10%，森林覆盖面达到20%等指标，希望通过5年的努力，改善重点地区和城市的环境质量，控制温室气体排放，基本遏制生态环境恶化趋势。

为此，国家采取了一系列措施，并制定节能减排综合性工作方案，提出了45条政策措施，从生产、流通、消费和分配各个环节进行控制。各地也纷纷出台了一系列具体措施予以实施：如黑龙江省制定了节能减排综合性目标方案，制定松花江流域水污染防治规划内的项目建设时间表；辽宁省为推进建设“生态省”，整体投资规划总额为2 400多亿元，先行实施为期3年的重点区域、重点行业污染整治行动，计划到2025年重点建设6大生态区。“十一五”期间，我国共有1 000多个县（区、市）开展了生态县（区、市）的建设。生态省、市、县建设和生态文明建设试点促进了区域的转型发展，实现了环境换取增长向环境优化增长的转变，有效促进了生态环境、经济发展、社会进步的良性互动和良性循环。从总体上看，我国东部沿海地区由于具有较雄厚的经济基础、较先进的环境理念要求、较高的环境公共服务需求和较完善的制度保障，生态文明建设各领域都走在全国前列。

2. 制定生态文明建设的相关法律和政策

我国的生态文明法制建设起步于20世纪70年代，1973年召开了第一次全国环境保护会议，确立了环境保护工作的方针。此后颁布了一系列“三废”以及其他污染物的排放标准。1978年颁布的宪法第一次将环境保护写入到国家根本大法之中，环境保护成为国家职能。1979年，颁布《中华人民共和国环境保护法》（试行），标志着环境法独立法律部门地位的确立。80年代，我国以污染防治法为例经历了立法高潮，制定和修订了《中华人民共和国大气污染防治法》、《中华人民共和国水污染防治法》和《中华人民共和国固体废物污染环境防治法》等几个重要的污染防治的法律法规。这些法律法规的颁布为防治污染、保护环境发挥了积极作用。也促使了我国的经济建设指导思想发生了较大转变，一定程度上突出了源头控制、总量控制、集中控制。以保护和改善生态环境，维持资源的永续利用，促进社会经济的可持续发展为主要框架的环境保护法律体系已基本形成。

进入21世纪后，党中央和国务院在生态文明建设的政策发展方面，又做出了一些新的探索。如在2005年的松花江污染事件发生之后，国务院发布了《国务院关于落实科学发展观加强环境保护的决定》（以下简称《决定》），期望对现有的发展文明进行创新，首次从中央政府的法规文件层次上提出：建设生态文明，提出弘扬环境文化，倡导生态文明，以环境补偿促进社会公平，以生态平衡推进社会和谐，以环境文化丰富精神文明。《决定》中确认了环境文化和生态文明的法律地位，体现了环保宣传教育与环境意识培养的系统性、累积性和自觉性。2007 年，党的十七大报告中把生态文明建设纳入到全面建设小康社会奋斗目标体系中，提出要建设生态文明，基本形成节约能源资源和保护生态环境的产业结构、增长方式、消费模式。2011 年，国务院发布了《国务院关于加强环境保护重点工作的意见》（以下简称《意见》），要求深入贯彻落实科学发展观，加快推动经济发展方式转变，提高生态文明建设水平。同时，还提出推进生态文明建设试点，进一步开展生态示范创建活动。《意见》开始深入探索生态文明建设的措施和手段。2012 年，党的十八大报告把生态文明建设纳入全面建成小康社会的行为体系和目标体系之中，并把加强生态文明制度建设作为生态文明建设的落脚点。自此，我国的生态文明建设从战略高度上被推上国家建设的主战场。

二、我国生态文明建设中存在的问题

在党的十八大报告中我们看到了绿色家园建设的希望，但还要清醒地认识到，我国的生态环境形势十分严峻，因为作为人口最多的国家，我国的人均资源占有量大大低于世界人口，而且我国的经济增长依然是建立在能源消耗较高、影响生态环境较大的基础之上。虽然，党的十八大报告中将生态文明建设作为建设我国有中国特色社会主义的一个主要战略目标，国家也已采取了相应的措施来建设我国的生态文明，但是我们不得不承认，在我国的生态文明建设过程中存在许多的法律问题和制度上的障碍，而这些问题和障碍阻碍我国的生态文明建设的顺利进行。

1. 在经济高速增长时期，承受生态环境的沉重压力和引发的社会矛盾这个问题主要体现在两个方面：一是由于经济的快速发展所引发的生态环境恶化的问题。现阶段我国经济建设正处于进一步深化市场经济体制改革，不断完善社会主义市场经济体制时期。从发达国家经济发展的历史上看，这个阶段正是生态环境问题最严重的时期。而自然资源保护不利的一个重要原因，就是只重视经济发展，忽视生态文明的建设。这主要是因为发展观还停留在传统工业文明时期，而建立在工业文明基础上的发展观是一种狭隘的、片面的和非生态的发展观。这种发展观是以单一的物质现代化为价值目标，其结果是重视经济增长，忽视人的发展；重视经济价值，忽视人的价值和生态价值。二是在生态文明建设过程中暴露出的经济利益与环境保护的冲突。市场经济发展所追求的是高额利润，是相对少数人的利益，而生态文明建设体现的则是多数人的利益，二者处于对立状态。从我国宪法规范上看，我国经济是以公有制为主体，经济利益的主体和生态文明受益的主体具有统一性，这就在很大程度上增加了规范的难度。长期以来，GDP 增长率是评价地方官员政绩的一个不成文标准，导致一些地方为了追求一时的经济发展速度，不惜违背经济规律。其结果是，经济建设取得了“辉煌成果”，生态环境却遭到严重破坏，可持续发展受到极大影响。事实证明单纯的 GDP 增长指标不能全面真实地反映问题，它没有体现经济增长过程中的环境损失和资源消耗成本，留下了长远隐患。

2. 在生态文明建设过程中显现出立法的滞后性

经济的发展通常会直接或间接的影响着人类对于生态环境的态度，近几年，随着经济的飞速发展，世界上各个主要经济发达的国家都在以不同的程度通过不同手段和途径实现环境法的历史转型。1989 年 12 月 26 日，第七届全国人民代表大会常务委员会第十一次会议通过的《中华人民共和国环境保护法》（以下简称《环境保护法》），是在传统的“非持续发展”模式上建立起来的法律规范，没有体现自然环境在人类自身生存和发展的价值和权利。说明我国环境法在立法上还未转型，依然是以环境污染防治法为核心的传统型环境法体系。这就造成在体制上国家环境保护主管部门的职责范围依然限于污染防治，至于自然资源保护，则主要由相关的经济管理部门负责，这种环境法调整范围的局限性和环保部门职责的局限性是我国自然资源保护不力的一个重要原因。2008 年 8 月 29 日，第十一届全国人民代表大会常务委员会第四次会议通过的《中华人民共和国循环经济促进法》，规定的法律责任是主体共同且有区别的责任，主要体现为清洁生产、能源节约、生态设计、可持续的消费和环境友好的废物管理等方面的义务要求。《中华人民共和国循环经济促进法》作为一部新生的法律，很多条款并没有强制性的法律约束力，仅仅强调依靠行为人的自觉履行。因此，全体社会成员素质的高低直接影响着这部法律的真正效果。

3. 公民生态意识淡漠，显现出生态文明社会基础的薄弱

生态意识是生态理论体系的重要内容，是人们对生存环境的观点和看法，是人类在处理自身活动与周围自然环境间相互关系以及协调人类内部有关环境权益时的基本立场、观点和方法。具体来说，就是处理眼前利益和长远利益、局部利益和整体利益、经济效益和环境效益、开发与保护、生产与生活、资源与环境等关系时应具备的生态学观念和常识，其主要内容包括生态道德意识、生态忧患意识、生态科学意识、生态价值意识和生态责任意识五个方面。近几年来，我国公民的生态意识有了很大的提升，但是人们对资源环境生态问题的认识还远远跟不上社会发展的要求。对在校大学生生态环境意识的调查结果表明：大学生生态教育在很大程度上是靠媒体宣传，学校教育远远不够；大学生环境意识较为薄弱，除了法学专业的学生，其他在校大学生对环境保护法还了解不够；大学生虽然具有一定的生态道德观念，但并未成为大学生自觉的行为准则。从大学生生态文明意识的状况，也可以部分地反映出我国公民的生态文明意识。公民的生态文明意识的水平和生态文明的发展状况，则直接反映了人的全面发展程度和社会文明进步的程度。在经济快速发展过程中，如果公民的生态意识跟不上社会发展的要求，仍然滞留在传统的环境价值观层面上，说明我国的生态文明社会基础还很脆弱，生态环境恶化的趋势就不能从根本上得到遏止。从这个意义上看，全面提升公民的生态意识是实现

现代生态文明的一个深层次的问题。

三、解决我国生态文明法制建设问题的对策及建议

生态文明的法制建设是实现依法治国方略的重要内容，是维护国家利益的重要保障。面对现实中屡遭破坏的生态环境，我们必须加快生态治理的法制化，依法规范环境秩序，营造良好的生态环境。

1. 进一步完善我国现有的环境保护法律制度

生态文明是应对当前的生态危机而产生的一种新兴的文明形式，是人类文明发展的一个新的阶段。因此，在生态文明建设中，有必要对我国现行法律进行修改和完善，使其适应我国生态文明建设的需要。

（1）调整和补充现行的《环境保护法》内容。在《环境保护法》中确立可持续发展的指导思想，使生态环境立法紧跟人类社会进步的步伐；将“以经济建设为中心”的条款调整为“以生态建设为中心”或者向“生态与经济查协调”倾斜，把生态建设放在一个重要的位置上。

（2）将“生态文明”写入宪法，以确立生态文明的宪法地位。宪法作为我国的根本大法，它对环境和资源保护做出的一系列规定，是国家环境与资源保护活动的基石。《中华人民共和国宪法》第二十六条中已经明确规定：国家保护和改善生活环境和生态环境，防治污染和其他公害。这一规定表明环境保护是国家保护的一项基本职责。还可以将可持续发展战略纳入宪法之中，为生态文明建设提供坚实的依据。

（3）将“人与自然的关系”充实到法律调整对象之中，以具有普遍性、强制性和规范性的法律实现人与自然关系的和谐，以便能更好地运用法律手段来保护生态环境、缓解生态危机。

2. 建立完善的执法机制，保障执法监督

执法是生态文明法制建设的重要环节，是实现依法治国的重要保障。一直以来，我国生态执法强调的是以行政为主导，这就在一定程度上降低了司法地位和功能，影响了执法与司法的合力。因此，在加

大生态文明建设过程中，健全执法机制，加大生态执法和司法力度。这就要求：

（1）建立高素质的执法队伍。要求提高执法、司法机关及其工作人员的生态保护法律意识，因为执法人员的法律意识水平直接决定着法律是否能被准确执行和适用。

（2）规范生态行政执法手段。要求以确保破坏生态环境的犯罪案件能够得到及时查处为着眼点，建立以检察院机关为主体的公益诉讼制度。人民检察院作为监督机关应享有一定的公益诉权，针对生态环境问题建立一种适合公益诉讼的特定程序，使检察机关参与公益诉讼既有立法依据，又能在司法程序上得到保障，以提高生态执法、司法保护的质量，从而显现执法机关生态执法的法律效力。

3. 全面提升公众生态意识，健全公众参与机制

从目前我国公民的环境守法意识来看，还是停留在不触犯国家强制性法律规定的层面上，在日常生活与工作中仍以自身利益为出发点，甚至会为了保障自身利益而不惜牺牲生态利益。所以，提高公民的环境守法意识，营造全民生态文明的氛围，是迫在眉睫的重要任务。

（1）国家要通过对公众开展宣传教育，提高公众的主体意识、权利意识和法律意识，认识到自己是生态环境保护的主体，拥有生态环境的使用权，同时也有承担保护生态环境的义务和责任。让公众认识到在人与自然的法律关系中，守法更应该依赖的是自觉行为而不是国家强制手段的压力。

（2）在提高公众生态意识的同时，加强生态文明建设的公众参与度。要认识到公众是生态文明建设的主体，政府在制定保护生态环境政策时，必须建立在广泛听取民意的基础之上。只有充分反映人民的需要，政府制定的政策才有说服力和影响力，才能使公众在参与中形成关注生态、保护环境的自觉行为，才能有助于和谐社会的发展。

（3）保障公众参与生态文明建设的知情权。这是因为公众参与权实现的前提条件是公众具有充分的知情权，我国现有的《环境影响评价法》虽然对公众参与环境评价做了一些规定，但却对公众的环境知情权未做相应的规定，从而使得公众参与环境影响评价机制在

根基上存在重大缺陷。因此，要保障公众参与生态文明建设的知情权，就要保证公众参与监督程序的完备性、公正性和可操作性。可以采取听证会、论证会、公众座谈、网络互动等多种参与方式，不断完善生态环境信息公开制度，保障公众参与生态文明建设的知情权。

四、结语

生态文明是人类历史发展的必然趋势，21 世纪又是生态文明建设的新世纪，人们崇尚生态文明的新纪元已经到来。社会经济发展与生态破坏之间的矛盾在一定时期内将持续存在，我们要结合我国当前现实的国情，在尊重自然、保护自然的前提下摒弃传统的工业文明，进行生态文明建设。而要做到这一点，就只有加强生态文明的法制建设，建立良好的法律制度体系，才能为生态文明建设提供根本性的保障。通过生态文明建设来实现人与自然、人与人、人与社会和谐共生、良性循环、协调发展。

参考文献

[1] 刘爱军. 生态文明与环境立法［M］. 济南：山东人民出版社，2007：140-145.

[2] 郑占军，杜新垚. 论建设社会主义生态文明进程中的环境法治要素［J］. 法制与社会，2008（19）：2.

[3] 黎满云，屈建平. 生态文明背景下的环境法治建设［J］. 新疆环境保护，2008（2）：16

[4] 蔡守秋. 我国环境法治建设的指导思想与生态文明观［J］，宁波大学学报. 2009（3）：5.

[5] 路军. 我国生态文建设存在问题及对策思考［J］. 理论月刊，2010（9）：4.

[6] 李颖，杨航征. 生态文明建设的环境法治保障机制探讨［J］. 法制与社会，2012（32）：26.

论我国生态文明法治建设中几个瓶颈问题

李芹叶
（东北财经大学法学院 116025）

摘 要 环境生态危机已经成为威胁人类生存与健康，制约经济发展和影响社会稳定的直接因素。生态文明建设是解决环境生态危机，正确处理人与自然、人与人关系的一种文明建设活动。环境法治保障机制的构建为生态文明建设提供了制度性保障。本文结合我国生态文明法治建设的现状，指出我国生态文明法治建设中急需解决的几个瓶颈问题，并指出了突破瓶颈问题时应注意解决的重点问题。

关键词 生态文明 环境权 生态环境保护法 环境公益诉讼

生态文明是人类文明的一种形态，它以尊重和维护自然为前提，以人与人、人与自然、人与社会和谐共生为宗旨，以建立可持续的生产方式和消费方式为内涵，以引导人们走上持续、和谐的发展道路为着眼点。生态文明强调人的自觉与自律，强调人与自然环境的相互依存、相互促进、共处共融，既追求人与生态的和谐，也追求人与人的和谐，而且人与人的和谐是人与自然和谐的前提。可以说，生态文明是人类对传统文明形态特别是工业文明进行深刻反思的成果，是人类文明形态和文明发展理念、道路和模式的重大进步。

从 20 世纪 60 年代末 70 年代初开始，西方国家爆发了一场新的社会运动——生态运动。这场运动风起云涌，其影响迅速向全球扩展，最终引起了国际社会的广泛关注。1972 年联合国在斯德哥尔摩召开人类环境会议，这是世界各国政府共同讨论当前环境问题，探讨生态保护全球战略的第一次国际会议，是生态环境问题开始列入人类发展日程的标志。1980 年 3 月，联合国大会首次使用“可持续发展”一词。1983 年 11 月，联合国成立了世界环境与发展委员会。联合国要求该委员会以“可持续发展”作为基本纲领，制定“全球的变革日程”。该委员会于 1987 年将经过论证的报告——《我们共同的未来》提交给联合国。报告比较系统地提出了可持续发展战略，标志着可持续发展观的正式诞生。在全球环境继续恶化，经济发展矛盾重重的背景下，联合国环境与发展大会于 1992 年 6 月在巴西里约热内卢召开会议。会议通过和签署了《里约热内卢环境与发展宣言》《21 世纪议程》等重要文件。这次会议对工业革命以来形成的“高生产、高消费、高污染”的传统发展模式及“先污染、后治理”的路子进行了否定，可持续发展概念被普遍接受。可见，摒弃工业文明的弊端，走一条保护生态环境的可持续发展道路，正被越来越多的国家和领导人所接受。因此，确立“生态文明”思想，实现人类文明观的转型，已势在必行。

在我国，2007 年 10 月 15 日，胡锦涛总书记在十七大的政治报告中强调：要建设生态文明，基本形成节约能源、资源和保护生态环境的产业结构、增长方式、消费模式；循环经济形成较大规模，可再生能源比重显著上升；主要污染物排放得到有效控制，生态环境质量明显改善；生态文明观念在全社会牢固树立①。这是我国第一次将生态文明与物质文明、政治文明、精神文明一道并列成为社会主义现代化的重要内容和标志。同时，党和政府提出的“倡导生态文明，强化环境法治”和“建设生态文明”的目标，表明了我国已经认可了将生态文明与环境法治建设密切联系的现代文明理念。生态文明建设包含了环境法治建设；环境法治建设又反过来为生态文明建设的顺利进行提供了强大的法律保障。但我国的生态文明法治建设仅处于起步

① 胡锦涛．高举中国特色社会主义伟大旗帜 为夺取全面建设小康社会新胜利而奋斗——在中国共产党第十七次全国代表大会上的报告［J］．今日浙江，2007（20）：2.

阶段，并面临着诸多瓶颈问题，这些问题严重制约着我国生态文明法治建设的步伐，这些瓶颈问题不能得到妥善解决，我国的生态文明法治建设就难于取得突破性的进展。

瓶颈一：环境权
——基础性权利的缺失

环境权是20世纪60—70年代世界性环境危机和环境保护运动的产物，是人们对人与自然的关系做出全面深刻的反省之后形成的新的生存与发展的权利观。在1972年《人类环境宣言》（以下简称《宣言》）中，环境权作为一项新的基本人权为世界所接受，该《宣言》也成为人权发展历史上的一座里程碑。环境权现已成为当代人权的核心内容之一。

众所周知，一套成熟的权利体系是各个部门法建立的理论基础，任何部门法都必然有其各自的权利体系。如果没有这些权利，这些部门法就成了“无源之水，无本之木”，就徒具空壳，毫无作用。由于环境法的发展只有三十多年的历史，人们将其作为一个部门法来对待的时间更短，所以环境法一直没有自己的权利体系，其权利大部分是从其他部门法借来的，这就使环境法在司法实践中一直没有发挥作用的空间。

法律确认环境权的主要意义在于，能为公众参与环境保护提供坚实的权利基础和广阔的维权通道，可以在根本上壮大公众参与的力量，从而促进环境保护事业跨越式的发展。这是因为：一方面环境权被法律确认后，一旦公民所在生活环境的环境质量因环境污染或破坏而低于或极有可能低于环境质量标准时，即使公民的人身和财产尚未因污染或破坏而发生实质损害，公民也有权提起环境权之诉；另一方面以环境权为基础的诉讼，能将“污染行为——环境质量受损——人身和财产受损”的复杂因果关系证明简化为“污染行为——环境质量受损”的简单因果关系证明，大大降低环境侵害因果关系的证明难度，从而推动环境维权走出困境和尴尬。

从全球环境立法实践来看，1972年的《人类环境宣言》和1998年的《奥斯胡公约》等国际环境条约明确规定或提到了环境权。此外，美国、法国、俄罗斯、韩国等60多个发达国家和发展中国家的宪法和环境法还对环境权进行了直接或间接的规定。作为生态文明新思想发源地的全球第二大经济体，我国理应借鉴世界各国的经验，并顺应生态文明建设的时代需要，在《中华人民共和国宪法》和环境法律中确认环境权，并具体规定保障其实现的环境知情权、环境参与权和环境诉讼权等派生性权利，从而为公众参与环境保护提供坚实的权利基础和有效的制度通道。而我国的现实情况是宪法及其他相关法律中没有对环境权的明确规定，这也造成了我国的环境污染纠纷难以通过司法途径加以解决的现状。据不完全统计我国环境污染纠纷以每年超过20%的速度递增，但真正通过司法诉讼渠道解决的不足1%。近年我国环境群体性事件也频繁发生，其主要原因之一即公众缺乏或难以通过法律手段参与环境行政决策程序，遂引发一些群体性事件，威胁到社会和谐与稳定。

当然立法中要确认环境权这一权利体系也面临的诸多难题，环境权这一概念虽然已被国际社会及各国所承认，但对于环境权权利体系的具体内容仍处在不断的理论争议当中，其核心问题主要是以下两方面：

一是环境权的主体。自然人作为环境权的主体学界意见较为一致，但对于法人、其他组织以及国家能否作为环境权的主体，环境权的主体是否包括全人类，是否包括非人自然体则一直是理论界争论的焦点。笔者认为从环境权产生的历史来看，我们对环境权的确认是基于对全人类的利益的保护，是基于代际公平与代内公平、种际公平与种间公平这一观念，因此承认全人类及非人自然体是环境权的主体势在必行。当然承认二者的主体地位与如何行使环境权是两个问题，有学者否定二者的主体地位主要是从权利无法行使这一角度得出的结论，笔者认为这两类主体的环境权完全可以通过特殊的诉讼制度来实现，其权利实现并非不可能。而对于法人、其他组织及国家能否作为环境权的主体问题，笔者认为值得商榷。

二是环境权的具体权利内容。对于环境权的具体权利内容不同领域的学者提出了不同的观点，如有的学者主张包括生态性权利和经济性权利，有的学者主张包括生态性权利、经济性权利和精神性权利等。笔者认为我国立法对于环境权权利内容的界定，可以以操作性作为界定原则，避免理论上对环境权权利内容的泛化。按照这种标准来看亟须确认的环境权的权利内容至少应包括环境资源的利用权、环境状况知情权、环境事务参与权以及环境侵害赔偿请求权等。

瓶颈二：生态环境保护法——基础性立法的缺失

我国真正意义上的环境立法始于1979年第五届全国人大常委会第十一次会议原则通过的《中华人民共和国环境保护法（试行）》。在此基础上，1989年第七届全国人大常委会第十一次会议通过的《中华人民共和国环境保护法》（以下简称《环境保护法》）是根据1982年《中华人民共和国宪法》（以下简称《宪法》）第二十六条“国家保护和改善生活环境和生态环境，防止污染和其他公害”的要求，结合当时环境保护发展的新形势、新情况、新要求，总结了十多年来中国环境保护工作的经验，吸收了国外环境立法的成功做法，在对《中华人民共和国环境保护法（试行）》进行较大幅度修订的基础上重新颁布的。《环境保护法》的制定和颁布标志着我国环境保护事业走上了法制化的轨道，也标志着环境保护法成为一个独立的法律部门，确立了《环境保护法》作为环境基本法的地位。

自1989年，特别是全国人大环境与资源保护委员会成立后，我国先后制定和修改了20多部环境与资源保护法律，初步建立了“环境与资源保护法律体系框架”。《中华人民共和国土地管理法》《中华人民共和国防沙治沙法》《中华人民共和国水法》等资源保护法律都明确将“促进社会经济的可持续发展”作为立法目的，并更加关注自然资源的生态功能。一些新修订或制定的环境保护法律、法规如《中华人民共和国水污染防治法》《中华人民共和国大气污染防治法》

《中华人民共和国噪声污染防治法》《中华人民共和国固体废物污染环境防治法》《中华人民共和国清洁生产促进法》《中华人民共和国环境影响评价法》《中华人民共和国放射性污染防治法》及《中华人民共和国排污费征收使用条例》等都对原有的环境法律制度和措施进行了突破和创新，使《环境保护法》的规定不仅显得严重滞后和苍白无力，而且还与新修改的一些规定如超标排污、限期治理、环境影响评价、排污收费等以及相应的法律责任都发生明显的冲突，致使《环境保护法》的执行处于无所适从甚至失效的尴尬境地。

众所周知，完善的立法体系最基本的特点是其系统性和完整性，以及不同层次立法之间的相互配合与协调。但《环境保护法》作为环境基本法未起到统领环境资源法律体系的作用，导致环境立法体系不完善，存在诸多缺陷。纵观我国关于环境管理体制的规定，常常出现部门规章之间相互矛盾，不同级别和层次的立法存在不一致的现象，并且环境立法中也时常出现喧宾夺主的现象，本应是具有较高位阶、通过严格的立法程序制定的法律和行政法规占据主导地位，但我国关于管理机构的设置及其职责往往通过政府文件的形式确定，这就造成规范性文件与法律规定之间的冲突，损害了环境立法的严肃性和稳定性。

另一方面，世界上许多国家已把可持续发展理论作为环境立法的指导思想，而我国《环境保护法》并没有明确地将可持续发展作为环境资源保护与防止污染的指导思想。该法第一条规定："为保护和改善生活环境与生态环境，防治污染和其他公害，保障人体健康，促进社会主义现代业化建设的发展，制定本法。"可见，《环境保护法》将"促进社会主义现代业化建设的发展"作为立法目的缺乏科学性。我们知道，就现代化而言，可以通过"先污染、后治理"的发展道路来实现。虽然早在1987年联合国就首次提出了"可持续发展"的概念，但客观而论，我国环境保护工作在很大程度上仍滞留在计划经济体制和粗放经营方式的层面上，不少地区尤其是西部地区还在走"先污染、后治理"的老路，还未达到在市场经济体制条件下实现经济、社会和环境可持续发展的高度。

指导思想的落后与效力等级错位已经使《环境保护法》丧失了环境保护基本法的地位，从而也导致了我们所需建立的生态文明法治建设中的基本法缺失。因此，必须改变现状才能奠定生态文明法治建设的基础。在我国《环境保护法》修改的过程中，学者们无一例外地都提出了要改变立法指导思想提高该法效力等级的意见。

在国际上，1972 年的人类环境会议和 1992 年的环境与发展里约峰会的召开标志着国际环境法经历了一个由慢到快、由小到大、由零散到系统的产生和发展过程。国际环境法的产生与发展及其所确立的可持续发展思想，以及“防止生物圈恶化”和“为了人类共同利益”的国际环境立法目的都对国内环境法产生了影响。从 1996 年 10 月 26 日颁布的《中华人民共和国噪声污染防治法》开始，在所有以后制定的环境法律中都加入了“促进经济和社会的可持续发展”这一国际环境立法的新理念。环境法的立法目的是指导环境立法的总的指导思想和价值追求。它对于我们更好地理解环境法律规范、更好地执行环境法律以及更好地做好环境司法工作都有着十分积极的意义。因此，为了使《环境保护法》适应新时代的要求，建议将《环境保护法》第一条关于立法目的和任务的规定修改为：为了保护和改善生活环境和生态环境，保护和修复自然生态，防止污染和其他公害，保障人体健康，实现环境、经济和社会的可持续发展，有利于构建社会主义和谐社会。

笔者认为，在修改完善《环境保护法》时应考虑将该法名称修改为“生态环境保护基本法”，由国务院法制办或全国人大环境与资源保护委员会修改起草并提请全国人大通过。从而确立该法在生态文明法律体系中的基础法地位，让其作为母法和龙头法，对整个环境资源立法进行统领和指导。在此基础上健全和完善由污染防治法、资源保护法和生态保护法为基干的生态文明建设法律体系。制定新法，填补立法空白；健全和完善现行环境资源立法，以适应生态文明建设新形势的需要；对民法、行政法、刑法和经济法等传统部门法进行“生态化”的改造，确认环境权益，使所有的法律握指成拳，形成生态文明法治建设的整体合力。

瓶颈三：环境公益诉讼制度
——司法监督保障机制的缺失

长期以来，我国实行国家环境管理的单轨运行机制，由各级政府环境保护主管部门以国家名义和法律形式全面行使环境保护的监督管理职能，并对社会的环境保护进行预测和决策，政府在环境保护中起着核心作用。虽然政府可以凭借其星罗棋布的行政权力网络实现对各类社会危害行为的监控，迅速制止各种环境侵害行为，及时地保护社会公共利益，而且其环境行政行为还可以对环境保护工作进行整体协调，对环境污染和破坏进行预先控制，在培育环保市场、建立市场机制方面也可以起到基础性作用，甚至其对经济活动的适度干预，还可以纠正人们行为的外部性。但是，由于环境问题的广泛性和复杂性，单靠政府来提供环境公共物品或者说应对生态危机，存在着很大的局限性，甚至出现了政府失灵现象。其次，由于受传统生存方式的影响，各国政府几乎都将追求经济的高速增长作为己任，在面临环境污染与经济增长相冲突时，往往做出妥协，以牺牲环境为代价，这种失误性的决策行为导致了生态环境加剧恶化。有鉴于此，在政府行政权力之外建立环境公益诉讼等司法监督机制，运用司法手段保护生态环境则显现出更重要的意义。

环境公益诉讼是指公民、社会团体、特定的国家机关等为了维护环境公共利益，依法对侵犯环境公共利益或可能侵犯环境公共利益的违法行为，向法院提起诉讼，由法院追究环境违法主体法律责任的法律制度。环境公益诉讼制度的建立具有重要的现实意义，表现在：

（1）环境公益诉讼是对政府有限执法资源的重要补充。政府机构的资源有限，不可能对全部环境污染行为进行及时有效地处理。环境公益诉讼可以让包括环保团体在内的多个主体，在政府未能执行环境法律的情况下成为补充，保证环境法律的有效实施。

（2）环境公益诉讼制度的建立有利于推动环境保护的公众参与。在我国的环境保护法律中，基本上确立了公众参与环境保护的原则，但并没有公众参与的具体途径。通过建立环保公益诉讼，就可以给公众参与环境保护提供一条具体的途径，有利于发挥公众参与环境保护的积极性。

(3) 环境公益诉讼制度的建立会给环境破坏者一种强大的压力，迫使其自觉遵守环保法的规定。一些企业之所以不遵守环保法的规定，是因为受到地方政府或明或暗的保护，而公众对其又无可奈何，使得他们更加有恃无恐 如果建立了环保公益诉讼，就会把环境破坏者置于公众的监督之下，从而迫使其不得不守法。

(4) 公益诉讼的案件处理结果不仅与原告及原告之外的众多社会成员直接相关，也常常与公共政策调整、立法的修改完善等密切相关。环境公益诉讼案件的处理通常具有强烈的公共政策导向，这无疑会对一般公众、行政机构及各种利益集团在同类事件、同类行为中提供基本的行为准则，从而对环境保护工作产生更广泛的影响。

(5) 环境公益诉讼不仅包括对污染者提起的民事诉讼，也包括对行政机关提起的行政诉讼，即对那些不履行环境保护法定职责的行政机关，可以由公民或者组织、团体对其提起行政诉讼，这样就迫使行政机关不得不严格执法，使环境保护的法律规定得到真正的实施。

可以说环境公益诉讼制度是发挥司法监督保护职能，确保生态环境保护有效进行的一种有效手段，是生态文明法治建设中不可或缺的一环。在我国新修订的《民事诉讼法》中虽然规定可以提出环境公益诉讼，但是由于现行法律缺乏对公益诉讼制度的具体规定，使得实践中适用法律时无所适从。因此我国的环境公益诉讼制度可以说仍处于缺失状态。2012 年 12 月 31 日，山西天脊煤化工集团苯胺罐区因输送软管破裂发生苯胺泄漏，污染物流入浊漳河，进而排入下游河北省邯郸市、河南省安阳市境内，此次污染涉及 80 公里，跨越三省。2013 年 1 月 9 日河北省邯郸市冬泳协会正式向山西天脊煤化工集团提起诉讼。这是邯郸市首个民间组织因水污染事件向山西省有关部门和单位提起公益诉讼。与此同时，律师殷清利以个人名义起诉天脊煤化工集团，要求这家造成苯胺泄漏事故的工厂赔偿损失并道歉。遗憾的是两个案件的诉状提交 24 小时后，均以撤诉无果而终。上述事例无一不充分暴露了我国在生态环境保护司法监督机制方面存在立法缺陷与空白。

在《民事诉讼法》关于公益诉讼规定的基础上，构建我国的环境公益诉讼制度，已成为我国生态文明法治建设中一项当务之急的任务。对于我国的环境公益诉讼制度的构建，笔者认为着重要处理好以下几个问题：

（一）环境公益诉讼的原告资格问题

笔者认为，我国环境公益诉讼的原告类型可以包括四种：环境行政机关、检察机关、环保团体和公民。根据其代表利益和团体内容，可以分为“公权主体”和“私权主体”两类，其中环境行政机关和检察机关属于“公权主体”，环保团体和公民属于“私权主体”。第一，环境行政机关的原告资格。在我国现有的环境管理体制下，环境行政机关由于设置相对广泛，依靠自身的权威性以及所享有的公共资源的便利性，当环境公益受到侵害时，它是最有资格启动环境公益诉讼的起诉主体。这样不仅能够使侵害社会公共利益的行为处于严密的监督和有效遏制之下，维护公民、法人和国家的经济利益，还可以在最大程度上保证起诉标准的统一公正，避免私人起诉可能产生的报复和滥诉弊端，实现诉讼的效率与效益。由此可见，环境行政机关的原告资格是适合我国国情的，也符合法理上的一般原则性规定。第二，检察机关的原告资格。检察机关历来都是国内外学者认为的最适格的环境公益诉讼主体。目前看来，我国的检察机关在环境公益诉讼中发挥了重要的作用，起到了指导性和示范性的模式效应。但必须看到的是，在现实的条件下，检察机关或多或少的还是收到来自地方保护主义和部门利益的压力。第三，环保团体的主体资格。构建我国的环境公益诉讼制度，我们应当充分发挥环保团体的重要作用。环保团体相对于公民个人拥有更专业的环境和法律知识以及充足的人力财力等，这保证了它可以更好地开展与环境违法者的斗争。因此，笔者认为应当把它列为环境公益诉讼原告主体，赋予其环境公益诉讼的起诉资格。实践表明，越来越多的环保社团的成立不仅推动了环境法律的完善，而且激发了公民参与环境管理的热情，促使公民积极地参加环境保护教育、监督环境法律的实施。第四，公民的主体资格。2012 年修订的《民事诉讼法》中只规定了机关和有关组织可以提起环境公益诉讼，但并没有赋予公民个人诉讼主体资格。针对公民的环境公益诉讼主体资格，笔者认为可以在相关法律中作如下的规定：在我国，当行政机关不履行环境监管职责或者行为人的环境违法行为对环境公共利益造成或者可能造成侵害时，任何公民个人都可以以自己的名义向法院提起环境公益诉讼，请求行政机关履行其法定的监管职责或者违法主体停止其侵害行为。只有这样才能充分保障环境公益诉讼司法权价值目标的实现，真正保护公民的环境权益。

（二）环境公益诉讼的受案范围问题

笔者认为环境公益诉讼的受案范围具体可分为两种：一种是环境行政公益诉讼，它是针对环境行政主管部门未能履行环境法律规定义务而提起的诉讼；另一种是环境民事公益诉讼，它是针对任何主体因为污染或有可能污染环境而提起的诉讼。第一，环境行政公益诉讼。构建我国的环境公益诉讼制度应当把抽象行政行为也纳入到环境行政公益诉讼的可诉范围中。在美国的公民诉讼制度中，不仅仅是自由裁量行为，环境行政主管部门的任何行政行为都可以成为公民诉讼的对象。换句话说不仅针对行政主体的具体行政行为是可诉的，行政主体侵犯环境公共利益的抽象行政行为也是可诉的。抽象行政行为往往比具体行政行为的影响范围更大，而且对环境公共利益的损害程度也更深，因此把抽象行政行为纳入到环境公益诉讼的可诉范围中是十分必要的。第二，环境民事公益诉讼。针对环境污染提起的环境民事公益诉讼，是以企业等主体违反污染防治义务为前提的。美国的公民诉讼制度关于违反义务的具体时间的司法判例虽然不尽相同，但 1990 年通过的《清洁空气法》修正案采用的是最广义的解释，即公民可以对过去的环境违法行为提起公民诉讼。实际上违法时间并不是最主要的因素，只要存在违法行为，就有对环境造成侵害的可能。所以不论违法时间为何时，都有必要通过环境公益诉讼来督促其改变违法状态、自觉遵守环境法律，我们应当采取最广义的解释，把这些违法行为也纳入到环境公益诉讼的可诉范围。

（三）环境公益诉讼的举证责任问题

民事诉讼中举证责任一般适用“谁主张，谁举证”的规则，而环境公益诉讼则应适用的是举证责任倒置这一例外规则。举证责任倒置只是一定范围内的倒置，并不是由被告承担全部的举证责任。但无论举证责任在哪一方，一般都是由举证方去搜集相关证据，举证方受制于自身的实际条件很难取得全面的信息；同时由于环境侵害的复杂性和不确定性以及现有的专业技术水平的限制，所以对损害事实和因果关系的认定是有难度的。因此，笔者认为：我国应当尽快设立一批权威的专业鉴定机构，制定一套环境公益损害的相关具体认定标准和操作方法，以规范鉴定评估行为。因为国内现有的鉴定机构不仅数量上很少，而且受制于自身组织的松散和现有的规范标准，所以得出的鉴定结果的可信度并不高。另外，我们还可以借鉴国外诸如盖然性因果关系理论等专业的推定制度，提高鉴定的科学性。

（四）环境公益诉讼的诉讼费用承担问题

我国民事诉讼中诉讼费用的承担一般采用败诉方承担诉讼费用的原则，但这并不包括律师费。环境公益诉讼的目的是维护环境公益，如果诉讼费用过高的话，很可能会打击公民提起诉讼的积极性。因此，对于环境公益诉讼案件，法院应当采取适当的措施来减少原告诉讼成本的支出，以激励更多的公民用诉讼的武器来维护整个社会的环境公益。对此，笔者认为考虑到环境公益诉讼的维护环境公益的属性，对其诉讼费用的收取不应当简单地参照其他诉讼的收费标准、固守预付诉讼费用的法律规定。环境问题具有特殊性，某一案件有时可能会涉及数额巨大的损害赔偿，这时如果仍然根据诉讼标的来确定诉讼费用，高昂的诉讼费用势必会阻碍原告提起环境公益诉讼。《诉讼费用交纳办法》中针对公益已经有特殊照顾的规定，环境公益诉讼无疑也是公益的一种，理应享有这种待遇。另外，改革原告预付诉讼费用制度也是十分必要的，缓交、减交、免交以及按一定的比例交纳都是可行的方法。日本就有公害案件中减免原告预付诉讼费用的规定；法国的环境公益诉讼中诉讼费用数额很低，而且当事人事先是不缴纳诉讼费用的，败诉时才按照相关的规定来收取；美国在其相关的环境法律中也有类似的规定，这些都是值得我们借鉴的。总之，改革原告预付诉讼费用的制度，对原告预付诉讼费用予以适当的减免，才能真正保证环境公益诉讼的正常启动。

生态文明是在新的历史时期提出的更具时代特色的新理念，而有限的环境治理的法律规范并不能覆盖生态发展的新需要。面对现实中屡遭破坏的生态环境，我们必须加快生态治理的法治化，依法规范环境秩序，营造良好的生态环境。保护生态发展是一项涉及千秋万代的循环事业，我们不能只顾眼前利益而忽视生态固有的发展趋势，为解决当前社会中的环境纠纷，使生态建设的起点更为规范化，就必须运用法律手段加以调控，只有这样，生态建设才能行而有据，司法机关才能裁而有度。

参考文献

[1] 谢志勇. 论公益诉讼 [J]. 行政法学研究，2002 (2)：37.

[2] 孙彦泉. 环境科学与生态文明建设 [J]. 前沿，2003 (2)：15.

[3] 那力. 国际环境法 [M]，北京：科学出版社，2005.

[4] 贾志民. 从美国环境公益诉讼制度谈中国环境保护问题的法律对策 [J]. 华北电力大学学报（社会科学版），2007 (4)：16.

[5] 林秋. 试论中国环境公益诉讼制度的建立 [J]. 世纪桥，2008 (12)：22.

[6] 焦颖. 如何构建我国环境公益诉讼制度 [J]. 太原科技，2009 (2)：13.

[7] 段欲欢、魏慧贤. 论环境公益诉讼的理论基础及其构建 [J]. 成都行政学院学报，2009 (1)：15.

[8] 阿兰·加尔. 法律与生态文明［J］. 杨富斌，陈伟功，译. 法学杂志，2011（2）：40.
[9] 吕虹. 生态社会主义视野中的生态文明刍议［J］. 理论学刊，2011（3）：14.
[10] 李培超. 论生态文明的核心价值及其实现模式［J］. 当代世界与社会主义，2011（1）：12.

生态文明建设与经济法立法中的公平与效率*

邵慧峰
（大连理工大学公共管理与法学学院　116023）

摘　要　生态文明建设是一项贯穿于经济建设、政治建设、文化建设、社会建设全过程和各个方面的系统工程，它与经济法的生态化需求彼此契合。生态文明建设的目标决定了经济法中公平与效率关系的位次层级关系。在经济法的立法中，贯彻生态文明建设理念，确定生态文明建设重点，对于经济法领域的生态文明建设有着重要的意义。

关键词　生态文明建设　经济法　立法

一、生态文明建设的提出与经济法的生态化

（一）生态文明建设的提出

生态文明是一种崭新的文明形式，它是人类社会与生产力水平发展到一定时期的必然产物，它是工业文明之后的世界伦理社会化的文明形态。生态文明是人类遵循人、自然、社会和谐发展这一客观规律而取得的物质与精神成果的总和，它是以人与自然、人与人、人与社会和谐共生、良性循环、全面发展、持续繁荣为基本宗旨的文化伦理

* 本文系教育部人文社会科学青年基金项目，“基于定量分析的我国科技成果转化法律制度实施效应及影响因素研究（11YJC630173）”的阶段性成果。

形态。生态文明建设是一项贯穿于经济建设、政治建设、文化建设、社会建设全过程和各个方面的系统工程，它不仅是当今世界的主流观念，也越来越受到我们党的重视。

党的十五大报告明确提出实施可持续发展战略。党的十六大以来，在科学发展观指导下，党中央相继提出走新型工业化发展道路，发展低碳经济、循环经济，建立资源节约型、环境友好型社会，建设创新型国家，建设生态文明等新的发展理念和战略举措。党的十七大报告进一步明确提出了建设生态文明的新要求，并将到2020年成为生态环境良好的国家作为全面建设小康社会的重要要求之一。相比5年前党的十七大报告直接提到“环境”或“生态”字眼的地方有28处，党的十八大报告大幅增加至45处，党的十八大报告首次单篇论述生态文明，首次把“美丽中国”作为未来生态文明建设的宏伟目标，把生态文明建设放在总体布局的高度来论述，提出：“把生态文明建设放在突出地位，融入经济建设、政治建设、文化建设、社会建设各方面和全过程，努力建设美丽中国，实现中华民族永续发展。”这一表述表明了我们党对中国特色社会主义总体布局认识的深化，把生态文明建设摆在五位一体的高度来论述，也彰显出中华民族对子孙、对世界负责的精神。

（二）经济法的生态化

经济法的生态化，是指以生态主义为法哲学主张，以可持续发展理念，构建经济法的基本范畴及其体系。现代社会，人类面临严峻的生态危机：环境污染、生态破坏、资源枯竭。人与自然的关系日趋严峻，引起了对价值观念的反思，价值观念的变化必然反映在法律制度中，引发法律生态化趋势。作为市场经济的基本法，经济法同样面临生态化转向的趋势。经济法的本质是用法律形式来实现资源的最优化配置，它既要确认市场的作用，又要规范政府的干预，还要发挥社会的作用，作为确立资源配置权的经济法，其生态化转向较之其他部门法显然更趋紧迫。

考察以往的经济法立法，无论是在经济法的母国——德国，还是反垄断法的鼻祖——美国，包括确立市场经济体制二十年来的我国，在经济法制发展的最初阶段，立法的动机往往偏重于政策因素和促进经济增长方面，然而，经济政策重视经济增量而忽视质量，经济增长以牺牲环境和资源为代价，于是，在很长的一段历史时期内，各国经济法的立法也在事实上服务于这个目的。20 年来，我国经济增长率平均为 10.3%，在全球位于第 2 位。然而，由于环境污染资源消耗很大程度上抵消了经济增长率，在我国经济增长 GDP 中，至少 18‰ 依靠生态环境和资源“透支”获得。这些资源耗费完了，将会出现严重情况，而治理污染、恢复生态要耗去社会财富。正如沃夫德所言：“一个国家只有物质资本增加而环境资本减少，总体资本就可能是零甚至是负值，发展就是不可持续的。”因此，我国经济发展的实际情况，客观上要求着经济法的生态化转向，通过法律的生态化来推动经济发展和社会进步。

（三）生态文明建设与经济法生态化的关系

建设生态文明，不同于传统意义上的污染控制和生态恢复，而是克服工业文明弊端，探索资源节约型、环境友好型发展道路的过程。由于我国巨大的人口基数和经济规模，即使采用各种末端治理措施，也难以避免严重的环境影响。因此，通过立法实现我国经济法的生态化，通过经济法制建设来推动生态文明建设是解决这一困局的有效途径。经济法是协调经济运行并使之和谐发展的部门法，它的综合协调功能使其具有生态价值属性，生态在一定程度上是经济的基础和表现，是经济法的主要调整对象。经济法的生态价值主要表现在生态正义、效率、安全、平等与自由等方面，它的实现是一个层次性、系统性和反馈性的过程，是法的价值实现和生态价值实现的有机统一。

因此，经济立法要确立生态文明建设的战略地位，坚持生态化方向，顺应潮流，有所作为，从立法精神、法律价值和指导思想上体现生态化的特点。让公众参与经济法立法决策，制订公众参与的环境资源评价体系，立法者要倾听公众的意见，吸收环保人士参加，对严重浪费资源、破坏环境的事件建立行之有效的披露机制，并要从制度上保障群众性的环保活动。经济法应该通过制度安排，提高资源的配置效率，要加强规范资源法律，推进资源价格合理化，改变我国长期资源无价或低价使用，形成真正的资源市场运行机制。经济法要确定明确的资源管理制度，做到产权明晰、管理明确。

二、生态文明建设与公平

（一）经济法是公平的界定

公平意味着在一定时空范围内对资源、利益、机会、权利和义务等所作的配置，符合公正、平等、均等、均衡的要求，符合既能保证每个人发展又能保证整体发展的要求。亚里士多德有句名言：“公平不是德性的一部分，而是整个德性；相反，不公平也不是邪恶的一部分，而是整个邪恶。”公平是生态文明建设的本性和条件之一，经济发展如果失去公平性，就无法实现人与社会的和谐共生、良性循环、全面发展和持续繁荣。经济法将结果公平引入其价值取向中，在认同分配差距在经济意义上的合理性的同时，更兼顾社会意义上的合理性。经济法通过保障政府对差距过大的收入和财产实行直接干预，在一定程度上实现了结果公平，强调的是社会财富的再分配和对社会上处于不利地位的人予以一定补偿或救济。

（二）违背经济法公平的表现

1. 时间生态不公平

时间生态不公平主要表现在：第一，过去活动对现在影响的不公平。历史活动给一些地区带来的是富饶和繁荣，而给另一些地区留下的却是贫瘠和萧条，不同地区在追求生态文明建设的竞赛中，起跑线有很大差距。第二，现在活动对将来影响的不公平。目前，很多地区大规模的、不合理的开发活动留给后代的是资源枯竭和环境破坏；相反，一些地区基于各种原因，没有对资源和环境进行开发或没有过度开发，有可能留给后代永续的资源和相对优质的环境。

2. 区域生态和地区发展的不平衡

区域生态和地区发展的不平衡主要表现是：一些地区或资源优越或占有地利优势，而另一些地区却产品少、废物多、产值低、污染重。所有这些区域发展上的不公平，使得不同区域在生态文明建设成果的追求和获得上出现很大差别。

3. 社会制度上的不公平

社会制度上的不公平包括体制、阶层、行业间的不公平及部门行业内部的不公平。其主要表现是：有些阶级、阶层、部门和行业的群体拥有较高的社会地位、较好的发展条件、特殊的政治经济权力和优厚的薪水及福利，而其他社会地位较低的群体发展条件差，政治经济等方面受到歧视和压抑，薪水少、福利差；有些大型企业、垄断企业、政企合一企业、特殊背景企业拥有多种发展特权，而一些小型企业、民营企业和小型商户却在发展上倍受歧视和限制。

4. 法律政策方面的不公平

法律政策方面的不公平主要表现为：制定政策不公平，特别是在价格政策、税收政策、优惠政策、产业政策、投资政策、劳动政策等方面；实施政策不公平，主要体现在对发达地区和落后地区、富人和穷人、拥有权力者和普通人间存在适用差别；立法不公平，即法律规定本身就不合理、不公正、不平等；执法不公平，即在执法上因人、因地、因事、因情、因权、因钱而背离法律。

（三）生态文明建设对经济法公平的要求

生态文明建设所追求的公平，包含两层含义：一是当代公平，即同代人之间的横向公平。要求满足全体社会成员的基本要求和进一步提高生活质量的要求，赋予每个人公平的发展权，把消灭贫困作为特别优先问题来考虑。二是代际公平，即世代人之间的纵向公平。要求本代人不能因自己的发展需求而损害人类世世代代满足需求的根本——自然资源与环境，要求给世世代代以公平利用自然资源与环境的权利。总之，生态文明建设所追求的公平理念是当代公平与代际公平的有机契合。从伦理上讲，未来各代人应与当代人有同样的权利从自然资源与环境中受益和发展。生态文明建设就是要求当代人在考虑自己需求与消费的同时，也对未来各代人的需求与消费负起历史的和道义的责任。因此，生态文明建设要求经济法通过立法合理配置当代人与后代人之间的权利义务，重新整理和消除导致当代不公平和代际不公平的制度因素和法律因素。

三、生态文明建设与效率

（一）经济法上效率的界定

效率即投入与产出之比，也就是经济学上的费用—效益分析法。经济法的效率问题包括两个方面的内容：一是经济法对社会经济发展的影响，即经济法是促进还是阻碍经济的发展；二是经济法本身的效率问题，即经济法本身运行所需要的成本及其带来的效率，即经济法的内在经济逻辑。经济法应以有利于提高效率的方式分配资源，并以权利和义务的规定保障资源的有效配置。其中，最为重要的核心是促进市场主体合作和保障合作者利益的合理分配。

（二）生态文明建设对效率理论的重构

生态文明建设对传统的费用—效益分析理论提出了质疑。因为，资源配置在当代可能是有效益的，但如果涉及资源的代际配置问题，则很可能使后代受损。因此，在缺少代际补偿可能性的前提下，费用—效益分析的逻辑没有多少可信度。经济学家佩奇曾指出，后代人很可能找回先辈之灵，质问他们有什么权利做出这种决定，当听到的回答是“所有活着的人进行了表决，决定按我们自己的时间偏好去办”时，后代人是几乎不可能感到满意的。

在生态文明建设和生态学“高效性原则”的冲击下，必须对传统的效率原则重新进行评估、修正。根据高效性原则，生态文明建设追求的是高效率，强调综合效益、整体效益和最佳效益。其实，我国在经济法制建设领域，无论是立法还是执法方面，都一直存在着直接效益与间接效益、眼前效益与长远效益、局部效益与整体效益、经济效益与社会和环境效益、人的价值和环境的价值之间的矛盾和冲突。

（三）生态文明建设对经济法效率的要求

为了指导和要求人们从生态文明建设角度去理解和追求效率，需要在立法上设计出一套适应生态文明建设的费用—效益分析规范，尤其是规定哪些因素应当列入费用。比如，分析工业效益时，费用中应当列入农业由于工农业产品价格剪刀差而对工业的贡献，工业生产所造成的环境污染及其治理成本和资源破坏及其补偿成本；分析经济部门效益时，费用中应当列入非经济部门因其提供人力资源、信息资源、公益服务等对经济部门的贡献，经济部门的活动和产品所导致的社会问题及其社会管理和协调成本。对于这种新的费用—效益分析规范，立法中还应恰当地赋予其法律约束力，特别是在宏观决策、调节和监督过程中，不仅要依据按传统的费用—效益分析规范得出的当代效益结论，而且要参考按新的费用—效益分析规范得出的代际效益结论。当这两种结论有冲突时，应当按照更有利于生态文明建设的原则来取舍。如果不得不暂时偏重当代效益，则应当要求受益者和政府承担采取补救措施的责任。

四、生态文明建设经济法立法中的重点

（一）生态文明建设经济法立法的重点工作

1. 以生态文明建设为标准，重新审视和评估现行立法

应从经济法理论体系构建入手，在经济法的基本原则中列入生态文明建设原则，使其融入经济法立法的指导思想。目前经济法的法律规范中，体现生态文明原则的元素还未成主体，应当以是否有利于生态文明建设为价值判断标准，对现行立法进行重新检讨，查明在与生态文明建设直接相关的经济法立法中有哪些遗漏或不明确之处，在与生态文明建设间接相关的立法中有哪些不配套或冲突之处。

2. 设计生态文明建设经济法体系，制定生态文明建设经济法立法规划

生态文明建设是一项涉及面广泛，时间跨度长远的工作。应首先设计出我国生态文明建设经济法体系的基本框架，指明与生态文明建设直接相关或间接相关的经济法律制度应包含哪些子部门法，生态文明建设经济法体系与民商法体系、行政法体系和社会法体系的关系。再制定具体的立法规划，并依照时间顺序、急缓顺序、逻辑顺序、重要程度顺序和难易顺序列出需要制定的法律、法规和规章，并拟定具体的措施和条件。

（二）生态文明建设经济法立法的重点法域

生态文明建设经济法体系，是各个法律部门中的法律规范和法律制度以生态文明建设为主题组合成的有机整体，其基本框架可分别依不同标准进行设计。生态文明建设经济法体系的构建和完善，需要一个较长过程，现阶段应当从重点法域着手开展生态文明建设经济法立法工作。

生态文明建设是一种有理性、有计划、有组织的发展，既涉及当代宏观领域的各种关系，还涉及代际关系。只有由国家高瞻远瞩，对经济、社会、生态的相互关系和当代发展对后代发展的制约关系进行宏观调控，生态文明建设才可能实现。所以，在生态文明建设经济法立法中，应当特别重视宏观调控法中贯彻生态文明建设的精神，计划法、经济稳定增长法、产业结构调整法、财政法、金融法、国有资产法等一系列法规，都应当把生态文明建设规定为最高层次的立法目的。

参考文献

［1］王军．可持续发展［M］．北京：中国发展出版社，1997.
［2］程立显．论社会公正、平等与效率［J］．北京大学学报（哲学社会科学版），1999（3）：58-64.

[3] 王全兴．经济法基础理论专题研究［M］．北京：中国检察出版社，2002.
[4] 苏小勇，张红．经济法的生态化转向研究［J］．西安电子科技大学学报（社会科学版），2003（12）：84-87.
[5] 胡锦涛．坚定不移沿着中国特色社会主义道路前进 为全面建成小康社会而奋斗——在中国共产党第十八次全国代表大会上的报告［M］．北京：人民出版社，2012.

完善我国质检管理体制和立法的思考

王艳红
（大连大学法学院 116622）

摘 要 质检管理对于提高产品质量，保障消费者权益，维护公平的市场秩序具有至关重要的意义。然而我国目前的质检管理体制和质检立法都有待完善。本文围绕着探索适合中国国情的质检管理体制以及提高质检立法质量进行若干思考，提出自己的观点。

关键词 质检管理体制 立法 立法技术

一、探索和建立适合中国国情的质检管理体制

我国各行业产品的质检管理基本上是多头管理的管理体制。这种“九龙治水”的监管体制导致各个环节之间存在分工不明确、多头执法、责任不明、监管链条“断裂”等问题，长期以来饱受诟病。如何理顺产品质量监管体制，通过立法打造一张“无缝”的监管网，在政府职能发挥问题上解决“缺位”和“越位”，避免政出多门、多头管理的紊乱和低效率，降低行政成本，提高政府机构运行效率和服务质量，成为我国产品质量监管体制改革需要解决的至关重要的问题。

民以食为天，对食品安全的监管在我国具有非常重要的意义，也极具代表性，因此，本文以食品质量监管为例进行论述。我国对食品进行的监管部门多达十几个，不仅有农业、卫生、质检、工商、药监等多个部门实行分头监管，还有经贸、粮食、教育、铁路、航空、渔

业、环保、林业、宗教甚至公安等部门参与。

从理论上讲，要实现分段监管体制的有效运转，就需要在国家层面进行合理规划，明确分工，在重复监管最小化的前提下，尽可能实现无缝监管。如果没有所有参与食品安全监管的机构之间的密切配合，协调行动，那么，分段监管体制将难以承担保障13亿人食品安全的重任。由于我国食品安全监管的每个部门都有自身的运作体系，在执法中难免有交叉和冲突，必然导致监管力度不集中，监管职责不明确以及监管信息不对称等弊端。参考发达国家的食品安全监管体制，虽然也存在多部门监管的情况，但其基本监管理念是“注重食品安全，切实保障公众的健康和安全”，一般在中央设置权限明确、权力集中和执法效率较高的总体管理和协调机构，这是我国食品监管机构改革所应当学习的。①

《中华人民共和国食品安全法》（以下简称《食品安全法》）确定的综合协调下的分段监管新模式，是我国食品安全监管走向统一监管的重要步骤。作为一个高规格的议事协调机构，食品安全委员会承担食品安全领域的跨部门协调工作。这种制度安排提高了跨部门协调的权威性，有利于各监管机构信息互通，资源共享，标准对接，实现协同效应，提高监管效率。西方发达国家的经验表明，用形式更规范、操作性更强的法律来指导监管实践，而不是在较为模糊的法律制度安排下，把更大的相机处置权交给监管者，可以有效改进监管效率。②

诚如全国人大常委会法工委行政法室主任李援所说，其实国际上也并没有通行的单一监管体制，各国都是根据自己的国情，根据自己的文化传统和社会发展水平，选择适合自己的监管体制。比如瑞典是一个部门统一负责食品安全；美国是多部门按职责分工；加拿大则是由中央一个部门负责，协调其他部门。一个部门管容易力不从心，多

---

① 陈锡文，邓楠．中国食品安全战略研究［M］．北京：化学工业出版社，2004：235.

② 周清杰．《食品安全法》与我国食品安全监管制度的优化［J］．中国工商研究，2009（4）：5.

部门管理可以集中各自的资源，问题也很明显，就是既会出现交叉监管，也会有监管空白地带，会发生推诿扯皮。世界上没有最完美的制度，在特定的历史时期，只能权衡利弊选择风险最小、最可行的体制。① 没有最完美的食品卫生监管体制，只有与国情最适应的监管体制，其他产品质量的监督检查和管理也是如此。我们不能不顾国情照搬，而是应当立足中国国情，发挥自身特色，借鉴国际经验，在实践中不断摸索和完善适合我国国情的产品质量监管体制。

相对于单一部门负责监管和以往的多个部门分段监管，在国务院食品安全委员会统一管理和协调的情况下，多个部门的分段监管有利于发挥两种监管方式的长处，《食品安全法》确立的综合协调下的分段监管新模式，效果究竟如何还有待事实进一步检验，不过，这种尝试为其他行业的产品质检管理提供了新的思路，也为建立适合我国国情的产品质量监管体制提供了有益的借鉴。如果效果良好的话，那么可以在其他行业的产品质量监管中予以尝试。

二、完善我国的质检立法，提高立法质量

北京大学周旺生教授指出："20 年来，立法是中国法制或法治链条中发展最快最好的一个环节，每年都有数量可观的法律、法规、规章出台，一个植根于中国实际需要的法体系或法集群以较快的速度日渐形成，国家、社会和公民生活的基本环节已大体有法可依。但在立法较快发展的同时，立法质量问题也益显：已经产生的法律、法规、规章中，大多存在着质量不过关因而难以实施、无法实施的问题。这种问题的存在，在观念上每天都在潜移默化地但却强有力地侵蚀着我们的立法和整个法治的尊严和权威，在制度和实际运作层面上每天都在使我们陷入矛盾、紊乱、低效以及其他种种尴尬的境地。无论人们是否能够清醒地认知事情的真实境况，事实已经持续不断地向人们显

① 袁因．食品安全没有零风险［J］．中国食品药品监管，2009（4）：12.

示：不解决质量问题，立法和整个法治就难能向纵深方向进取。”① 这段论述是从宏观的视角对我国二十年来立法工作的整体作出的评价，而这一论断对于我国质检法律也是非常适用的。经过多年的努力，我国制定了多部产品质检管理方面的法律法规，产品质检管理法律体系已经初步形成。但是，质检法律法规立法质量不高，是我国质检法律制度目前面临的一个较为突出的问题。因此，大力提高质检立法质量，是我国今后进一步加强质检管理工作的重要任务，也是质检管理部门依法行政的重要保障。为此，有必要在以下方面采取措施，以便尽快提高产品质检管理法律法规的立法质量。

（一）转变观念，提高立法技术

我们过去把立法视为一项政治工作，似乎只要政治素质高就可以立法。实际上，立法是一门科学，立法工作是一项技术含量很高的工种。缺乏立法技术意识，不重视立法技术的运用，是导致我国立法质量不高的一个思想原因。从宏观方面看，我们的立法迄今没有被当做科学看待。立法理论与实践不仅未能较好地结合，反而经常相互脱离、矛盾。立法实践并非是在人们自觉地运用科学理论予以指导之下进行。构造立法蓝图、作出立法决策和采取立法措施时极少想到依据立法理论。有些重要的立法措施和立法规定，与公认的、正确的立法理论相悖。立法实践中出现的许多问题需要得到理论的、科学的解答，但得不到这种解答。立法实践中不断产生的经验教训，应当得到认真及时的理论总结，但得不到这种总结。发展着的立法实践需要有走在实践前面的系统、科学的立法理论予以指导，但没有这种理论指导。现在应当针对这种现象，加强理论与实践的融合，从战略高度注意聚集人力、投以物力来推动立法理论研究的开展。② 要加强对立法技术的研究。立法技术是对行之有效的立法经验和技巧的科学总结，是对立法工作规律的科学运用。因此，要创造、改善和提高立法技

① 周旺生．试论提高立法质量［J］．法学杂志，1998（5）：12.
② 周旺生．试论提高立法质量［J］．法学杂志，1998（5）：12.

术，就要加强对立法工作的科学研究，总结立法工作经验，探索立法工作规律，要借鉴其他国家的立法技术。欧美等法律文明比较发达的国家积累了比较丰富的立法技术和立法经验，值得我们认真吸收借鉴。

（二）加强质检立法的民主化、公开化

在立法过程中坚持公开原则对于提高质检立法质量非常重要。立法是一项为了公众、面向公众的公共活动，没有任何隐私、秘密可言。因此，公开是立法的本质属性和根本要求。公开的目的在于促进公众对立法活动的了解和监督。阳光是最好的防腐剂，除法律规定外，任何拒绝公开的行为，都是对民主的践踏。如果一个政府真正的是民有、民治、民享的政府，人民必须能够详细地知道政府的活动。没有任何东西比秘密更能损害民主。如果公众没有了解情况，所谓自治，所谓公民最大限度地参与国家事务只是一句空话。① 从立法的准备一直到立法的通过的立法全过程，都应当向社会公开。立法公开主要包括：立法的书面文件（立法的规划、法律草案、法律草案修改稿到正式的法律）应当在大众传播媒体上公开；立法机关审议和讨论法律案的过程允许公众旁听；立法机关审议和讨论法律案的过程允许新闻媒体采访报道。立法过程公开，既是立法民主的要求，也是立法民主的保障。

立法的民主化是民主政治的基本要求，也是民主政治的重要内容。立法的民主性一直是立法的核心价值之一，现代法治的一个重要特征就是立法民主。如果法律不能体现大多数人民的意志或利益，那么法律的正当性就会大大降低。立法民主通过与人民群众的参与，可以了解他们的真实想法，从而将人民的意志上升为法律。

除了立法机关要以民主的方式产生以外，立法的民主性主要体现在立法程序上，即通过建立一系列程序性的制度和措施，使各种社会

① 王名扬．美国行政法［M］．北京：中国法制出版社，1995：959-960.

力量能够实质性地参与并且影响立法过程，保证立法能够真正体现人民的意志。[①] 我们不能寄希望于行政机关在不与公民进行广泛讨论的情况下能自觉、先觉地表达公民真实的意愿。只有让所有受到影响的利益主体都有表达的机会，才可能在相互竞争的利益之间达成一种妥协，形成某种共识以控制个人的恣意与专制。参与是最好的监督，健全的民意表达渠道和利益协调机制是制约行政立法权的必备手段和保证立法内容客观、公正的必要前提。

将法律草案向社会公布，广泛征求各方面意见。这种开门立法不仅有利于提高法案的质量，而且其本身就是一个普法教育、释放意见、凝聚共识的过程。食品安全法草案对外公布后短短的一个月时间里，全国人大常委会共收到各方面意见 11 327 件。“我们这么大的国家，情况千差万别，立法从当初的‘闭门造车’发展到今天全面的‘开门立法’，进步意义不言而喻。”中国社科院法学所特聘研究员、原北京交通大学法律系主任陈世荣教授在接受记者采访时说，立法机关拓宽了一个最广大、最直接评价法律草案价值取向的民主渠道，将百姓的意见摆到立法者的桌案上，并吸纳进法律之中，这是立法民主化的重要标志。这样出台的法律减少了“部门起草”模式“以法谋私”的弊端，更公平、公正，更切合实际，也更有利于实践。相较于法律直接通过后的被动接受和领会，公开的立法渠道为社会各阶层提供了一个直接表达诉求、畅所欲言的机会。[②]

因此，立法听证作为一种立法民主的形式，在中国一直被人们寄予厚望。立法听证能够加强当下中国立法的民主性和正当性。由于人民代表大会及其常务委员会和人民沟通的渠道不是很畅通，立法的民主性并不完善。通过立法听证直接听取人民的意见，有利于弥补立法当中民主性不足的缺点，可以使得立法的民主性与正当性同时得到加强。立法听证这一渠道有利于收集各种信息，发现各种问题，从而有

---

① 这样的程序性制度和措施主要包括：对于少数极为重要的立法，采用全民公决的立法通过程序；建立立法听证制度，保证与立法事项有利害关系的人员有权表达其意见和要求。

② 张维炜．从食品安全法看我国立法新取向［J］．中国人大，2009（5）：32.

利于法律制定的科学性。通过立法听证，立法者可以直接面对法律草稿或者法案所影响的个人和组织。尤其是在一些比较公开、公正和辩论性较强的立法听证会上，法案起草者和决策者可以发现很多在座谈会和论证会上无法收集到的信息，深入了解民情。同时，专家也可以在立法听证中起到重要作用，在立法听证中，专家公开发表意见并且接受公众的监督，这些意见相对于座谈会和论证会上的意见，可能更公正而不是站在自己或者利益集团的角度上说话。而且，立法听证将有利于执法。立法听证由于其增强民主、收集信息的功能，可以在很大程度上消除立法过程中的盲点，提高法律的可执行性。

只有在质检管理的相关法律法规的制定过程中坚持立法的公开化、民主化，才能充分调动广大人民群众的积极性，得到及时有效地信息反馈，增强自身的合理性，才能更好地提高质检法律法规的立法质量，得到广大人民群众的衷心拥护和遵守，从而在实践中发挥应有的作用。

（三）重视专家论证在质检立法过程中的作用

专家论证是指有关部门邀请相关专家学者对立法过程中出现的有关问题进行论述与证明，从而为立法提供参考与决策依据的活动。在质检管理法律法规建构过程中引入专家论证具有重要意义和价值。众所周知，法律调整的范围巨大，涉及的利益和人员众多，有些法律甚至会对国计民生产生重大的影响。因此，法案的质量非常重要，所立之法如果存在问题，就很难在实践中被人们遵守，也不利于司法的顺利进行，一旦法案内容存在重大错误或缺陷，后果不堪设想。立法时不但要考虑利益分配和公平正义，而且还要注意立法内部的协调，这种协调不但包括各种法之间纵向关系的协调一致，而且还要求各种法之间横向关系的协调一致；不但要求法的内部结构的协调一致，还要求法的内容和形式的协调一致。①

随着社会的发展和进步，现代社会关系日益复杂化，社会分工高

① 周旺生．立法学［M］．北京：法律出版社，2004：276-279.

度专业化，法律调整对象日益多样化，很多涉及工业、农业、金融、医疗、教育、科技、文化、环境、社会福利、交通等方面的法案，既涉及本领域的许多专业知识，也涉及立法学、宪法学、政治学、经济学、行政学等专业领域的知识，如果没有专家学者的论证和参与，很难设想相关立法工作可以顺利完成，即使能够完成，其质量也难以保证。专家论证可以充分发挥专家学者的知识储备和专业技能，将其知识和业务专长应用到立法实践中，有效地满足了高度分工带来的专业化要求，同时也有利于避免因为缺乏专业领域知识而导致立法错误，制定出违背基本专业常识的法律。对于一些专业性特别强的产品质检管理法律、法规，立法机关应邀请有关的专家学者参与立法，对该立法的立项、制定等一系列的问题进行论证，这不仅有助于保证立法的质量，而且能够保证所立之法的合理性和实际的可操作性。对于那些专业性和知识性要求特别高的法案，如果没有专家论证，不但容易走错路，走弯路，而且会浪费大量的财力物力，甚至会制定出笨法和劣法，对人们的生产生活和整个社会发展造成不良影响。无论是为了避免立法资源的盲目浪费，还是为了避免重大的方向错误，无论是为了避免常识性的错误，还是为了保证各级法律之间以及法律内部之间的协调以及保证所立之法能够有效实施，在质检立法过程中重视发挥专家论证的作用都是十分必要和重要的。

慈善捐赠人信息知情权研究*

邹世允　关静文

（东北财经大学法学院　116025　东北财经大学法学院　116025）

摘　要　在中国慈善事业的发展过程中，层出不穷的负面事件使慈善组织一直饱受争议，严重影响慈善事业发展的进程。保障慈善捐赠人的知情权对慈善事业发展具有重要的作用。但是我国缺乏完善的慈善法律制度来规范慈善组织的行为，慈善组织信息公开透明度不高，慈善信息披露的监督管理不健全等问题，严重影响了慈善捐赠人信息知情权的有效行使，打击了慈善捐赠人的积极性和对我国公益事业的信心。国家应完善慈善捐赠人慈善信息知情权的立法，建立慈善信息公开制度，构建慈善组织监督管理体制，增强慈善捐赠人慈善信息知情权的自觉意识，逐步建立并完善慈善捐赠人的慈善信息知情权的保障体系。

关键词　慈善捐赠人　信息知情权　信息公开　监督管理

"成都红十字会善款发霉"事件以及多位艺术家向汶川地震定向捐助资金被中国红十字会擅自更改用途等负面事件让刚刚恢复平静的中国慈善事业又一次处于风口浪尖。中国慈善组织层出不穷的丑闻挫伤了慈善捐赠人的慈善热情，也使慈善事业的公信力受到了极大的损害。种种事件表明，慈善组织与慈善捐赠人的沟通联络与及时通报明

* 基金项目：2012 年度辽宁省社科规划基金项目"辽宁慈善透明度法制化研究"阶段性成果（项目编号 L12DFX030）；2013 年度辽宁经济社会发展立项课题"辽宁慈善信息公开和运行的法制化研究"阶段性成果（项目编号 2013lslktfx-02）。

显缺位，慈善捐赠人的信息知情权无从谈起。慈善捐赠人信息知情权是对慈善事业行使社会监督的重要方式，充分保障慈善捐赠人信息知情权是理论界和实务界必须面对的现实问题。

一、慈善捐赠人信息知情权概述

（一）慈善捐赠人信息知情权内涵

慈善捐赠人信息知情权是知情权在慈善领域的具体体现。在理解信息知情权的含义前，我们必须要明白知情权的概念。对于知情权这个名词，因其丰富的内涵以及界定的出发点不同，在学界中有着不同的观点。有的学者认为，知情权是指公民有获取信息的权利和自由，并不包括传播信息的自由。[①] 有的学者则认为，知情权是在实质不对等的法律主体之间，通过请求信息公开来实现的，对自己有直接或者间接利益的权利。[②] 通说认为，知情权的概念有广义和狭义之分，广义知情权是指知悉、获取信息的自由与权利，包括从官方或非官方知悉、获取相关信息。狭义知情权仅指知悉、获取官方信息的自由与权利。依据本文研究内容，笔者将信息知情权的概念界定为，基于对慈善组织运行的监督，信息知情权是慈善捐赠人依据法定的权利和程序获取慈善组织相关信息的权利。

慈善捐赠人信息知情权与慈善组织之间关系紧密。一方面，慈善捐赠人信息知情权对慈善组织有监督制约的作用，慈善组织不得拒绝慈善捐赠人信息知情权的实现，也不得提供虚假的慈善信息蒙蔽慈善捐赠人；另一方面，慈善捐赠人信息知情权的实现有赖于慈善组织的积极配合，慈善组织应主动提供慈善信息，并对慈善信息的公开采取必要的保障措施。

---

① 李步云．信息公开制度研究［M］．长沙：湖南大学出版社，2002：360.
② 李步云．信息公开制度研究［M］．长沙：湖南大学出版社，2002：361.

（二）慈善捐赠人信息知情权的性质

从不同的视角出发，知情权有多种分类标准。按照获取的信息的性质，知情权可以分为个人信息知情权和公共信息知情权。公共信息权指公民对关乎公民整体利益的公众信息所享有的知情权；个人信息知情权指公民仅对涉及个人利益的个人信息所享有的知情权。从法域角度对知情权进行分类又可以有以下三种：第一，对于国家公共事务信息的知悉和获取，是公法上的知情权；第二，个人信息以及参与社会交易活动的交易信息的知悉和获取，属于私法意义的知情权；第三，具有公共管理职能的社会组织或者社会团体所拥有的，具有社会整体利益性质的信息的知悉、获取和传递，属于有社会法性质的知情权。①

慈善本身是一项关注社会中需要给予帮助的困难群体的公益事业，慈善组织募集的资金来源于社会公众的慷慨解囊，慈善组织的信息与社会整体的利益息息相关。由此，慈善捐赠人的信息知情权既是公共信息权，也是社会法意义上的知情权，即社会知情权。民政部所属的中民慈善捐助信息中心专门组织过问卷调查，问卷将慈善信息披露对象分为四类：即慈善捐赠人、监管机构、议事机构和社会公众，依重要性进行排序显示，33%的慈善组织认为向慈善捐赠人披露最重要，如图1所示。

（三）慈善捐赠人信息知情权对慈善事业发展的作用

慈善作为社会财富的第三次分配机制，其存在的前提和基础是慈善捐赠人对慈善组织的信任。慈善组织若要良好的运行，就必须提升自身的公信力，增强慈善捐赠人对其的信任度。保障慈善捐赠人信息知情权是维护慈善组织高信任度的有效措施之一。慈善组织及时、详细地披露慈善相关信息，不仅能保障慈善捐赠人的信息知情权，也能

① 丁俊峰．股东知情权理论与制度研究（以合同为视角）［M］．北京：北京大学出版社，2012：19.

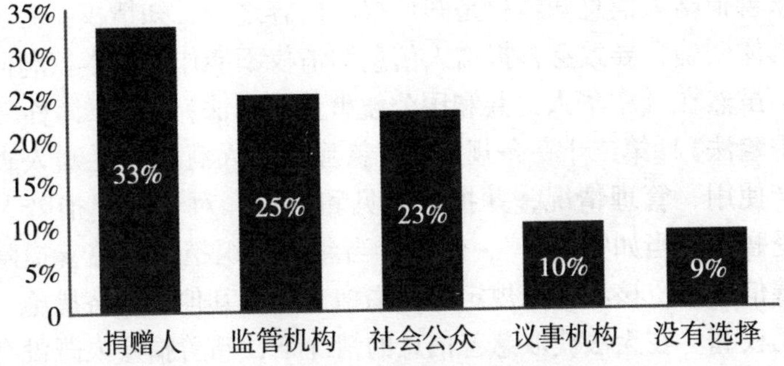

图 1　慈善信息披露对象最重要的组织比重

使慈善捐赠人充分了解慈善组织的运行方式及慈善行为的效果。阳光是最好的防腐剂，慈善捐赠人信息知情权的实现就犹如一道阳光，将慈善项目运作置于“阳光”之下，让“阳光”成为规范慈善组织运行和预防慈善组织腐败滋生的最好防腐剂，以看得见的方式实现慈善捐赠人追求的“人道、博爱、奉献”精神。诚信是慈善事业发展的基石，如果慈善捐赠人的信息知情权缺位，慈善组织运作和信息不公开透明，不但会使慈善捐赠人做出错误的捐赠决策，慈善组织制定出效率较低的资金使用计划，而且会让社会公众对慈善组织的公信力产生质疑，全社会参与慈善捐赠的热情降低，导致募集善款数额下降和慈善组织规模和数量减少，进而对我国整个慈善事业的持续发展造成严重影响。

二、我国慈善捐赠人信息知情权存在的问题

（一）保障慈善捐赠人信息知情权的立法缺失

我国宪法没有明确规定知情权是公民法定的基本权利。尽管宪法没有确切地对知情权进行规定，但是有关公民知情权的内容在我国宪法里还是有所体现，如《宪法》在第二章规定了公民的言论、出版、结社等广泛的权利和自由等。

慈善捐赠人信息知情权是知情权的内容之一，知情权在宪法中未作出具体明确，导致慈善捐赠人信息知情权不能作为基本权利而受到保护。虽然在《中华人民共和国公益事业捐赠法》（以下简称《公益事业捐赠法》）第二十一条规定，“慈善捐赠人有权向受赠人查询捐赠财产使用、管理情况，并提出意见和建议。对于慈善捐赠人的查询，受赠人应当如实答复”，但是，当慈善组织拒绝向慈善捐赠人提供慈善信息时，该法并未规定慈善捐赠人拥有其他的救济措施。无救济则无权利。在无法获取慈善信息的情况下，慈善捐赠人既没有救济途径，又缺少法律依据作为寻求救济的支撑，慈善捐赠人维护自己的信息知情权无从谈起。由于我国慈善事业方面的基本立法——“慈善事业法”——迟迟没有出台，使得慈善捐赠人的知情权无法得到体系化的法律保护。

（二）慈善组织的信息披露不充分

信息披露是维护慈善捐赠人知情权的有效措施之一。依据现有的法律法规，我国慈善信息公开的内容大致包括慈善组织的基本信息、财务信息以及运作信息三大类。其中，财务信息和运作信息是慈善捐赠人最希望了解的。慈善组织的信息披露能够实现慈善捐赠人和受赠方的信息对称，有利于慈善组织的运作和对慈善捐赠人知情权的保护。目前我国相关法律规范中对慈善组织披露信息的内容是有明确规定的，《公益事业捐赠法》第二十二条规定：“受赠人应当公开接受捐赠的情况和受赠财产的使用、管理情况，接受社会监督。”《社会团体登记管理条例》第二十九条第三款规定：“社会团体应当向业务主管单位报告接受、使用捐赠、资助的有关情况，并应当将有关情况以适当的方式向社会公布。”

但在实践中存在一系列的问题。首先，只有少数的慈善组织会公布组织的信息。《2012 年度中国慈善透明报告》中的数据显示，我国公益慈善行业“年度透明指数”是 45.1 分（总分为 100 分），对公益慈善组织的信息公开工作表示不满的公众比例为61%。[①] 其次，慈善信息的披露内容缺乏统一的标准。慈善组织应该公布哪些信息，慈善捐赠人希望了解哪些信息，因为出发点和立场的不同会有所区别。慈善领域规范信息公开的相关法律法规和行业准则还没有形成，缺乏可操作性的标准，使得慈善组织在信息披露问题上无章可循。此外，不同的慈善组织披露的信息侧重点也会不同。最后，慈善信息公布缺少统一的平台。目前的慈善信息公布平台并没有包括全部的慈善组织，只有部分规模较大的慈善组织在此发布信息，而其他的慈善组织若需公布信息，可以选择对自己有利的媒介；慈善捐赠人如果想了解需要的慈善信息，只能通过在互联网、新闻报纸等各种媒介中的全方位搜索，极大地浪费时间和精力。

（三）慈善组织的监督管理体制不够健全

目前我国对各类慈善组织的监管过于宽松。首先是慈善组织的监督管理主体不明确。《社团登记管理条例》中规定，非营利性社会团体受到登记管理机关和业务主管单位的双重监管。双重监管看似会强化监督管理体系，但在实践中却使得登记管理机关和业务主管单位互相推诿，均不负责。《社团登记管理条例》的第二十九条规定，社会团体应当向业务主管单位报告接受、使用捐赠、资助的有关情况，即社会团体没有向登记管理机关报告信息的义务。但如果业务主管单位因为某些原因无法接受信息报告时，社会团体是否可以向登记管理机关报告却没有相应规定。其次是对违规慈善组织的处罚不透明。我国《基金会信息公布办法》和《基金会管理条例》都对基金会信息透明作出要求，并且《基金会管理条例》在第四十二条中也规定了一系列的处罚措施，实践中只有极少数的基金会因为没有公布慈善信息而受到处罚。此外，很多基金会与政府机构联系密切，强大的官方背景和政府支持，给监管部门造成监督障碍，甚至造成监管失灵。最后是慈

---

① 中国公益慈善网．2012年度中国慈善透明报告 http：//www. charity. gov. cn/fsm/sites/diaphanous2012/preview1. jsp.

善组织信息公开的外部监管不到位。社会舆论监督不力，还不能充分发挥它的社会监督作用，且在监管上仍存在“第三方”缺位的现状。

总之，我国慈善组织监管和责任追究缺乏相应的体系，不仅不利于慈善组织自身的发展，更不利于慈善捐赠人快捷、准确地掌握慈善信息，难以保证慈善捐赠人慈善信息知情权的实现。

（四）慈善捐赠人信息知情权的自觉有效行使程度低

公民权利意识是指人们对于一切权利的认知、理解和态度，是人们对于实现其权利方式的选择，以及当其权利受到损害时，以何种手段予以补救的一种心理反应。权利意识是公民意识的核心内容。法律权利意识不够，忽视行使权利是现阶段多数慈善捐赠人的共同表现和特点。当被问及：“您认为捐赠人享有什么权利”时，仅有6.5%的人全部知道捐赠人具有“知情权”、“撤销权和拒绝履行权”、“请求募集人实现捐赠目的”、“请求募集人调整管理方法的权利”和“捐赠人起诉权”，72.3%的人仅知道其中2项权利。①

看到贫苦的、受难的同胞，同情、感动是社会公众进行慈善捐赠的主要因素，基于这种心态的慈善行为的随机性较强，捐赠数额也会因人而异，且绝大多数的慈善捐赠人在完成捐赠行为后，极少去关注慈善资金的流向和捐赠行为产生的社会效益。所以慈善组织在安排、落实善款时，应当按照《公益事业捐赠法》的规定：“捐赠财产的使用应当尊重慈善捐赠人的意愿，符合公益目的，不得将捐赠财产挪作他用。”现实中，慈善组织对慈善捐赠人的意愿并没有充分执行，而是按自己的想法使用。中国红十字会将艺术家的定向捐赠资金挪作他用显然与《公益事业捐赠法》的规定相悖。众多慈善捐赠人对捐赠的款物不再进一步关注习以为常，即使知道慈善组织未按约定使用捐款，甚至挪用捐赠资金中饱私囊，也很少会与慈善组织沟通，提出建议或者意见，主动行使自己的权利。

---

① 朱文文．慈善捐赠人权利保障的调查报告［J］．广西政法管理干部学院学报，2013（1）：93.

三、完善我国慈善捐赠人信息知情权的保障体系

（一）完善慈善捐赠人信息知情权的立法

知情权的立法保障是慈善捐赠人知情权得到保护的前提和基础。知情权作为公民的一项权利，不但在宪法中有所体现，而且依据《宪法》第二条第三款："人民依照法律规定，通过各种途径和形式，管理国家事务，管理经济和文化事业，管理社会事务。"由此可以看出知情权具有基础性和广泛性等基本权利的特征。知情权是公民的重要权利，没有知情权，公民的国家主人翁地位得不到稳固，我国应当明确地将知情权写入宪法，使其作为一项公民的宪法基本权利而存在。

目前我国尚无专门规制慈善事业的法律，对慈善捐赠人信息知情权的规定散见于《公益事业捐赠法》、《基金会管理条例》及地方性慈善法规（如《江苏省慈善事业促进条例》）等法律法规中，体系化的法律规定还没有建立。我国慈善事业法正在加紧制定，通过该法明确维护慈善捐赠人的信息知情权非常必要。笔者认为，在将要出台的慈善事业法中，不但要对慈善捐赠人信息知情权的具体内容进行界定，更要对慈善捐赠人信息知情权受到侵害后的法律救济途径给予规定，切实保护慈善捐赠人的信息知情权的实现，努力构建从宪法、法律、行政法规到地方性法规的多层次、多领域的慈善捐赠人的信息知情权保障体系。

（二）建立详细的信息公开制度

1. 慈善信息公开的保证

我国《公益事业捐赠法》第二十一条和第二十二条分别规定了两种慈善信息的公开方式，即慈善组织主动公布信息和慈善组织依申请公开信息。尽管如此，这两种公布方式还不能完全保证慈善组织信息的透明公开，应在现有法律规定的基础上，进一步完善相关规定。

第一，明确规定慈善组织依法应公开信息的具体措施。法律虽规定慈善组织有公布慈善信息的义务，但在实践中如何保证慈善组织有法必依，充分履行自己披露信息的义务未有明确。在美国，基金会和慈善服务组织有义务每年发布一份年度报告，年收入超过25 000美元的慈善组织必须向国内税务署递交990表；较小的慈善组织须填报990—EZ表，还需要另填表报告捐赠者的信息。我国可以借鉴其他国家对慈善组织信息公开的规定，制定强制性的慈善组织信息公布措施，对慈善组织必须公布信息的具体内容、公布信息的程度和公布信息的日期等，以强制性规范的形式明确下来，以保障慈善捐赠人知情权的实现。

第二，严格规定慈善组织答复慈善捐赠人依申请公开的慈善信息的具体期限。《公益事业捐赠法》和《基金会管理条例》均规定，慈善捐赠人有权查询捐赠财产的使用、管理情况。但法律法规没有规定慈善捐赠人无法查询到自己所需要信息时的解决途径。在美国法律中，如果这些信息在慈善组织的网站或者其他网站无法获得，任何公民可以提出查阅请求权，相关的慈善组织务必在两周之内在合适的时间和地点为公民提供查阅。[①] 我国也可借鉴美国的做法，严格规定慈善组织答复慈善捐赠人慈善信息的具体期限，保证慈善捐赠人及时获取慈善信息，以便于慈善捐赠人对慈善组织的慈善运作实行监督。笔者认为，依申请公开慈善信息更有利于慈善捐赠人信息知情权的保护。因为慈善组织应当公开的信息范围会随着社会的发展而不断进行调整，新情况的出现和立法之间存在一定的时间差，该种信息公开方式能够避免类似的缺陷，为慈善捐赠人信息知情权提供更大的保护空间。

2. 慈善组织公开的慈善信息内容

我国关于慈善组织信息公开内容虽有规定，但没有将全部重要的信息以及慈善捐赠人关心的信息涵盖其中。对慈善捐赠人参与慈善活动而言，是否掌握慈善信息以及掌握的信息的多少直接影响其参与捐

---

① 陈瑜．试论美国慈善组织监管机制［J］．兰州学刊，2012（11）：190.

赠的动机和行为。当慈善捐赠人获得的慈善信息足够充分且真实时，慈善组织才会真正体现慈善捐赠人的意志，信息知情权才会有其存在的价值。

通常来看，不同的慈善组织从自身的情况考虑，公布的信息内容各有侧重，财务信息经常是避而不谈的；慈善信息公布的时间，对慈善捐赠人来说也较难把握。对慈善捐赠人来说，慈善组织公开信息不是越多越好，也不是越隐私越好，公开的信息内容既要充分也要有限度，有些信息是必须要公开的，而有些信息是可以免于公布的，如慈善捐赠人的个人资料。因此，我国慈善事业法应当统一慈善组织披露信息的内容，不仅要公布慈善组织设置的程序、慈善组织内部的管理体系等信息，更要加强大多数慈善捐赠人所关心的运营信息和财务信息的公布力度。在信息公布时间上，以月份、季度为时间单位，细化信息公布的期间，要求慈善组织在该期间内披露组织的信息，让慈善捐赠人更好地把握善款的使用和管理情况。同时，信息披露的专业化程度要兼顾不同领域的慈善捐赠人，不能将信息报告的内容叙述得过于官方化、专业化，不便于慈善捐赠人对慈善信息的了解。

3. 信息公开的方式

《基金会信息公布办法》第九条规定，“除年度工作报告外，信息公布义务人公布信息时，可以选择报刊、广播、电视或者互联网作为公布信息的媒体”。该规定对慈善组织影响不大，但从慈善捐赠人的角度来看，要想短时间内搜集到各类慈善信息颇有难度。建立包括所有慈善组织在内的标准的信息公开平台，如统一的互联网的信息平台，是一个值得采纳的办法。其实，互联网信息平台是美国慈善信息公开的主要渠道。美国“指南星公司”和“慈善导航”作为两大公共慈善机构，能独立提供慈善组织信息查询服务，帮助公众了解和比较非营利组织的运营管理状况和诚信度。我国已经借鉴国外的做法，成立了中国慈善信息平台。该网站上的内容包括慈善新闻、慈善组织资料中心、慈善论坛等，成为社会公众和慈善捐赠人获取慈善信息、监督慈善组织运行的平台。但该网站的信息更新明显滞后，慈善捐赠人无法随时了解慈善组织的最新动态。所以慈善信息平台信息发布应当加以改进，应涵盖全国慈善组织的信息，并将实时动态信息在网站上发布，做到慈善信息真正的公开、透明。

（三）构建健全的内外部监督管理体制

慈善捐赠人信息知情权的实现，需要完善监督管理体制，建立良好的内部自治机制和加强外部监督，对慈善捐赠人知情权的保障同样不可或缺。

慈善组织健康发展的动力源于其内部的监督，合理的内部监督制度能够提升慈善组织的自治能力，内部自治是保障慈善捐赠人知情权实现的内部条件。对慈善组织的自治可从两个方面考虑：一是慈善组织自身的内部监督。慈善组织应制定内部活动章程，将组织内部的岗位职责化、具体化，提高慈善组织人员的整体素质，辅之以必要的激励机制，吸引更多的专业慈善人才加入到慈善行业中。二是建立民间慈善组织的行业自律组织，通过行业协会对慈善组织进行自律监督。一方面可以更好地与政府沟通，代表广大民间慈善组织发言，以获得政府的更多支持；另一方面，通过制订行业自律条款，规范行业标准，保障行业内的会员依据标准可以互相监督，建设更加公正透明的行业自律环境。虽然我国的民间慈善组织发展仍处于初级阶段，但是建立民间慈善组织的行业自律组织却是大势所趋。政府应该鼓励慈善组织通过行业的规范与道德来加强组织彼此间的交流与合作，尽快实现慈善组织内部与慈善组织行业协会的共同监督。

完善的外部监督机制是慈善组织披露信息，确保资金使用和组织运作公开、透明的强有力的措施，外部监督是实现慈善捐赠人知情权的强有力的外部保障。鉴于慈善资源具有公共性，政府对公共资源的监督不可缺位。对于慈善组织的双重管理方式的弊端，政府部门应当简化监督主体的数量，形成单一的监督机关，可根据慈善组织的类型不同，分别规定由登记管理机关或者业务主管单位来行使监督权，而不能二者共管，保证政府监管的效率，最终达到慈善捐赠人知情权的及时行使。

慈善组织的公益性决定了其必须受到来自社会各个领域的关注。一是媒体和公众的监督。媒体监督是指由报纸杂志、广播电台及网络等传媒进行的舆论监督。因为媒体监督具有及时、全面、影响大的特点，所以是一种非常有效的监督形式。媒体也是公众获取信息的主要渠道，普及范围广、影响大，具有很强的导向和威慑作用，因此能够对民间慈善组织的管理者形成强有力的约束，促使他们进行良好的管理。媒体和公众的监督对慈善组织形成强大的监督力量，防范来自慈善组织内外各种风险，促使慈善组织注重资金运用，有助于慈善组织在日常工作中的行为自律和慈善信息的公布。媒体和公众的监督在促使慈善组织充分、及时公开慈善信息的同时，也保障了慈善捐赠人信息知情权。二是引进第三方评估机构的监督。第三方评估机构是指与被评估对象和服务对象不具有任何行政隶属关系和任何利益关系的组织。通过同业中专业的评估机构进行独立的第三方评估，也是民间慈善组织行业管理最有效的方式。除了常见的会计师事务所等社会中介机构，我国民间慈善组织需要更加专业的独立评估机构。例如慈善导航作为美国最大的慈善评估机构，每年对各类慈善组织进行评估，提供机构规模开支额、私人捐赠、公众评议等单项排行榜。公众根据评级情况，判断慈善组织的绩效和公信度，决定是否对其进行捐赠。我国目前在民间慈善组织第三方评估机构的建设上比较滞后，至今也没有一个独立的第三方评估组织对民间慈善组织的工作绩效做出公正的评价，为社会公众和社会组织选择有效的慈善组织进行捐赠提供信息。第三方评估机构的引入和扶持应由政府来完成。待第三方评估机构的发展较为成熟后，政府应完全撤出，使第三方评估机构独立地工作。第三方评估机构作为一个中立机构，从专业的角度对慈善组织的信息进行调查、分析和公布，受到社会公众的信任，也有助于社会公众对慈善组织运行状况和慈善信息掌握。

（四）促进慈善捐赠人知情权的自觉充分行使

慈善组织赖以存在和运行的资源来自于社会慈善捐赠人的捐赠，慈善组织要扩大捐赠资源，必须要接受捐赠者的监督，慈善捐赠人是慈善组织的重要利益相关者，保证其监督地位将直接激发社会公众参与慈善的积极性。因此有必要强化社会公众的民主意识，使社会公众充分认识到知情权是维护自己权益的重要手段。现阶段我国相关法律已经明确规定了慈善捐赠人有查询慈善信息的权利。因此，慈善捐赠人要关心善款的管理、使用情况，主动向慈善组织了解有关信息。当捐赠财产的用途未经慈善捐赠人的同意就加以改变的，慈善捐赠人不能漠视，而是要向慈善组织或监督机关提出纠正意见，要求慈善组织加以解释并作出改正。中国红十字会挪用100多位艺术家定向捐款事件，是艺术家方力钧在微博中发出质疑后，中国红十字会发表声明，称善款用于其他项目，虽未按指定项目使用，但与捐赠人意愿总体一致。事后，中国红十字会向相关捐赠者致歉，并承诺将在今后的工作中积极加以改进。该事件的曝光正是在慈善捐赠人积极行使知情权的情况下发生的。为保证慈善捐赠人知情权的实行，必须在制度上作出安排。一是慈善捐赠人可以与慈善组织通过签署捐赠协议来约定捐赠物资使用领域、使用方式、使用渠道，甚至是受赠对象。如果慈善组织违反协议，捐赠者可以要求慈善组织承担相应的法律责任。二是慈善组织应为慈善捐赠人监督资金使用过程提供便利。慈善组织可以通过一对一的捐赠，让捐赠者对自己所捐款项的受赠人情况有一个全面的掌握，便于对今后的施赠作出安排。当然，慈善捐赠人信息知情权的行使也要有限度，否则会造成知情权的滥用，对慈善组织的日常工作产生不良影响。

参考文献

[1] 李步云．信息公开制度研究［M］．长沙：湖南大学出版社，2002.

[2] 徐富海．《公开、信任与监督——由“郭美美事件”看公益慈善组织的发展》［J］．理论视野，2011（11）：15.

[3] 石国亮．国外政府信息公开探索与借鉴［M］．北京：中国言实出版社，2011.

[4] 丁俊峰．股东知情权理论与制度研究（以合同为视角）[M]．北京：北京大学出版社，2012.
[5] 陈瑜．《试论美国慈善组织监督机制》[J]．兰州学刊，2012 (11)：190.
[6] 魏美凤．《中国慈善组织公信力问题研究综述》[J]．三峡大学学报，2012 (6)：12.
[7] 纪建文．知情权：从制度到社会控制 [M]．北京：法律出版社，2012.

农村城镇化进程中法律保障问题研究*

刘玉平
（东北财经大学法学院　116025）

摘　要　我国农村城镇化要通过法治化来实现，实现农村城镇化，应有法律保障。农村城镇化的实现必须在户籍制度、土地制度、社会保障制度、城乡统筹发展、劳动就业制度等方面实现城乡统一，在行政管理、财政转移支付方式等方面进行制度创新。但是，什么是城镇化？怎样实现城镇化？城镇化在我国各个地区应达到什么目标？全国实现城镇化应分几步走？这些问题无论在理论上还是实践上都缺乏明确答案。究其原因，是我国城镇化规划没有相应法律加以规范。针对城镇化模式、实现路径及城镇化要解决的主要问题，是当前我国立法的主要任务。本文以我国新时期城镇化建设为基础，提出我国对城镇化进程中户籍制度、土地权属、社会保障、城乡就业制度方面的立法建议，得出我国应制定城镇化协调发展法律，以破解我国城镇化建设中各种制度障碍的结论。

关键词　城镇化立法　土地制度改革　户籍改革　社会保障制度一体化

城镇化是指生产要素及人口不断向城镇集聚、农业产业不断向非

---

* 基金项目：（1）2013 年度辽宁经济社会发展课题立项项目“关于加快辽宁城乡社会保障一体化建设立法问题的研究”（项目编号：2013lslktzifx－03）。（2）大连市社科院 2011—2012 年度重点课题立项项目“大连市弱势群体社会保障制度建设问题研究”。（3）大连市社会科学院 2012 年度一般（独立）课题立项项目“农民权益保障研究”（项目编号：2012dlskyb102）。

农产业转移、城镇功能日益强化、城镇设施渐趋完善、城镇环境不断变迁和改善、农村生活方式逐步向城镇生活方式转变的一个漫长过程。笔者从户籍、社保、就业、财税、土地制度改革等方面入手，提出全面构建推进我国城镇化进程的法律体系，得出我国推进城镇化过程，必须依法进行，农村城镇化进程中应有新的立法模式，应在户籍制度统一化、土地权属明晰化、社会保障一体化、劳动力市场平等化等方面制定法律规范的结论。

一、我国农村城镇化进程中应重点推进法律创新

（一）户籍制度改革是实现城镇化的根本

要研究当代户籍改革方略要先了解我国现行户籍制度的结构。中国现行的户籍制度是20世纪50年代，国家为了解决农村人口盲目向城镇流动的压力，通过行政和法律手段将全体社会成员的职业、居住和生活空间固定而形成的具有中国特色的城乡二元社会结构制度。随着市场经济的发展，二元社会结构成为社会发展桎梏。稳妥地推进户籍制度改革，不仅是国家加快城镇化、工业化步伐的需要，也是有效地保障包括农民工在内的众多弱势群体的公民权利的需要。这种户籍制度上的“二元化”结构弊端主要表现在：

（1）不平等的社会关系限制生产力发展。市场经济要求作为生产力中最重要因素的人，要具有一定竞争力和创造力。而作为计划经济产物的城乡二元户籍制度在很大程度上限制并影响了人的创造力的发挥。

（2）城乡二元结构阻碍农民尽早进入小康生活。据统计，我国13亿人口中有9亿是农民，应该说没有农民的小康就没有全社会的小康。农民收入偏低的主要原因是农村耕地越来越少，农村剩余劳动力越来越多，而农民进入城镇又有诸多障碍。有关资料表明，全国农村剩余劳动力高达1.2亿左右。因此，只有在转移农村人口上下工夫，才能使农民生活水平迅速提高。而现有户籍制度却把大量的农村

剩余劳动力人为地固定在土地上，也就从根本上影响了我国农村尽早实现小康的进程。

（3）城乡二元结构阻碍了我国的城镇化、工业化进程。历史证明，完全的工业化国家应该是工业国家与城市化社会的有机组合。一个向工业化迈进的国家，首先要使农业人口向城市转移。在我国工业发展的同时，受户籍制度影响，农村人口城镇化水平在发展中国家中还处于中等偏下。这种不合理的城乡人口结构，在一定程度上减缓了我国的工业化进程。

（二）土地制度改革是实现城镇化发展的关键

缩小城乡发展差距，统筹城乡发展，破解城乡二元结构难题，最终实现城乡一体化发展是一个系统工程，需要全社会努力。但是，从世界各国的工业化进程以及当前我国经济发展面临的种种困难来看，在这些错综复杂、互相制约的领域中，土地制度改革是一个关键。不解决好土地权属问题，就不能解决城镇化问题，工业化和农业现代化也成为空谈，更解决不好三者同步推进的问题，最终必然拖住“三化”同步发展的步伐，影响我国发展新时期战略目标的实现。

当前我国土地制度存在的问题是：城乡土地产权的不平等问题，我国的土地所有分为国有和集体所有两种，国有土地可以在一级市场交易，农村集体土地产权没有完整的产权属性，不能在一级市场交易，只能通过征收转为国有。这种不平等的土地所有制度，使得我国经济发展中的土地财政、土地腐败等现象难以从根子上得到解决。还有农地使用权流转制度问题，通过征地将集体所有的土地转为国家所有，农地使用权在不同使用者之间流转。我国农村土地交易存在诸多困难，导致这一问题的原因是多方面的，但是其中最重要的仍然土地使用权流转的制度，市场化与政府主导矛盾不能破解，这也是我国新一轮农村改革难点问题。

农村土地制度法治化是通过法制建设来调整农村土地参与城镇化、工业化的利益关系。在统筹城乡发展的公共政策目标下探求农村土地制度创新的方向，并通过法律的形式将农村土地制度创新与统筹城乡发展的互动关系稳定下来，合理确定农地非农化程度，提高农地资源配置效率，通过产权重建保障农民以土地权利参与分享城镇化和工业化的利益，基于效率和公平两大目标探寻优化农地资源配置、协调利益分配是中国工业化、城镇化进程中非常关键的措施①。

（三）社会保障制度创新是城镇化立法难点

我国社会保障制度存在城乡分割、保障方式、保障水平不统一的问题：

（1）城乡分割。我国城镇保障制度是围绕国企改革的配套措施起步的，后来又逐步扩展到农民工、非正规单位，灵活就业人员和城市其他居民。因此存在制度设计缺乏系统性，制度之间难以对接，保险关系不能接续等缺陷。系统性差还表现在保障待遇的公平性方面，以养老保险为例，公务员和事业单位人员待遇明显高于企业，至今尚未改革，而且差距有逐步拉大的趋势，而农民的养老保障制度没有全面建立起来。

（2）城乡一体化社会保障制度难以衔接。我国经济发展尚处于从工业经济向知识经济过渡时期，人口老龄化的速度加快，正在快速进入老龄化社会。人口老龄化对社会保障的挑战是基金收不抵支的财务危机，这将导致制度运行不可持续的巨大潜在风险。要应对人口老龄化风险，社会保障一是要建立应对老龄化高峰时期的战略储备基金，二是制度上做必要的调整。随着城镇化进程加快，我国产生了大约有 4 500 万失地农民和跨地域流动就业的 1.2 亿农民工两个规模巨大的特殊群体。失地农民成为当前影响社会稳定的突出矛盾，跨城乡流动就业的农民工大多数既没有纳入城镇社会保障体系，也缺乏农村社会保障，处于边缘化状态。我国目前正规部门的稳定就业大幅度减少，灵活就业成为新生劳动力就业的主要渠道。劳动关系不稳定，就业质量不高，流动性增加，劳动者工资收入和其他权益受到压制。传统的社会保险制度缴费门槛过高，管理服务僵化，社会保险关系不能

---

① 王梦奎．中国特色城镇化道路［M］．北京：中国发展出版社，2004：40-58.

随着劳动者的流动而转移和接续的问题十分突出。

（3）社会保障资金筹资难。大部分未能实施社会保障的群体都集中在老工业城市和贫困农村，社会保障资金筹资困难。造成该现象的原因主要有以下几个方面：一是由于中央财政和地方财政用于投放社会保障的资金不平衡；二是老工业城市和贫困农村人们的普遍生活水平较低，人均收入不高，无法靠个人缴费来筹集大量的社保资金；三是社会保障的统筹层次低，无法实现纵向和横向的资金调剂，以再分配的方式均衡各地社会保障资金的运行。

（4）社会保障管理服务水平较低。近年来，各级政府部门不断推进社会保障管理方式和手段的改革和创新，在转变政府职能、创新管理、强化服务等方面都取得了积极的进展。但是，在实际工作中，社会保障部门职能分割的问题仍然十分突出。目前在我国，社会保障工作分散由劳动保障、民政、卫生等多个部门管理，相互不衔接，急需实行统一管理，国务院目前推行大部制改革，有所创新和突破，注重制度设计的科学性。但社会保障制度中职业、城乡、部门、群体分割严重，以及几种制度之间相对独立、互不衔接的问题仍未根本解决。在进一步的制度建设与完善中，必须加强制度框架的总体顶层设计，在继续解决多与少问题的同时，妥善处理新旧制度的关系，完善各项制度的衔接，逐渐实现制度城乡一体化，确保社会保障制度的公平性、科学性、可持续性，同时把制度实施的实效性提到日程。解决好同类社会保障项目分由不同行政管理部门管理，机构分别设置、双重制度与信息体系、双重管理与经办机构，造成交叉管理、重复建设以及管理成本高等问题。创新社会管理方式，社会保障功能，必须适应我国社会转型需要，适应我国工业化、城镇化建设步伐加快的社会潮流，适应社会成员职业岗位流动加快和生活地点变化多的社会实际，构建社会协同一致、公众参与的社会管理格局。当前，以下几项工作是重要的：积极发挥社会组织的协调作用，提高公众参与的热情，注重提高企业落实社会保障制度的自觉性，注重发挥社区组织在社会保障实施中的作用①。

（四）破解城乡就业制度障碍是城镇化立法重点

解决进城务工人员就业问题，必须实行城乡统筹的就业制度，必须消除户籍、用工、社保、土地、教育等制度中不利于城乡统筹就业的障碍。破解中国城镇化的改革难题，有三个制度障碍是无法回避的，分别是土地管理制度、户籍管理制度以及等级化的城市行政管理体制。改革城乡分割的就业管理体制，建立城乡统一的劳动力市场。取消限制农村劳动力转移就业的歧视性法律和不合理规定。农村劳动力进城就业，享有与城镇居民同等的签订劳动合同、按规定参加社会保险、同工同酬、子女入学入托等权利。

破解农民工进城就业的法律制度障碍。农民工在城镇社会中缺乏自己的位置，封闭的城镇体制将他们抛向城镇公共政策和城镇管理的社会边缘，被限制享有城镇的公共资源，这种边缘化的趋势，有其深刻的历史原因和社会背景，表现形式有：我国法律缺乏反就业歧视的具体保障措施；缺乏建立城乡统一的劳动力市场法律规定；就业服务援助制度不覆盖农民工，就业信息的建立与发布、免费服务和培训、再就业扶持政策、困难群体就业援助制度等基本上不把农民工纳入服务范围；农民工的非正规就业没有法律规定，使得非正规就业的劳动者不能获得法律的保护；劳动合同主体不平等；权益保障制度不完善，我国在解决农民工工资拖欠方面存在责任不明确、清偿制度不健全、手段欠缺、处理的法律程序时间过长等弊端。劳动仲裁与民事诉讼制度存在程序复杂、费用较高、仲裁财产保全制度无规定等缺陷，法律援助对农民工心有余而力不足，农民工权益缺乏有力的法律保护。在城镇化进程中实现城乡就业统筹，实现人口、劳动力在城乡经济、社会结构上的转移和调整，城镇化立法需解决问题②。

---

① 杨华．中国城乡一体化进程中的社会保障法律制度研究［M］．北京：中国劳动社会保障出版社，2008：36-48.

② 刘平量．城市化：制度创新与道路选择［M］．长沙：湖南人民出版社，2006：30-36.

二、完善农村城镇化进程的立法建议

（一）户籍制度改革立法应解决身份不平等问题

户籍管理制度的改革将是城乡利益关系的一次重要的调整，应取消附加在户籍上的福利待遇，最终达到取消城乡二元户籍制度的目的。要实现这一预期目标，应采取以下立法对策：推行小城镇户口，促进农村剩余劳动力向小城镇转移；在试点小城镇实行按居住地和就业原则确定公民身份的户籍登记制度，农民和外来人口只要在小城镇缴纳社会保险满一年和拥有合法固定住所，就可以把农业户口变为城镇户口。促进小城镇发展，建立土地劳务市场和流转市场、调整产业结构等都与户籍关系的调整密切相关。户籍改革应使公民获得不附加任何经济或其他强制性条件的统一的身份，以利于建立城乡一体化的劳动力市场，促进城乡一体化的发展。

（二）土地制度立法应解决农村农用地产权归属、土地收益平等分配问题

保障农民的合法土地权益也是城镇化进程中一个重要问题，必须理清思路，以科学发展观为指导，以实现中国梦为目标，围绕实现、维护、发展农民利益这个核心，尊重城镇化发展规律，坚持制度创新、市场配置和社会监督，加强科学管理与决策，提高保护权益与保障发展的能力。坚决落实党的十八大关于推进和规范农村土地承包经营权流转的精神，引导和规范农民以转包、出租、互换、转让、股份合作等形式流转土地承包经营权，农村集体建设用地的流转必须符合土地总体利用规划。

（三）建立城乡一体化社会保障制度，实现城乡居民经济权利平等

我国急需建立城乡一体化的社会保障制度。建立城乡统一的社会

保障制度是维护社会公平的需要，大力推进农村社会保障体系的建设，对于促进社会公平，维护农民权益，保持社会稳定，促进小康社会的形成，都具有重要的作用。

（四）建立城乡一体化平等就业制度，实现城乡劳动者劳动权利均等化

合理的人才流动体系，维护城乡居民平等的就业权利。创造公平竞争的环境，扫除制度性障碍，提供良好的社会保障，让城乡劳动者可以自由选择流动，平等享有社会保障，平等受到就业帮扶。扩大就业和失业登记管理范围，将城镇劳动者、农村劳动者、非农产业就业的外地劳动者、自愿放弃农村经济组织成员身份或失地农民纳入就业和失业登记管理范围。

总之，农村城镇化立法应解决户籍制度统一化、土地权属明晰化、社会保障一体化、劳动力市场平等化问题。科学发展观是指导思想，实现中国梦是目的，解放思想、更新观念、科学发展是城镇化的思想基础，科学规划、统筹兼顾是推进城镇化的保证，因地制宜、合理布局、突出特色是推进城镇化的根本举措，合理利用、节约土地资源是城镇化的重要环节，优化市场的运行环境是推进城镇化的关键。

我国养老型社区开发建设中的法律问题探究

蔺　妍　孙嘉骋
（大连大学法学院　116622　大连大学法学院　116622）

摘　要　我国已经进入老龄化社会，养老问题备受关注，不同的养老方式应运而生，养老型社区的理念顺应社会发展的需要，逐渐兴起。本文从养老型社区的概念及种类出发，概括其开发建设特点，着重分析了养老型社区开发建设在土地性质、房屋权属、运行模式、准入条件、管理机制、配套设施等方面存在的诸多问题，并提出解决对策，希望以此推动该产业的成熟与完善。

关键词　养老型社区　开发建设　法律问题　解决对策

人口老龄化是当今世界发展的趋势，中国作为世界上最大的发展中国家，在“未富”的情况下迎来了人口的老龄化，养老的压力越来越大，名目繁多的养老模式应运而生。如具有社会福利性质的养老院，依靠子女居家养老，依靠社区老年人服务行业养老，在配套设施完备的养老社区里养老等等。养老型社区就在这样的背景下被引入中国并受到推崇。但是，养老型社区的开发建设过程中仍存在诸多法律问题，有待完善。

一、我国养老型社区开发建设现状分析

（一）养老型社区的概念及种类

养老型社区的概念最早出现在英国，在一些发达国家被称作“养老地产”，在我国是近些年伴随着人口老龄化趋势以及城市房地产发展而出现的新兴事物，它主要是指从建筑设计、园林规划、装饰标准到辅助设施均面向老年人的新型社区形式，开发商与政府均可成为建设主体，其建筑产品的创新核心在于适老化设计。

目前我国的养老型社区主要分为三种：①社区养老院模式。政府或者开发商可以规划一片建筑群，作为养老院使用，并形成一定规模，以社区的形式规范管理，或者在普通的社区内配备养老院，老年人只需要缴纳一定的费用即可入住。它的优点是入住门槛低，费用合理；缺点是老年人心理归属感差，护理人员职业技能水平参差不齐，护理人数有限，无法尽职尽责。②租赁模式养老社区。由开发商进行开发建设，但是只提供使用权，不提供产权，以租赁的形式提供给前来养老的老年群体。它的优点是居住条件稍高于社区养老院，可以一人一户，保证了私人空间不被打扰；缺点是配套设施不完善，只有使用权而没有产权，使得大部分观念保守的老年人不愿选择居住。③商品房养老模式。由房地产商开发完成商品房，该商品房在开发建设时就将销售对象定位在老年人群体上，从建筑设施、配套服务等诸多方面体现适宜养老的理念，将投资与养老结合在一起。这种模式的优点在于老人可以居住在属于自己的房子里，心理上有极大的安全感和满足感，完善的配套设施也可以让老年人安度晚年；弊端就是对于消费对象局限于高收入群体，或是老年人本身收入水平很高，能够负担起房价，或是子女条件较好，买房子赠与父母用以养老，而中低收入家庭无力承担。三种模式各有利弊，旨在满足不同层次老年人的需求，也是城市房屋开发建设的一种全新理念。但养老型社区在我国尚处于起步阶段，在开发建设中也逐渐暴露出各种问题。

（二）我国养老型社区开发建设特点分析

21 世纪初，随着我国房地产业的发展，养老型社区开始在我国出现，主要出现在北京、上海以及南方几个经济比较发达的城市，其中比较典型的是位于上海浦东新区康桥路的亲和源老年社区、北京太阳城、燕达国际健康城等养老型社区。这些养老型社区分别以不同的模式进行运营，针对的老年对象也比较特殊，但是养老型社区的理念由此在我国开始深入人心。

纵观我国养老型社区的开发建设状况，呈现出以下特点：

1. 开发地域特殊化

养老型社区的开发建设需要满足适宜养老的基本条件，一方面需要有硬件设施保障，即优美的环境，便捷的交通，完备的配套设施，保障的医疗等，另一方面，需要在理念上有所转变，即老年人肯接受这种养老方式，无论是养老院模式，还是租赁、出售的养老型社区，都体现一种高端的服务理念与消费意识，所以，此类社区目前只能在发达城市或宜居城市存在。

2. 选择群体多样化

一方面养老型社区的选择受群体的经济水平制约。高收入人群会关注社区配套设施状况以及周边餐饮、娱乐、购物消费的档次，还会在购买时考虑房屋的保值增值性；低收入人群则优先考虑价格的可接受程度，兼顾社区内部的配套设施以及外部的消费环境。另一方面养老型社区的选择受群体的受教育程度制约。文化水平较高的消费群体更崇尚自然环境和个人的生活品质，关注社区软环境，尤其青睐具有深厚文化底蕴的养老型社区；文化水平较低的人群对社区自然环境及配套设施的要求远远高于对人文环境的要求。

3. 经营模式多元化

养老型社区按其经营模式划分，可以分为：（1）“全部出售”模式，即养老概念住宅+超配套，以老年住宅概念，出售房屋产权为主，区域级别配套并举；（2）“销售+持有”模式，即养老概念住宅+养老地产，住宅销售与嵌入式老年公寓等养老配套设施持有运营相结合；(3)“会员制管理”模式，即销售会籍，采取会员改革创新制管理模式，出售长、短期会员卡，变相的“销售+持有”模式；(4)“只租不售”模式，即医疗健康社区，全部持有运营。只租不售，对自理、半自理、非自理客户区别对待，收取不同租金。养老型社区经营模式的多元化主要取决于开发建设的理念，可以满足老年人的不同需求，但类型的繁杂易导致管理的混乱，使诸多问题逐渐显现。

二、我国养老型社区开发建设中存在的法律问题

目前我国养老型社区正在兴起，尚不普及，主要是因为其开发建设中的诸多法律问题尚未得到妥善解决，各方利益缺乏法律保障。如前文提及的在我国具有典型代表性的位于上海浦东新区康桥路的亲和源老年社区，该社区采用“会员制管理”模式，曾经非常抢手，现在却已停售，问题主要集中在土地性质、产权性质、运行模式、配套设施、管理机制等方面。这也暴露了我国多数养老型社区在开发建设中遇到的瓶颈问题。

（一）养老型社区土地性质模糊

土地性质问题，是养老型社区开发建设中的首要问题。目前开发建设的此类社区的土地性质分为住宅用地和社会福利用地两种。养老院式的养老型社区，其土地性质必然是社会福利用地，取得土地的方式是划拨，即政府通过划拨的方式将土地无偿提供给养老院使用，其土地性质不存争议。争议主要存在于以住宅用地性质获得的土地开发养老型社区项目，这又分为“养老地产”项目和综合型地产项目，前者主要指在取得土地及建设规划时就确定了以“养老概念”为主题销售住宅产品；后者则通过与疗养院、养老院等项目捆绑，以低成本获得土地后进行开发形成养老型社区。前者获得土地的方式是出让，采用的经营模式多为出售，性质类似于商品房，只是销售群体定为在老年人，土地性质争议也不大；问题主要集中在后者，现实中的例子是，开发商以兴建疗养院或养老院为由以划拨方式从政府手中无

偿取得土地，然后进行土地开发，只有部分土地用于兴建疗养院和养老院，其余土地打着“养老”的旗号进行房屋开发，有的采用租赁的模式运营养老型社区，有的则采用出售使用权的方式运营，有的甚至直接按照商品房的运营模式出租出售，以养老的名义拿地，以地产的利润定价，赚取巨额利润。这种现象的产生主要是因为目前针对不同的养老型社区，我国尚没有统一的土地性质的界定，导致实际运营中隐患重重。

（二）养老型社区房屋权属存在争议

由于养老型社区土地性质没有统一界定，养老型社区房屋权属也存在争议。养老院模式的养老型社区是以划拨方式取得的福利性质用地上的养老型社区，老人无法取得房屋产权，也就不存在争议；单纯的以出让方式取得商品房性质用地上的养老型社区，由于其采用出售方式，老人像购买商品房一样取得房屋产权，其房屋权属不存争议。争议主要集中在购买养老型社区的老人资格问题上以及房屋产权继承的问题上。目前这类特殊性质的房屋即使取得产权，对其继承问题仍缺乏前瞻性，随着继承后入住群体可能不属于老年人，该类社区也就会因此丧失其养老型社区的意义，所以此类社区的准出问题也有待于商榷。最大的争议出现在以划拨方式取得的综合型养老项目上，如果以租赁的方式运行就不存在房屋权属争议，但若以出售使用权方式运营，不仅没有法律依据，更使得许多老年人觉得没有保障。如果打着“养老”的旗号将房屋出售给非老年人，则在土地性质转变之前不具有法律保障和可操作性，这类养老型社区始终应该成为关注的焦点。

（三）养老型社区运行模式混乱

目前养老型社区根据其各自特点采用不同的运行模式，但管理混乱。养老院式的养老型社区属于社会福利性质，每月收取适当费用即可入住，但配套环境差，有时服务也比较差；租赁模式的养老型社区，确定的租赁年限往往超过法定20年的最长租赁年限，其租赁合同效力有待商榷，同时租金过高，与服务及配套无法匹配也是主要问题；出售房屋所有权模式的养老型社区，多数定价都比较高，对购买群体的资格审查缺乏统一的标准；出售房屋使用权模式的养老型社区，其行为本身缺乏法律依据，签订的使用权转让协议缺乏法律保障；而类似于上海亲和源社区那样的“会员制”管理模式，更是会员权益不明确，会员卡使用解释各异，有诸多“霸王条款”、“霸王会员章程”，导致无法继续经营。

（四）养老型社区入住条件缺乏统一标准

如前所述，目前我国养老型社区的群体对象主要呈现经济水平高、受教育程度高的特征，养老型社区在适用群体及入住条件上并没有设置统一的标准，也没有严格的入住审查机制。一方面是养老型社区居住群体的年龄标准，究竟多少岁才是老年人，才具有入住资格，没有准确的界定。在我国，一般60周岁以上的称为老年人，这意味着满足这一年龄要求的老人才具备在养老型社区居住的资格，但现实中，许多养老型社区的入住群体不满足这一基本的年龄条件，许多人购买为了自己未来养老，还有的老年人购买写儿女的名字以避税，这在一定程度上就失去了养老型社区的意义。所以，入住时年龄的审查，应该成为养老型社区入住的主要环节。另一方面，养老型社区入住群体经济状况的审查也很重要。有的养老型社区对经济状况没有严格的限制，如养老院类型的，主要为老年人的养老提供方便；而大多数养老型社区是经过精心设计的，设施及环境堪称一流，主要针对高经济状况的老年人，但是对于老年人经济状况的审查也存在漏洞，长期来看会影响居住质量。

（五）养老型社区管理及配套不完善

房地产业和养老行业都属于特殊行业，必须在政府的规划下，经过工商局、民政局、旅游局、公安局、卫生局等多个政府部门的审批、注册和监管才能经营。通常情况下，一个养老型社区只能有一个经营主体，但是，由于养老型社区产品的复合型特征，其物业管理方与养老服务提供方往往是不同的经营主体，各自的资质和经营内容也不同，没有统一的行业管理标准，一般只是通过合同进行约定，具有很大的随意性，所以在管理上经常出现衔接不畅、职能重复、互相推诿责任的问题。同时，养老型社区注重养老理念，但有些适宜养老的配套设施却不尽完善。比如，在医疗方面，有的养老型社区配备的医院或诊所面积较小，设备不健全，卫生条件差，工作人员专业技术水平低等；在附属设施方面，有的养老型社区便民设施缺乏，超市、市场、浴池等场所没有针对老年人的服务项目或者产品；在自然环境方面，绿地覆盖面积小，垃圾处理不及时，车辆管理混换等；在精神文化方面，许多康体活动中心没有真正投入使用，老年人活动单一等。这些都是养老型社区在开发建设中存在的弊端，亟待解决。

三、解决养老型社区开发建设中法律问题的对策

（一）推进立法完善

在土地性质方面，我国《土地管理法》第五十二条对建设项目的可行性研究论证时，只规定论证土地利用总体规划、土地利用年度计划和建设用地标准，将这些统称为“建设用地有关事项”，并没有具体翔实的指出何种项目需要何种标准。第五十四条规定建设单位使用国有土地，应当以出让等有偿使用方式取得；“但是，下列建设用地，经县级以上人民政府依法批准，可以以划拨方式取得：……城市基础设施用地和公益事业用地；……”。这里的“公益事业用地”定义模糊，养老型社区的土地究竟属于那种性质，建议在在立法中予以明确，或者通过司法解释的方式将其性质予以定位，这也有利于解决此类社区房屋产权问题。

在老年人居住权利保障方面，日本、韩国等国均制定了专门的保护性法律，如日本为了推进老年人住宅的发展和居住环境无障碍化，1994年施行了《中心建筑法》，2000年颁布了《老年人居住法》等等；韩国也有类似的《老年福利法》、《住宅建设促进法》等。我国应借鉴日本、韩国等国的做法，制定专门保护老年人以及保护老年人

居住权利的法律法规，切实保障老年人的合法权益，推动养老产业发展。

（二）加强制度建设

一方面，对养老型社区的准入应确立统一标准并严格审查制度。在准入年龄上，结合老年人以及准养老人的特点，年龄上可以适当放宽；在准入经济水平上，可以考虑放宽老年人住房抵押贷款办法，如以现房作抵押贷款买新房。老年人可以与银行，或者老年人的子女与银行签订一份买卖合同和担保合同，当老人无力还款时，由子女继续还款。在审查过程中所有数据都应该在审查机构予以公开，审查的步骤要面向社会公众，确保公平合理。

另一方面，政府要对养老型社区的管理健全监督机制。防止一些不法开发商利用政策优势，把养老型社区做成纯商业化楼盘。例如在房地产内部融资中最重要的莫过于预收账款，即开发商按照合同规定预先收取购房者的定金，对开发商而言，这种方式可以使开发商提前筹到必须的开发资金。应该规定在缴纳一定的定金之后，房地产开发商必须按照当初的设计构想和开发初衷来建设楼盘，政府在楼盘建设的各个阶段都要检查监督，防止开发商中饱私囊。同时政府也可以尝试在养老型社区的运营方式上制定比较统一的标准，并进行监督管理。通过这种监督机制，可以督促开发商真正立足于养老型社区开发建设，规范运营模式，加大管理力度，完备相应的配套设施，使养老型社区真正发挥其适老性的重要意义。

（三）加大政策扶持

推动养老型社区的开发建设，政府也要给予政策保障。一方面政府不仅要将养老型社区建设纳入国家和城市的总体规划，而且按照规划要求，定期进行专项拨款。在土地使用和税费方面实行优惠政策，如减少收取土地出让金、减免税费等。同时，政府还可以用银行低息贷款的政策吸引国内外有实力的开发商兴建养老型社区。另一方面，政府需要通过适当途径加大养老型社区的宣传力度，让人们从观念上接受养老型社区这个新兴概念。

目前，我国已经成为不折不扣的老龄化国家，养老问题越来越受到社会的关注，养老型社区的理念极大的顺应了老龄化社会发展的需要，虽然其在土地性质、房屋权属、运行模式、准入条件、管理机制、配套设施等方面仍存在诸多问题，但通过立法的完善、制度的健全、政策的扶持，必定会发展的愈加成熟，逐渐成为我国养老产业的支柱。

参考文献

[1] 应斌．简评西方国家老年住宅开发模式［J］．商业时代，2005（2）：65-66.

[2] 李成玉．关注人口老龄化社会中的老年住宅开发［J］．建筑与规划，2006（2）：12.

[3] 胡磊，郭芹，饶丽珍，等．合理开发我国老年住宅市场［J］．企业家天地，2007（12）：190.

[4] 王波．居家养老：模式创新方能深化发展——以上海亲和源老年公寓为例［J］．华东理工大学学报，2009（4）：12.

[5] 张晶华．我国养老地产现状简析［J］．经营管理者，2010（4）：5.

[6] 黄雪辉．关注时下养老地产热［J］．科技智囊，2010（8）：29.

[7] 姜睿，苏舟．中国养老地产发展模式与策略研究［J］．现代经济探讨，2012（10）：16.

论污染损害赔偿制度在营造良好生态环境中的作用

于传玲
（大连大学法学院　116622）

摘　要　在经济快速发展的过程中，环境污染的治理越来越成为人们关注的问题之一，这直接涉及我国生态环境的建设进程。因此，有必要在防治污染、保护环境的同时，对环境污染损害责任的归责原则、构成要件、责任承担等问题进行研究，以便依法明确环境保护责任，营造良好生态环境，实现人类代内公平和代际公平，保证社会可持续发展。

关键词　污染损害　赔偿责任　生态环境

环境是指影响人类生存和发展的各种天然的和经过人工改造的自然因素的总体，包括大气、水、海洋、土地、矿藏、森林、草原、野生动物、自然遗迹、人文遗迹、自然保护区、风景名胜区、城市和乡村等。而良好的生态环境则包括清新的空气、清洁的水源和有安全保障的食品，是人和社会持续发展的根本基础。人类遵循人、自然、社会和谐发展的客观规律所取得的物质财富和精神成果的总和，就构成了生态文明。这种人与自然、人与人、人与社会的和谐共生和良性循环，以全面发展、持续繁荣为基本宗旨的文化伦理形态的建设，是关系百姓福祉、关乎国家和民族未来的长远大计。

胡锦涛同志在党的十八大报告中提出，应当大力推进生态文明建设。面对“资源约束趋紧、环境污染严重、生态系统退化的严峻形势”，必须树立尊重自然、顺应自然和保护自然的生态文明理念，把生态文明建设……融入经济建设、政治建设、文化建设、社会建设各方面和全过程，努力建设美丽中国，实现中华民族永续发展。坚持节约资源和保护环境的基本国策，坚持节约优先、保护优先、自然恢复为主的方针，着力推进绿色发展、循环发展、低碳发展，形成节约资源和保护环境的空间格局、产业结构、生产方式、生活方式，从源头上扭转生态环境恶化趋势，为人民创造良好生产生活环境，为全球生态安全作出贡献。

因此，在营造良好生态环境的过程中，不但应当加强对环境的监管，加大自然生态系统和环境保护力度，完善耕地和水资源的管理制度，强化水、大气、土壤等污染防治，而且需要不断完善我国环境污染损害赔偿制度，健全生态环境保护责任追究制度。本文拟从环境污染损害责任的归责原则、构成要件和责任承担等方面入手，就污染损害赔偿制度在营造良好生态环境中的作用问题进行较深入的探讨。

一、污染损害赔偿制度体系的形成

20世纪以来，尤其是第二次世界大战以来，各国逐步意识到环境污染的巨大威胁，并制定了完备的法律来治理污染，保护环境。在我国，环境污染侵权责任的主要法律依据为1986年的《中华人民共和国民法通则》（以下简称《民法通则》）、1989年的《环境保护法》和2009年的《中华人民共和国侵权责任法》（以下简称《债权责任法》）。《民法通则》第一百二十四条规定："违反国家保护环境防止污染的规定，污染环境造成他人损害的，应当依法承担民事责任。"第一百零七条规定："因不可抗力不能履行合同或者造成他人损害的，不承担民事责任。法律另有规定的除外。"第一百三十四条规定："承担民事责任的方式主要有：停止侵害；排除妨碍；消除危险；返还财产；恢复原状；修理、重作、更换；赔偿损失；支付违约金；消除影响、恢复名誉；赔礼道歉。以上承担民事责任的方式，可以单独适用，也可以合并适用。"

《环境保护法》第四十一条规定："造成环境污染危害的，有责任排除危害，并对直接受到损害的单位或者个人赔偿损失。赔偿责任和赔偿金额的纠纷，可以根据当事人的请求，由环境保护行政主管部门或者其他依照法律规定行使环境监督管理权的部门处理；当事人对处理决定不服的，可以向人民法院起诉。当事人也可以直接向人民法院起诉。完全由于不可抗拒的自然灾害，并经及时采取合理措施，仍然不能避免造成环境污染损害的，免于承担责任。”

《侵权责任法》第六十五条至第六十八条规定：“因污染环境造成损害的，污染者应当承担侵权责任。因污染环境发生纠纷，污染者应当就法律规定的不承担责任或者减轻责任的情形及其行为与损害之间不存在因果关系承担举证责任。两个以上污染者污染环境，污染者承担责任的大小，根据污染物的种类、排放量等因素确定。因第三人的过错污染环境造成损害的，被侵权人可以向污染者请求赔偿，也可以向第三人请求赔偿。污染者赔偿后，有权向第三人追偿。”

此外，还有一些单行的法律，如《水污染防治法》、《海洋环境保护法》、《大气污染防治法》、《环境噪声污染防治法》、《固体废物污染环境防治法》等，也就环境污染侵权责任做出了相应的规定。

由此可见，我国通过基本法和单行法对环境污染侵权责任作了不同层次、比较严密的规定，环境污染侵权损害赔偿制度体系已基本形成。

二、环境污染损害赔偿制度的主要内容

（一）环境污染致损责任的归责原则

环境污染是指人类在生产、科研、生活及其他活动中，将过量的有毒、有害物质排入环境中，大大超过环境自净能力，致使环境发生化学、物理、生物等特征上的不良变化，从而影响人类健康和生产活动，影响生物生存和发展的现象，包括大气污染、水污染、海洋污染、固体废弃物污染和噪声污染等。归责原则是指行为人因其污染行为致人损害的事实发生之后，应依据何种标准确认和追究污染行为人的民事责任。

根据《民法通则》和《侵权责任法》的规定，我国对环境污染致人损害责任采取无过错责任归责原则：只要环境污染行为与损害结果之间的因果关系成立，即使行为人主观上没有过错，也应须依法承担侵权损害赔偿的民事责任。无过错责任归责原则的适用，有利于克服过错责任原则在环境污染侵权中的不足，受害人的损失可以在最大限度上得到赔偿。

（二）环境污染致害责任的构成要件

1. 存在污染环境的行为

污染环境的行为通常表现为排放有害物质和有害废弃物，散发有害气体、粉尘，传播噪声、颤动，散漏化学毒品或放射性物质等。上述行为具有以下共性：

（1）复杂性。上述物质的排放导致环境受到污染的过程往往十分复杂，废水、废气、废渣在经过较复杂的物理、化学和生物反应后，会造成对环境的污染。

（2）渐进性。行为人对某一地区环境的污染往往不是一次性的行为造成的，而是由于其不断排出的污物长期积累而形成。如，江西乐平市政府2011年12月的调查报告显示，自20世纪70年代开始，江西铜业在江西德兴市下属的多家矿山公司每年向乐安河流域排放6 000多万吨“三废”污水，废水中重金属污染物和有毒非金属污染物达20余种，给该地区造成了十分严重的污染。

2. 污染环境的行为造成了对他人的损害

与其他损害相比，环境污染损害具有以下特殊性：

（1）潜伏性。污染环境造成的损害（尤其是疾病损害）往往有很长时间的潜伏期，受害人往往不能及时发现；还有一些损害，即使被发现也不能尽快消除。

（2）持续性。由于污染物是通过环境造成损害，因此，污染物的不断排放，会导致损害后果持续出现。而且，即使停止污染物的排放，其损害也会在环境中持续相当长一段时间。如，2004年2月底和3月初，四川化工股份有限公司第二化肥厂将大量高浓度氨氮废水排入沱江支流毗河，导致沱江江水变黄变臭，氨氮超标竟达50倍之多。污染发生后，50万公斤网箱鱼死亡，直接经济损失3亿元左右。沿江简阳、资中、内江三地被迫停水4周，影响百万群众。为缓解灾情，当地政府还从都江堰、三岔湖紧急调水以稀释2 000吨氨氮，但为时已晚。据专家当时测算，沱江被破坏的生态至少需要5年时间来恢复。

（3）广泛性。受害地域和受害对象具有广泛性：环境污染涉及的地域范围相当广泛，往往会涉及多个地区；受害利益具有广泛性：环境污染往往会同时侵害多种权益，既包括生命健康权益，也涉及财产权益。如，前述江西铜业常年持续实施的行为殃及下游乐平市9个乡镇40多万人：9 269亩耕地绝收，万余亩耕地严重减产；因河鱼锐减，沿河9个渔村的渔民失去经济来源；该地区百姓重金属中毒病症和奇异怪病时有发生。

3. 环境污染行为与损害事实之间存在因果关系

只要污染者的行为与损害结果间存在着内在的合乎逻辑的必然联系，就须依法承担损害赔偿责任；即使行为人主观上没有任何过错，也不能免责。

（三）环境污染致害责任的承担

1. 责任主体

《侵权责任法》规定，环境污染致人损害的民事责任，由污染者承担；污染者为两个或两全以上时，其承担责任的大小，根据污染物的种类、排放量等因素确定。即使因第三人的过错污染环境致损的，受害人也可选择向污染者请求赔偿（赔偿后的污染者有追偿权）。

2. 赔偿范围

（1）直接损失：污染环境致损行为所直接造成的后果应全部赔偿。包括受害人财产的减少（财产本身价值的减少）和因人身伤害而造成的医疗费及就医期间差旅费等费用的支出。

（2）间接损失：包括间接的财产损害（应增加的财产没有增加）和因人身伤害所造成的误工损失（按照一般侵权赔偿责任的计算办

法计算赔偿数额），原则上也应当全部赔偿。

（3）潜在危害：指污染环境行为对受害人的潜在或隐蔽的健康损害，也应当确定适当的赔偿标准予以赔偿。

三、污染损害赔偿制度对营造良好生态环境的作用评析

（一）积极作用

首先，适用无过错责任归责原则处理环境污染损害赔偿案件，不仅使受害人的财产损害得到赔偿，也使受害人在生命和身体健康等方面遭受的损害得到最大限度的补偿。这就克服了仅就大气污染和水质污染造成的人身损害适用无过错责任原则的局限性。

其次，代表人诉讼制度得到广泛运用。环境侵权的受害者人数众多，并且不确定。如果要求每一个受害者单独起诉，往往会因势单力薄、需交十分昂贵的诉讼费用或历时较长的诉讼时间而影响其诉权的行使。而对于法院来说，允许每一个受害者提起诉讼，会出现大量的累讼，费时费力。因此，我国《民事诉讼法》在借鉴其他国家和地区群体诉讼的立法经验的基础上，规定了“代表人诉讼”制度。该制度的适用既可减轻法院的工作量，又可保障受害人依法维护自身权益。

最后，诉讼费用预付方式的改进。由于环境污染侵权诉讼的费用可观，而亟须受到保护的原告收入有限。因此，我国《诉讼费用管理办法》规定，在代表人诉讼案件中，当事人不必预交案件受理费，结案后按照诉讼标的额由败诉方交纳。这些改进有利于经常采用代表人诉讼的环境侵权诉讼。

（二）相关思考

1. 删除环境污染侵权以“违法性”为前提的规定

我国《民法通则》在规定环境污染侵权实行无过错责任原则的同时，又明文规定以“违反国家保护环境防止污染的规定”作为加

害人承担损害赔偿责任的前提。这不仅与国外有关通说、判例和立法所持的污染源遵守公法标准和要求并不免除其民事责任的立场或规定相反，而且与环境基本法及各单行法的有关规定相矛盾，不利于环境污染侵权受害人的保护。因此，应当删除《民法通则》第一百二十四条关于“违反国家保护环境防止污染的规定”这一前提条件，只要污染环境造成他人损害的，就应当依法承担民事责任。

2. 明确规定举证责任倒置和因果关系推定规则

举证责任分配的正确与否，直接关涉当事人诉讼命运。考虑到环境污染侵权往往是被告（加害人）一方掌握着所排废物的种类、数量、性质、迁移转化途径和规律、致害机理等，而且其工艺流程通常都是保密的，因而被告往往具有离证据近、容易取证的方便条件，而原告（受害人）却不易接近证据。因此，环境污染侵权诉讼中的举证责任倒置规则更有利于保护受害人的权益。

同时，由于环境污染侵权行为的因果关系十分复杂，不易查明和认定，为保证受害人求偿的成功率，及时有效地保护其合法权益，我国的环境立法应明确规定因果关系推定制度：如果没有排污行为与损害事实存在因果关系的直接证据，则只要该排污行为先于损害事实存在，且危害的严重程度与污染物排放的数量与浓度在统计上呈正相关关系，被告又不能证明损害事实并非由其排污行为所致，就可依法推定排污行为与损害事实之间存在因果关系。

3. 适当拓宽损害赔偿的范围

在环境污染侵权损害赔偿中，应特别注意以下几项损害：

（1）环境要素或场所恢复费用。如，污染农田不仅使农作物减产，还会使农田肥力减退。为恢复原有的土质和肥力，必须经过长时间的改良与追加肥料。相关费用的支出是长期的，且往往数额巨大。如，淮河流域的小造纸厂，20 年累计产值不过 500 亿元。但要治理其带来的污染，即使是干流达到起码的灌溉用水标准也需要投入 3 000亿元。要恢复到 20 世纪 70 年代的三类水质，不仅花费是个可怕的数字，时间也至少需要 100 年。

（2）人身潜在损害。环境污染侵权具有潜伏性与滞后性，受害人在遭受损害的早期，其损害往往显露不完全。但随着时间的推移，损害会逐渐显露。如，2009 年 8 月，陕西凤翔县接受检测的 1 016 名儿童中，共查出 851 名儿童血铅超标，进而引发恶性群体性事件。随后，湖南武冈市被查出 1 354 名儿童血铅超标，福建上杭县被查出 121 名儿童血铅超标。12 月下旬，广东清远市数十名儿童也被集体查出铅中毒。上海等地也先后发生类似事件。受害儿童全身多系统受到损害：因造血系统受损，引起严重贫血；因消化系统受损，不得不忍受严重腹绞痛、便秘和恶心呕吐的折磨；因神经系统受损，不仅头晕、头疼，智力严重下降，甚至转化为中毒性脑病……即使是轻度铅中毒，也会对儿童的智力发育等存在一定影响：每上升 100 微克/升，智商要下降 6～8 分。因此，对于这种潜在损害，也应予以赔偿。

（3）精神损害。环境污染侵权对于人的精神状态、健康状况、生活条件等皆有较大影响，甚至还可通过遗传因素危及后代。因此，在民法和环境法中明文规定环境污染侵权者的精神损害赔偿责任十分必要。

（4）生态损害。考虑到其鉴定、量化的极端困难与生态利益的公共性质，一般不宜通过私法途径给予救济。

4. 细化排除侵害的构成与方式

排除侵害这种责任方式一般只能适用于连续性、反复性及不可恢复性的侵害，而且应当进行严格的利益衡量，以兼顾产业的发展与公众权益的保护。同时，除完全排除侵害外，还应通过立法引进确立“部分排除侵害”、“代替排除侵害的赔偿（即代替性赔偿）”等过渡性质的责任制度，以便法院或执法机关通过对有关利益的比较权衡而对各种排除侵害的方式加以灵活运用，从而更好地兼顾各方利益及社会公正理想。

参考文献

［1］曹明德．环境侵权法［M］．北京：法律出版社，2000.
［2］杨立新．侵权法判例与学说［M］．长春：吉林人民出版

社，2003.
[3] 金瑞锋．环境污染受害者权益保障百例解析［M］．北京：机械工业出版社，2004.
[4] 朱谦．公众环境保护的权利构造［M］．北京：知识产权出版社，2008.
[5] 汪渊智．侵权责任法学［M］．北京：法律出版社，2008.
[6] 杨垠红、杨立新．环境污染侵权法律应用指南［M］．北京：法律出版社，2010.
[7] 贾爱玲．环境侵权损害赔偿的社会化制度研究［M］．北京：知识产权出版社，2011.
[8] 邹雄等．环境侵权法疑难问题研究［M］．厦门：厦门大学出版社，2010.
[9] 吕忠梅，等．理想与现实：中国环境侵权纠纷现状及救济机制构建［M］．北京：法律出版社，2011.
[10] 吕忠梅，等．侵害与救济：环境友好型社会中法治基础［M］．北京：法律出版社，2012.
[11] 刘超．问题与逻辑：环境侵权救济机制的实证研究［M］．北京：法律出版社，2012.

国家责任中心下海洋油污损害之救济机制考量*

马得懿

（东北财经大学法学院 116025）

摘 要 构架“国家责任中心”下海洋油污损害之救济机制，重新诠释海洋油污损害救济体制下国家责任的根源性手段和功能，海洋油污损害的国家索赔主体资格、国家赔偿责任以及阶梯矿产资源税费的准入制度，成为海洋油污损害之救济机制的重构进程中的重要因子，也是粗略地理解全球环境法的形成、机理、实现以及可行性的初步尝试。

关键词 海洋油污损害 救济机制 国家责任中心论

一、海洋油污损害救济机制重构的基础

1. 大规模侵权行为之综合救济机制的勃兴

新型的环境侵权具有加害行为的间接性、损害范围的广泛性、构成上的复杂性以及因果关系的复杂性等特征。责任保险等社会化因素被引入侵权责任内部，而社会保障的发展则从外部缩小了侵权责任的范围。[①] 大规模侵权必然对现代侵权法体系产生影响。这种影响引发了

---

* 本文受到辽宁省社科基金规划项目“辽宁沿海经济带建设相关法律问题研究”（项目编号：L12BFX005）和辽宁省教育厅科学研究一般项目“海洋油污损害法律救济机制的重构”（项目编号：W2013226）的资助。

① 王艳华．从损害赔偿到综合救济机制——论侵权行为法的发展方向［J］．郑州大学学报（哲学社会科学版），1999（5）：88-92.

归责基础的变化，激发了救济的多元化，责任共同构成要件的变异以及催生了侵权法预防和惩罚的功能。由此，人们似乎是形成了一种共识，即海洋油污的受害人维权举步维艰，凸显了传统侵权责任赔偿机制的局限性，需要其他相关救济机制予以配套协调发挥作用。虽然海洋油污损害是否属于大规模侵权之一存有争议，但是大规模侵权损害救济机制在一定程度上为海洋油污损害的赔偿提供了行之有效的途径。

2. 海洋油污损害救济机制重构的社会法基础

社会法下的倾斜性保护原则应当成为必须贯彻的原则。该原则立足于当事人之间的具体差别以及由此产生的实质不平等的社会关系，并把这种不平等的关系作为规制的对象，是用一种不平等对待的原则去调整不平等的现象，从而使失衡的社会关系得到矫正。社会法的倾斜性保护原则是由保护弱势群体、政府的保护责任、倾斜立法三方面组成的。而这三者之中，尤以国家责任或政府的保护责任为核心和重点。为了保护弱势群体的利益，社会法无疑是强调政府的作用，强调国家责任。一般地，政府应该通过倾斜政策来缓解弱势群体遇到的难题。[①]“现代工业化世界不再容许放任它的秩序生长。”

二、海洋油污损害救济机制的重构：国家责任中心论

1. 强化海洋油污损害之国家索赔机制

不论是船舶所致海洋油污损害，还是海上石油勘探开发所致海洋油污损害，海洋油污损害的国家索赔主体资格都没有法律障碍，可以通过相关法理的推演，化解国家作为索赔主体的理论困境，使国家索赔的请求权基础具有合理性。在实践操作中，可以根据《海洋环境保护法》第九十条及相关程序法来使国家索赔的代位求偿机制得到

① 王娜．社会法倾斜性保护原则的研究［D］，济南：山东大学，2009.

实施。[①]

2. 构架并完善海洋油污损害的国家赔偿机制

根据传统国际法下国家责任理论，追究污染国的责任，具有一定的特殊性。公认的国家责任规则是，国家仅在存在违反国际法义务的行为且该行为可以归因于国家的情况下承担责任。但在与跨国环境污染有关的国家责任问题中，引起环境污染的行为往往是国际法并不禁止的行为。然而，随着“对一切”义务（Erga omnes）理念的兴起，环境方面的国家责任存在另一个方面的解释：因为环境是全人类的共同财产，因此，环境保护的义务，实际上已经超越了数量有限的国家之间相互承担义务和责任的层面，从而进入到一国针对构成国际社会之所有国家承担义务和责任的阶段。[②] 这一点可以在国际法委员会所编纂的《国际法不加禁止之行为引起有害后果之国际责任条款草案》第一条得到明证。

随着海洋油污的日益严重，国际法不加禁止行为引起的国际赔偿责任与国家责任已经作为两个不同的国际法概念被普遍接受。[③] 海洋油污损害国家赔偿责任是一种新国家责任。根据《公约草案》第一条规定，海洋油污损害中的国家责任，是指个人或者法人在海洋中进行国际法未加禁止的石油勘探开发活动造成重大跨界损害，国家需要承担责任。由于海洋油污损害的重要特征之一是跨界损害，因此，“对一切”义务所涉事项之一通常包括海洋油污损害。此后的国际法委员会《关于国家责任的条款草案》对人类环境的高度重视，都表明环境保护与对一切义务有密切的联系。该成果有助于国际法法律责任制度的完善，预示着对国家主权的新的合法限制以及促使国家对不损害国外环境义务给予更大的注意。[④] 上述的逻辑分析，似乎印证了

---

① 邓海峰．海洋油污损害之国家索赔主体资格与索赔范围研究［J］．法学评论，2013（1）：71-77.

② 冷新宇．对英国石油公司墨西哥湾漏油事件的国际环境法思考——从习惯法的角度考察［J］．江海学刊，2010（5）：22.

③ 周忠海．论危险活动所致跨界损害的国际赔偿责任［J］．河南省政法管理干部学院学报，2007（5）：12.

④ 邵沙平，余敏友．国际法问题研究［M］．武汉：武汉大学出版社，2002：334.

海洋油污损害救济机制之国家赔偿机制具有坚实的国际法基础。

三、海洋油污损害救济机制重构之倾斜立法：完善我国矿产资源税费制度

1996年修订的《中华人民共和国矿产资源法》普遍适用于我国陆地和海洋矿产资源的勘探开发活动。而该法关于矿产资源税费制度的规定并没有充分顾及海洋矿产资源诸如石油的勘探开发情境，具有浓烈的“陆地色彩”。不仅如此，我国矿产资源税、资源补偿费以及探矿权使用费和采矿权使用费并存的局面，并没有真正达到制度设计的初衷。

为此应该构建海洋矿产资源税费“阶梯”制。所谓海洋矿产资源税费“阶梯”制，就是针对勘探开发矿产资源的风险特点，按照海洋矿产资源税费是否在防范环境风险方面发挥其作用而实行有差别的有偿取得海洋矿产资源勘探开发权的制度。在该“阶梯”制下，可以分为基本海洋矿产资源税费和附加海洋矿产资源税费，前者主要能够体现海洋矿产资源本身财产价值的“对价”功能，[①] 而后者主要体现在海洋环境保护上的“基金”。如果在一个周期内，海洋石油勘探开发者没有任何海洋石油污染损害的发生，其“基金”可以按照一定的比率作为回报归属海洋石油勘探开发者，以此激励海洋石油勘探开发者在海洋环境保护上的贡献。

在海洋矿产资源税费“阶梯”制下，还可以考虑取消海洋矿产资源税，以使用费来构建海洋矿产资源有偿使用制度体系。海洋矿产资源使用费可以采取不同的计算和收缴方式，即海洋矿产资源使用费体系同样施行“阶梯”制。由于海洋石油勘探开发与陆地矿产资源勘探开发的重大差异，因此，区分海洋资源使用费和陆地矿产资源使用费的征收制度更具有必要性。

---

① 胡德胜．我国矿产资源税费制度的问题识别与改革建议［J］．法学评论，2011（4）：12.

我国政府生态责任缺失的对策研究

孙盛山
（大连大学法学院 116622）

摘 要 政府生态责任是以政府为主导的，整合企业、个人和社会公共组织的环保力量而构建起来的政府责任系统。它在一定程度上遗弃了传统政府以经济责任为本位的逻辑，弘扬政府的生态责任。基于对国内外现有生态责任履行现状的分析，发掘现有政府生态责任机制存在的问题，借鉴部分西方国家成功经验，提出我国政府在履行生态责任方面的对策，并以此为契机，构建与完善我国政府生态责任体系。

关键词 政府 生态责任 缺失 对策

过去的20世纪，人类取得了空前的辉煌，但同时也遭遇到严重挑战。以突飞猛进的信息技术为代表的工业文明在谱写人类文明史的崭新篇章时，也使我们被一种全球范围的新危机——生态危机所困惑。生态危机是一个全球性灾难，需要全人类的共同努力，要超越社会制度差异和狭隘的国家利益，共同为生态文明建设作贡献。当前，我国正稳步迈入全面小康社会，构建和谐社会是第一要务。然而，由于过去一贯粗犷型的经济发展模式，使得人与环境的平衡被打破，资源和环境的矛盾日益尖锐。政府在协调经济与环境的关系中扮演着重要角色，在客观上要求政府履行生态责任，这也是政府环境伦理责任的要求。我国政府生态责任的缺失，将直接影响到我国经济社会的和谐发展。在这种情况下，提出如何履行我国政府生态责任的对策研究是非常符合当前实际需要的。

一、当前我国生态环境的问题与政府生态责任缺失现状分析

（一）存在的生态问题

土地资源：中国人均耕地面积只有不到0.106公顷，而世界平均水平为0.25公顷，世界主要国家的人均耕地面积都比中国丰富（美国为0.73公顷，俄罗斯为0.87公顷，加拿大为1.73公顷，印度为0.19公顷）。另外，由于我国经济处于高速发展阶段，在城市化和工业化的过程中，耕地被大量的征用或污染，耕地面积日益减少。中国在1986—1995年的各种建设项目用地面积高达200万公顷。尽管近年来情况有所好转，但是土地资源的流失情况依然严重。

森林资源：在全球森林面积以每年1 000多万公顷的速度减少的大环境下，我国森林资源呈现数量上的增长，质量上下降的情况。具体表现在病虫害严重，结构单一，分布不均，森林生态功能衰减的实质没有改变。草原生态系统也遭受到严重破坏，生态功能衰竭，草地逐年沙化。近年来，沙尘暴天气越发频繁，持续时间越来越久，甚至影响到中国的南方城市。这不得不令人担忧。

水资源：我国水资源的开发强度大，利用效率却非常低。资源性缺水，水质性缺失和工程性缺水并存。江河断流，湖泊干涸，自然湿地萎缩使得水资源危机越来越引起了人们的重视。目前全国600多个城市中，400多个缺水，其中100多个严重缺水，而北京、天津等大城市目前的供水已经到了最严峻的时刻。与此同时，由于人口的增长，到2030年我国人均水资源占有量将从现在的2 200立方米降至1 700~1 800立方米，需求量接近水资源可开发利用量，缺水问题将更加突出。

野生物种：据统计，我国有脊椎动物6 347种，占世界种数的14%以上；无脊椎动物100多万种；高等植物32 800多种，占世界

种数的12%以上。大熊猫、金丝猴和水杉、银杉、珙桐等大量物种均为我国独有。然而，随着我国人口的持续增长和经济的快速发展，人口与资源、经济建设与生态保护的矛盾日益突出，一些地方不能很好地解决发展经济与保护生态环境的关系，不惜以牺牲环境为代价来获得经济的暂时发展；滥猎乱捕、乱采滥挖、倒卖走私野生动植物的违法犯罪活动不时发生；有“高原精灵”之称的藏羚羊，长期遭到大规模武装盗猎，损失在10万头以上，目前种群数量已锐减到4万余头，这种高原之灵正逐步走向灭绝。人类经济的进步无一不是以牺牲野生物种为代价。生物多样性的破坏使得生态平衡遭受到前所未有的挑战。

（二）政府生态责任的缺失现状

现行体制下，作为生态环境的第一责任主体——政府，存在着多方面的生态责任缺失。

1. 主体地位的缺失

我国的经济改革很大一部分是政府主导型，使得在市场经济条件中政府难以准确定位自身角色，实现真正转变。这就要求在保证赋予政府充分履行经济调节、市场监管、社会管理和公共服务的职责同时，又要明确政府的权限范围，防止政府及工作人员“错位”、“缺位”和“越位”。政府作为社会公共权力持有者，对经济领域中双方当事人之间的经济行为进行监控，其职责是维持正常的经济秩序，保持人与自然的和谐相处。政府在环境产品的提供中，应当体现其主体地位。而在当前市场经济条件下，因为政府在环境保护中主体地位的缺失，没有准确把握好自身的定位，所以政府的生态责任缺失严重。

2. 约束机制的缺失

约束机制是指为规范组织成员行为，便于组织有序运转、充分发挥其作用而经法定程序制定和颁布执行的具体规范性要求、标准的规章制度和手段的总称。约束包括国家的法律法规、行业标准、组织内部的规章制度，以及各种形式的监督等。由于社会进步，我国监督体制已难以适应现行管理体制的需要。具体反映在在法律制度、监督机制、道德建设等方面。

3. 官员责任意识的缺失

目前，我国存在着出了问题无人负责，部门之间相互推诿扯皮的现象，这在很大程度上是由于缺乏责任意识和约束机制。因此，在官员责任制构建中，关键要加强和完善官员的责任意识；加快构建责任追究机制，并贯穿到日常的行政管理当中，实现从“问责风暴”到“制度问责”的转变。

4. 政绩考核标准的缺失

考核官员的环保责任已逐渐成为国际趋势，我国政府应尽快将环保指标纳入政府官员考核体系，使各级政府官员建立正确的生态责任观。目前，我国很多河流开发利用率超过国家警戒线，生活用水被大量挤占，江河断流、湖泊萎缩、湿地锐减等生态恶化现象逐步显现。必须抓紧时间设计一系列环保政策与制度，建立绿色国民经济核算体系和新的官员考核指标体系。但是，我国生态问责机制的缺失，对政府生态责任的履行情况的检查考评设置了不小的障碍，不能有效的对行政不作为而造成生态损失的地方政府、政府主要负责人、分管环保工作的负责人、肇事企业负责人等相关责任人，追究失职责任。

5. 政策执行力的缺失

当前，我国组织层级较多、幅度较大，导致指令和信息的上传下达出现阻滞和失真；在运作机制上，缺乏科学性，这样就增加了工作内耗，降低了执行效率；人员素质普遍不高，直接影响到公共管理事业的执行和公务员责任心和创造能力的激发；拖拉推诿、墨守成规、形式主义等不良组织文化更是导致政策执行力的缺失和弱化。在这种执行力普遍缺失的严峻形势下，政府应加大“大部制”改革的步伐，精简组织层级；提高公务员的素质，优化知识结构；改善组织环境，营造一个和谐的组织氛围。

二、国外政府生态责任现状及对我国的启示

（一）国外政府生态责任现状

1. 法国：通过警察力量来促进水资源的节约

在机构设置上，法国的环保部门分为中央和市镇两级。在中央，由一个部主要负责环境保护工作，另外的一些部参与某些特殊领域的环境保护工作。环境部总体负责环境保护和运动场所、生活区、游览地的保护。从市镇一级来看，主要由市长管理环境保护。市长在自己的权力范围内进行各种环境保护工作，如保护公共卫生、减少噪声危害、建立污水处理厂及垃圾处理厂等。法国环境环保工作主要着力于强化机构建设，实行综合管理；利用经济手段，增加环保投入；促进科研开发，发展环保产业；鼓励环保宣传，提高参与意识；深化国际合作，开展环境合作。

2. 美国：通过政府的带头作用来促进社会对生态环境保护的参与

美国政府一直采取保护性退耕还林政策来加强化生态环境的保护，由政府购买生态效益、提供补偿资金，对种地农民为开展生态保护放弃耕作而造成的农业损失进行补偿，以提高农民退耕还林的积极性，进而提高全国森林面积和生态质量。美国的生态补偿主要是针对过度开垦、放牧和耕种所造成的生态环境严重恶化地区。美国在环境保护方面已经进入相对成熟的阶段。形成了较为健全的法规体系，完善的管理机构，具有充足的资金保障，公众对环保的关注度和支持度较高，环境标准较为严格，环境质量控制体处于良好运转状态。

3. 德国：政府及其职能机构推行新型的节水战略

在德国，节约资源不仅是政府和环境部门的任务，也是全社会广泛参与的工作。政府长年坚持开展节能方面的宣传，努力营造一个全社会节约用水的氛围，提高全体公民节约用水的意识。在法律层面上，德国联邦政府制定了框架式的水法律，各州制定了具体的水法

规，对地下水的抽取量、抽水地点及时间等由各州水管理部门根据法律规定发给许可证。法律规定污染者必须承担治理义务及政府与公民合作的义务。德国政府还建立节水基金，主要用于资助节水工程措施及研究项目。在节水措施上，仅仅依靠法律措施很难达到满意效果，需要将经济手段与政策相结合才可以发挥好的效果。我们在节水工作中常遇到的问题，也许可以在德国节水措施中找到解决思路。

（二）对我国的启示

1. 转变行政理念

凯恩斯曾言："改革的难度与其说在于提出新思想新观念，毋宁说在于摆脱旧思想旧观念的来源。"转型时期政府在履行我国生态责任时，更要理论创新，重塑政府形象，精确角色定位。过去30多年，虽然我国把发展摆在一个十分突出的位置，使其成为主导我国政治、经济、社会制度变迁的主要理念，但我们对发展的理解十分狭隘。发展在很大程度上被等同于片面的经济的增长，GDP成为衡量发展水平的唯一指标。高速的经济增长实际上是以资源的巨大消耗、环境的破坏、社会发展不均为代价。这种以经济增长为中心的狭隘发展理念已经给我国生态环境造成了巨大的危害。政府不再以"政府为本位"，而是坚持以人为本，以最广大人民的根本利益为依归，真正落实全心全意为人民服务的内涵。坚持统筹城乡发展、统筹区域发展、统筹经济社会发展、统筹人与自然和谐发展、统筹国内发展和对外开放。促进人与社会的全面进步，共建和谐美好家园。

2. 增强政府生态职能

改革开放以来，我国的综合国力取得了大幅的提升，其中在生态软实力上的成就取得了世界性共识。但生态环境已经成为制约我国经济可持续发展的瓶颈。我国在取得成绩的同时，政府还缺少对生态环境保护的正面激励。政府完善环境保护制度体系，积极转变政府职能，强化生态意识，为我国的生态建设提供组织、制度支持。政府应当发挥其领导作用，加快制定一系列支持循环型社会发展的优惠政策，用经济手段来刺激和促进环境保护。

3. 丰富政府生态责任履行方式

当前，中国政府已经采取一系列措施来保护生态环境。例如：对生产环保设备的中小企业免征所得税；在新修订的《刑法》中，增加了“破坏环境资源保护罪”的规定；在《海洋环境保护法》中进一步加入了对海上活动的环保监督力度。政府要更好地履行生态责任，就必须努力处理好生存与发展、现实与未来、环境保护与经济社会发展的关系。在积极宣传节约和保护资源，提高资源利用率的同时，加大污染治理的工作力度，加强环境保护关键技术和工艺设备的研究开发等。除此之外，政府还应当在建立环境会计制度、构建环保法律体系、发展生态经济等方面加大工作力度。

三、充分履行我国政府生态责任的对策

（一）明确政府的生态责任，普及人与自然和谐发展的生态责任观

1. 明确各级政府生态责任，转变政府生态服务职能

政府的生态责任是指政府依据一定的法律法规凭借行政权力采取各种措施手段创造一个“人——自然——社会”协调的经济社会环境。具体来讲，政府的生态责任主要表现在自然生态和谐管理、人际生态和谐管理、社会生态和谐管理上。

构建和谐社会就要求合理开发利用自然界，与自然共生共荣，和谐发展。人与自然的和谐，政府应承担自然生态和谐管理的责任；政府应积极倡导和培育国民正确的价值观念，来实现人与人关系健康的发展。以实现社会整体利益和长远利益的统一。

2. 尊重自然规律，普及人与自然和谐发展的生态责任观

人类善待自然就是保护人类自身。自然界作为人类的共同家园，任何对自然的局部改造都有可能影响生态的整体和谐，任何对生态环境的破坏都有可能导致人类的灭顶之灾。生态伦理道德教育是当前我国建设“中国式生态文化”的主要途径。我国可以根据我国实际需要制定一部“生态道德教育法”，在全社会确立起生态道德教育的法

律地位和强制地位。生态软实力越来越成为衡量综合国力的重要指标，影响一个国家或地区发展的发展潜力和生态力量。

（二）健全生态制度

1. 明确资源产权关系，建立广泛的资源环境有偿使用制度

20 世纪 60 年代，加勒特·哈丁提出“公地悲剧”模型。该模型一直被视为分析生态环境资源产权制度的重要模型。“公地悲剧”的实质是对稀缺资源的产权界定不清，缺乏明确的产权主体，并且对它的进入与使用未加限制，导致公有财产沦为无主财产，引发过度使用的悲剧。在我国生态资源问题上，既要克服来自“公地”的“悲剧”，又要防止“私地悲剧”的出现。因此，既要引入激励性机制，建立市场化的生态环境公共产权规制模式；又要引入民营企业、外资企业等非国有企业参与生态产权的经营和竞争，使国有企业从部分生态资源的经营领域退出，形成多元化、市场化的生态资源经营制度和生态产权混合市场模式。为解决生态资源所有权与使用权权益不对等的失效，必须实行有偿使用制度等。

2. 贯彻实施绿色 GDP 核算制度

绿色 GDP 核算在日本、美国、加拿大、欧盟各国都有广泛的应用。实行绿色 GDP 目的不是改变核算的惯例，而是经济行为本身，它需要我们建立系统的理论作指导，树立持续、协调的可持续发展观，达到人与自然和谐相处、共同繁荣。据中国科学院提供的数据显示：中国经济 GDP 中，至少有 18% 是依靠资源和生态环境的“透支”获得的，这种以损害子孙后代利益的行为至今仍存在于我们的经济发展之中。世界银行在 1997 年推出“绿色 GDP 国民经济核算体系”，用以衡量各国扣除了自然资源损失之后的真实国民财富。

3. 完善生态保护的法制建设，征收环保税

早在 1992 年我国政府在《环境与开发的十大对策》中就明确提出：“各级政府应更好地利用经济手段和市场机制促进持续发展和保护环境，其中包括试行征收环境税”。环境税作为防治污染、改善环境的重要经济手段，它具有其他环保手段无可比拟的优势和作用。环

境税立法在我国还是一项崭新的课题，其科学立法、规范实施还需相当长的探索过程。目前正值市场经济和税制改革的关键时期，我们应抓住机遇，加快立法进程，以实现人与自然和谐发展。

4. 加强公众对环境问题的否决权，提高公众的环保参与意识

公众环境意识是民间环保力量形成和发展的重要基础。在我国，公众主要通过电视、报纸、网络来获取环保信息，运用这两种途径来获取信息的人数比例均在70%以上。在环境保护实际生活中，由于一些环保考核单位对公众尊重不够，且公众参与意识淡薄，使得对环境的民主考评往往流于形式。因此，需要不断加强民主考评建设，让更多的公众参与考评，赋予公众环境否决权。

（三）确立生态原则为核心的经济发展战略

在1972年，罗马俱乐部发布了第一个研究报告《增长的极限》，在世界范围内引起了巨大的反响。它预言，由于石油等自然资源是有限的，经济增长不可能无限持续下去，我们正面临着世界性灾难，并设计出“零增长”的对策性方案。21世纪，人口爆炸、土地沙化、资源枯竭、能源危机、环境污染这所有的一切都印证了他们的观点。为了摆脱人类困境，人们逐渐从过去注重经济和物质生活的传统观念中解脱出来，树立现代生态平衡意识，建立公正、平等、和谐的社会新秩序，确立以生态原则为核心的经济发展模式。

1. 强化政策导向，调整产业结构

国务院环委会在1990发布了《关于积极发展环保产业的若干意见》，其中对环保产业的内涵有精辟的描述。它是指“在国民经济结构中以防治环境污染、改善生态环境、保护自然资源为目的所进行的技术开发、产品生产、商业流通、资源利用、信息服务、工程承包、自然保护开发等活动的总称，是防治污染和保护生态环境的技术保障和物质基础”。面对经济与环境的双重压力，我国政府可以采取以下措施：尽快制定和完善我国环保产业政策；拓宽环保产业发展的融资渠道；大力推进环保产业的技术进步；加强国内环保产业的科研与技术创新、推广和应用清洁生产技术与工艺，引进、消化、吸收国外先

进节能环保技术。充分发挥政府的政策导向功能以实现既定目标。

2. 坚持以人为本的科学发展理念，在经济发展中实现生态保护

我们今天强调的以人为本，坚持了历史唯物主义的基本立场和基本观点，体现了我们党立党为公、执政为民的本质要求，是科学发展观的核心要求。在生态经济的发展中过程中，人作为重要的参与者，在生态系统和经济系统间起到中介和桥梁的作用。因而，人口的数量、质量、意识等各个方面都或多或少的影响着生态需求水平和供给能力的平衡。我们应当严格控制人口规模，不断提高人口素质，将人口控制在一个合理的区间。这样，植被破坏，过度开垦，水土流失等生态问题才会有所缓解。

3. 规范绿色产品标准，注重发展循环经济

循环经济作为一种新型的、先进的世界经济形态，是集经济、技术和社会于一体的可持续发展经济。循环经济是经济、社会、生态三个方面和谐统一的经济模式，是人地和谐、协调发展的科学发展观。循环经济的核心内涵包括三个基本原则，即减量化原则、再使用原则和再循环原则。

4. 加强生态安全管理，贯彻“生态系统方式”的管理思想

生态安全管理指一个国家或地区为确保生态环境不受或少受污染，减少恶性生态事件的发生，促进经济与环境协调发展而进行的社会管理活动，包括生态资产管理，生态关系管理，生态健康管理。要搞好生态安全管理，必须处理好生态资产与经济资产，自然服务与社会服务，欲望无限的人类与资源匮乏的生态间的关系。

本文在分析生态责任缺失产生的根源和国外政府承担生态责任的情况之下，提出了履行我国政府生态责任的对策，探明了政府生态责任的履行路径，但是在研究过程中不可避免地存在一些不足和缺陷，还存在许多问题有待进一步探讨。政府生态机制建设是一个动态的过程。自然环境在变化，经济社会在变化，这些都使得政府生态责任面临很多不确定性。而这种不确定性对我国的政府生态责任机制的建设也将构成严重的挑战。

参 考 文 献

[1] 毕铁居，吴绍琪．和谐社会与政府生态责任体系的构架［J］．特区经济，2006（4）：10.

[2] 何跃，黄沁．构建责任型政府，建设环境友好型社会——论政府在经济发展中的生态责任［J］．重庆行政，2006（5）：19.

[3] 张庆，赵洪泽．论政府生态责任刚性化［J］．天水行政学院学报，2006（5）：27.

[4] 张薇薇，吴绍琪．经济发展与政府的生态责任［J］．工业技术经济，2006（7）：18.

[5] 杜鹏．论和谐社会建设中的政府生态责任［J］．甘肃农业，2006（8）：23.

[6] 黄爱宝．生态型政府初探［J］．南京社会科学，2006（10）：23.

[7] 张存良．和谐社会议题下的政府生态责任［J］．新学术，2007（1）：15.

[8] 李鸣．略论现代政府的生态责任［J］．环境与可持续发展，2007（2）：18.

[9] 赵洪泽，刘利．和谐社会中的政府生态服务［J］．江汉大学学报，2007（4）：17.

[10] 魏彦杰．基于生态经济价值的可持续经济发展［M］．北京：经济科学出版社，2008.

[11] 周庆行，吴长冬．生态责任［J］．政府责任新思考，2008，（1）：38.

[12] 李大港，陈科．节能减排强化政府生态责任［J］．山东行政学院山东省经济管理干部学院学报，2008（3）：12.

[13] 赵雪丽．论环境公众参与权之政府责任——由松花江特大水污染事件谈起［J］．中国商界，2008（3）：13.

[14] 王凯旋．构建人鱼自然和谐发展的生态责任观［J］．理论学

习，2008（4）：12.
[15] 王晋军．中国政府责任与实现途径［J］．理论与实践，2008（7）：9.
[16] 张明．关于和谐社会建设中政府生态责任的思考［J］．重庆工商大学学报，2009（1）：21.

我国公共租赁住房法律制度存在的问题及解决对策

邱 艳 李 浩
（东北财经大学法学院 116025 东北财经大学法学院 116025）

摘 要 公共租赁住房制度作为我国保障性住房的重要组成部分在解决“夹心层”群体的住房困难方面发挥着重要的作用。我国公共租赁住房制度的研究主要集中在经济学和管理学方面，在法律领域内的研究现在还比较少。我国公共租赁住房法律制度并不完善，仅靠部门规章和政策性文件等来管理公共租赁住房。这些法律文件普遍存在着立法层次较低，缺乏全国统一的立法等问题。本文旨在通过研究域外现有的较为完善的公共租赁住房法律制度，比较分析我国公共租赁住房法律制度存在的缺陷，并借鉴域外先进经验，结合我国的实际情况，提出相应的解决对策。

关键词 公共租赁房 “夹心层”群体 住房保障

我国现在越来越重视“夹心层”群体的住房问题，作为其重要解决途径的公共租赁住房制度也有了长足的发展。但是，作为公共租赁住房制度保障的法律制度并没有相应的完善，相反，我国公共租赁住房法律制度还存在着一系列的问题急待解决。我们通过分析我国公共租赁住房的法律规定和地方规章政策等，得出我国公共租赁住房法律制度立法与实践中存在以下的问题：

一、我国公共租赁住房法律制度存在的问题

（一）立法体系不完善

1. 立法位次较低

我国的公共租赁住房法律制度现在还仅仅处于起步发展阶段，缺乏统一规范的法律法规来保障实施，甚至我国在法律层面基本上没有任何对公共租赁住房等住房保障的法律规定，所实施的大多是国务院各部委的规章政策等，现在主要依据《公共租赁住房管理办法》以及各地关于公租房的地方性法规和政策来对公共租赁住房进行规制，声称将要出台的《住房保障法》现在看来还遥遥无期。而现有的相关规定普遍存在着立法层次较低、强制性弱和权威性不足等等的缺陷。

现行的这些没有强制约束力的政策指导以及效力低下的部门规章和地方法规等对于保障公共租赁住房制度的发展较为不利。中央的部门规章以及地方法规对于公共租赁住房制度而言都不能对公共租赁住房制度中的各种问题进行有效规制。我国现在并没有具有较高立法层次和法律效力的法律法规来保障我国公共租赁住房制度的发展，这样无法实现各个部门资源的协调发展，也就不能有效的整合整个社会的资源来促进公租房的发展。我国公共租赁住房立法层次较低，立法层次严重滞后于公共租赁住房制度的发展，较低层次的立法就不能对公共租赁住房制度进行整体上的设计，相应的配套实施的政策规定也就很难规定。① 而且，立法层次较低导致各个地方政府对相关政策执行不力的情形也时有发生。

2. 缺乏全国统一的立法

公共租赁住房保障制度需要健全的法律制度来保证其实施，只有建立完善的法律体系才能保障公共租赁住房各项政策的具体实施。然

① 冀亚楠．公共租赁住房法律规制研究［D］．重庆：重庆大学，2011.

而，我国并没有全国统一的立法作为保障，仅仅是有住建部的《公共租赁住房管理办法》这一部门规章，且在保障对象等方面很多规定模糊不清，无法起到全国统一的立法作用。

全国统一的法律保障的缺乏，导致我国各个地方对公共租赁住房建设标准、资金来源、管理运行机制以及保障对象的范围、条件等方面没有统一的认识，各个地方的规定有很大的差别，政策有较大的随意性。而且我国各地的规定比较混乱，许多条文之间存在一些矛盾和冲突，缺乏系统性。部分条文规定得又比较概括、抽象，缺乏可操作性。[①] 同时，全国统一的法律保障的缺失导致各地行政手段滥用，混乱的规定使各地资金缺乏、房源不足以及管理及监督机制的缺失的弊端日益显现。立法应从更广阔的视野来考虑，进行全局性和统筹性的规划，建立一个完善的公共租赁住房法律体系。建立全国统一的公共租赁住房的法律保障可以使公共租赁住房制度得以良好而有效的运行。

（二）公共租赁住房的入住对象不明确不合理、住房条件不完善

1. 公共租赁住房的入住对象不明确不合理

根据我国《公共租赁住房管理办法》第三条规定，公共租赁住房入住对象是指“符合规定条件的城镇中等偏下收入住房困难家庭、新就业无房职工和在城镇稳定就业的外来务工人员。”这一规定与《关于加快发展公共租赁住房的指导意见》相比有了巨大进步，即把新就业无房职工和在城镇稳定就业的外来务工人员纳入到保障范围之中。但是，公租房制度中还是有着对入住对象不明确不合理的缺陷。

虽然《公共租赁住房管理办法》将新就业无房职工以及外来务工人员作为了保障对象，但是，各地大都要求其有稳定就业并在城市居住一定年限。像北京、深圳等很多地方的公共租赁住房主要针对的是具有本市城镇户籍的人群，而最需要住房保障的流动性人口如农民

---

① WOLFGANG F E, DAVID P, FRANCIS P. Future Visions of Urban Public Housing [M]. Cincinnati: University of Cincinnati, 1994: 606.

工等“夹心层”群体因为其流动性大、工作场所和时间不确定等特性，一般不能保证其稳定就业并在城市居住一定年限的条件，这一群体还是被排除在我国公共租赁住房制度的保障范围之外。当前，我国公共租赁住房的入住对象并不合理，真正需要保障的“夹心层”并没有得到全部保障。同时，它规定的城镇中等偏下收入住房困难家庭入住，并没有与廉租房入住对象等的划分标准有所区别。

2. 公共租赁住房的入住条件不完善

虽然，我国《公共租赁住房管理办法》对入住对象有了统一的规定，但是，其具体规定中宏观性的规范较多，缺乏可操作性，很多条款都是授权性规定，如针对公共租赁住房保障对象的范围、收入标准及公租房的租金水平等规定均授权给地方政府来确定。① 而很多地方政府都是基于自己的财政等方面的利益来规定入住条件的，导致各地标准严重不统一，使一部分应该入住的保障对象被划在了范围之外。

从申请入住条件上看，各地基本上都依照《公共租赁住房管理办法》的规定把一定标准的住房困难家庭作为申请对象。但是，虽然《管理办法》把外来务工人员纳入到保障范围之中等同于打破了户籍的限制，但是，各地不同的规定对非户籍人员有变相的限制。北京市的《公共租赁住房管理办法（试行）》就规定，而非北京户籍的人除了需要符合申请公共租赁住房的条件以外，还需要符合规定的工作年限，并要求有住房公积金证明和社会保险证明等条件。而深圳市在分配顺序上有特殊的要求，在同样符合申请公共租赁住房的条件下，公共租赁住房首先分配给具有本市户籍的群体，然后分配给非本市户籍人口中缴纳社会保险满 2 年以上的群体，最后才是其他非户籍群体。这样，真正需要保障的“夹心层”群体的住房问题并没有得到真正解决。

---

① 杨虹．浅析公共住房法律制度［D］．上海：华东政法大学，2011.

（三）专门的公共租赁住房管理机构缺失及监督体系不完善

1. 没有建立专门的公共租赁住房管理机构

我国《公共租赁住房管理办法》第四条规定："国务院住房和城乡建设主管部门负责全国公共租赁住房的指导和监督工作。县级以上地方人民政府住房城乡建设（住房保障）主管部门负责本行政区域内的公共租赁住房管理工作。"可见，我国在中央层面并没有要求建立专门的公共租赁住房管理机构。与此相对应的是，我国大部分地区也没有建立专门的公共租赁住房管理机构，而是主要由各地政府住房城乡建设主管部门（大部分城市为住房保障和房屋管理局）管理，但是它的权限是有限的，公共租赁住房的规划、建设、管理及监督等工作必须要其他部门的配合。

当前的住房保障主管部门的行政级别与实际运行中要涉及的其他部门如土地局、财政局等的级别是一样的，只能要求配合，不能有效地得到支持。这导致申请时效率低下、费时费力的现象出现，导致公租房的建设进程缓慢。而相关部门互相推卸责任的情况也时常出现，这种多部门共同参与的模式可以发挥各部门的长处，但是同样的也会导致令出多头、效率低下。一个统筹全局的管理协调机构的缺乏，导致公租房制度发展缓慢。①

2. 有关公共租赁住房的监督体系不完善

我国现在还没有一套完善的公共租赁住房监督体系，在公租房的建设标准、租金水平的确定、保障对象的审核等问题上都没有有效的监督措施。我国公共租赁住房法律制度主要包括三个相关责任主体，而监督则可以分为两个部门分别监督。

首先，是对公租房的供应主体和运营主体即政府相关部门、租赁管理机构、开发商等的监督。我国现在的部门规章等的规范性文件对其基本上没有监督，而只是在地方性法规等文件中对租赁管理机构、开发商等有零散的规定。而对作为供应主体的地方政府则没有监督。

---

① 张卫东．公共租赁住房法律问题研究［D］．重庆：西南政法大学，2011.

缺乏立法层面的监督必然会导致地方公共租赁住房管理部门的消极怠工。而且，公共租赁住房的房租是有政府财政补贴的，没有完善的监督管理体系，贪污腐败现象将会泛滥，公租房制度也就不能有效地解决“夹心层”群体的住房困难问题。①

其次就是对于保障对象的监督，主要是对公租房保障对象收入是否真实、租赁行为是否合法等方面进行监督。我国现在对公租房的保障对象的核定标准主要是学习西方采取以保障家庭的收入为标准。但是，我国并没有西方国家的那种健全的居民个人信用制度和个人收入监管制度，我国个人信用制度和个人收入监管制度的缺失会极大地影响审核的准确性，无法准确地掌握保障家庭的收入。而我国主管部门对居民提供的个人收入证明等材料采取的是形式上的审查，缺少实质性的审查也会导致审核失真。缺乏有效的监督就会使得虚报瞒报的现象频发，使一部分不符合公租房租赁条件的人混入其中，违背了公共租赁住房制度解决“夹心层”群体住房困难的初衷。②

（四）公共租赁住房租赁期限不灵活和退出机制不合理

1. 公共租赁住房租赁期限不灵活

我国《公共租赁住房管理办法》规定，我国公共租赁住房租赁期限一般不超过5年。而各地关于住房的租赁期限的问题又有不同的规定。如重庆市也规定最长的租赁期限为5年，如果承租人在合同期满后还要续租的，应当在合同期满前3个月内向主管部门重新提出申请，经主管部门审核符合相关条件的要重新签订租赁合同。而上海市的租赁合同期限不仅规定了最长年限，还规定了最低的年限，一般不低于2年，租赁总年限一般不超过6年。其他国家和地区公共租赁住房的租赁期限规定的也都不尽相同，甚至有韩国的永久租赁的情况出

① 杨虹．浅析公共住房法律制度［D］．上海：华东政法大学，2011.

② 刘晓纯．论我国公共租赁住房法律制度的构建［J］．法学杂志，2011（1）：99-104.

现。但是国外对公共租赁住房的退出机制都做了很明确的规定。①

租赁期限的长或短都有各自的长处。但是简单的给以量化的标准，既不现实也不科学。如果时间过短，频繁的签订租赁合同，既浪费人力物力，也不利于真正的解决“夹心层”群体的住房问题。而如果时间过长，则不利于社会公共资源的循环利用，使本就紧缺的公共住房资源长期集中在一小部分人的手中，而更多真正需要公租房的群体不能利用。所以，租赁期限应该是一个动态的管理过程，不同的对象应该设置不同的租赁期限。②

2. 公共租赁住房退出机制不合理

退出机制是公共租赁住房能否合理而有效流转的重要一环。我国《公共租赁住房管理办法》中就明确规定了8种必须腾退的情况。但是，很多收入增长，而不再符合公租房租赁条件的人并没有退出，“退出难”、“只进不出”、“福利固定化”现象严重。③

对于公共租赁住房能否出售的问题，《公共租赁住房管理办法》并没有明确规定。④ 我国等同于把公租房是否可以出售的权限下放到了地方，而全国各地规定就有了不同，重庆、青岛等地明确规定，公共租赁房的承租人在租住期满5年后，可以申请购买所租住的公共租赁房，即是“先租后售”的政策。而北京、上海等地则坚持政府拥有产权，奉行“只租不售”的政策。但是，现阶段我国公共住房资源并不充足的情况下，允许公租房出售会造成房源的流失，而大量的公租房被出售，将导致很多真正需要保障的对象得不到公租房保障，这对我国的公租房制度有害无益。

① 建设部关于城镇廉租住房制度建设和实施情况的通报［J］. 中国住宅建设，2006（10）：16.

② 巴曙松. 破解中国廉租房之困［J］. 中国市场，2006（9）：12.

③ 范俊丽. 我国公共租赁住房法律问题［J］. 河北联合大学学报（社会科学版），2012，12（6）：26-28.

④ 柯善北. 放宽准入门槛强化退出机制公共租赁住房管理办法解读［J］. 中华建设. 2012（07）：24-27.

二、完善我国公共租赁住房法律制度的建议

通过分析以上我国公共租赁住房法律制度中存在的问题，总结我国各地的实践经验，借鉴域外的公租房制度的长处，提出了完善我国公共租赁住房法律制度的基本原则以及具体的针对性建议。

（一）提高立法层次，进行全国统一的立法

1. 提高立法层次

我国现行关于公租房的规定都是没有强制约束力的政策指导以及效力低下的部门规章和地方法规等。层级低下，提高立法层次就成为当务之急。

首先，应该在作为我国根本大法的宪法中将住宅权予以明确。虽然，我国现行宪法规定了尊重和保障人权，住宅权作为人权的重要组成部分可以说受到了宪法的保护，但是依然不明确不具体。应学习西方国家的宪法，将住宅权作为公民的一项基本人权予以明文规定。提高我国公民对住宅权的认识，并为公共租赁住房等保障性住房的立法提供宪法上的依据。

其次，应该改变关于公租房的规定仅限于部门规章和地方法规的局面，我国应该将其相关规定提高到法律这一层次上来，在法律层面出台相关法律来对公共租赁住房予以保护。当然对公共租赁住房进行单独的立法并不必要，而且可能造成和其他保障性住房不能衔接的问题。所以，我国可以出台“住房保障法”来统一管理各种保障性住房。公共租赁住房作为保障性住房的一部分在为“夹心层”群体解决住房问题发挥着重要作用，所以，在“住房保障法”中，应将公共租赁住房制度作为保障性住房重要的部分进行专门的规定。

2. 进行全国统一的立法，完善住房保障法律体系

我国现在虽然有《公共租赁住房管理办法》等全国性的部门规章。但是其没有对各地公共租赁住房进行“统一”，而是很多都把规定的权力授予了各个地方。我们希望出台一些法律法规来作为全国统

一的公租房的立法保障，建立完善的住房保障法律体系，来改变现在全国各地分别立法而造成的各地公租房建造标准及保障对象等不统一的情况。“住房保障法”无疑就适合这些要求。“住房保障法”当然不能对公共租赁住房规定的太细，但是，可以给予原则性、方向性的规定。公共租赁住房作为保障性住房的一种是不可能进行专门立法的，但是制订相应的条例时，可以“住房保障法”为基准来制定。

“住房保障法”及其配套法律法规需要对公租房建造标准、保障对象及退出机制等进行详细规定。国务院各部门可以参照该立法制定部门规章等来配合其实施。而同时由于全国各地的实际情况不同，相关法律不应该规定确定统一的“一刀切”式的标准，而应划定一个可执行的范围，地方各级政府可参照相关法律规定，在结合各地的实际情况的基础上制定地方性法规和政策来执行，“从微观操作方面进行立法规制，使公租房法律制度更加的具有实践性、合理性和操作性”。[①] 此外，我国的目标就是建设社会主义法治国家。而我国公共租赁住房法律制度形成的过程体现了我国政府向“责任型、服务型、透明型、诚信型政府的转变，而这些正是法治政府的基本内涵”。[②] 拥有完备的法律体系是建设法治国家的必备的要素。建立全国统一的公共租赁住房的法律保障，形成一个完善的公共租赁住房保障法律体系，可以使公共租赁住房制度得以良好而有效的运行。

（二）明确公共租赁住房的入住对象，统一入住条件

1. 明确公共租赁住房的入住对象

公共租赁住房制度的保障对象不仅包括城市中低收入“夹心层”群体，而且还包括了新就业无房职工以及包括引进人才和在城镇稳定就业的农民工在内的中低收入等没有城市户籍的外来就业人员。这一点跟廉租房等其他保障性住房有很大不同。同时，由于公租住房的房租水平比廉租房要高，廉租住房和公租房的保障对象如果混同，就会

---

① 马德天．我国公共租赁住房法律制度研究［D］．北京：中国政法大学，2011.
② 周鹤，黄晶梅．论法治政府的内涵［J］．长春理工大学学报，2008（3）：47.

损害低收入群体的利益。《公共租赁住房管理办法》中并没有明确公共租赁住房保障范围中中等收入与偏低收入的政策取向，定位含混不清。所以，要准确定位公租房的保障方向，应该在相关的法律法规中明确公租房与廉租房等保障性住房保障对象的界限，明确公租房保障对象中中等偏低收入与廉租房等保障性住房较低收入的区别。"要想使这一政策可持续发展，就必须厘清各种保障形式的边界，明确公租房的政策定位。"①

结合我国当前的现实情况，公共租赁住房的保障对象应包括以下三个群体：第一部分主要是指那些高级的引进人才，将这一群体纳入到公租房保障体系中，除了吸引人才的考虑之外，还有就是因为当时他们没有足够积蓄，如果完全通过市场分配，阶段性住房困难的问题依然难以解决，所以，政府将这一群体纳入到公共租赁住房的保障对象中。第二部分包括那些刚刚毕业的大学生以及外来务工人员等，这部分人和第一部分人类似，但是其收入相对第一类而言更低，阶段性住房困难程度更大，这一部分可以说是公租房保障的主体部分。第三部分是城镇户籍人口中住房困难的中低收入家庭，这一部分人是这其中收入最低的，住房困难问题也最严重，但是这一群体中一部分人是廉租房等其他保障性住房的保障对象。而廉租房因为其较低的租赁价格和较长的租赁期限更加适宜他们。所以，对这一部分人对于已纳入其他保障性住房的对象不应该作为公租房的保障对象。要在公共租赁住房、廉租住房以及经济适用房等保障性住房合理界定的基础上，把他们的保障对象合理衔接起来。而且，可以根据各个保障性住房保障对象的消费水平及住房要求的不同，提供如住房户型面积的梯度结构、住房需求时间的梯度变化等不同标准的保障性住房。②

---

① 清风．零成交·公租房［J］．中国房地产．2010（7）：9.

② 刘丽荣．保障性住房的合理供给与梯度消费模型的构建［J］．建筑经济，2008（10）：42.

2. 统一公共租赁住房的入住条件

公共租赁住房的主要申请入住条件包括是否具有当地户籍、申请家庭年人均收入标准及其人均自有住房面积等，而关于这些申请条件全国各地规定不一，也造成了公共租赁房住房保障地域不公的问题。所以国家应该对这些入住条件予以统一。但是，由于各地情况不一，对于申请家庭年人均收入标准及其人均自有住房面积等，国家在进行相关规定时不应是绝对的数字量化，而应给予一定的标准范围，如申请家庭年人均收入标准低于相关统计部门确认的上一年度当地居民人均可支配收入，申请时家庭人均自有住房建筑面积低于当地人均住房面积的 80%①等。由各个地方根据当地的实际情况在范围内予以执行。

而对于户籍的条件问题我国应该对其严格的统一规定。我国各个地方的关于公共租赁住房保障对象的条件规定是不统一的，当前很多地方虽然表面上将户籍的限制打破，但是其与居住年限以及稳定的工作条件相挂钩，这样使很多刚毕业的大学生和农民工被排除在外。这些地方公共租赁住房制度所覆盖的对象依然大多是拥有本市户籍的居民，“夹心层”群体并未完全被覆盖。但是，随着城市经济的快速增长，城市规模逐步扩大，再加上城市人口老龄化的现象日益突出，越来越多的外来人口进入城市工作，这部分人也面临着住房困难的问题，为了社会的稳定和谐，我们应该打破公租房申请条件限制这种变相的户籍限制的做法，把公租房的保障对象扩大到刚毕业的大学生以及外来的农民工等非户籍群体，让他们享有和户籍群体一样的公租房保障。

（三）健全公共租赁住房管理机制

1. 建立专门的公共租赁住房管理机构及完善的监督体系

学习我国香港及新加坡的保障性住房先进管理经验，我国可以设

---

① 杨曦．重庆与香港公租房制度的对比研究及启示［C］//中国城市规划学会．规划创新：2010 中国城市规划年会论文集．重庆：重庆出版社，2010.

立一个相对独立的具有一定特权的能够协调各方关系的专门的公共租赁住房管理机构。重庆地区就设立了公租房管理局来管理公共租赁住房，并取得了很好的效果。我国其他地区可以向重庆学习，设立独立的专门管理公租住房的公租房管理局。该部门要有明确的权责，使其能够调动各个相关部门投入到公共租赁住房的建设中来，能够统一协调各个相关部门的关系，保障公共租赁住房保障体系有序及高效的运行。公租房管理局要改变以往由多个相关机构多头管理公共租赁保障房的情形，避免令出多头的现象再生，以期能够达到管理和协调的作用。①

公租房管理局除行使协调各部门关系的职能以外，还应该有相应的管理职能：首先是对申请对象的调查权。对公共租赁住房的申请对象，公租房管理机构有权对其进行家庭收入状况的审查，而对于已经入住公共租赁住房的保障对象，公租房的管理机构也应该定期对其收入变动情况进行调查，这不仅是该机构的一项权力，更是它应该承担的一项职责；其次是对公租房运行中相关违法行为的处罚权。公租房管理局有权依法处罚骗取公租房的申请对象以及未按正常用途使用公租房住房补贴或公租房的单位和个人，来保障公租房制度正常运行。②

2. 完善公共租赁住房的监督体系

要完善公共租赁住房的监督体系，需要全方位的对公租房的供应主体、运营主体以及保障对象进行监督。首先对供应主体和运营主体即政府相关部门、租赁管理机构、开发商等的监督。对这一主体的监督，可以从以下几个方面进行：第一，我们可以将公共租赁住房的建设以及实际发挥的效果作为地方政府的政绩考核重要指标。国务院相关部门下达宏观目标，做宏观调控，而各级地方政府的则应逐级落实，实行层层监管。我国政绩考核的标准不应该再仅仅局限于经济的增长与否，而应该更加关注社会是否和谐，将公共租赁住房的建设作

---

① 罗领俊．重庆市公共租赁房发展研究［D］．赣州：江西理工大学．2011.

② 马德天．我国公共租赁住房法律制度研究［D］．北京：中国政法大学，2011.

为其中一项重要的指标，由上级政府的督促来提高地方政府的建设公租房的积极性。第二，要有健全的法律问责机制，推进各级地方政府建设公共租赁住房的进程。如若政府没有践行当地公共租赁房的建设目标，则应问责当地政府及主要负责领导。第三，完善行政机关内部的监督。赋予相关监督机构职权，监督公租房的相关管理机关所实施的管理公租房的行政行为的合法性和合理性，杜绝公共租赁住房保障制度实施中的违法行为是其主要目的，同时可以有效防止贪污腐败现象。如果公租房管理机构或其工作人员在公租房制度实施的过程中出现贪污腐败等违法乱纪现象，相关监督机构可以追究其相应的法律责任。①

还有一个就是对于保障对象的监督，主要是对保障对象收入是否真实、租赁行为是否合法等方面进行监督。为了能够有效地掌握保障对象的真实收入，我们可以借鉴香港地区的经验建立定期审核制度。而我国现在缺乏的个人信用制度和收入申报制度是该制度得以有效运行的前提，我国应当建立和健全居民收入申报制度、个人信用制度及个人住房信息库制度，建立一个公共租赁住房保障的综合化、信息化的平台。公共租赁住房“制度公平、公正、高效率的运作，离不开信息化管理支持系统”②。通过这些完善的居民收入和个人住房信息，可以对公租房保障对象收入变动情况进行及时的调查，并对公租房保障对象的经济信用情况进行审核评估。根据调查评估的情况，定期对公租房保障对象考核，如果公租房保障对象符合条件则可以继续租用公租房，如若不再符合公租房的条件则应该强制其退出。同时，可以建立公租房保障对象的信息公开制度，公租房管理部门将保障对象和公租房的情况对社会进行公示，接受社会的全面监督。③ 而对于骗取公共租赁住房的行为，要针对行为的恶劣程度追究其相应的行政责任和民事责任，对于情节严重的甚至可以追究其相应的刑事责任，以此

① 李文博．完善房地产宏观调控的法律思考［D］．济南：山东大学，2009.
② 马光红．建立健全保障性住房规划建设管理体制研究——基于廉租房的视角［J］．城市发展研究，2010（4）：12.
③ 杨虹．浅析公共住房法律制度［D］．上海：华东政法大学，2011.

来保证公共租赁住房制度的有效实施。

（四）完善公共租赁住房的租赁期限和退出机制

1. 灵活规定租赁期限

我国的相关政策中的租赁期限大都是给以量化的，但是，这种简单的量化并不科学合理。因为保障对象范围较其他保障性住房的保障范围广，而且不同的群体又有各自的特殊性，所以，在公共租赁住房的租赁期限上应该充分考虑不同群体特性，对不同的对象应该有不同的保障时间。

我国可以考虑按现在实际的收入及预计未来的收入情况来划分，可以将公共租赁住房的保障对象分为三个部分：第一部分主要是指那些高级的引进人才，现在实际的收入及预计未来的收入都相对较高。这一群体其实并不属于真正意义上的低收入群体，但是，因为他们当时没有足够积蓄，如果完全通过市场分配，阶段性住房困难的问题依然难以解决，所以，政府通过将这一群体纳入到公共租赁住房的保障对象中给予这部分中低收入群体一定的帮助。而由于他们的收入稳定且相对较高，对于这一群体可以在保障时间上进行相应的较少的规定，临时性住房困难解决以后，他们完全可以进入商品住房市场，退出公共租赁住房保障体系。还有一部分是刚刚毕业的大学生以及一般务工人员等，这部分人和第一部分人类似，但是其收入相对第一类而言较低，所以住房困难时期也相对较长，这一群体在保障时间上也应相对较长。最后一部分为城镇户籍人口中住房困难的中低收入家庭和外来务工人员，这一部分人是收入最低的，住房困难问题也最严重，他们的将来可预期收入基本不会增加，甚至可能会减少，但是他们又不符合廉租房等其他保障性住房的条件，所以对这一群体应该规定较长的期限，甚至可以学习像韩国那样的终身租赁制度。

2. 完善退出机制

对于退出的方式，根据退出的主动性，可以分为积极退出和消极退出两种退出方式。积极退出发生的情况一般为公共租赁住房的保障对象收入提高之后，不再符合公租房的租住条件主动提出退出申请。① 我国应该积极鼓励这种方式。这种方式较为简单，我们主要研究被动退出。在被动退出方面，应当借鉴西方发达国家在住房保障供应方面的成功经验。在为低收入人群提供低价保障房时，对这部分住宅制定了严格退出标准。一旦不符合租赁条件要严格退出，但同时也应该考虑到保障对象的实际情况，可以实行“缓冲期”制度，考虑保障对象的实际情况给予一定的“缓冲期”。这样，既可以实现公共租赁住房解决“夹心层”群体阶段性住房困难的目的，又体现了人性化的管理方式。

同时，对公共租赁住房的退出标准并不是一成不变的，要实行动态管理，应做到以下两点：第一，因为我国国民经济的快速发展和人们生活水平的飞速提升，作为公租房保障对象的“夹心层”群体的标准都在不断变化，如果一味坚持以前的政策标准，会导致一部分应该得到保障的群体不在保障的范围以内，并不能真正实现公租房解决“夹心层”群体住房困难的目的，应及时根据经济发展状况制定相应的政策；第二，由于保障对象收入在不断变化，应定期对保障对象的保障条件做重新的认定，综合考虑其家庭收入状况等，综合判断其家庭收入是否符合继续租赁公租房的标准。如果不再符合公租房租住标准的，则应责令其退出公共租赁住房。

在退出方式是否可以出售也应该严格规定，由于没有中央相关法规政策的规定，全国各地对于公共租赁住房是否可以出售的政策是不同的。北京、上海等都是“只租不售”，而重庆、青岛等地的政策则是“租售并举”，采取的是“共有产权”模式。而考虑我国公共住房资源缺乏的情况，在现阶段，我国公共租赁住房应该统一采取“只租不售”的政策。西方发达国家公共租赁住房保障制度实践表明，大部分国家公租房制度的目的都是解决住房困难，这些国家政府的目的是拥有大量的住房资源，让保障对象的保障过程流动起来，形成良性的循环。所以，我国的公共租赁住房制度应该以租为主，形成一个

① 李剑阁．中国房改现状与前景［M］．北京：中国发展出版社．2007：145.

良好运行的机制，我国政府在掌握充足的公共住房资源后，把这些住房循环分配给需要的家庭。我国公租房的保障对象中有很多新毕业的大学生和引进的高技术人才，他们的可预期收入的增长潜力巨大，一段时间以后他们大部分人都会退出公租房市场，而对于外来农民工等群体也有很大一部分会回乡，也会退出公租房市场，这样就可以留给新的保障对象，这就形成了一个良好的循环往复的住房保障体系。此外，经济适用房、廉租房等保障性住房还中存在有着一些投资性行为，易造成“福利固化”，造成大量的公共住房资源的浪费，而同时那些真正需要解决住房困难的群体面临的问题却依然未能解决。因此，为了防止这些状况的再次出现，我国在公共资源并不充足的现阶段应坚持“只租不售”的政策。

参考文献

[1] 张卫东. 公共租赁住房法律问题研究 [D]. 重庆：西南政法大学，2011.
[2] 叶力玮. 公共租赁住房法律制度研究——以重庆市公共租赁住房为视角 [D]. 重庆：西南政法大学，2011.
[3] 马启轩. 公共租赁住房制度研究 [D]. 重庆：西南政法大学，2011.
[4] 杨虹. 浅析公共住房法律制度 [D]. 上海：华东政法大学，2011.
[5] 王武. 公共租赁住房准入与退出机制的法律分析 [D]. 武汉：华中师范大学，2012.

哈尔滨市行政参与的制度规范建构*

刘福元

（东北财经大学法学院 116025）

摘 要 作为现代开放式行政的重要手段之一，行政参与不仅已经广泛应用于各级政府的实践工作中，而且已在我国的立法中得到了逐步确认。其中，构建科学合理的参与制度是吸引参加人积极、良性参与，确保行政参与持续、健康发展的必要手段。以哈尔滨市为例，她在大部分行政领域中都写入了参与条款，并囊括了各种参与类型；而在“公开征集意见”这一重要的参与方式中，开展情况也较为普遍。最后，哈尔滨市行政参与的平衡性还通过明确行政法律规范的效力位阶、确立行政参与规则的内部和外部重心等途径加以提高。

关键词 行政参与 制度规范 参与领域 征集意见 平衡性

“行政参与”是指具有法定资格的个人或组织参与到行政过程中来，并对行政行为带来实际影响的活动。随着现代开放式社会①的不断成熟和发展，行政参与正在逐步走进我国各级政府及其部门的行政活动之中，行政立法听证会、价格决策听证会、公民调查会、座谈

* 本文系教育部人文社会科学研究青年基金项目“公务员内部行为规范中的责任机制建构”（12YJC820062）、黑龙江省哲学社会科学研究青年项目“政府柔性执法的制度规范建构”（11C036）的阶段性成果。

① “关于开放社会，我仅仅指这样一个社会：在这个社会中，法律机构、组织和政府机关的构造应有利于方便它们在某种程度上暴露于公共舆论和公众压力之下，而且该社会中的此类机构在某种程度上对这些压力做出实际回应。”参见弗里德曼．选择的共和国——法律、权威与文化［M］．高鸿均，等，译．北京：清华大学出版社，2005：23.

会、论证会，以及利用短信、电子邮件等现代通信手段征求公众意见的情况正变得越来越普遍，公民参与行政过程的数量和质量都呈现出稳步提高的态势。然而，为了吸引参加人的积极、良性参与，确保行政参与的持续、健康发展，有必要通过行政法律规范的方式为行政参与的主体、方式、程序等提供保障。本文通过对哈尔滨市人民政府及其工作部门发布的行政参与规范进行了考察，并对其所设定的界限与平衡性进行了探讨。

一、哈尔滨市行政参与的领域划分

一般而言，行政参与的领域可以划分为三个层面：（1）立法层面的行政参与，如立法听证和利益集团参与立法；（2）公共决策层面，包括政府和公共机构在制定公共政策过程中的行政参与，如环境保护和城市规划政策中的参与；（3）公共治理层面的行政参与，包括法律政策实施，如行政许可、行政裁决中的听证，基层公共事务中公民的直接决定管理。“传统的公众参与被理解为公众对政府政策的参与，后来发展到对公共事务的直接治理，特别是在社区层面的公民自治。”① 针对行政参与的领域问题，我们考察了哈尔滨市人民政府制定的5部行政规章，并对其中的参与条款进行了梳理，见表1。

我们认为，上表中所列举的条文皆属于本文所指称的“行政参与”范畴。这就意味着，哈尔滨市参与规范所设定的行政参与领域，基本囊括了行政活动从发生到终止的全过程，并且包括了一切有可能接纳行政参与的行政行为类型——公民参与行政活动的领域不仅包括行政立法和决策，而且包括执法环节；不仅包括行政许可听证、行政裁决听证、价格决策听证，而且包括环境保护、市容卫生、行政奖励、执法监督等各种行政领域中的公民参与。从现行的法律规范来看，哈尔滨市政府接纳普通公民参与行政事务的领域是较为广阔的。

① 蔡定剑. 公众参与——风险社会的制度建设［M］. 北京：法律出版社，2009：5-6.

表1　　行政参与条款

行政规章	行政参与条款	领域
哈尔滨市政府规章制定程序规定［2007］	第七条　公民、法人和其他组织可以通过信函、传真、电子邮件等书面形式，向市政府法制部门提出制定规章的建议，市政府法制部门也可以通过媒体向社会公开征集制定规章的建议 第十九条　起草单位应当深入调查研究，总结实践经验，广泛听取有关部门、组织和公民的意见，借鉴国内外立法经验 起草单位应当组织召开座谈会，认真听取有关部门、基层群众组织和人大代表、政协委员以及行政管理相对人的意见。涉及重大法律问题或者特殊专业技术问题的，应当召开论证会，听取有关方面的专家或者其他专业人员的意见 对直接涉及公民、法人和其他组织切身利益的规章，起草单位应当向社会公开征求意见	行政立法
哈尔滨市城市户外广告设置管理办法［2011］	第七条第二款　单位和个人有权对违反本办法规定设置户外广告的行为进行举报或者投诉，并就户外广告设置行为是否符合法定要求向城管部门查询	执法监督
	第十三条　组织编制户外广告设置规划和户外广告设置技术规范，应当采取听证会、论证会或者座谈会等形式，公开听取相关部门、行业协会、有关专家和社会公众的意见及建议	规则制定
	第二十三条第二款　相关部门、行业协会、有关专家以及其他单位和个人有权向市城管部门就户外广告设置规划和户外广告设置技术规范的实施和修改提出意见和建议	
哈尔滨市国家通用语言文字应用管理办法［2011］	第二十七条　市、区、县（市）人民政府应当对在执行本办法中成绩突出和在国家通用语言文字的推广、研究和管理中做出突出贡献的单位和个人给予表彰、奖励	行政奖励

续表

行政规章	行政参与条款	领域
哈尔滨市行政效能监察规定［2003］	第二十五条　行政管理相对人对行政机关及其工作人员违反本规定的行为，可以向监察部门或者上级行政机关投诉	行政监督
	第二十七条　监察部门可以聘请社会各界人士和新闻工作者作为行政机关效能监督员，对行政机关执行本规定的情况进行监督检查	
哈尔滨市行政效能投诉办法［2010］	第七条　投诉人认为被投诉人有下列行为之一的，可以按照管辖规定向监察机关或者监察机构投诉：（一）擅自脱岗、离岗，工作时间玩牌、打麻将、上网聊天、玩电脑游戏、炒股等违反工作纪律的；（二）对依职权应当办理的事项不办理，人为设置障碍，故意刁难行政管理相对人的；（三）不认真履行岗位职责，推诿扯皮，有意拖延，效率低下，未在规定期限内办结，给行政管理相对人造成延误或损失的；（四）对应当制止和处罚的违法行为不予制止、处罚，致使投诉人合法权益、社会公共利益遭受损害的；（五）不按规定履行公开和告知义务，损害行政管理相对人知情权的；（六）不文明执行公务，造成不良影响的；（七）其他违反规定影响行政效能的行为	行政监督
	第二十四条　行政效能投诉处理结果，应当作为本市行政机关年终目标责任考核、工作人员年度考核及奖惩、任用的重要依据	绩效评估

二、哈尔滨市公开征集意见的事项考察

公开征集意见是指在行政立法和决策等领域行政机关公开向社会公众征集有关事项的意见和建议，并参考其中最具合理性的内容进行立法和决策的一种行政参与方式。由于这种参与方式所针对的仅仅是“信息”或“意见”，是一种单向的（信息从公众流向行政机关）信息传递过程，不需要双方面对面的交流或辩论，因此无需像听证会那样指定特定的时间和场所召集行政机关和参加人双方进行听证，这就不仅节省了行政成本，提高了行政效率，而且也降低了参加人的参与成本。

公开征集意见更多适用于行政立法和决策领域，而较少适用于行政执法领域，特别是难以适用于强制性行政行为领域，因为行政机关在实施行政处罚、行政强制和行政命令等的过程中，必须严格按照法定的职权和程序进行，而不是按照公众的意见行事。然而，公开征集意见应当适用于行政立法和决策中的何种事项，则很少有法律规范进行限定。比如，从国家层面上的《中华人民共和国立法法》、《行政法规制定程序条例》和《规章制定程序条例》，到各地方的规章制定规则，都对起草和制定法律文件提出了听取公众意见的要求，至于应当针对哪一方面的法律文件征集意见则很少进行限定，这就使得实践中各个行政领域都可以见到公开征集意见的参与方式。对此我们梳理了哈尔滨市人民政府 2011 年 1 月至 8 月发布的公开征集意见通告，并对其所涉及的行政领域进行了归纳（见表 2）。

表 2 **公开征集意见通告所涉行政领域**

公告名称	主要内容	涉及领域
《哈尔滨市城乡规划条例（征求意见稿）》公开征求意见［2011.1］	为提高立法质量，根据政府立法工作程序，现将《哈尔滨市城乡规划条例（征求意见稿）》全文公布在“哈尔滨市人民政府法制信息网”，征求社会各界意见	城乡规划

续表

公告名称	主要内容	涉及领域
哈尔滨市 2011 年人民建议征集启事［2011.2］	一、关于着力调整优化结构，切实增强工业经济发展实力方面的建议 1. 关于调整优化工业结构方面；2. 关于壮大工业园区规模方面；3. 关于突出抓好重大工业项目方面 二、关于着力夯实农业基础，切实提高农业和农村经济发展水平方面的建议 1. 关于进一步加强农业基础建设方面；2. 关于大力推动农业结构调整方面；3. 关于切实增强县域工业发展实力方面；4. 关于积极稳妥推进城镇化方面 三、关于着力发展现代服务业，切实提高服务业层次和质量方面的建议……	宏观发展政策
《哈尔滨市水生态监测管理条例（草案）》（征求意见稿）公开征求意见［2011.3］	为提高立法质量，根据政府立法工作程序，现将《哈尔滨市水生态监测管理条例（草案）》（征求意见稿）全文公布在“哈尔滨市人民政府法制信息网”，征求社会各界意见	水务管理
《哈尔滨市湿地旅游管理办法》公开征求意见［2011.4］	为了规范湿地旅游规划、开发建设和经营管理，打造湿地旅游品牌，促进我市旅游业发展，市政府拟制定《哈尔滨市湿地旅游管理办法》。现将《办法》征求意见稿在网上公布，希望社会各界和广大市民踊跃提出宝贵意见或者建议	旅游管理
《哈尔滨港码头和岸线管理规定》公开征求意见［2011.5］	为了规范码头和岸线管理，推进松花江沿岸环境整治工作，促进我市湿地旅游业发展，市政府拟制定《哈尔滨港码头和岸线管理规定》。现将《规定》征求意见稿在网上公布，希望社会各界和广大市民踊跃提出宝贵意见或者建议	交通管理

续表

公告名称	主要内容	涉及领域
《哈尔滨市水路旅游客运管理办法》公开征求意见［2011.6］	为了规范水路旅游客运管理，促进我市湿地旅游业发展，市政府拟制定《哈尔滨市水路旅游客运管理办法》。现将《办法》征求意见稿在网上公布，希望社会各界和广大市民踊跃提出宝贵意见或者建议	旅游管理
《哈尔滨市城乡容貌和环境卫生条例（草案）》公开征求意见［2011.6］	为了加强城乡容貌和环境卫生管理，市政府拟向市人大常委会提报《哈尔滨市城乡容貌和环境卫生条例（草案）》。现将《条例（草案）》征求意见稿在网上公布，希望社会各界和广大市民踊跃提出宝贵意见或者建议	市容卫生
《哈尔滨市公共地下空间安全使用管理办法》网上征求意见［2011.7］	为了加强公共地下空间的安全使用管理，防止安全事故发生，保障人身和财产安全，维护公共安全，我市拟制定《哈尔滨市公共地下空间安全使用管理办法》。现将《办法（征求意见稿）》在网上公布，希望社会各界和广大市民踊跃提出宝贵意见或者建议	公共安全
《哈尔滨市再生水利用管理办法》公开征求意见［2011.7］	水资源的总量是有限的，为促进再生水有效利用，提高水资源利用率，我市拟制定《哈尔滨市再生水利用管理办法》。现将《办法》（征求意见稿）全文在网上公布，希望社会各界和广大市民踊跃提出宝贵意见或者建议	资源管理

续表

公告名称	主要内容	涉及领域
2012 年立法工作计划公开征求社会意见［2011.8］	为了广泛听取广大市民和社会组织的意见和建议，增强立法计划的民主性和科学性，提高政府立法质量，促进和保障我市新发展战略顺利实施。哈尔滨市人民政府法制办公室决定，向社会公开征求 2012 年立法工作计划，希望社会各界积极提出意见或建议 征集项目内容包括：一是就我市经济和社会发展的重大问题、人民群众关心的热点问题提出立法意见建议；二是就改善民生、加强环境保护建设、加强社会管理、促进社会事业发展等方面提出立法意见建议；三是就现行法规规章提出修改意见建议；四是就其他需要立法解决的事项提出意见建议	立法工作计划

通过上述列表可以看出：（1）行政机关开展公开征集意见的频率较高，哈尔滨市人民政府几乎每个月都要开展 1 ~ 2 次意见征集活动。这也从一个侧面证明了公开征集意见是一种低成本高效率、简便易行、灵活多样的行政参与方式。（2）上表中所列举的公开征集意见都是属于行政立法或决策领域。（3）行政立法或决策中的公开征集意见并没有事项或范围的限制。上表中所列举的意见征集项目涉及了城乡规划、水务管理、旅游管理、交通管理、市容卫生等各个立法领域，并没有哪些特定的事项被排除在意见征集的范围之外，甚至是立法计划和重大政策项目本身（即应该立哪些法、制定哪类政策）也被纳入进了意见征集之中，可见公开征集意见的适用范围是相当广泛的。（4）上述列举的公开征集意见的所有公告都是在互联网上发布的，参加人也可以通过网络将其意见传达给行政机关。

三、哈尔滨市行政参与的平衡性建议

我们认为，一项成功的行政参与不仅应当注重其领域的广阔性和参加人的开放性，而且应当对参与的度与量进行平衡与限制，而这种平衡与限制应当将行政法律规范作为主要载体。具体而言，行政参与的平衡性问题应当主要从以下几个方面加以明确：

1. 确定行政法律规范的效力位阶，即行政参与的规范应当是以行政法规的形式出现，还是以行政规章、其他行政规范性文件的形式出现。

2. 确立行政参与规则的内部和外部重心。在外部规范中，应当确保参与人能够充分获得参与信息；在内部规范中，应当赋予公务人员责任强制性。

3. 通过行政法律规范确定行政参与的领域。其基本原则在于：对行政质量要求越高的问题，行政参与就应当越小；对公众可接受性期望越高的问题，行政参与就应当越大；如果两种需要都很重要，就应当在二者之间进行平衡。举例而言，在制定和发布《哈尔滨市中央大街步行街区管理办法》和《哈尔滨市人民政府关于保证供应稳定物价保障群众基本生活的通知》时应当接纳较高限度的行政参与；而在制定和发布《哈尔滨市组织机构代码管理办法》和《哈尔滨市人民防空工程管理规定》时则应采取较低限度的行政参与。

4. 通过行政法律规范确定行政参与的具体形式，并针对不同的行政领域确立兼顾质量和效率的行政参与形式。举例而言，在听证会、公民调查、咨询委员会、由公民发起的接触、协商和斡旋等参与形式中，《哈尔滨市地理信息市场专项整治工作方案》这类政策的制定应当以专家论证会的形式为主，并且通过开放信箱的方式征求公民意见。

5. 通过行政法律规范确定行政参与的人选，即明确由公众中的谁去进行参与，并使参与者的选择更具代表性。举例而言，《哈尔滨市企业信用信息征集发布使用办法》应当接纳各个企业的参与，并有限度地接纳消费者团体（如消费者协会）的参与。

6. 通过行政法律规范确定行政参与的效力，即行政参与在最终决策中所占的比重。比如，《哈尔滨市家电下乡推广工作实施方案》可以将公众意见大范围地转化成规范性文件；相反，《哈尔滨市食品生产加工业整治工作方案》中就不应过多引入相关生产者的意见。

7. 通过行政法律规范确定行政参与的责任及追究方式，并规定行政机关将参与结果反馈给参与人的具体步骤。

下篇
经济法及其他法律制度研究

论慈善信息公开的社会监督*

邹世允　陈　祺
（东北财经大学法学院　116025，东北财经大学法学院　116025）

摘　要　慈善组织信息透明度不高已经引发一系列的社会问题，加强慈善信息公开有助于扩大慈善事业透明度。完善慈善信息公开的社会监督，保障社会公众的知情权、监督权等合法权益，对促进慈善事业发展意义重大。慈善信息公开的社会监督对慈善事业运行具有主动性大、效率高、公信力强等优势。我国应当加强慈善信息公开的社会监督制度建设，消除社会监督存在的盲点，建立统一且权威的信息发布平台，开辟多样化的信息公开方式，完善公众对慈善信息知情权的救济途径，最终建立起包括社会监督在内的一整套严密且完善的慈善信息公开法律监督体系。

关键词　慈善组织　信息公开　社会监督

2011 年 6 月，轰动全国的“郭美美事件”引发了全社会对慈善组织的信任危机。随后在不到两年的时间里，从河南宋庆龄基金会利用资金向企业放贷，再到 2012 年底中华少年儿童慈善救助基金会 48 亿元资金去向不明，慈善组织违法违规现象层出不穷。类似事件的接连发生在社会上引起了广泛争议，一方面说明了社会公众对于慈善事业的关注，另一方面也表明了社会公众对慈善组织的不信任。相关事件已经挫伤了社会公众慈善捐助的热情，其结果是导致社会捐赠大幅度下降。据目前不完全统计，2012 年我国社会捐赠总量约 700 多亿元，与 2011 年相比减少

* 基金项目：2012 年度辽宁省社科规划基金项目“辽宁慈善透明度法制化研究”阶段性成果（项目编号 L12DFX030）；2013 年度辽宁经济社会发展立项课题“辽宁慈善信息公开和运行的法制化研究”阶段性成果（项目编号 2013lslktfx-02）。

100多亿元，降幅超过一成多，已是连续第二年下降。①

慈善捐赠信任危机发生的根源就在于慈善组织未能有效实现慈善信息公开。根据《中国慈善透明报告（2010）》的数据显示，对慈善信息公开表示关注的社会公众占到了73%，展现出了很高的热情，同时也有96%的慈善组织认为信息公开很重要，但是却有70%的社会公众对慈善信息公开的状况表示不满意，这看似尴尬局面正是我们必须直面的现实。②

加强对慈善信息公开的监督势在必行，应利用社会公众对慈善事业的关注，充分发挥社会公众的监督作用，建立、加强并完善对于慈善信息公开的社会监督体系建设，充分发挥社会监督的作用，约束慈善组织对资金的运用，保证捐赠人的善款都能够得到合理地运用，真正实现慈善事业的社会保障作用。

一、慈善信息公开的概念界定

2011年12月16日，民政部公布的《公益慈善捐助信息公开指引》（以下简称《慈善信息公开指引》）对信息公开的主体、内容作出了较为细致的规定。通过概括总结，我们可以对慈善信息公开的概念作出相应的界定。慈善信息公开是指，公益慈善类的社会团体、基金会和民办非企业单位将本组织的基本情况、内部决策、财务信息以及捐赠活动信息等向捐赠人、受助人以及其他不特定的第三人进行公布并使之及时、准确获知上述信息的行为。慈善信息公开是信任的基石，增强慈善捐助信息的透明度，提高公益慈善组织的社会公信力，引导公益慈善资源的有效使用，可以有效推动慈善事业持续健康发展。

---

① 陈荞．今年社会捐款减少100多亿 郭美美事件有滞后性［EB/OL］．（2012-12-27）［2013-08-30］．http：//society. people. com. cn/n/2012/1227/c136657-20026587. html.

② 中民慈善捐助信息中心．2010年度中国慈善透明报告［R］．北京：［出版者不详］，2010：8，19，21.

（一）慈善信息公开的主体

在我国从事慈善事业的主体多种多样，主要包括基金会、民办非企业单位、社会团体以及企业和个人，但其并不必然是本文所称的慈善信息公开的主体。本文所称的慈善信息公开的主体应当是专门的慈善组织，即基金会、民办非企业单位、社会团体。这些慈善组织的共同特征为：

1. 从事慈善事业为组织的主要活动。慈善事业有狭义与广义之分。狭义上的慈善事业是指社会广泛参与，慈善组织有机制的运作，由社会募捐、项目实施等组成的慈善活动体系。它通过合法的社会中介组织（如红十字会、中华慈善总会等），以社会捐献的方式，按特定的需要，把可汇聚的财富集中起来，再通过合法的途径，分配给那些无力自行摆脱困境的受助者。慈善事业以慈爱之心作为道德基础，以社会捐献为经济基础，它是整个社会保障体系和社会公益事业的重要组成部分，是通过慈善组织的专业化、制度化运作实现社会第三次分配的方式。① 而广义的慈善事业是在狭义的概念基础之上，还包括了与环境、教育、文化等事业相关的志愿活动。本文中如无特别说明，"慈善"的含义均取狭义概念。

2. 以非营利性为组织的基本特性。非营利性是指慈善组织所进行的慈善活动不以盈利为目的，不追求经济效益与利润积累。除工作人员工资与组织运营成本等必要费用外，慈善组织的所有资金都应当用于帮助社会上的弱势群体摆脱困境，而不应用于盈利活动。非营利性是慈善组织的基本特征，也是慈善事业得以健康发展的基础，违反慈善事业的非营利性则背离了慈善事业的初衷。

3. 以来自民间的捐赠作为主要资金来源。慈善组织由于其非营利的特性，其自身不具备"造血能力"，因此为了维持组织的正常运营，保证慈善活动的顺利进行，其资金来源也必然依赖于民间的捐赠。当然，这并不必然排斥来自于政府的财政帮助或捐赠。慈善组织

---

① 徐麟．中国慈善事业发展研究［M］．北京：中国社会出版社，2005：28.

就是充当捐助者与被捐助者的中介，最大限度地培植、开发、挖掘和利用社会的慈善资源，通过举办各类慈善公益活动，去救助那些无力自行摆脱危难的受助者。面向全社会，依靠社会各界的捐赠，是慈善事业求得发展的唯一正确的取向。

（二）慈善信息公开社会监督的主体

社会监督的主体，同时也是慈善信息公开的对象，由于非官方的民间性质从而区别于行政力量，具体包括以下三类。

1. 捐赠人。慈善组织的资金来源与慈善事业的物质保障，相当程度上来源于捐赠人的捐赠。一方面，捐赠人的捐赠构成了慈善组织顺利运转的基础；另一方面，捐赠人与慈善组织对于善款的用途等达成协议时，捐赠人有权对资金的使用状况加以监督，因此这就决定了捐赠人必然是慈善信息公开的对象之一。在《中华人民共和国公益事业捐赠法》（以下简称《公益事业捐赠法》）第二十一条中也有明确规定："捐赠人有权向受赠人查询捐赠财产的使用、管理情况，并提出意见和建议。对于捐赠人的查询，受赠人应当如实答复。"这表明在法律上已经确认了捐赠人作为慈善信息公开对象的地位。

2. 受助人。受助人也可称为受益人，即通过慈善组织的慈善活动得到物质帮助的人。受助者作为捐赠款物的合法受益人，其权利在于受益权和索取权，即在符合捐赠目的的情况下有接受捐赠的权利，基于自己的社会成员身份和特有的弱势地位，具有捐赠财产的索取权。受助人的义务在于按照捐赠人的意愿使用该捐赠款物，并且要符合公共秩序和善良风俗。受助人作为社会的弱势群体，如果慈善组织擅自挪用资金而未用于帮助受助人时，受助人的合法权益必然会受到损害，同样有悖于慈善事业的初衷与基本目标，因此受助人作为慈善信息公开的对象必不可少。

3. 其他不特定的第三人，即捐赠人与受助人之外的民间力量，不但包括社会中每一个普通的个体，也包括了专业性更强的第三方监督机构等社会团体的力量。一方面由于慈善事业的公益性对完善社会保障和维护社会秩序的安定都具有积极意义，慈善事业在一定程度上关系到民众的切身利益；另一方面，由于公众群体范围具有的广泛性，让全社会知悉慈善信息、监督慈善信息的公开，慈善组织会发挥更充分的作用。

（三）慈善信息公开的内容

1. 基本信息。慈善组织的名称、成立时间、宗旨和业务范围是慈善组织的最基本信息，也是社会公众认识与了解慈善组织最初步的信息。

2. 内部决策。慈善组织内部机构对捐赠款物的管理，尤其对未与捐赠人约定捐赠款物用途的非定向捐赠作出的统筹决策。

3. 财务信息。例如，年度财务会计报告、审计报告等。

4. 活动信息。具体包括募捐活动的名称、目标，捐赠款物的来源，受益对象，受益地区等。

二、社会监督在慈善信息公开监督体系中的地位

对于法律活动的监督方式是多样的，社会监督则是指国家机关以外的社会团体或者个人对法律活动所进行的监督。要扩大慈善组织透明度，调动社会公众参与慈善事业的热情，消除社会公众对于慈善组织的诸多质疑，慈善组织应当加强慈善信息公开并接受监督。国家应当建立科学完善的慈善信息公开监督体系，包括行政监督、司法监督和社会监督。不同监督方式各有其特点，共同构成慈善信息公开的综合性、全方位的监督体系架构。慈善信息公开的社会监督，是指第三方监督机构、捐赠人、受助人以及其他不特定的第三人，对慈善组织的慈善信息公开的及时性与信息的真实性所进行的监督。与行政监督、司法监督相比，慈善信息公开的社会监督有其自身独特的优势和地位。

（一）社会监督的主动性更大

行政监督与司法监督是被动的和事后的监督，只有当慈善组织不

履行或不充分履行信息公开义务时，行政监督和司法监督的力量才会介入，使公众的知情权得到维护和救济，但是，“单纯依靠事后监督是不能独立完成风险控制和管理职能的”。[①] 而社会监督则更具主动性，能够提早介入并进行事前监督，从而弥补过于倚赖事后监督导致的不足。慈善事业与社会公众的切身利益密切相关，社会公众能够更主动地对慈善组织的信息公开进行监督，在慈善信息公开的过程中，尽早发现问题，尽早避免损失，从而起到“预防作用”。

（二）社会监督的效率更高

在《2012 年中国社会形势分析与预测》总结的 2011 年 20 大网络热点事件中，“郭美美事件”排在“日本 9.0 级地震”之后，位列第四位。在新浪微博、腾讯微博等知名网站上与该事件相关的发帖数量，合计多达 7 344 309 篇。[②] 网民在互联网平台上对于重大社会事件进行的“围观”说明，网民已经成为当今中国不可忽视的社会力量，充分利用这种力量对慈善信息公开进行社会监督潜力巨大。

根据中国互联网络信息中心发布的第 31 次《中国互联网络发展状况统计报告》显示，截至 2012 年 12 月底，我国的网民数量达到了 5.64 亿，微博用户的人数更是达到了 3.09 亿。[③] 凭借网络环境的开放性与信息传播的快捷性，慈善组织在信息公开中存在的问题会迅速地引发社会关注，慈善信息公开的社会监督能够以较高的效率发挥作用。与之相对应的行政监督与司法监督则需要借助公权力来实施，而法律规定的严格程序对公权力的行使加以约束，使得在行政监督与司法监督过程中，效率必须让位于程序上的合法性。仍以“郭美美事件”为例，该事件于 2011 年 6 月 21 日首先由微博披露并引发了网友的争议后，传统媒体随后开始纷纷进行报道，中国红十字会于第二天

---

① 施昌奎．转型期慈善事业运营管理模式［M］．中国经济出版社，2009：374.

② 汝信，陆学艺，李培林．2012 年中国社会形势分析与预测［M］．北京：社会科学文献出版社，2012：196.

③ 中国互联网信息中心．第 31 次中国互联网络发展状况统计报告［R］．北京：［出版者不详］，2013：4，5.

即发表声明回应网友的质疑，通过网络对慈善信息公开进行社会监督的效率之高可见一斑。

（三）社会监督的公信力更强

行政监督与司法监督一般由行政机关与司法机关的工作人员依法行使职权来进行，有时也会由这些机关委托专门的审计师或会计师进行。尽管有法律法规、职业道德对其行为加以约束，以避免其与慈善组织串通，防止对慈善组织的违法行为隐瞒、包庇，以防影响监督的有效性，但是作用实在有限。另外，中国慈善组织面临着去行政化的问题，由于其“绝大部分直接依托于各级政府的民政部门成立，和民政部门有着极其紧密的血肉联系……很难完全摆脱业务主管机关的影响。”① 由此，导致了中国的慈善组织存在一定程度的“半官方”性质，与行政机关存在相当的利害关系，行政监督与司法监督的公正性因此存在隐患并大打折扣。

社会监督在保证慈善组织公信力方面有着天然的优势。首先，社会公众作为社会监督主体的同时也是慈善的受益对象，慈善信息的知情权能否得到切实保障，直接关系到公众切身利益，因此其进行监督的动力与热情更加迫切。其次，社会公众的范围极其广泛，在对慈善信息公开情况的监督过程中，与慈善组织存在共同利益关系的可能性相对较低，社会公正性更易被接受。

三、社会监督在慈善信息公开中存在的问题

中国政府和社会公众对慈善事业发展越来越重视，慈善组织在大灾大难面前发挥的作用越来越大，其地位是政府所无法替代的。通过社会监督加强慈善信息公开，确保慈善组织的透明度，则属于刚刚起步。虽然社会监督与行政监督、司法监督相比有着诸多优势，但仍然存在着诸多问题，需要进一步加以完善。

---

① 施昌奎．转型期慈善事业运营管理模式［M］．北京：中国经济出版社，2009：178.

（一）社会监督在慈善组织内部存在盲点

社会监督的优势之一就在于其介入的时间更早，监督的视线能够覆盖信息公开的全过程，但社会监督的关注点通常在于善款的来源以及善款的使用状况，对于善款在慈善组织内部如何统筹管理的决策过程缺乏社会公众的监督。慈善组织的内部决策在很大程度上决定着善款能否合理、充分地运用，给予受助人以有效地帮助。应当说，在很大程度上慈善组织的内部决策信息游离于社会监督之外。

与此同时，我国现有的法律法规对于慈善组织的组织结构、表决方式等缺乏细致的规定。我国关于慈善组织监管的法律法规主要有《公益事业捐赠法》和《基金会管理条例》等。前者对慈善组织内部机构设置、表决方式没有明确的涉及；后者虽设专门章节对基金会组织机构加以规定，但仍无法从制度设计上最大限度地防止慈善组织内部对慈善信息弄虚作假、蒙蔽公众。根据《基金会管理条例》第二十条、第二十二条的规定，基金会设理事会作为决策机构，同时设监事会监督理事会的决策。理事会负责决策，监事会进行监督，从形式上看，制度确有合理之处，但由于在基金会内部缺乏第三方力量进行制衡，且理事会和监事会组成人员都属于基金会的成员，利益上容易达成一致，二者合谋发布虚假信息的隐患始终存在。

（二）公众缺少对慈善信息知情权的救济途径

对于慈善信息公开进行社会监督的目的是通过公众的力量督促慈善组织切实履行信息公开义务，保证信息公布的及时性与真实性。在慈善组织不履行信息公开义务时，应依法承担相应的法律责任。社会监督在现实中面临的问题是，当社会监督主体认为慈善组织未依法履行信息公开义务时，缺少合法、有效的途径对慈善组织违法行为进行追究，难以寻求对慈善信息知情权的法律救济。

《公益事业捐赠法》与《基金会管理条例》中虽均有独立的章节规定了受赠人或基金会的法律责任，但是二者的规定均存在一定程度的不足。前者并未对受赠人不履行信息公开义务应承担的法律责任作出明确规定；后者的第四十二条虽规定，基金会不履行信息公布义务或者公布虚假信息，登记管理机关可以给予警告、责令停止活动、撤销登记等处罚，但是法律责任的性质主要是行政责任，极少涉及民事责任。社会监督主体虽然可通过社会监督发现慈善组织在信息公开中存在违法行为，却难以直接寻求自身合法权益的救济途径，只能转而请求行政机关进行行政处罚。一方面，权利救济的效率性与有效性难以保证；另一方面，行政责任仅体现了对违法主体的制裁性，而对于受害人的补偿性不足。

（三）慈善信息公开方式缺乏多样性

1. 对于慈善信息公开的渠道，现有规定不够详细。如《基金会管理条例》中仅使用了“向全社会公布”、“向全社会发布”等较为笼统的表述，而对于具体应采取何种方式进行公布、发布并未做具体的规定。

2. 《慈善信息公开指引》第六条规定慈善信息公开应坚持方便获取原则，第四章对信息公开的时限及方式作了更细化的规定，颇具积极意义，但该指引仅“旨在为各类公益慈善组织和机构公开信息提供指导性规范，为地方政府主管部门制定相关政策法规提供参考性文本，为社会和公众了解、获取和监督慈善捐助信息提供参照性标准”①。可见，该指引仅具有参考性、参照性，并不具有强制性。慈善组织能在多大程度上按该指引的规定对慈善信息进行公开，仍有待实践的检验。

3. 在信息公开的方式中，主要是慈善组织单纯进行发布，而欠缺与公众的交流与互动，且绝大多数的公众从未接收过慈善组织的信息反馈。抑或慈善组织对信息进行了发布，但公众因缺少获知信息的渠道，或是少有与慈善组织的交流、互动并获得反馈，因而对慈善信息的公开进行社会监督便无从谈起。综上，有必要建立更加丰富多样的信息公开方式，改变慈善组织仅单纯发布信息的机械做法，将慈善信息公开的社会监督落到实处。

---

① 民政部．公益慈善捐助信息公开指引［S］．北京：［出版者不详］，2011.

（四）慈善信息公开欠缺全国性权威平台

慈善组织的信息公开仍比较分散，缺乏集中统一的发布渠道，需要建立全国性、权威性的慈善信息发布平台，实现慈善信息的收集与汇总，方便公众的查询与监督。根据《中国慈善透明报告（2011）》的数据，全国除港澳台之外的31个省、自治区、直辖市中，开通专门的慈善信息公开平台的共有18个，所占比例达到了58.1%，已经接近六成；但是全国性的政府平台仅有2家，分别为中国社会组织网与中民慈善捐助信息中心。

1. 中国社会组织网。由国家民间组织管理局主办，“主要通过宣传有关法规政策、公开办事程序、提供便民措施等手段，提高民间组织登记管理工作的透明度和工作效率，服务社会公众和各类民间组织，为各级登记管理机关、民间组织以及有关研究机构之间加强工作交流和理论探讨提供新的平台”。虽然其由政府部门主办，但其并非专门针对慈善信息的公开平台，专业性存在不足。

2. 中民慈善捐助信息中心。根据其章程的规定，该中心是利用非国有资产、自愿举办、从事非营利性社会服务活动的社会组织，宗旨是以促进慈善事业发展为目标，开展慈善捐助信息统计、披露工作，及时向社会发布相关慈善捐助信息，组织开展慈善国内外交流活动。① 相比中国社会组织网，优势在于其是慈善信息发布的专门平台，针对性更强。

根据该中心2011年度财务报表显示，其收入来源中政府补助收入与捐赠收入的比例分别达到了47.9%和48.3%，二者均已接近50%。② 倘若信息公开的平台过度依赖于慈善组织的捐赠，难免会对信息的真实性、完整性以及信息平台的中立性与权威性造成影响。而

---

① 中国公益慈善网．中民慈善捐助信息中心章程［EB/OL］．(2011-11-17)［2013-08-30］．http：//npo. charity. gov. cn/orgwww/org/org constitution1212. html.

② 中国公益慈善网．2011年中民财务报表［EB/OL］．（2011-11-17）［2013-08-30］．http：//www. charity. gov. cn/fsm/ sites/aboutus/preview1. jsp？ColumnID = 706&TID = 20111117092139500983389.

中民慈善捐赠信息中心的章程中并未明确规定不得接受来自于慈善组织的捐赠，这将难以避免地对其权威性造成的消极影响。我国对于权威性慈善信息公开平台的建设仍需更大的投入，同时有必要在平台的建设中突出政府的主导作用，保证平台的权威性与中立性。

四、完善慈善信息公开社会监督的对策建议

（一）加强对慈善组织内部决策的监督

我国慈善信息公开的社会监督在慈善组织内部治理环节存在缺位，难以对慈善组织内部决策实施监督。现行的法律法规对于慈善组织的内部治理、组织结构的规定不够充分、具体，需要加强立法与制度建设以弥补不足。

我国的慈善组织主要有基金会、民办非企业单位、社会团体等。关于民办非企业单位和社会团体内部组织的规定仍存在空白；《基金会管理条例》尽管对基金会的组织结构有所规定，但存在缺陷，需要进一步完善制度设计，其中在基金会内部引入第三方监督主体尤为重要。

依照学界的观点，基金会属于财团法人性质。比较社团法人与财团法人，由于“社团法人具有社员大会这一意思机关，法律应给予其较大的自治空间；而财团法人缺乏社员大会这样的意思机关，权力主要集中于董事会，法律对其治理应提出更高的要求”。[①] 对于基金会而言，理事会作为决策机关掌握了更大的权力，在《基金会管理条例》的规定中虽然体现前述观点，而却只规定了通过监事会对其进行监督。这种设计显然缺乏对理事会权力的多重制约，理事会与监事会极容易相互串通，损害公众对慈善信息的知情权。因此，为了达到基金会内部的彼此制衡，有必要在现有规定的基础上于基金会内部引入第三方的监督主体。

---

① 李芳．慈善性公益法人研究［M］．北京：法律出版社，2008：150.

基金会是以一定的财产为成立基础的财团法人，从法理上决定了其内部不可能存在社员大会等权力机关与理事会、监事会进行制衡，为了弥补社会监督在这一环节上的不足，使慈善信息公开的社会监督主体多样化，引入第三方的监督主体十分必要。第三方监督机构，是民间的非营利机构，其优势在于：一方面，民间机构可以集中社会各界的专业人士，弥补利益相关者在专业性上的不足；另一方面，监督机构的非营利性有利于维护机构的独立与公正，保证监督的有效性。2012 年 12 月，中国红十字会社会监督委员会成立，成员包括了白岩松在内的媒体、学界、法律界等多位知名人士。中国红十字会常务副会长赵白鸽表示，社会监督委员会是独立运行的机构，社会监督委员会与红十字会是合作伙伴，是监督者与被监督者的关系。① 这是第三方机构参与监督的范例。如果能够在今后的立法中，使得第三方监督机构监督慈善组织的内部决策这一方式得到充分的法律依据，对于加强慈善组织内部决策的监督，节约政府的行政资源，提高慈善组织的公信力，都具有积极的作用。

（二）引入公益诉讼制度，保障公众对知情权的救济

现阶段慈善组织不履行信息公开义务的责任性质多以行政责任为主，民事责任少，导致公众在知情权受到损害时难以寻求法律救济。对于这一现状，笔者建议引入公益诉讼的方式，使慈善信息的知情权能够通过诉讼方式得到保护与救济。

党的“十七大”提出要建立以社会保险、社会救助、社会福利为基础，以养老保险、医疗保险、城乡低保为重点，以慈善事业、商业保险为补充的社会保障体系。虽然慈善事业仅起到补充作用，但是作为社会保障体系的一部分，在保证社会稳定、维护公平正义方面有着积极的作用，与社会公众的利益紧密相关。通过提起公益诉讼追究慈善组织民事责任的方式，保障社会公众对于慈善信息的知情权，符

---

① 魏铭言．白岩松等受聘红会监督委 不收报酬确保独立性［EB/OL］．（2011-11-17）［2013-08-30］．http：//gongyi. people. com. cn/n/2012/1211/c152509-19855090. html.

合公益诉讼制度的初衷。

新修订的《民事诉讼法》第五十五条之规定已经提供了公益诉讼的制度基础。虽然仅限于污染环境、侵害众多消费者合法权益的情形，但是可通过制定司法解释等方式，将慈善组织侵害公众慈善信息知情权的情形纳入其中，由特定机构作为原告对慈善组织不履行信息公开义务的行为提起诉讼，这一做法具有一定的可行性。

利用公益诉讼请求人民法院对不履行信息公开义务的慈善组织作出裁决，既能够维护公众的知情权，又能改变社会公众对慈善组织“有监督方法、无追究途径”的困局，保障公众在知情权、监督权受到侵害时及时寻求法律的保护。同时，在诉讼中司法机关的介入可使得慈善信息公开的社会监督与司法监督能够得到衔接，有利于形成紧密而完善的法律监督体系。

（三）开辟多样的慈善信息公开方式

关于慈善信息公开的方式、渠道，应当在保留电视媒体、纸质媒体等传统发布方式的基础上，充分发挥网络尤其是微博平台在信息发布、传播及信息公开监督中的重要作用，通过建立多种多样的信息公开渠道，促进慈善信息公开方式的多样化。

除此之外，应当在目前“慈善组织发布信息，公众接收信息”的单一机械模式基础上，建立慈善组织的“个案答复制度”。一方面，由于慈善信息公开是否切实、到位关系到捐赠人及受助人的直接利益，慈善组织有义务对捐赠人与受助人就有关信息公开的质疑作出回应；另一方面，应当允许第三方监督机构应其他民众的请求或者依照本机构的宗旨，要求慈善组织就某特定款项、某特定的慈善项目中的信息进行公开，并就关于这些信息的疑问向慈善组织提出质询，针对这些质询，慈善组织应当及时、如实进行答复。通过建立“个案答复制度”，有利于加强慈善组织与社会公众之间的互动，有利于提高信息公开的效率，还有利于保障公众对于慈善信息的知情权，而且也是对《慈善信息公开指引》中及时准确原则与方便获取原则的有力体现。

（四）建立统一且权威的慈善信息发布平台

目前由于缺少权威且全国范围的慈善信息发布平台，一方面不利于解决目前慈善组织在信息公开上“各自为政”的状态，影响公众对于慈善信息的获得；另一方面权威性的缺乏也不利于信息发布平台的中立性。因此，为建立权威且全国范围的慈善信息发布平台，有必要强调政府在平台建设上的主导地位。“这个信息平台的搭建可以由政府亲自来做或者由政府资助第三方建立”。①

通过建设权威的信息发布平台，既能够有效地对需要公开的慈善信息加以收集、整理，方便公众对于相关信息的查询；同时，通过树立政府在平台搭建过程中的主导地位，有利于维护平台的中立性，保证信息的真实性，从根本上保证社会监督落到实处。

五、结语

长期以来对于慈善信息公开的监督存在缺失而导致慈善组织负面事件频出，社会公众对慈善事业的发展感到忧虑。因此有人说，对于中国的慈善事业建设，这是最坏的时代。

然而，这也是最好的时代。虽然种种事件让慈善事业陷入了困境，但是也使得社会公众对于慈善信息公开的重要性有了足够的认识。慈善事业作为社会保障体系的重要补充，与公众的切身利益息息相关，所以慈善组织的一举一动都应当置于公众的目光下，接受社会公众的监督。应通过综合性的制度配套措施，完善社会公众对慈善信息公开的社会监督，维护社会公众对于慈善信息公开进行监督的权利；充分利用社会资源，发动社会中的“草根力量”，以促进慈善信息公开，增强慈善组织的透明度和公信力。

---

① 民政部政策法规司．中国慈善立法课题研究报告选编［M］．北京：中国社会出版社，2009：46.

参 考 文 献

［1］贾西津．第三次改革：中国非营利部门战略研究［M］．北京：清华大学出版社，2005.

［2］徐麟．中国慈善事业发展研究［M］．北京：中国社会出版社，2005.

［3］李芳．慈善性公益法人研究［M］．北京：法律出版社，2008.

［4］石佳友．我国慈善捐助立法问题研究［J］．社会科学在线，2008（9）：205-207.

［5］韦祎．中国慈善基金会法人制度研究［M］．北京：中国政法大学出版社，2009.

金融可持续发展理念下的银行救助权力配置*

——以美国为鉴

王　勇

（大连大学法学院　116622）

摘　要　金融可持续发展是生态文明建设的题中应有之义。该理念要求金融业长期有效运行和稳健发展。国家公权力机关对问题银行实施救助是实现金融可持续发展的手段之一，而救助主体间救助权力的合理配置是救助效用充分实现的前提。数轮危机催生了美国救助主体间分工配合、有效协作的问题银行救助体系。中国应借鉴美国经验并立足本国国情，对救助主体的救助权力进行合理配置，妥善处置问题银行，及时化解金融风险，实现金融的可持续发展。

关键词　金融可持续发展　问题银行　救助　权力配置

金融可持续发展是生态文明建设的题中应有之义。2008 年爆发的金融危机重创了全球金融业，金融的发展停滞不前甚至倒退，严重背离了金融可持续发展的理念。危机中，各国政府及各相关机构为了避免银行破产导致金融体系崩溃，纷纷仓促出手，实施救助。尽管救助产生了较为明显的效果，但其中也存在诸如救助权力重叠与空白、道德风险等问题，为人们所诟病。因此，危机过后，在可持续发展的理念下，如何合理配置诸多救助主体的救助权力值

* 基金项目：教育部 2012 年人文社科青年基金项目“问题银行公共资金救助法律制度研究”（12YJC820106）。

得深思。

一、中国问题银行救助的现状

在公权力领域，中央银行、存款保险机构和财政部是对问题银行进行救助的三大核心机构。在中国，目前的救助主体是中国人民银行和财政部。未来，存款保险机构成立后，中国将呈现三大救助主体并存的局面。现行两大救助主体的救助标准、救助职权等尚模糊不清，在以往操作中对问题银行通常实行全部救助，导致救助负担沉重。未来一旦存款保险机构加入，问题银行的救助必将呈现出更加混乱的局面。因此，中国迫切需要在存款保险机构立法颁布前，清晰界定各救助主体的救助职权及救助标准，并写入相关立法，实现救助权力的合理配置，提高救助效率。

二、美国问题银行救助权力配置的做法

经过历次经济（金融）危机的考验，美国的问题银行救助体系已较为成熟，并为世界各国借鉴。

1929 年经济大萧条以来，经过 80 多年的发展，美国对问题银行的救助逐渐形成了一个由联邦存款保险公司、美联储和财政部为救助主体，各机构之间救助权力分工明确又相互协调的救助体系。救助主体之间形成了如下权力配置：

第一，美联储作为商业银行的微观审慎监管机构，负责监测银行的日常运转，通常最先发现并掌握问题银行状况。美联储不以系统性风险作为判断是否救助问题银行的标准，而是鉴别问题银行“缺乏流动性”抑或“缺乏清偿性”。美联储通常仅救助“缺乏流动性”的问题银行，而将“缺乏清偿性”的问题银行直接交由联邦存款保险公司接管。在救助“缺乏流动性”问题银行的过程中，为了抑制道德风险，美联储需在贷款担保、还款期限、最高额度、贷款利率、改善经营管理等方面向问题银行附加一系列的条件。在三家救助机构

中，美联储的救助是避免银行经营状况进一步恶化并进而引发系统性风险必不可少的“第一道屏障”。

第二，联邦存款保险公司不会接管仅仅“缺乏流动性”的问题银行，因为该类问题银行通常已由美联储救助并恢复正常经营。联邦存款保险公司仅接管并处置“缺乏清偿性”的问题银行。联邦存款保险公司在两种情形下可以救助“缺乏清偿性”的问题银行：其一，救助方式花费的成本在全部处置方式中最小；其二，尽管救助花费的成本并非最小，但是“缺乏清偿性”的问题银行如果破产会长生系统性风险。以上两种情形可以归纳为“成本最小化”原则和“系统性风险例外”。存款保险公司对问题银行的救助是避免银行破产的“第二道屏障”。

第三，财政部的救助对象最为灵活，它有权在衡量系统性风险的基础上相机抉择救助全部问题银行，并且不受问题银行“缺乏流动性”、“缺乏清偿性”以及“系统性风险”的限制。这是由财政部救助“最后手段性”决定的，财政部救助是避免问题银行破产的最后屏障，起到“兜底”的作用。但是，财政部无论救助何种问题银行，其必须遵守的条件是确保救助成本可回收，即“成本可回收原则”。财政部在救助中的这种特殊地位有其存在的合理性：一方面，对某些美联储和联邦存款保险公司难以完成的大型问题银行的救助，财政部救助手段更为多样化②，救助资金来源更为广泛；另一方面，由于大型问题银行的破产会影响金融系统乃至整个社会的稳定，因此对某些问题银行的救助应以整个社会的综合效应为着眼点，而不是局限于银行业内部。财政部能够弥补美联储和联邦存款保险公司均属银行业内部机构的缺陷，能够全面客观评价银行救助或破产对其他行业的影响。

表1清晰表明，美联储和联邦存款保险公司这两个机构通常可以完成对全部问题银行的救助。财政部仅仅作为最后“兜底”的机构，有权相机抉择对全部美联储和联邦存款保险公司无法妥善处置的问题银行实施救助。在特别情况下，财政部还可以与美联储和联邦存款保险公司实施联合救助。

表1　美国对问题银行救助的权力配置

问题银行情况	美联储	联邦存款保险公司	财政部
有系统性风险、无流动性	救助	无	可救
有系统性风险、无清偿性	无	救助	可救
无系统性风险、无流动性	可救	无	可救
无系统性风险、无清偿性	无	可救	可救

注：①美联储救助问题银行并不以“系统性风险”为标准，而是判断问题银行“缺乏流动性”抑或“缺乏清偿性”，美联储仅救助前者，后者全部交由联邦存款保险公司处置；如果美联储救助无系统性风险、无流动性问题银行，以附加足额担保、最高利率和期限限制、惩罚性利率为必要条件。

②如果联邦存款保险公司救助无系统性风险、无清偿性的问题银行，要求救助的成本在全部处置方式中成本最小。

如此，美国形成了由联邦存款保险公司、美联储和财政部为救助主体，各机构之间实现权力分配又相互协调的问题银行救助体系。

三、美国问题银行救助权力配置存在的问题

从世界范围来讲，美国救助问题银行的经验已经远远超过世界上其他任何一个国家，美国所构建的问题银行救助体系已经非常成熟。这种成熟得益于美国历次大规模经济（金融）危机的锤炼以及民主与法治精神的彰显。但另一方面，必须明确，不存在任何一个放之四海皆准的良好制度。美国问题银行救助的权力配置完全孕育于美国，或许对美国来讲该制度最优。站在中国问题银行救助权力配置的角度审视，美国问题银行救助的权力配置仍旧有值得商榷之处：

第一，美联储救助问题银行标准的合理性存在质疑。美联储不以系统性风险作为判断是否救助问题银行的标准，而是鉴别问题银行“缺乏流动性”抑或“缺乏清偿性”。包括中国人民银行在内的世界各国中央银行几乎全部以维护金融稳定作为首要目标。美联储的救助抛开最可能影响金融稳定的系统性风险这一因素，有与中央银行维护

金融稳定这一首要目标相悖之嫌。此外，受到信息不对称以及银行业务复杂性的影响，中央银行若想在短期内判断问题银行“缺乏流动性”抑或“缺乏清偿性”并非易事。对于金融发展相对保守和滞后的中国来讲，短期之内进行上述判断更是难以实现。

第二，美联储只救助“缺乏流动性”的问题银行，而将“缺乏清偿性”的问题银行直接交给联邦存款保险公司，表面上看美联储和联邦存款保险公司分工明确，但事实并非如此。原因在于：其一，商业银行的微观审慎监管大多由美联储负责。问题银行的资产状况到达“缺乏清偿性”的地步大多并非一朝一夕的事情，美联储应当反思其微观审慎监管的有效性，并需对“缺乏清偿性”的问题银行负责。从这一角度来讲，美联储直接将“缺乏清偿性”问题银行的救助直接交给联邦存款保险公司有逃避责任之嫌。其二，通常来讲，一旦需要救助问题银行，“缺乏清偿性”的问题银行比起“缺乏流动性”的问题银行更加耗费财力，因为“缺乏清偿性”的问题银行资产状况恶化程度更高。从救助资金的储备来讲，联邦存款保险公司用于救助的保险基金储备远远没有美联储的资金雄厚，这也限制了联邦存款保险公司救助问题银行的能力。其三，正是由于联邦存款保险公司救助资金的有限，以及考虑到联邦存款保险公司以问题银行破产清算和存款偿付为主要职能，立法方面对联邦存款保险公司救助的条件设置了极为苛刻的限制。目前，从《联邦存款保险公司法》来看，联邦存款保险公司救助问题银行并非易事。对于中国来讲，未来新成立的存款保险机构，成立初期其财力必然较为薄弱，令其支撑起救助“缺乏清偿性”的问题银行可能会力不从心。

第三，美国财政部在问题银行救助中的角色可谓真正做到了纯粹的“最后性”和“兜底”。除了救助的基本理念、基本原则以及一些程序性规定以外，美国立法未对财政部救助问题银行的标准做任何限制，甚至没有系统性风险的限制。因此在实践中，美国财政部有权审时度势，救助任何一家问题银行。从财政收支来看，此种立法规定极易造成财政的大规模赤字，政府财政紧张。如果出现权力寻租和权力滥用等情形，情况可能更加严重。当然，上述立法规定也是由美国国情决定的。美国似乎并不担心财政的大规模赤字，因为美元是世界货币，美国是世界上最大的债务国。美元可以在法律以外，抛道德于不顾，比较容易地解决财政赤字问题。但是，巨额财政赤字为中国所无法承受，这是因为中国财政紧张，没有美国的先天优势。经济转轨中的中国，社会问题较多，教育、养老、医疗等问题均需财政出钱，再加上每年频繁爆发的各种自然灾害，中央财政更加雪上加霜，因此，财政部无条件救助问题银行不应适用于中国。

四、问题银行救助权力配置的借鉴

基于上述分析，借鉴美国经验并结合中国国情，中国人民银行、财政部和存款保险机构的救助权力应进行如下配置（见表2）：

表2　**中国人民银行、存款保险机构、财政部救助的权力配置**

问题银行种类	中国人民银行	存款保险机构	财政部
有系统性风险、无流动性	救助	无	可救
有系统性风险、无清偿性	救助	救助	可救
无系统性风险、无流动性	可救	无	不救
无系统性风险、无清偿性	不救	可救	不救

注：1. 如果中国人民银行救助无系统性风险、无流动性问题银行，以附加足额担保、最高利率和期限限制、惩罚性利率为必要条件。

2. 如果存款保险机构救助无系统性风险、无清偿性问题银行，以处置成本最小为必要条件。

第一，鉴于中国人民银行以维护金融稳定为首要目标，因此中国人民银行救助应以“系统性风险”为标准。对破产预期可能产生系统性风险的问题银行，应予以救助。对破产预期不会产生系统性风险的问题银行，应区分两种情况：其一，对“缺乏流动性”的无系统性风险问题银行，中国人民银行可以给予救助，但基于道德风险的考虑，应附加足额担保、最高利率和期限限制、惩罚性利率等作为救助的必要条件；其二，对“缺乏清偿性”的无系统性风险问题银行，中国人民银行不予救助。原因在于，此类问题银行破产不会给同业其他银行造成明显的不良影响，同时，由于问题银行已经“缺乏清偿性”，救助已无必要，一旦救助，救助资金很有可能无法收回。因此，中国人民银行对“缺乏清偿性”的无系统性风险问题银行不应予以救助，如果问题银行无法恢复正常经营，并且无法得到其他主体的救助，则可适用破产清算程序。

第二，存款保险机构仅接管并处置“缺乏清偿性”的问题银行。存款保险机构在两种情形下可以救助“缺乏清偿性”的问题银行：其一，救助方式花费的成本在全部处置方式中最小；其二，尽管救助花费的成本并非最小，但是“缺乏清偿性”的问题银行如果破产会产生系统性风险。以上两种情形可以归纳为“成本最小化”原则和“系统性风险例外”。

第三，由于财政部有维护经济运行稳定的职责，因此其有权通过动用财政资金救助问题银行，同时，鉴于中央政府的财政资金紧张的现状，财政部救助问题银行时应区分系统性风险，即以“系统性风险”为救助标准：对破产预期不会产生系统性风险的问题银行不予救助；对破产预期可能产生系统性风险的问题银行可以救助，但应遵循“纳税人权利保护”的理念和“成本可回收”原则。

以上对权力配置的分析以救助主体为视角，为了更加清晰地反应不同种类的问题银行在救助中的命运，接下来以问题银行的资产状况为视角进行权力配置分析：

第一，对于无系统性风险、无流动性的问题银行：中国人民银行可以救助，但须附加一系列附加，以确保有效抑制道德风险和最后贷款的收回；由于存款保险机构仅接管“缺乏清偿性”的问题银行，因此对无系统性风险、无流动性的问题银行无接触的机会，不予救助；财政部对此类问题银行不予救助。

第二，对于无系统性风险、无清偿性的问题银行：中国人民银行出于抑制道德风险和贷款可回收的考虑不予救助；存款保险机构可以救助，但条件是救助的成本在所有处置方式中最小；财政部对此类问题银行不予救助。

第三，对于有系统性风险、无流动性的问题银行：中国人民银行应当救助；由于存款保险机构仅接管“缺乏清偿性”的问题银行，因此对有系统性风险、无流动性的问题银行无接触的机会，不予救助；由于破产可能会威胁到金融系统稳定，财政部可以救助此类问题银行。财政部救助的前提是中国人民银行救助在先，并且无法完成救助任务。

第四，对于有系统性风险、无清偿性的问题银行：中国人民银行、存款保险机构、财政部均予以救助。

对上述前三种问题银行的救助，救助主体间权力配置明确，不存在问题，但是，对于第四种问题银行，即有系统性风险、无清偿性问题银行的救助，存在救助权力的重叠，中国人民银行、存款保险机构和财政部三家救助机构均有救助权。理论上来讲，中国人民银行应首先通过最后贷款进行救助，若不成功，则由银行业监督管理机构交由存款保险机构进行救助。若上述两轮救助均不成功，则由财政部最后实施救助。在实践中，很可能存在救助主体间的相互推诿，原因在于无法判断某一救助主体是否完成了救助，以及实施救助到何种程度不见起色可以转交下一救助主体。这就存在救助边界的模糊，其结果就是救助主体谁也不愿意出钱，谁也不愿意全力救助，因为救助是无直接利益可图的，并且需要承担救助资金可能损失的风险。本文认为，实践中一旦遇到有系统性风险、无清偿性的问题银行，中国人民银行、存款保险机构和财政部应将此种情况上报共同主管部门，即国务院。在救助过程中，由国务院主持，根据实际情况组织各救助主体实施救助。由于国务院并非专门的银行监督管理部门，因此，必要时国务院可以参考银行业监督管理委员会的意见。

此外，需要明确的是，中国人民银行、存款保险机构和财政部的救助行为均需在问题银行已经实施过全部可能的自救措施的前提下进行，即确保问题银行“用尽一切自我救济”。

注释：

① 中国人民银行 2013 年工作会议指出：“今年我国将加大金融

监管力度，防范系统性风险，抓紧推进建立存款保险制度的各项工作。”另外，我国存款保险机构立法的草案已拟定，并进入征求意见阶段。

② 财政部对问题银行的救助可通过编制预算、调节税收、制定财会制度、资产管理等手段以及动用财政预算来完成。

参考文献

[1] 斯朋．美国金融监管制度［M］．中国银行业监督管理委员会，译．上海：复旦大学出版社，2008：77-97.
[2] 周小川．金融危机中关于救助问题的争论［J］．金融研究，2012（9）：1-19.
[3] 赵佳星．论我国公共财政救助问题银行的标准［J］．法学杂志，2012（3）：165-169.

我国创业板退市法律制度研究

赵敏燕　张文茹

（东北财经大学法学院　116025　东北财经大学法学院　116025）

摘　要　为了培育有利于高新技术产业发展的资本市场，经过10年的筹备，我国终于在2009年10月设立了创业板市场。健全的资本市场运行制度不仅需要完善的上市制度，退市制度也不可或缺。2012年5月1日，深交所在新修订的《深圳证券交易所创业板股票上市规则》中，推出了创业板退市制度，标志着我国创业板退市制度的正式建立。尽管这一制度对于我国创业板的健康发展意义重大，但是仍有诸多缺陷，亟待解决。本文在分析、梳理我国现行创业板市场退出法律制度存在问题的基础之上，对我国创业板市场退市法律制度的完善提出了一些思考和浅见。

关键词　创业板退市　退市标准　退市程序

一、创业板退市的法律内涵及功能

（一）创业板退市的法律内涵

创业板，即国际上通称的“第二板市场”，有些国家称作第二交易系统、二板市场等等。广义而言，创业板市场与主板市场相对应，凡与针对大型成熟公司的主板市场相对应，面向中小公司的证券资本市场都是创业板市场。狭义而言，创业板市场则仅指针对中小型公司和新兴企业，协助高增长公司及科技公司集资的资本市场。本文采用的是狭义的创业板市场的概念。

退市，又称终止上市或者摘牌，是指上市公司由于各种原因不再挂牌交易而退出证券市场的做法，即由一家上市公司变为非上市公司。退市可分为主动退市和被动退市（即强制退市）：主动退市是上市公司根据公司的决策机关即股东会和董事会所作出的决议而从证券交易所退出的情形，如因营业期限届满，股东会决定解散，因合并或分立需要解散、破产，以及根据市场需要调整结构布局等原因而决议退市。强制退市则是由于上市公司不具备股票继续挂牌的条件，而被主管机关强制要求退出证券交易所的情形，一般是因上市公司具有重大违法违规行为或者因为管理不善造成重大风险等所致。

一般认为，创业板退市法律制度主要包括退市标准、退市程序和退市渠道等。退市标准，是衡量上市公司退市的准则，包括数量标准和非数量标：数量标准是指上市公司在总资产、净资产、股票市值、营业收入、盈利能力、公众持股人数、持股数量等方面符合规定的条件；非数量标准，又称质量标准，主要是从公司治理机制、信息披露等方面提出的要求。退市程序规定的是上市公司退市的启动以及退市过程中具体事项的执行措施，包括退市的审批决定、退市的各种步骤以及上市公司对退市决定不服所提出的复核程序等。退市渠道，也就是上市公司退市后，投资者所持有的公司股票流向问题。在国际通行的做法中，退市渠道主要有两种模式：一是在同一市场中有两个层次的市场（以美国纳斯达克市场为例），在这种模式中，后一级市场一般作为前一级市场的退出渠道；二是 OTC 市场，即柜台交易市场或场外交易市场，以其作为创业板市场的退出渠道。

（二）创业板退市法律制度的功能

1. 有利于规范市场行为，防范市场风险。证券市场存在多重风险，上市公司是其风险的主要来源。上市公司风险的大小主要取决于其质量状况和规范经营状况。也就是说，上市公司质量好，规范经营，证券市场的风险就低；上市公司质量差，规范经营程度低，证券市场的风险就高。因此，为了降低创业板市场的风险，必须淘汰劣质的上市公司，使其退出证券市场，以免破坏证券市场的交易秩序，保证证券市场安全平稳的运行，保护投资者的投资安全。创业板市场的退市法律制度，就是在立法层面将劣质的上市公司淘汰出证券市场的有效保障。退市法律制度明确了对上市公司信息披露的要求，加强了对上市公司的制约和监管，同时也增强了上市公司的自律压力，进而起到规范上市公司运作、保证创业板市场有序运行、防范市场风险的作用。

2. 有利于实现证券市场资源的优化配置。筹集资金和资源配置是证券市场的两大功能。资金也属于一种社会资源，本身具有一定的稀缺性，因此，需要将有限的资金合理分配到优秀的上市公司，以促进社会资金有效地发挥其作用，实现资源的优化配置。证券市场需要发挥其过滤作用，为优秀的公司提供进入市场直接融资的机会，同时也要使得不再具备上市条件的劣质公司退出证券市场。

3. 有利于提高上市公司的质量，实现优胜劣汰。优胜劣汰是市场运行的必然规律，也是促进市场健康运行的保障，对于充满竞争力的创业板市场亦是如此。作为证券市场的基石，上市公司的质量决定着证券市场的质量，不断提高上市公司的质量是促进证券市场健康发展的重要保障。从我国主板市场现状来看，其退市标准过于严格，使其处于“能进不能出”的状态，导致劣质公司仍然滞留在证券市场中，劣质资产不能退出，上市公司整体质量下降。因此，需要建立完善的创业板退市法律制度，促使劣质公司退出市场竞争，为经营业绩好的公司提供更多融资机会。

4. 有利于完善上市公司的治理结构。退市制度对于上市公司治理结构的影响主要包括外部和内部两方面的作用。首先，退市法律制度能够给上市公司造成一定的强制退市的压力，形成有效的制约机制，引导上市公司完善内部治理结构，使其走向科学化、合理化。其次，退市法律制度本身制定的上市质量标准，对于上市公司的治理结构提出了明确具体的要求，如果达不到规定标准，就会被强制退市。

5. 有利于增强投资者的风险意识，促使投资者进行理性投资。股市有风险，入市须谨慎。证券市场是收益与风险并存的，投资者进行投资选择的时候，应当关注市场风险，避免不理性投资造成的损失。创业板退市法律制度的建立和进一步完善，使劣质公司得以及时退出证券市场，同时也有利于投资者回归现实，进行理性投资，从而促进证券市场的有序健康运行。

二、我国创业板退市法律制度的现状及评析

（一）我国创业板退市法律制度的现状

证券市场退市法律制度的缺失是我国证券市场体系的重要缺陷之一，之前涉及退市制度内容的法律文本主要包括2009年颁布的《首次公开发行股票并在创业板上市暂行管理办法》、《深圳证券交易所创业板股票上市规则》和《亏损上市公司暂停上市和终止上市实施办法》等。这些条文均没有专门规范创业板市场退市法律制度。2012年5月1日，深交所在新修订的《深圳证券交易所创业板股票上市规则》中正式推出创业板退市制度（以下简称“新《规则》”），标志着我国创业板退市制度的正式建立。

1. 退市标准

根据新《规则》规定，我国创业板退市标准包括暂停上市和终止上市标准，倘若上市公司在规定期限内未能消除暂停上市的情形，将无法恢复上市，从而进入终止上市阶段。我国新《规则》对于暂停上市条件作出如下规定（见表1）：

除了上述列举的暂停上市导致终止上市的退市标准之外，新《规则》还明确规定了直接终止上市的情形：（1）公司股票连续20个交易日每日收盘价均低于每股面值；（2）公司最近36个月内累计受到本所（深交所）3次公开谴责；（3）因财务会计报告存在重要的前期差错或者虚假记载，对以前年度财务会计报告进行追溯调整，导致最近两年年末净资产为负。

表1　**暂停上市**

<table>
<tr><td rowspan="6">数量标准</td><td rowspan="4">资产/利润标准</td><td>最近3年连续亏损（以最近3年的年度财务报告披露的当年经审计净利润为依据）</td></tr>
<tr><td>因财务会计报告存在重要的前期差错或虚假记载，对以前年度财务会计报告进行追溯调整，导致最近3年连续亏损</td></tr>
<tr><td>最近1个年度的财务会计报告显示当年年末经审计净资产为负</td></tr>
<tr><td>因财务会计报告存在重要的前期差错或者虚假记载，对以前年度财务会计报告进行追溯调整，导致最近1年年末净资产为负</td></tr>
<tr><td rowspan="2">股票标准</td><td>公司股权分布或股东人数不具备上市条件，公司在规定期限内提交解决方案并实施，但公司股票被复牌后的6个月内其股权分布或股东人数仍不具备上市条件</td></tr>
<tr><td>公司股本总额发生变化不再具备上市条件</td></tr>
<tr><td rowspan="5">非数量标准</td><td rowspan="3">信息披露标准</td><td>最近两个年度的财务会计报告均被注册会计师出具否定或无法表示意见的审计报告</td></tr>
<tr><td>在规定期限内未改正财务会计报告中的重大差错或虚假记载</td></tr>
<tr><td>未在法定期限内披露年度报告或中期报告</td></tr>
<tr><td rowspan="2">其他标准</td><td>公司有重大违法行为</td></tr>
<tr><td>本所规定的其他情形</td></tr>
</table>

2. 退市程序

新《规则》颁布实施之前，创业板上市公司的退市程序和主板市场的退市程序一样，坚持循序渐进的原则，要经过退市风险警示、暂停上市、终止上市三个阶段方能完成退市程序。新《规则》的制定，摆脱了A股市场的ST警示程序，对创业板上市公司的约束更为严格。当前我国创业板退市，须遵循以下程序：暂停上市→终止上市。根据新《规则》的规定，可以看出创业板退市程序与以往的退市程序以及主板市场的退市程序较为不同，与前相比，更为快速、便捷。

3. 退市渠道

目前创业板上市公司被决定退市后，首先将该上市公司的股票移入“退市整理版”，赋予其在30天的“退市整理期”内进行交易的机会。然后将终止上市的创业板公司统一移至代办股份转让系统挂牌。新《规则》的这一变化，使得广大股民的利益得到了一定保障，一定程度上避免了以往上市公司直接退市后，广大股民难以通过诉讼等其他途径挽回损失的局面。尽管如此，仅仅只有代办股权转让系统作为场外市场是远远不够的，该系统目前存在很多弊病。由于代办股权转让市场本身发展状况不好，市场流动性差，再加之退市后的股票质量不高，不被投资者看好；而且目前我国关于场外市场的法律法规尚不健全，尽管现行的《公司法》、《证券法》为场外市场搭建了基本框架，但是对发行方式、转让场所、信息披露、监管等重要内容的规定不明确，缺乏可操作性。

（二）我国创业板退市法律制度评析

1. 退市标准

根据上文对我国现行创业板退市标准的分析，可以肯定的是，新《规则》丰富了我国创业板退市标准体系。但是，与海外成熟的创业板退市制度相比，仍有诸多缺陷，并且难以满足我国创业板市场未来的发展要求。

（1）数量标准过于单一，涉及面窄。目前较为成熟的创业板市场的退市制度，其退市标准主要包括数量标准和非数量标准。其中，数量标准大多数囊括净利润、净资产、股权分布、股东人数、股票交易量、公司盈利能力、公众持股人数、做市商数量、股票市值等多重指标，但是我国目前退市制度的数量标准尚且没有对公司盈利能力、做市商数量、公众持股人数作出规定。相比较而言，这些欠缺的退市标准，正是我国创业板退市法律制度的不足之处。这些退市标准更侧重于市场对上市公司的评价，更为客观明确。

（2）数量标准易于规避。创业板退市标准中的数量标准，大多可以通过技术手段加以规避。比如，“连续亏损”标准，这一标准延续了主板市场的固有缺陷。为了避免连续亏损的退市风险，上市公司很容易在连续亏损两年后，通过报表重组的手段，使得报表在第三年产生利润，从而规避退市。同样的，新增的“净资产”标准，其用意是使得长期资不抵债的空壳公司及时退出创业板市场，避免垃圾股被炒作，占用市场资源，但是，在资产评估过程中，上市公司也可以通过评估商标、专利等无形资产的手段，增加无形资产科目的余额。此外，上市公司被出具否定的审计意见或者无法出具审计意见作为创业板退市标准，同样存在着被特殊处理并加以规避的可能。作为独立第三方的审计机构，的确可以在一定程度上客观、公正地出具审计意见，供创业板市场监督上市公司，为投资者进行股票投资提供参考，但是，就目前审计业务市场供大于求的状况来看，加之外部监管的缺失，也为上市公司寻求舞弊提供了一定的自由空间，使得审计意见的出具丧失其应有的作用。

(3) 非数量标准范围窄。从我国新《规则》以及其他退市方面相关规定来看，上市公司退市的非数量标准主要包括信息披露、会计师意见、解散、重组和破产清算等方面内容，而相对于海外成熟创业板市场的退市制度来说，缺乏对公司治理结构、严重违反公众利益等内容的规定。

除了上述这些较为明确、具体的规定之外，创业板退市制度中还有很多模糊性规定。诸如“规定期限”类似的表达，经常在规则中出现，使得其丧失了可操作性。

2. 退市程序

新《规则》引入了快速退市程序，大大缩短了退市时间，这不仅体现出我国对创业板上市公司规避退市的打击态度更为严厉和坚决，更体现出对创业板市场监管的重视，但是，我国目前创业板市场的退市程序仍然存在缺陷，难以满足证券市场对退市制度的要求。

(1) 退市审批决定易受行政权力干扰，缺乏独立性。我国目前有关证券市场退出制度的规定主要体现在证监会发布的《亏损上市公司暂停上市和终止上市实施办法》和新《规则》上。按照创业板上市有关规则的规定，上市公司暂停上市、终止上市由证券交易所决定，证券交易所在作出决定后只需要向证监会备案即可。然而，《亏损上市公司暂停上市和终止上市实施办法》规定，证监会具有监督、撤销权，证监会认为证券交易所作出的暂停上市和终止上市决定不符合相关法律、法规及其实施办法的相关规定的，可以要求证券交易所予以纠正或者撤销该决定。作为主管部门的规章，其效力高于深交所的自律性规则，因此，遵循上位法优先于下位法的原则，证监会的撤销权会在相当程度上干扰资本市场的自身调节和自由选择，其自身带有行政干预凌驾于市场之上的行政色彩。

（2）纵容“借壳上市”现象仍然未能得到有效解决。上市条件的严苛，使得上市资源较为稀缺，借壳上市现象严重。借壳上市不仅使得退市制度形同虚设，更是从根本上危害了证券市场的健康发展，损害了投资者的利益。新《规则》加强了对创业板市场借壳上市的打击力度：对于借壳上市的公司只给予一次补救机会，并且只限30天时间；对于财务违规的上市公司进行快速退市惩罚；关于净利润的考察标准，也变为以扣除非经常性损益前后的净利润孰低作为恢复上市的盈利判断标准。这些规定，无疑缩短了垃圾股退出创业板市场的时间，避免了垃圾股壳资源的炒作。但是，这些创新规定并没有彻底堵上创业板借壳上市的后门。上市公司连续亏损被暂停上市后，如果由其他经营业绩较好的、从事同类经营范围的公司收购，在一年内完成资本注入，重组为新的公司后得以满足上市条件，即可以恢复上市，只要不进行跨行业借壳上市即可。因此，借壳上市的行为仍然无法得到根本遏制。

（3）复核制度形同虚设。为了保障上市公司的权益，我国创业板市场设有复核制度。上市公司对证券交易所作出的暂停上市、终止上市决定不服的，可以在收到相关决定后的7个交易日内向证券交易所申请复核，并且该复核结果是最终决定。复核制度的设置赋予了上市公司一定的救济手段，但是决定权是由证券交易所行使，而复核委员会的设置也是由享有该决定权的交易所自行组成的，复核委员会仅仅提供审核意见，最终决定依然由交易所作出，因此其复核结果往往缺乏独立性和公正性。此外，申请复核的上市公司也无权申诉、辩论，审核意见难以体现上市公司的申辩意见。实践中，这样的复核制度基本上形同虚设，难以发挥其应有的作用。

3. 退市渠道

股票退市，会大大影响其流通性，股票价值也会降低。如果没有较为通畅的退市渠道，势必会损害广大中小投资者的利益，增加投资者的投资风险。为解决这一问题，我国于2001年7月16日正式开办了代办股份转让系统，作为低层次场外交易市场，用以承接历史遗留问题股、退市股票的流通。但是，实际上我国的代办股份转让系统与真正意义上的场外交易市场存在诸多不同。其功能单一，只为解决退市股票的流通问题而设立，并且不能发行证券。在新《规则》中，规定创业板退市股票将统一平移至该系统进行交易，虽然与此前的直接退市制度相比有一定的进步意义，但是由于代办股份转让系统本身功能不足、存在制度缺陷，且没有统一、标准的监管，仅仅平移至该系统是显然不够的。

4. 投资者权益保护

投资者是证券市场的基础，其直接影响着证券市场的健康发展，可是，由于信息不对称等原因，我国的投资者一直处于弱势地位；而且，我国缺乏证券民事司法救济制度方面的规定，没有把对中小投资者利益的保护作为证券市场的重心。纵使新《规则》的出台，为我国创业板市场的退市法律制度填补了诸多空白和漏洞，但是仍旧没有对退市后投资者的权利保护作出规定，只是根据《暂行办法》的准用性规范，援引了《证券法》的相关规定。而我国《证券法》目前也仅对虚假陈述、内幕交易等违规行为的相关责任人作出了笼统的规定，但是并没有对因果关系认定、归责原则、诉讼程序等作出规定，原则性太强，缺乏可操作性。此外，目前我国对于上市公司的违规行为处罚较为宽松，处罚措施只有警告和罚款，罚款也仅仅几十万元，这与上市公司违规行为带来的巨额收益相比，完全不成比例，尚不足以起到威慑作用，低廉的违规成本自然会给上市公司违规操作提供空间，从而损害投资者利益。

三、对我国创业板退市法律制度的完善建议

在海外创业板市场，退市是一种非常正常和普遍的市场行为，海外创业板退市率一般高于主板市场的退市率。美国纽约交易所的退市率为6%，而美国纳斯达克市场的退市率约为8%，英国AIM交易所的退市率为11.6%，香港创业板的退市率则高达16%。相比之下，我国的资本市场的年平均退市率却仅为1%。海外创业板较高的退市率，对于创业板市场制约机制和市场的运行质量起良性促进作用，源源不断的公司流入和流出是使得创业板市场保持活力的根本保证，因此，有必要完善我国创业板退市法律制度，保障证券市场的健康运行。

（一）建立科学全面的退市标准

1. 完善并严格执行量化标准

（1）增加数量标准，扩大数量标准的覆盖面。从各国创业板市场的退市经验来看，因数量标准未能达标而退市的上市公司数量远多于非数量标准的退市数量，数量标准是创业板市场上退市的主要依据。我国应当学习海外成熟创业板市场的成功经验，增加数量标准的规定，从多方面的数量指标来衡量上市公司的经营状况。我国可以借鉴美国纳斯达克市场的经验，增加对市场性数据的侧重衡量，比如纳斯达克市场著名的“一美元规则”；同时，增加其他相关指数的规定，比如持续盈利能力、公众持股、做市商数量等内容。根据我国目前的证券市场红利发放状况来看，我国长期存在不发红利现象，针对这一问题，可以参照我国《公司法》的相关规定，制定红利发放标准。持续不发放红利或者发放红利率累积低于净利润的比例，证券交易所可对该股票作出暂停上市的决定；对于限期内仍未达到标准的，可作出终止上市决定。这样，既可以规范上市公司的行为，也可以保证广大投资者的利益，实现创业板市场与上市公司的共赢。

（2）采用具体明确的数量标准，以便于操作。规定具体明确的

退市标准，不仅可以为上市公司在衡量是否符合持续上市标准提供便利，方便证券交易所及时作出退市决定，更有利于避免上市公司利用退市标准的漏洞，回避退市。虽然深交所新《规则》为此作出了一定改变，但是仍有不足。我国可以借鉴美国纳斯达克市场的做法，采用清晰的数据指标。比如，将“连续亏损”的年限标准改为“累积亏损额”的数额标准。当上市公司历次亏损总额达到一定数额或者净资产的一定比例时，就终止其上市。这样就可以剥夺上市公司通过报表重组等手段避免退市。

2. 扩大非数量标准的范围

非数量标准作为数量标准的有力补充，也是创业板市场退市标准的重要组成部分。科学、全面的非数量标准对于提高上市公司质量，促进形成健康、有序的创业板市场起着不容小觑的作用。

要确立完善的非数量标准，应当扩大对信息披露要求的范围。上市公司信息披露不应仅局限于中期报告和年度报告，对于任何有理由认为会影响上市公司股票价格以及会影响投资者决策的实质性信息，都应当由上市公司及时披露，否则应当让其面临退市的风险。

当前最重要的是，增加对上市公司治理要求的规定。就美国纳斯达克市场的规定为例，对公司治理方面的要求主要包括：独立董事、审计委员会、股东大会和法定人数、年度报告和中期报告的发放、征求代理人意见、对利益冲突的检查、股东对某些交易活动的同意权以及股东的投票权。这些要求，对于督促上市公司不断完善自身治理结构起着重要的作用。创业板市场退市的非数量标准还应当包括以下内容：损害公众利益的行为，违反上市协议，公司破产、清算等内容。应严格规范上市公司的交易行为，防止扰乱交易秩序、损害投资者利益的行为发生。

同时，应当明确、具体地限定非数量标准的内容，保证可操作性。由于非数量标准大多数采用模糊、概括的表述，实施时仅仅依靠证券交易所的主观判断，这样往往容易造成依照同一标准得出的结论却千差万别，损害法律适用的一致性、严肃性。因此，对这些非数量标准的规定应当多使用确定性的词语，尽量避免主观裁量。例如，对于“公司重大违法行为”，可以对违法行为采用列举式加以具体细化，并且其“重大”可以通过两个方面加以界定：一是违法行为造成的损失额度；二是违法行为造成影响的范围。通过具体明确化的非数量标准，方便在退市决策中的操作。

（二）设置明确合理的退市程序

1. 设立常设的持续上市标准评定机构

根据上文所述，在我国证监会有权撤销证券交易所作出的退市决定，因此，创业板退市程序中不免有受到行政权力干扰的可能，缺乏独立性。

深交所新《规则》明确将创业板退市决定权赋予证券交易所，这一规定无可厚非。因为在创业板市场，乃至整个资本市场，证券交易所的监管作用有着不可替代的现实意义。在证券市场监管体系中，最直接、最重要的监管原则就是要对证券市场的变化和各种信息进行及时反馈。而在证券市场内，证券交易所是交易活动最密集的场所，最贴近市场，既可以及时掌握上市公司股票的运行情况，监管交易活动，又可以避免政府监管效率不足造成的监管失灵，弥补政府监管的高成本缺陷。因此，应当明确区分证券交易所在创业板市场的监督职能和证监会对于证券市场的监督引导职能。

美国纳斯达克市场设立专门的常设机构，负责上市标准的评定工作，并制定详细的评定程序。我国创业板市场可以效仿美国的这一做法，在证券交易所内部建立一个常设机构，专门从事创业板市场的退市审批工作。为了保证退市评定、审批工作的独立性，其在人员设置上应当与其他部门保持独立，避免出现人员交叉。

2. 进一步完善退市缓冲期机制

创业板市场建立之初，延续了主板市场的退市预警机制，但是这一退市制度，使得退市缓冲期太长，给本应退市的、质量较低的上市公司提供了规避退市的时间和机会。为了避免退市时间过长，导致大量劣质公司的股票滞留股市，加大市场风险，深交所新《规则》取消了退市预警机制，采取更为方便、快速的退市程序制度。同时，出于对保护投资者利益的保护，新《规则》为创业板的退市公司专设一个“退市整理板”。在上市公司终止上市前，给予一定的退市整理期，在此期间，将其股票移入“退市整理板”进行另板交易，但是，这部分面临退市风险的股票，很难在短时间内得到投资者的信任和支持，往往难以避免退市的命运。因此，我国创业板市场应当在兼顾投资者利益和资本市场效率的基础上，进一步完善我国创业板市场退市缓冲期机制，避免退市时间过长或过短。

3. 完善退市复核制度

（1）对于复核委员会的组成人员，应当保证其独立性和权威性。如果复核委员会的组成人员全部由证券交易所内部的工作人员组成，很难起到监督、复核的作用，因此，可以效仿我国仲裁委员会的组成，由证券交易所以外的专业人员组成复核委员会。这些专业人士可以从具备证券专业知识或会计、法律等相关知识的大学教授、行业专家等高素质人才中遴选。每次复核程序的启动，可从专业人才库内随机抽取复核小组的组成人员，并实行回避制度。

（2）应当赋予上市公司更多的申诉权利。目前我国创业板市场，上市公司申请权利救济的途径只有一条——向复核委员会提出复核申请，且复核决定为终局决定。救济渠道过于单一，不利于保证上市公司合理、顺畅的申请权利救济。借鉴纳斯达克市场的做法，我国可以在现有复核救济途径的基础上，增加行政复议、行政诉讼等多渠道的救济手段。具体来说，上市公司对交易所的决定不服的，可以在7个工作日内向复核委员会申请复核，复核结果维持不变的，公司可以在10个工作日内向证监会申请复议。如果公司仍然不服复议结果的，可以向人民法院提起行政诉讼。向证监会申请复议不应是必经程序，上市公司可以直接向人民法院提起行政诉讼。

（三）构建多层次的资本市场体系，拓宽退市渠道

1. 完善代办股份转让系统

我国资本市场体系目前主要有主板市场、中小板市场、创业板市场和代办股份转让系统，但是尚且缺乏明确的退市渠道的相关规定。

在我国现有的退市制度中，主要的退市渠道是代办股份转让系统。代办股份转让系统弥补了因上市门槛高而导致的很多不成熟企业上市融资难的不足。作为场外交易市场，该系统具备了三板市场的雏形，因此，可以在此基础之上，将其向三板市场转变。三板市场的完善和扩大不仅可以为广大中小企业进行直接投资融资提供更多的机会和平台，同时也为退市公司进行重组和进一步发展提供了新的空间，因此，应当尽快完善我国三板市场的建立。

（1）引入做市商制度。提高上市股票的效率性、稳定性和流动性，是创业板做市商制度创立的目的。做市商制度可以促进市场交易的流动性，通过对做市证券进行持续性差额报价来激活市场交易，在股市出现异常波动时，还可以通过必要的证券自我“吞吐”来稳定市场。在这方面，应明确规定做市商的标准、资格、权利和义务，应选择实力雄厚、具备专业能力和已获得做市资格的券商为做市商。每个做市商都有提供连续、双向报价的义务。做市商制度有利于发现股票的真实价格，避免二级市场价格大起大落，还有利于提高市场透明度和保护中小投资者利益。

（2）建立完善的信息披露制度。目前我国对于代办股份转让系统缺乏统一的法律规定，挂牌公司信息披露工作因此也存在一定缺陷，投资者不了解这些公司股票的真实情况。加之这些公司的运营状态较差，导致投资者没有兴趣选择这样的股票，市场交易量小。

2. 鼓励民间资本自发组织全国统一的场外市场

有效的市场需要良好的运营资本，在当前我国国有资本垄断证券市场的情况下，可以鼓励民间资本投入到场外市场的建立完善中，以产生“鲶鱼效应”。

3. 鼓励现有地方产权交易市场接受退市公司股票

目前我国创业板制度规定，将退市后的公司股票平移至代办股份转让系统进行交易。健全的资本市场，应当保证股票交易的自由性，并且我国目前该系统的交易较不成熟，市场交易量低，因此可以赋予退市公司自由选择交易平台的机会。退市公司可以选择进入地方产权交易市场继续交易。通过统一的电子报价系统，将各个地方产权交易市场连接起来，为退市公司的重组和再生提供更多机会。

（四）健全创业板退市投资者救济途径

1. 完善创业板退市投资者的司法救济

（1）扩大民事诉讼的受案范围。我国对证券违法行为是否需要由行为人承担民事责任，目前依旧采取了列举式的立法方式。如果没有被立法明确规定，民事责任是无法成立的。此外，即使是规定民事责任的情形，民事责任如何来适用也是一个问题。例如虚假陈述，在1998 年的《证券法》中早已将其确定为应当承担民事责任的违法行为，但是直到 2003 年 1 月 9 日，在最高人民法院发布的《关于审理证券市场虚假陈述引发的民事赔偿案件的若干规定》中，才对虚假陈述的认定和责任问题给出了操作性较强的规定。对于其他依法须负民事责任的情形，目前尚缺乏具体的施行方法。具体列举方式其自身也存在很大不足，可能挂一漏万，难以适应不断发展的证券市场。因此，针对上述列举式立法的片面性，可以在《证券法》中设立一个一般性的民事责任条款，扩大证券民事诉讼的受案范围。

（2）建立由律师主导的群体诉讼制度。随着我国资本市场发展的不断深入，相关的证券纠纷也随之增多，特别是对于创业板市场来说，多数是高增长、高风险的上市股票，一旦被决定退市，广大投资者的利益很可能会受到威胁。由具有专业知识的律师来主导诉讼，组织广大利益受损的投资者向法院提起诉讼，无疑比势单力薄的单个投资者好得多。

2. 扩大证券投资者保护基金的职责范围

对于资本市场的监管，国际证监会组织列有三大目标，其中之一就包括“保护投资者”；欧洲证券委员会论坛在 2001 年 2 月发布的《协调保护投资者的核心商业行为准则》，建立了统一协调的欧盟内部投资者补偿制度。很多国家和地区也均以专门立法的形式来设立和运作投资者保护基金。我国于 2005 年 10 月修改的《中华人民共和国证券法》规定：“国家设立证券投资者保护基金”。我国证券投资者保护基金在组织形式上，采用国有独资形式，由中国证券投资者保护基金有限公司负责基金的筹集、管理和使用，其根本功能是通过制度效应恢复和提升投资者对证券市场的信心。

投资者保护基金对于风险补偿、处理和防范危机，尤其是保护投资者信心有着十分重要的作用。我国应当在现有的证券投资者保护基金制度的基础上，进一步完善该项基金制度的建设，扩大证券投资者保护基金的职责范围，将上市公司纳入到基金管理之列。上市公司提交其营业收入一定比例的风险计提基金，在上市公司退市时，可以由证券投资者保护基金承担先行赔付义务，证券投资者保护基金享有对退市公司的代位求偿权。符合赔付条件的投资者向该保护证券投资者保护基金公司提出赔偿申请，保护基金公司应当在规定期间内进行审查，并确定应赔付的数额，向申请人支付赔偿金。投资者对于保护基金公司的审查决定不服的，可以申请复核；对于维持原决定的复核结果不服的，投资者还可以选择向证监会申诉。

参考文献

［1］陈东征．建立健全创业板直接退市与司法救济制度［J］．深圳：深交所，2010（6）：12.

［2］陈峥嵘．成熟证券市场上市公司的退出机制及其给我国的启示［J］．中共济南市委党校济南市行政学院济南市社会主义学院学报，2011（4）：32.

［3］陈露．完善代办股份转让系统制度研究［J］．科学发展，2011（6）：18.

［4］陈曦．创业板新规下的退市问题探讨［J］．金融视线，2012（5）：22.

金融申诉专员制度本土化的模式构建建议

刘怡琳

（大连财经学院法律与艺术系 116622）

摘 要 金融申诉专员制度近年来受到诸多学者的关注，其旨在建立一种专业便捷的、不同于传统纠纷解决方式的新型金融消费纠纷解决机制。本文对金融申诉专员制度在我国本土化的模式建构提出了一系列建议，从其机构性质、法律地位、管辖对象、纠纷解决程序及纠纷处理结果的法律效力等方面的本土性路径进行了探讨，以期对我国构建该制度提出一点参考。

关键词 金融申诉专员(FOS) 金融消费纠纷 本土化

金融申诉专员（Financial Ombudsman Service，FOS）制度是近年来针对金融消费纠纷解决方式的一种尝试性探讨，旨在确立一种不同于传统的调解、仲裁与诉讼的新的纠纷解决制度，来弥补现有金融消费纠纷解决机制中的诸多不足之处。该制度是公共领域用于处理一般民众对政府部门的申诉制度在金融领域的扩展和延伸，因其独立性、高效性、易获取性等诸多优势，得到了许多专家学者和业内人士的认可。在我国引入 FOS 制度的呼声日益增多，然而由于国情的不同，其他国家的成功经验并不能直接适用于我国，这种新的金融消费纠纷解决制度是否能在我国建立并发挥作用，必然需要不断探索，对其进行本土化的变革与改进。

一、本土化的FOS机构性质和法律地位建议

（一）现阶段FOS机构模式选择的建议：行业主导下的分散式机构模式

中国人民大学的学者杨东将境外各国家和地区的FOS制度划分为以下类型：完全统合型FOS制度模式，以英国、澳大利亚、马来西亚、新加坡为代表；准统合型FOS模式，即虽然有统合的趋势，但没有形成真正意义上的统合FOS组织，以加拿大和我国香港地区为代表；行业型FOS模式，即分行业分散地存在着FOS机构以处理纠纷，条件成熟时将分散的FOS机构合并为统合的FOS，以日本、德国为代表，统合前的英国、澳大利亚亦是如此。[①] 这些模式均各有其优势和特点，那么我国应采取何种模式？

个人以为，行业主导下的分散式机构模式是最适合我国目前金融市场发展情况的模式。我国目前采取的是金融分业经营的体制，银行、保险、证券等各领域间的界限较为清晰，从实务操作到金融监管都分别由各自的监督管理委员会总体把握，各自的领域内也分别设立了行业协会，实践中的金融消费纠纷也主要限定于某一特定领域，很少存在交叉。而长期以来的分业经营，使社会公众对分业的行业经营模式比较熟悉，认知度较高。由各监督管理委员会作为各金融行业的引导者来分别设立各自的消费纠纷解决机构，专业性优势明显，针对性较强，便于解决金融消费者的分类申诉。而且，随着我国金融市场的逐渐成熟，由分业经营向混业经营发展时，业已积累足够经验的FOS机构也可以像英国一样，从分散走向统合。

① 杨东．金融申诉专员制度之类型化研究［J］．法学评论，2013（4）：77-83.

（二）现阶段 FOS 机构的组织形态建议：社会服务性质的独立法人事业单位

目前各国家和地区 FOS 机构的组织形态主要包括政府机构型、公司型、财团法人型等。[①] 笔者以为，目前这几种组织形态并不适用于我国目前的国情。首先，若 FOS 机构作为公司或是财团法人存在，难以在社会公众中形成普遍认可，权威性不足。公司和法人制度在我国真正发展的时间并不长，许多普通公众和金融机构甚至不了解其法律性质和地位，其营利性特征更使得许多人从心理上无法相信其能够中立、公正地作出裁决，因而很难形成普遍公信力。其次，由于 FOS 机制的建立需要通过长期摸索，变幻莫测的金融市场也会对其提出诸多挑战，若 FOS 机构作为行政机构存在，其势必会面临多次变革；而行政机构的增设应避免行政管理资源的浪费，加之目前国家精简行政机构的趋势，因而探索中的 FOS 机构并不适于直接作为行政机构存在。此外，作为一种新型的纠纷解决方式，FOS 机构应与传统的行政干预性质浓厚的诉讼、仲裁制度相区别，也不适于采用行政机构这一组织形式。

那么，在笔者看来，具有中国特色的事业单位这种组织形态比较符合我国当前国情。依据我国《事业单位登记管理暂行条例实施细则》中对事业单位的界定，我们可以将其理解为：事业单位向社会提供的是一种公共服务，一般不享有行政职权，只有在法律法规明确授权下才可以成为行政主体，享有行政权力，履行对社会公共事务的管理职责。[②] 从本质上来说，FOS 机构所提供的特殊调解职能可以看做是一种面向公众的服务，且具有保护金融消费者这一弱势群体的公共性质，由此来看符合事业单位的设立目的，独立法人的性质也有利于保证机构的独立性。同时，由于其作为中立性解决纠纷的机构，所作出的纠纷处理意见应具有一定的约束力，得到法律的相关授权后则

---

① 杨东．金融申诉专员制度之类型化研究［J］．法学评论，2013（4）：77-83.
② 邓可祝、庾宗利．我国证监会法律地位研究［J］．行政与法，2009（6）：71-74.

可以较好地解决这一问题，而且法律法规授权的范围也可以根据具体情况加以适当的调整。尽管我国目前在进行事业单位的改革，但是新的事业单位划分也必然不会改变其提供公共服务的职能。综上，FOS机构作为事业单位这一组织形式在未来的一段时期内还是有着很大存在价值和空间的，可为走向统合打下良好基础。

（三）现阶段 FOS 机构法律地位的建议："三会"下设的社会服务型事业单位

我国保险合同纠纷快速处理机制试点办法是，在保险协会下单设金融申诉专员服务机构。此种设置方法存在一定的问题，这是因为：行业协会成立的目的主要在于为行业会员提供服务，然而我国目前金融行业协会的成员都是金融机构，而没有金融消费者；这种成员结构决定了行业协会不可能会为了保护金融消费者的利益而与各金融机构进行对抗，中立公正地解决问题。因此，此种模式不适合推广。

笔者以为，在现有的银监会、证监会、保监会下分别设立 FOS 机构是较好的选择。原因如下：第一，三会的职能为维持各自领域内金融市场的正常秩序，FOS 机制所主张的纠纷解决恰是金融秩序的保证，二者从职能角度十分吻合。第二，三会本身的法律地位均为国务院直属正部级事业单位，按照国务院的授权履行行政管理职能，从级别上地位层次较高，FOS 机构若由三会直属，可以较好地避免其他行政机构的干涉。即使三会顺应诸多专家学者对其法律地位重新界定的呼声，成为行政机构，其较高的法律地位层次也可以不影响 FOS 机构的性质和法律地位。第三，三会在各自的领域内积累了必要的专业经验，能够满足 FOS 机构在专业性方面的需求。这样也正好符合前文所提到的建立行业主导下的分散式机构模式的要求。

需要注意的是，尽管 FOS 机构具有一定的行政干预性，但基于其设立的基本目的，我们仍然要从各方面努力确保其独立性。在机构设置之初，就应当从法律地位上确定 FOS 机构运转的独立，三会不能干涉 FOS 处理纠纷的过程和结果，也不能直接干涉 FOS 机构人员的任免和具体财务事项，以保证 FOS 能公正地为金融纠纷双方提供专业服务。

（四）现阶段 FOS 机构成本解决和收费方面的建议

经费对任何一个组织都意义重大，能够直接影响其运行的顺畅程度。在英国，FOS 机构的经费并非由英国政府拨款，其来源包括两部分，一是由申诉专员服务管辖范围内全体金融机构所缴纳的年费；二是根据用者自付费原则，由被投诉机构支付的个别案件经办费用，被投诉金融机构必须支付每年第四件及以后案件的经办费用（每年可免费处理三件投诉），该费用低于法庭审理费用。同时，FOS 的年度预算会核定当年的机构年费收缴标准和经办单个案件的收费标准，案件经办费只在案件结案后收取，且不论案件处理结果对哪一方有利，都应由被投诉的金融机构支付，消费者无须付费。① 法国、德国、澳大利亚、加拿大诸国的纠纷解决机构均不向金融消费者收费。日本尽管在名义上由金融机构和金融消费者共同承担费用，但金融消费者仅负担象征性费用，金融机构负担了绝大部分制度成本。香港金融纠纷调解中心则规定，对金额少于 10 万港元的案件，分别向金融消费者和金融机构收取 500 和 5 000 港元的费用，对 10 万至 50 万港元之间的案件则分别收取 2 000 和 10 000 港元的费用。可见，国际通行做法是对消费者免费，或仅收取小额费用，并主要由金融机构承担制度运行费用。②

结合国际通行做法和我国国情，笔者以为较适合我国的做法是将 FOS 机构定性为差额补贴型事业单位，即由国家财政拨款支持一部分，剩余部分由金融机构缴纳和投诉者支付。具体说来：第一，由国家财政根据具体需要拨付部分资金，资金的数额可以适当调整。这有利于 FOS 机制建立初期的资金保障，更有利于实现其保护金融消费者权益的公共性。第二，由金融机构缴纳其余的大部分资金，包括年

① 贾小雷、刘媛．英国金融申诉专员服务制度之述评［J］．河北法学，2011（9）：168-175.

② 杨东．金融申诉专员制度之类型化研究［J］．法学评论，2013（4）：71-83.

费和处理涉及该机构申诉的个案处理费。缴纳年费，是由于FOS机构是为其管辖范围内所有的金融机构提供服务，享受该利益者应支付相应的维持费用；缴纳个案处理费，是由于该金融机构具体使用了FOS机构的资源。这也有利于促使金融机构提高其服务质量，尽量减少与金融消费者的冲突。第三，消费者支付个案处理费。这项收费的根本目的不在于筹措FOS机构的资金，而是为防止消费者的滥诉。为了保证纠纷解决的易获取性和低成本性，其收费标准应低于法院审理费用。

二、本土化的FOS机构管辖范围和对象的建议

根据FOS机构设立的目的，其管辖对象应包括两类主体：金融机构和金融消费者，其管辖受案的前提应是这两类主体之间的简单小额纠纷。

（一）管辖案件的受案范围建议：简单、小额的金融纠纷

尽管FOS机制有诸多优势，但毕竟只是一种替代性的纠纷解决方式，不能试图解决所有类型的金融纠纷。为保障其便捷高效性，那些复杂、大额的金融纠纷，以及金融机构之间的金融纠纷，还应采取传统的诉讼和仲裁方式进行解决。我国保险合同纠纷快速解决机制即采用了此种方式，《关于推进保险合同纠纷快速处理机制试点工作的指导意见》（保监法规〔2007〕427号）中规定“调处机构受理的纠纷应当是事实清楚，情节简单，适宜快速处理的案件”，并对具体条件进行了细化。[①] 建立FOS机构时可以参照此标准。

---

① 《关于推进保险合同纠纷快速处理机制试点工作的指导意见》（保监法规〔2007〕427号）规定：“为确保处理机制在程序方面不会与仲裁或诉讼产生冲突，受理的纠纷还应当符合以下条件：一是保险公司对合同理赔纠纷有明确处理意见而被保险人不接受，且自保险公司作出明确处理意见起未超过6个月；二是未曾就同一事实申请仲裁或提起诉讼；三是不涉及保险精算标准及生命表等问题；四是纠纷所涉保险金数额，财产保险不超过人民币20万元、人身保险不超过人民币10万元（各地区可以根据情况确定具体金额）。”

（二）金融机构的管辖模式建议：强制管辖和自愿管辖相结合

英国的金融申诉专员服务公司的管辖方式分为两种：强制管辖和自愿管辖。强制管辖的对象是《金融服务与市场法》许可的、有着相对成熟的金融业务的金融机构，FOS 采取强制的方式将其纳入到管辖范围，以有效约束他们的行为，保护金融消费者的利益。而自愿管辖则既适用于获得许可的公司，也适用于未获得许可但自愿接受 FOS 管辖的公司，其范围可以涵盖经金融服务管理局许可公司的任何潜在金融业务或非许可公司明确规定的金融业务。① 与英国不同，澳大利亚没有强制性管辖，只有自愿性管辖。只有金融机构选择加入澳大利亚证券和投资委员会批准的“外部争议解决计划”，成为 FOS 的成员，涉及金融消费者与该金融机构的争议才能提交 FOS 处理。任何在澳大利业开业的金融机构都可申请加入。② 我国保险合同纠纷快速解决机制的做法是以保险公司自愿参与为基本原则，要求参与的保险公司签订自律公约，自觉接受处理机制的约束。

在 FOS 机制下，我国可以尝试突破现有的保险合同纠纷处理领域的“金融机构自愿”原则，借鉴英国模式，将部分金融机构纳入 FOS 机构的强制管辖范围之内。接受强制管辖的条件可具体参考该金融机构的注册资本和出资人、分支机构的设立地、在相关金融领域内的影响力等因素。原因在于：第一，金融机构的规模与其话语权往往成正比，对较大型金融机构的强制管辖，可以避免它们凭借自己在相关领域内的较大影响力，为保障自身利益而拒绝“自愿接受管辖”，甚至在整个相关领域内形成“拒绝自愿”的风潮，从而使设立 FOS 机构保护金融消费者的初衷得以实现。第二，结合前文的设定，我国 FOS 机构将在各自的金融领域内拥有相对独立且强势的地位，有足够的权威性来保障较大型金融机构接受其处理结果。第三，强制管辖有利于整个金融行业内部行为方式的约束和服务质量的提高。第四，部

① 张天奎．英国金融消费者权益保护机制评析［J］．商业时代，2010（8）：12.
② 邢会强．金融督查服务（FOS）比较研究［J］法治研究，2011（2）：83-88.

分强制管辖可以给一些规模较小、金融业务尚在发展之中的金融机构一个相对宽松、自由的发展环境。当然，在强制管辖之外，还可以兼采“自愿接受管辖”原则，以鼓励各金融机构之间的充分竞争。

（三）管辖的金融消费者范围的建议

金融消费者的概念目前在我国诸多法律文件中已经有所体现，主要集中在规章的层面，包括地方政府出台的文件和中央监管机构下属机构出台的文件。具体说来目前共计 336 件，其中部门规章 9 件，地方规章 274 件，行业规定 2 件。[①] 其中，《中国人民银行银川中心支行金融消费者权益保护办法》还对金融消费者作出了定义：“本办法所称金融消费者，是指在宁夏回族自治区内购买金融产品或接受金融服务的自然人。”

总体说来，在我国金融消费者的内涵和外延并未得到具体、明确的界定，更多时候仅是一个学术上的概念，许多学者的理解并不相同。有的学者认为，“金融消费者是消费者的一种类型，是消费者概念在金融领域的延伸”[②]；有的学者认为，应“将为了满足支付结算需求、信用需求和金融资产运用需求的个人和法人全部纳入金融消费者的范畴”[③]；有的学者则将其界定为“因非生产、交易目的而购买、使用金融机构提供的商品或接受金融机构提供的服务的个体自然人[④]”。可以说，分歧主要集中在以下三点：一是法人是否具备金融消费者的主体资格；二是证券市场的投资者是否应纳入金融消费者保护的范畴；三是金融消费者是否应严格符合《消费者权益保护法》中“为生活需要”这一前提。

本文无意对金融消费者的范畴做过多探讨，仅希望就 FOS 机制

---

① 孙当如．金融消费者概念在我国提出的适宜性分析［J］．湖北警官学院学报，2013（3）：77-79.

② 吴弘，徐振．金融消费者保护的法理探析［J］．东方法学，2009（5）：36.

③ 马洪雨，康耀坤．危机背景下金融消费者保护法律制度研究［J］．证券市场导报，2010（2）：25.

④ 于春敏．金融消费者的法律界定［J］．上海财经大学学报，2010（4）：17.

管辖的金融消费者的范围提出几点看法：第一，不宜包括法人等机构型金融服务的接受者。前文已经提到，FOS 机制应仅适用于简单、小额的金融纠纷，侧重于保护处于弱势的金融消费者概念的内涵与外延地位的金融消费者，而法人等机构型金融服务的接受者与金融机构之间的纠纷往往数额较大、案情复杂，同时该类型的机构也往往具有较强的专业性，相对于自然人类型的金融消费者，拥有更大的能力来保护自身权益。第二，自然人身份的金融消费者都应属于 FOS 机制管辖的金融消费者的范围，具体还应当包括：（1）具备一定专业能力的自然人。我国台湾地区《金融消费者保护法》对具有一定专业能力的自然人是不予保护的。但是，笔者同意中国人民银行金融消费权益保护局局长焦瑾璞的观点：专业能力的界定上存在困难，且与金融机构之间严重的信息不对称会导致金融专家也不能作出符合其理智的选择。[①] 因此，由 FOS 机构对这类自然人提供保护也是应有的选择。（2）间接因他人金融消费而与金融机构产生权利义务关系的自然人。这一类自然人因利益相关人的消费行为被动地与金融机构产生了利益关系，其权益也可能受到侵害，赋予他们 FOS 机制下的保护符合本机制设立的初衷。第三，对“生活消费”的范围应做扩大理解，将证券、保险等金融产品的自然人投资人纳入到 FOS 机构的管辖保护范围内。投资股票、基金、债券等行为尽管具有营利性，但是在现代社会，这些金融产品已经成为许多普通中国家庭投资理财的重要渠道，投资人并不具有职业性，也并不单纯以交易为目的，而是要将金融收益作为家庭生活消费的基础。同时，由于自然人投资者专业知识的欠缺、信息获取的困难、风险承受能力的薄弱，以及金融机构拥有相对垄断、强大的地位，证券、保险等金融产品的自然人投资人天然地处于弱势地位，对其保护符合 FOS 机构设立的目的。

综上，我国设立 FOS 机构，所管辖的金融消费者的范围可以概括为：购买、使用金融机构提供的商品或接受金融机构提供的服务的自然人。

---

① 焦瑾璞．金融消费者概念的内涵与外延［J］．中国金融，2013（8）：56-58.

三、本土化的 FOS 机构纠纷解决程序方面的建议

英国的 FOS 机制程序方面的设置很有特点，非常注重采用“非诉讼非仲裁”方式解决纠纷，体现了鲜明的 ADR 特征。英国将争议处理程序分为两个阶段进行：第一阶段是金融机构内部争议处理程序，即消费者应先将纠纷提交金融机构解决，只有消费者对处理结果不满意或金融机构没有在 8 周内处理时，方能进入第二阶段，转由 FOS 机构处理。在第二阶段中也并非直接进入审理程序，而是由客户服务部的消费者顾问采用劝导等手段处理一些简单纠纷。不能解决的案件则转交给审裁员解决，此时方视为进入正式的审理程序，同时该投诉案件转化为收费案件。审裁员接手投诉案件后，根据案情决定最优的处理方法，通常情况下，审裁员通过调解、提出非正式的解决建议等方式促使双方当事人达成和解。如果上述解决方式并不适当或者不可行，审裁员将就案件出具临时性评估意见。如果双方当事人接受该意见，则投诉案件结案；如不接受，案件将提交申诉专员，由其作出最后的复核和最终裁定。① 澳大利亚、马来西亚、新加坡等国家的 FOS 机制与英国的程序大体相同，只是在细节上和时间期限上有所差异，都是要求消费者首先将纠纷提交金融机构先行处理，同时在处理纠纷过程中注重调解，鼓励当事人尽量通过和解结案，只有调解不成功的才进入裁决程序。②

我国亦可借鉴国际上的普遍做法，确立从金融机构解决的前置程序到 FOS 非正式程序，再到 FOS 正式审裁程序的纠纷解决程序，同时赋予消费者对处理结果的选择权。前置程序应设立时间期限，该期限不宜过长，以督促金融机构尽快解决纠纷。FOS 非正式程序应注重其服务性，力争采取和解、调解等灵活的方式解决纠纷，提供服务的

---

① 贾小雷，刘媛．英国金融申诉专员服务制度之述评［J］．河北法学，2011（9）：168-175.

② 邢会强．金融督查服务（FOS）比较研究［J］．法治研究，2011（2）：83-85.

方式也应注意多样性和便捷性，如接受和支持双方当事人采取电话、网络等方式进行会话等。在非正式程序中，由于金融消费者专业知识的欠缺性，调解员的自主性应得到鼓励，可以由调解员自行提出纠纷解决方案供双方当事人选择，而无须像诉讼一样不得突破当事人的诉讼请求，以保证纠纷解决的灵活性和快速性。当案件通过非正式处理作出决定后，任何一方对结果不满意，则可将该案件交由申诉专员来处理，进入 FOS 正式程序。申诉专员应基于独立地位的基础上与调解员进行合作，独立、认真地审查案件材料或进行调查，并听取纠纷双方的意见。当有必要时，也可通过听证和辩论等形式了解案件的事实真相，之后作出最终的正式裁决。

实践中，申诉专员应以“公平合理”为原则来权衡判断案件，其评价基准不应局限于法律规定，而应包括法律法规、监管规定、良好的行业惯例以及良好的服务提供趋势等，以更好地突出 FOS 机制对消费者的保护以及对行业发展的引导性作用。

四、本土化的 FOS 机构纠纷处理结果的法律约束力建议

对于 FOS 机构作出的纠纷处理最终裁定，国际通行的做法是使其具有单方约束力，即裁决作出后，金融机构无权选择是否接受这一裁决，而这一裁决是否发生法律效力取决于金融消费者的决定。如果金融消费者接受裁决，则该裁决对双方都产生强制效力，在金融机构不履行裁决的情况下，金融消费者可以向法院直接申请执行裁决；如果金融消费者不接受裁决，可以寻求其他法律途径获得救济。英国、新加坡、马来西亚、日本等国都作出了类似的法律规定。澳大利亚还进一步对纠纷处理结果作了详细划分，将 FOS 的决定分为建议和裁决两种：双方当事人在收到建议之后的 30 日内，如果均对建议表示接受，则该建议将具有法律约束力；裁决是 FOS 管辖框架内的终局裁定，只有消费者有权在收到裁决起的 30 天内决定是否接受裁决，

金融机构则无权对裁决选择接受或拒绝。[①] 我国的保险合同纠纷快速解决处理机制对纠纷处理结果的效力也采取了相似的规定："调处机构受理的纠纷，如果被保险人拒绝接受调处或调解意见或者在签署调解协议后反悔的，其仍然可以依法申请仲裁或提起诉讼。经调处机构主持调解达成的调解协议，保险公司应当遵照执行。"

对于我国建立的FOS机构，就其纠纷处理结果也可以分为处理建议和最终裁决两类，分别具有不同的法律效力。处理建议是非正式程序下的纠纷解决结果，只有在双方当事人均表示接受的时候才会产生法律的约束力。而最终裁定则是正式程序下的处理结果，使其仅具有对金融机构的单方约束力，而赋予金融消费者选择权。首先，此种模式可以更大程度地保障金融消费者的权益，使其切实获得传统的法律救济方法之外的救济途径；如果最终裁决不具有强制约束力，FOS制度将失去其存在的特殊意义。第二，此种模式对金融机构而言并不显失公平。表面看来，前文已经提到了对大型金融机构的强制管辖会使这些机构失去选择的权利，但由于法律所追求的并非程序公平而是实质公平，而申诉专员在作出最终裁定时也是基于中立的态度以事实为基础进行审裁，金融机构可以获得公正的处理结果。第三，为保障双方利益，从程序上我们应限制金融消费者对最终裁定结果进行确认的时间和方式，以防止金融机构陷入执行的不确定之中。可以借鉴的是法院一审判决生效的模式，要求金融消费者接受裁决书后在一定时间内作出某种认可或不认可裁决的意思表示，否则最终裁决不发生法律效力，金融机构可以不予履行并寻求其他救济方法。

五、结语

金融市场的发展，金融服务和消费活动的普及，金融消费者与金融机构双方权益的保护，都在呼唤一种更为专业、便捷、高效的金融纠纷解决机制出现。FOS机制在世界多个国家和地区都已逐步建立起

① 杨东．金融申诉专员制度之类型化研究［J］．法学评论，2013（4）：71-83.

来，我国也应尝试将这一实用性很强的机制从理论上的研究转为实际践行，进一步探讨将其本土化的具体路径，为金融服务和消费提供更为充分有效的程序救济，以此促进金融行业的良性发展。

参考文献

[1] 邓可祝，庾宗利．我国证监会法律地位研究［J］．行政与法，2009（6）：71-74.
[2] 邢会强．金融督查服务（FOS）比较研究［J］．法治研究，2011（2）：83-88.
[3] 贾小雷，刘媛．英国金融申诉专员服务制度之述评［J］．河北法学，2011（9）：168-175.
[4] 孔健．论金融申诉专员机构的法律角色定位——以英国金融申诉专员制度为研究对象［J］．经济与社会发展，2012（1）：64-67.
[5] 杨东．金融申诉专员制度之类型化研究［J］．法学评论，2013（4）：71-83.
[6] 杨东．日本金融 ADR 制度的创新及其对我国的借鉴［J］．法律科学，2013（5）：182-189.
[7] 焦瑾璞．金融消费者概念的内涵与外延［J］．中国金融，2013（8）：56-58.
[8] 孙当如．金融消费者概念在我国提出的适宜性分析［J］．湖北警官学院学报，2013（3）：77-79.

论恶意诉讼及法律防范

王　涛
（沈阳市东陵区人民法院　110015）

摘　要　近年来，恶意诉讼被越来越多的人给予关注，并撰文立说，但理论性内容较多，实践性内容相对较少。从世界范围看，两大法系对恶意诉讼的规定存在分歧，英美法系将恶意诉讼限定于实体法侵权行为中，大陆法系在实体法中少有明确规定，在程序法中则有所体现。因此，对于恶意诉讼应属于实体法范畴还是程序法范畴，尚存在一定的争议。本文将恶意诉讼纳入了程序法范畴，同时论述了恶意诉讼也是侵权行为的一种本质属性。此外，本文还明确了恶意诉讼的概念及特征；归纳整理了五种典型案例，并加以案件评述；提出了恶意诉讼的法律防范措施。当然，因笔者学识所限，尚不能就有关恶意诉讼问题作出更为深入的剖析，希望在以后的文章中进一步发表对恶意诉讼理论和实践的再认识。

关键词　恶意诉讼　虚假诉讼　认定标准

随着全国各地法院审理的案件量大幅上升，恶意诉讼案件已呈逐年递增趋势，对法官在案件审理中如何进行甄别、排除以及如何进行防范均提出了新的课题。如果处理不当，不仅审理法官将承担较大风险，也会扰乱我国的法律秩序，侵害国家、集体或个人的合法权益。因此，在司法实践中，着重加大对恶意诉讼案件的审理力度及总结探索应对措施，已迫在眉睫。恶意诉讼案件多发于民事诉讼案件中，常发案件类型有知识产权纠纷、离婚纠纷、民间借贷纠纷、担保纠纷等。因此，囿于笔者现从事民事审判的实践，本文对于恶意诉讼案件的研究仅限于民事诉讼领域。一般来说，恶意诉讼发生的原因，一是利益驱使；二是法律的不完善。因此，制定明确具体的法律规定，将有利于打击此类诉讼行为，维护我国的诉讼秩序。

一、恶意诉讼的概念及特征

（一）恶意诉讼的概念

关于恶意诉讼的界定，学界众说纷纭，多数文章均援引以下学者对恶意诉讼所下的定义。杨立新认为：“明知道没有合法的诉讼理由，意图使他人受到财产上的损害，故意向法院提起民事诉讼的，这种侵权行为就是恶意诉讼。”汤维建认为：“恶意诉讼是指当事人故意提起一个在事实上和法律上无根据之诉，从而为自己谋取不正当利益的诉讼行为。”王加庚认为：“恶意诉讼是指当事人明知或应当知道其诉讼目的是不正当的，而仍然诉请保护，以至不正当诉讼发生，侵害对方合法权益的行为，恶意诉讼包括恶意起诉、恶意保全、恶意反诉等。”学者们对于恶意诉讼的定义虽然在用词上存在一定的差异，但归纳起来，均包含以下内容：一是当事人对提起民事诉讼的主观态度，只能是故意，包括直接故意和间接故意；二是所提起的诉讼无事实和法律依据，或无正当理由；三是提起诉讼的目的是侵害对方合法的财产权益，或是使自己从中获取财产性利益。显然，多数学者的定义从内涵上看虽不尽相同，却均未能全面、准确地阐述恶意诉讼这一概念。笔者认为，恶意诉讼应从程序法和实体法角度加以区分，分为广义的恶意诉讼和狭义的恶意诉讼。所谓广义的恶意诉讼，是指故意以他人受到财产损害或自己获取财产性利益为目的，无事实根据和正当理由而提起民事诉讼，或是在法院审判过程中不正当地行使法律赋予的诉讼权利，扰乱法院的诉讼秩序，并使相关人遭受财产性损失的诉讼行为。狭义的恶意诉讼是指在民事诉讼过程中，当事人不适当行使法律赋予的诉讼权利，扰乱法院诉讼秩序的行为。狭义的恶意诉讼仅指程序法层面的意义，而广义的恶意诉讼涵盖实体法和程序法两个方面的含义，且广义的恶意诉讼中应包括但不限于滥用诉权、虚假诉讼等非法诉讼行为。

（二）恶意诉讼的特征

通过本文对恶意诉讼所下定义，其通常具有如下特征。

1. 发生于法院审判、执行活动的各阶段

在人民法院立案阶段，因立案庭对提供的诉讼材料采取形式审查的方式，当事人所提供的虚假诉讼材料很容易被审查通过，从而进入法院的审理程序。审判阶段是由法院承办法官去伪存真，进行甄别、判定案件的核心环节，当事人会充分利用法律赋予的各项程序性诉讼权利，以达到让承办案件的法官作出符合其目的的结论，例如恶意提出管辖权异议、财产保全申请、证据保全申请等。此环节决定着其诉讼目能否实现，因此最易发生当事人恶意行使诉讼行为的情况。在执行阶段，主要是被执行人一方和案外人采取了转移财产、拖延执行、提出异议等手段，不当地阻止与己有利害关系的财产被法院强制执行。

2. 行为主体广泛

恶意诉讼行为人的主体既可以是自然人，也可以是法人或其他经济组织，其中法人包括事业单位法人和企业法人。在审判实践中，一般实施恶意诉讼行为的主体是自然人，法人或其他经济组织作为诉讼主体提出恶意诉讼的比较少见。这里要特别说明的是，自然人作为恶意诉讼的行为主体应具有完全民事行为能力，无民事行为能力人和限制民事行为能力人一般不宜划定为恶意诉讼的行为主体，因恶意诉讼行为的主观要求应是故意。即便在无民事行为能力人和限制民事行为能力人的法定代理人实施的行为后果有利于无民事行为能力人和限制民事行为能力人的情况下，只要构成恶意诉讼行为，责任主体应是法定代理人，而不是无民事行为能力人和限制民事行为能力人本人。此时，法定代理人实施的非法行为已超出法定代理范围，法定代理人应清楚其行为的责任后果，这里的意识是法定代理人的意识，而不能代表无民事行为能力人和限制民事行为能力人，此时无意识应无责任。

3. 虚假诉讼为主，且多发生于民事调解案件中

笔者从司法审判实践中，总结发生率较高、危害较大的是当事人制造的虚假案件，也有人定义为“虚假诉讼”，将本无纠纷的当事人硬是拉入法院的解决纠纷机制中，以实现不良的诉讼目的。据笔者了解，几乎每个法官同行每年都会承办几件毫无争议的诉讼案，当事人均对案件事实予以认可，都希望通过法院调解解决纠纷，在结案压力下很容易让恶意诉讼行为人的目的通过调解手段得以实现。这种虚假的恶意诉讼案件一旦得逞，不仅会损害其他财产权利人的利益，而且会实质损害法院的司法权威和国家利益，而承办案件的法官也将随时面临责任风险的追究。因此，恶意诉讼案件中虚假诉讼案件是法律防范的重点。

4. 一般以财产类型为主

恶意诉讼案件的类型多样，当事人基于不同的目的采用的手段多样，而绝大多数恶意诉讼案件行为人均是以获取财产性利益作为其终极目标。无论是伪造虚假诉讼材料、提起虚构的诉讼案件、滥用诉讼权力等，所追求的目标均是获取非法利益，或不当地规避向他人承担债务的履行义务。当然也存在利用法院对案件的审判，通过司法裁决的途径来达到侵害对方人身权利或身份权利的目的，但此种情况在司法审判实践中鲜有所见，在恶意诉讼立法尚未完善的背景下尚不足以作为一般性规则进行具体研讨，况且我国制定的侵权责任法中关于侵犯人身及身份权的情形已作出明确规定，可以按照现行实体法规范，按一般侵权案件加以适用解决，在诉讼法中另行研讨已无必要。因此，本文在归纳总结恶意诉讼案件常见典型类型的基础上，确定民事恶意诉讼一般是以侵犯财产利益为主的特征。

5. 当事人进行的诉讼行为是以追求不当或非法利益为目的

通常情况下当事人进行的诉讼活动是法律赋予的权利。我国《民事诉讼法》第二条规定的立法目的就是对当事人诉权的保护。对诉权的保护是实现社会秩序良性发展的保障，当事人实施的诉讼行为也是法院审判活动的基石。恶意诉讼案件中当事人的诉讼行为具有合法的外衣保护，对于司法审判人员来说很难分辨是非，往往需要通过

严密的审理程序，经过去伪存真的过程，才会逐渐发现当事人行为中迷惑审判人员的部分。

二、恶意诉讼的典型案例

下面，笔者从自身的审判实践出发，结合一些社会热点案件，以真实案例的方式，总结并归纳司法实践中的常发型恶意诉讼典型案件，并辅之以简要评述。

（一）扩大债务型

案例：丁某诉沈某、孟某民间借贷纠纷一案

丁某与沈某系朋友关系，沈某与孟某系夫妻关系。丁某以沈某向其借款 6.3 万元，至今未还，该笔借款属于夫妻共同债务，故诉至法院请求法院判决二被告履行欠款支付义务，所述欠款发生于二被告婚姻关系存续期间，应由二被告共同偿还。

评述：本案诉讼期间，被告沈某与孟某的离婚纠纷案件正在法院诉讼过程中。在本案庭审过程中，被告孟某主张原告主张的借款不真实，系被告沈某为占有夫妻共同财产，与原告丁某二人合谋制造的假案。本案在庭审后，被告孟某向居住地公安机关报案，称原告丁某与被告沈某伪造假案。案件虽未经公安机关受理，但促使原告向法院撤诉。从案件审理情况看，原告所述不实。后因案件撤诉，法院未追究任何人的法律责任。

（二）侵占财产型

案例：制造假驰名商标律师行贿案

经法院查明，2007 年至 2008 年 8 月间，被告人刘某在内蒙古××律师事务所做律师期间，通过浙江××律师事务所律师兰某、南京××商标代理公司经理马某、杭州××商标策划有限公司经理任某等人接受浙江×××塑料建材公司等 21 家企业的代理，在辽宁省抚顺市中级人民法院提起虚假的侵权诉讼。被告人刘某在明知这类案件系虚假商标侵权诉讼的情况下，以为企业达到司法认定驰名商标的目的，授意其助理蒋某负责整理上述案件的证据材料、撰写民事判决书，指使蒋某先后携带虚假的侵权产品及相关材料，到抚顺市公证处进行公证。期间，被告人刘某分别向抚顺市中级人民法院多名法官行贿。法院认为，被告人刘某为谋取不正当利益，给予国家工作人员钱款，共计人民币 505 000 元，情节严重，其行为已构成行贿罪。

评述：2009 年发生于辽宁省抚顺市、鞍山市、营口市等地的多名法官、律师等因虚假认定驰名商标案而被判刑，引起司法界震动。南方多地企业企图通过驰名商标的认定，获取政府承诺给予的大额奖励，并取得经营商品驰名商标的认定。正是在极大的利益诱惑下，相关律师以本不存在的商标纠纷制造虚假的诉讼案件，有关当事人以行贿的方式取得承办法官的关照，进而以法院判决的方式认定驰名商标并取得非法财产利益，试图变相侵占政府的大额财产奖励。

（三）隐匿财产型

案例：原告苗某与被告陈某民间借贷纠纷一案

原告诉称，2010 年 11 月 3 日被告为购买房屋向原告借款 472 543 元，双方约定，被告应在 2010 年 12 月 20 日前偿还全部欠款，但被告一直未按双方约定偿还借款，故原告诉至法院，请求法院判令被告偿还借款 472 543 元，并承担诉讼费、保全费。被告对借款无异议。法院经审理后认定，原告起诉应有明确的被告。现原告自认被告的委托代理人系真正借款人，被告系虚拟债务人。故在本案借贷关系中原告主张的被告主体不够明确，原告起诉不符合受理条件，裁定驳回原告苗某的起诉。

评述：本案承办人在审理时发现原、被告“携手”到庭、当事人年龄均偏低这一现象，并注意到涉案标的额较大的特殊情况，经进一步审查，原、被告均无法说明收入状况，付款的时间、地点、场所，双方陈述矛盾过多，原、被告委托代理人均急于对被告名下的房产要求法院进行财产保全的心理状态。经庭后向双方进行释明，原告委托代理人主动承认被告的委托代理人是本起案件的操控者。本案当事人制造假案诉至法院，主要目的是查封被告名下的房产，以合法形式隐匿财产，以躲避其他债务的履行。

（四）拖延诉讼型

案例：原告宋某诉被告沈阳某工艺品有限公司劳动争议纠纷一案

原告于 1999 年 1 月进入被告处从事保管员工作，双方一直未签订书面劳动合同。2012 年 3 月 31 日因公司股权转让，双方解除劳动关系。因原告主张经济补偿金、补缴社会保险等事宜，并对劳动仲裁不服，诉至法院。本案在审理过程中，被告以原股东在韩国，尚有证据暂无法提供请求法院给其举证时间。致使案件在简易程序法定时限内未能尽快判决。

评述：本案是一起简单的劳动争议案件，即因公司股东股权转让而引发原公司老板与公司员工解除劳动合同的案件。被告委托代理人名为被告代理，实际是在为原公司老板代理，因此便出现了被告代理人答辩意见与被告公司出具的证明相互矛盾的问题。在发现对己不利的情况下，被告请求延期举证，法院为保证案结事了的效果，不得不进行举证延期。后经法院一再催促，时隔近两个月时间内被告仍然未能完成举证。在给予被告充分举证时间的基础上，法院进行了再次开庭审理，在得到被告无法进行举证后依法对案件进行了宣判。一起简单的案件终被拖至普通程序后才结案。

（五）规避税负型

案例：黄某、李某等分别诉被告金某民间借贷纠纷四案

原告黄某等四人以与被告签订有借款合同为由诉至法院，并提供了双方签订的借款合同作为证据，被告对借款均认可，并同意与原告调解解决，双方自行达成和解协议，被告以房屋抵债的方式将登记的自有产权房抵偿给原告所有，双方均要求通过法院调解方式结案，并由法院出具民事调解书。

评述：本起案件双方当事人共同到庭，被告一方积极要求通过法院为其与四原告进行案件调解，并积极要求将房屋抵债给原告，经法

院核实被告房屋的产权登记情况真实有效。但本案原被告过密的行为，以及双方积极的以房抵债的强烈愿望，已让承办人对相关四起案件的真实性产生了怀疑，后经承办人详细了解，确定被告的四起案件均为伪造的虚假案件，双方以通过法院调解的方式办理房屋产权过户手续为目的，达到规避缴纳税款的法定义务。该四起案件最终以全部撤诉结案，未追究当事人任何责任。

三、恶意诉讼法律防范的具体措施

（一）完善立法

建设社会主义法治化国家是我国的基本治国方略。经济的发展、社会的进步，都离不开法治的手段，因此一个国家进行依法治理的首要前提是有法可依。对于恶意诉讼的治理，我国新修订的《民事诉讼法》中已初步完成了恶意诉讼的立法，但尚缺乏可操作性，新法的适用仍需要司法实践的检验。笔者认为在完善立法方面，应做到：

1. 确立恶意诉讼的认定标准

恶意诉讼在我国法学界尚存在着法理上的争议。这需要立法机关归纳总结出恶意诉讼的内涵、基本原则、法理规律，明确恶意诉讼的治理目的，以及恶意诉讼的认定标准。尤为关键的是，要解决在司法审判领域中的适用质效问题。一个法律条文的制定，需要与社会需求相契合，能够对当前存在的问题或矛盾提出充分有效的解决办法。这对于恶意诉讼的认定提出了较高的要求。通过本文对恶意诉讼的探讨，结合我国新修订的《民事诉讼法》中的有关规定，笔者认为对于恶意诉讼的认定标准应从以下几方面进行考察：第一，行为是否具有违法性。当事人提起诉讼或行使诉讼权利，是法律赋予的合法权利，但该权利的行使却并不是无止境、无界限的，应在法律规定的范围内。所谓法律规定的范围，是指民事程序法中以授权性明示规定的行为，包括当事人可以作为的行为、禁止作为的行为。行为人一旦超越了合法权利的界限，对国家利益或他人权利造成了损害，其行为就构成违法。第二，对诉讼秩序是否构成现实危害。人民法院诉讼秩序的维护是每个参与诉讼的行为人所应遵守的最基本义务。扰乱诉讼秩序的行为，必然影响法院审判活动的公正性。而恶意诉讼行为人正是以扰乱诉讼秩序的行为，作为其实现目的的手段。对诉讼秩序造成的现实危害在实践中较难以把握，笔者以为，可以作出原则性的说明，再结合案件中审判人员对双方证据的审查结论，在确定行为人存在故意引起诉讼秩序混乱，并已直接影响、拖延或干扰了法院对案件的审理时，即可认为对诉讼秩序构成了现实危害。根据法律规定，可以对行为当事人处以罚款、拘留等处罚以及承担不利的法律后果的责任。例如，在侵占财产型买卖合同纠纷案件中，出卖人向法庭提供的由买方签字的收货单据中，以假乱真掺杂了一部分伪造的收货单据，借对方当事人及法院的审查不严，企图蒙混过关，以此获取额外的货款。出卖人这种伪造收货单据的行为实际上已构成对诉讼秩序的危害。第三，当事人的意思表示与其行为目的是否存在一致性。一般情况下，诉讼行为人作出的意思表示是与其行为目的保持一致性的，但由于恶意诉讼行为人其主观动机的不纯正，其所作出的意思表示会由正当性向非正当性转化。审判人员只要通过认真审查，发现行为人在诉讼过程中作出的意思表示与起诉状中的陈述存在较多矛盾点，或当事人真实意愿与本诉的诉讼目的间存在较大差异，即可作出非一致性的结论，从而可确定当事人存在恶意诉讼的行为。当然，因对法律规定的误解所致主观上不构成故意规避行为的当事人除外。第四，当事人实施的行为与受害人损害事实或诉讼秩序妨害之间具有因果关系。恶意诉讼行为的构成离不开因果关系的认定，而行为后果包括两方面：一是造成了受害人财产利益的损害；二是妨害了法院的诉讼秩序。只要构成一种“果”，因果关系即成立。其中，对受害人的损害系基于相当因果关系说。

2. 对恶意诉讼相关法律条文规定应采取定义式和列举式

法律条文规定的越具体，法律适用就越直接，也会避免歧义的产生。恶意诉讼是新生事物，尚缺乏统一的概念定义，未来应单列一个条文，首先作出定义式的规定，并应简化用词，让人从条文中一目了然，明确理解恶意诉讼的含义。因恶意诉讼在司法审判实践中已被越来越多的提及，法学界以及实务界也作出了多种类别或类型的归纳总结。在定义式条文后，可以具体列举相关情形条款及兜底条款，便于审判机关根据案件事实对号入座。这样处理，不但易于操作，在恶意诉讼理论尚未成熟的情况下，也避免了法律认定上出现偏颇。而新修订的《民事诉讼法》对于恶意诉讼仅作出了过于原则性的定义，缺乏操作性。

3. 建议在刑法中设立"扰乱诉讼秩序罪"

我国刑法的任务是用刑罚同一切犯罪行为作斗争，维护社会秩序、经济秩序。诉讼秩序应属于社会秩序的范畴。我国刑法在刑事诉讼中规定有伪证罪，辩护人、诉讼代理人毁灭证据、伪造证据、妨害作证罪。遗憾的是，现行法律中缺乏对于民事诉讼领域违法行为的刑法制裁规定，为此笔者建议应设立"扰乱诉讼秩序罪"，针对民事诉讼中当事人或其他诉讼参与人构成恶意诉讼行为要件的，并且造成严重后果或有其他严重情节的，处以三年以下有期徒刑、拘役或管制，并处或者单处罚金。该罪名的设立，不仅会填补民事诉讼领域缺乏刑事制裁措施的不足，也将有利于扩大人民法院的司法权威性。该做法也与我国新修订的《民事诉讼法》中针对恶意诉讼作出的"构成犯罪的，依法追究刑事责任"的规定相衔接，可以避免刑责追究罪名引用的不确定性或滥用性。

（二）建立司法诚信体系

当前我国社会诚信缺失现象不容乐观，这与我国大力提倡经济建设，而忽略精神建设具有一定的关联性。虽然经济建设近十年来成果显著，我国国力明显争强，但换来的负面效应却是人民诚信意识大幅降低，社会矛盾加剧。体现在司法审判领域就是，信访不信法现象严重，拒不履行法院、仲裁的生效法律文书，恶意诉讼案件显现且明显增多。因此，建立切实有效的司法诚信体系，已是当务之急。2012年2月12日最高人民法院出台了《关于当前形势下加强民事审判切实保障民生若干问题的通知》（法［2012］40号）文件，该文件中明确了当前司法系统诚信缺失的问题。那么如何建立司法诚信体系呢？笔者认为：建立多部门联动机制，形成共享信息平台，可有效监控恶意诉讼行为的发生。司法诚信体系建设作为社会诚信体系建设的一部分，不能靠一个机构独立完成，必须形成多部门的联动效应，部门间各司其职、各尽其能。相互配合、相互协调是司法诚信体系建设中部门联动的行为准则。司法诚信体系建设应围绕人民法院来展开，以法院审判活动为核心，以信息联动为纽带。人民法院在当事人提起的诉讼活动中，由于信息的缺乏，往往对当事人及诉讼行为不能充分掌握，这样就容易让恶意诉讼的当事人从法院的生效裁判中获得非法利益。比如，对于房屋买卖行为，当事人可通过房产登记的方式获得房屋产权，也可以诉讼的方式通过法院裁判获得房屋产权，但法院和房产登记机关因缺乏信息联网机制，不能形成信息互享，容易形成房产登记与法院裁判结论不符的情况，从而造成真正权利人利益受损的后果。建立信息共享是当前实现有效社会化管理的基础性工作，各部门可利用本身的职能范围将掌握的个人信息，通过联网的方式，形成信息的交互传送，实现不同部门间数据信息的共享。比如关于人口信息，公安机关依法负有户籍登记的职权，也承担着人口登记信息的查询工作。人民法院在审理民事案件中，经常会遇到当事人信息不详的情况，为依法查清当事人或诉讼参与人的详细信息，就需要经常到公安机关进行人口信息查询。如果实现信息共享，在公安机关和法院间建立信息联网平台，将极大地提高两部门的工作效率。同样，法院应在内部设立恶意诉讼行为人的黑名单，将该部分人认定为失信人员，并与检察院之间建立联网信息平台，便于检察院及时掌握失信人员的基本情况，防止恶意诉讼行为人变相利用检察院的法律监督途径，继续实施干扰法院诉讼活动的行为。因此，建立多部门联动机制，形成共享信息平台，可有效建立社会主义司法诚信体系。

（三）培养司法审判人员的业务素质，提高辨识、处置恶意诉讼的能力

人民法院承担着民事诉讼案件的审理工作，培养审判人员、执行

人员的业务素质是法院义不容辞的任务，也是我国依法打击恶意诉讼的必然需求。新晋的法官、检察官都要从已取得司法资格证书的人员中录用，同时还要通过公务员考试的门槛。两大考试的设立，让司法机关入职人员的素质有了较大提高。随着人员的更迭，原来通过部队转业、工作调动等途径进入法院和检察院的在职人员，已逐步退出审判及公诉等法律执业部门，改变了大部分在职人员无专业背景的状况。人民法院应继续加强对审判人员的业务培训力度，提高新入职人员的实战业务能力，并有必要对恶意诉讼现象做好专题培训工作，通过真实案例的讲解使从事一线审判的年轻法官快速掌握识别恶意诉讼的技巧。只有业务水平的提高，才能有的放矢地处置好恶意诉讼行为，并减小法官的执业风险。

（四）树立法院权威，加强对恶意诉讼的法律适用

司法实践中由于法官裁判独立性的弱化，法院管理的行政化倾向，导致了人民法院司法权威性的下滑，这造成我国信访案件的大幅增加，对政府的管理能力提出了新的考验，也为我国的法治建设带来了新的课题。法治社会应以法律作为解决社会矛盾的唯一手段，而法律的适用是我国《宪法》赋予人民法院的重要职能。法律适用的好坏主要考察的就是法院的裁判能力。我国法院权威性降低的一个表现就是恶意诉讼行为的发展和蔓延，当事人已经觉察到法院对于诉讼中存在的不当诉讼行为，近些年来采取的是软化的处理方式，不再充分适用罚款、拘留等民事制裁措施，而是过多采取劝解、忍让的软处理方式，这导致了民事诉讼中当事人或诉讼参与人毫无顾忌对法官采用对抗、辱骂、威胁等手段。强化法院职权，树立法院权威，提高制裁措施的法律适用效率，可有力打击恶意诉讼现象。

（五）完善法院立案、审判及执行活动的有效衔接

恶意诉讼发生于法院审判活动的始终，因此从法院立案庭收案开始，就应谨慎审查并尽可能的加以排除，同时密切联系审判庭，对一时无法确定为恶意诉讼的案件向承办法官予以警示或说明。对此，为完善法院立案、审判及执行的有效衔接，应做到：

1. 立案庭对当事人提供的法律材料应采取形式审查与实体审查并重的方式，向审判庭移交案件时做好提示工作

一般情况下，立案庭对所收到的案件只进行材料文书的形式审查及程序审查，对实体内容不做意见。因立案庭法官是第一个接触当事人的初步审查人，难免在审查过程中遇到、感受到当事人所要准备进行诉讼的案件材料中存在的可疑之处，此时如果能在移交审判庭之前，由立案法官作出对案件初步审查的提示意见，则足以引起审判法官的注意和警醒。在实践中，笔者就曾遇到过涉及案件管辖的问题，在立案庭收案并将案件转至审判庭后，承办人因专心忙于手头上繁杂的案件审理工作，忽视了对案件管辖的审查问题，结果差点让当事人规避了案件的地域管辖规定。

2. 审判庭在案件审理过程中，应注意收集与当事人有关的信息，以便于执行庭快速掌握当事人的基本情况，有效提高执行效率

当事人信息的掌握是案件审理过程中审判法官必须完成的最基本的审查任务。只有彻底了解当事人的详细信息情况，才能顺利完成法院的文书送达、开庭、调查案件事实、宣判等审判工作。在恶意诉讼中，行为当事人一般不愿意过多告知自己的详细身份信息，并尽量避免暴露真实信息，比如居住情况、财产状况等，甚至有当事人故意告知虚假的信息。这就要求承办法官应注意收集此类信息，并明确告知拒不提供相关信息的法律后果，防止审判后出现无法联系、无法查找的情况。在恶意诉讼中，很多时候有关行为人采取不当手段故意逃避法律制裁或法院执行，造成当事人获得胜诉的法律文书但却不能得到实体权利实现的后果，因此，审判庭应注意收集与当事人有关的信息，这样不仅可提高审判效率，还可有效促成执行庭快速执结案件。

（六）加大对恶意诉讼当事人的经济制裁力度，健全惩戒机制

对违法行为的后果应以法律制裁的手段达到惩戒不法当事人的目的。恶意诉讼当事人的行为，应受法律的否定性评价。最有效的手段，一是经济上的制裁，二是刑罚上的处罚。首先，在经济制裁上限

制、剥夺恶意诉讼行为当事人的财产或财产性利益是最基本、最常用的方法。关于经济制裁的手段，从世界各国的规定看，一般有罚款、赔偿损失等规定。我国对于恶意诉讼的经济制裁也应考虑行为人的情节轻重、被害方的损失价值、本地区的经济状况等因素，在罚款、赔偿损失的范围内，确定一定比例的罚款额度及损失赔偿额的计算标准，且该种经济制裁应成为打击恶意诉讼案件的主要手段。在明确经济制裁的基础上，应确立有权实施制裁的主体是人民法院。法院在案件审理过程中，认为存在恶意诉讼行为，可直接实施制裁措施，制作处罚决定书，当事人如有异议，可申请复议一次。其次，确立刑罚的罪名及量刑幅度，将一部分情节严重，后果严重的恶意诉讼案件纳入刑罚治理范围。对此前文已有提及，在此不再赘述。与拒不履行法院判决、裁定罪相似，对恶意诉讼案件构成犯罪的，可由人民法院移送公安机关查办，公安机关对法院移送的案件必须进行侦查，并移交检察院提起公诉。惩戒机制的建立可明确各机构的职能作用，各机构应分工负责，密切配合。

（七）加大对恶意诉讼案件的宣传及社会舆论监督力度

当今网络已是信息提供的最大平台，通过网络的传递，相关信息会迅速被世人所了解。我们应充分利用社会及舆论监督的有利一面，将恶意诉讼案件公之于众，以便接受全社会的监督。舆论导向对案件本身会形成一定社会面的价值评价。网络媒体是现阶段宣传恶意诉讼必不可少的手段。首先，应加大对恶意诉讼案件的宣传力度。恶意诉讼案件属于新生事物，尚不被多数人所认识和了解，其危害性也仅存在于一定的领域。只有案件当事人或受其所害的人，才能深刻体会其防范的必要性。因此，加强宣传是让众多人了解它的最有效途径。其次，通过媒体介绍的方式定期公布恶意诉讼当事人的不当行为及处罚后果。将此类型案件公示于众，让人们清楚地认识到，恶意诉讼行为人的违法行为应受到谴责，以及实施恶意诉讼行为所应当承担的法律后果，这将会起到预防和打击的双重效果。

四、结语

法制的发展，人民维权意识的增强，是防止恶意诉讼发生及发展的有力保障。既然恶意诉讼有阻碍法治发展的消极作用，就应以法制法，积极施以措施，以防患于未然。本文正是基于此目标，并结合笔者的切身体会，吸取已有的理论成果，借鉴国外的先进作法，提出了一些创新性的建议。这些建议不尽成熟，有些方面尚有进一步深化研讨的必要，比如创新性不足，法律防范措施的论述仍不够细化等问题，均有待于今后进一步完善。

参考文献

[1] 梁慧星．民法解释学［M］．北京：中国政法大学出版社，2000.
[2] 汤维建．论民事诉讼中的诚信原则［J］．法学家，2003(3)：25.
[3] 陈光中，李浩．诉讼法理论与实践（2002 年民事行政诉讼法卷）［M］．北京：中国政法大学出版社，2003.
[4] 张卫平．民事诉讼法［M］．北京：法律出版社，2004.
[5] 王利明．中国民法典草案建议稿及说明［M］．北京：中国法制出版社，2004.
[6] 王泽鉴．侵权行为［M］．北京：北京大学出版社，2009.
[7] 谭兵，李浩．民事诉讼法学［M］．北京：法律出版社，2009.
[8] 杨立新．侵权责任法［M］．北京：法律出版社，2011.
[9] 王利明，周友军．侵权责任法专题讲座［M］．北京：人民法院出版社，2011.

论法院附设替代性纠纷解决机制的特征及分类

辛国清
（东北财经大学法学院 116025）

摘 要 法院附设替代性纠纷解决机制，作为一种附设在法院的诉讼外纠纷解决程序，具有司法性、合意性、简易灵活性、附属性等多样特征。同时，根据不同的标准亦可将法院附设替代性纠纷解决机制分成不同种类，研究其特征及分类可使我们获得全面而清晰的认识。

关键词 法院附设替代性纠纷解决机制 特征 分类

一、法院附设替代性纠纷解决机制的特征

法院附设替代性纠纷解决程序是附设在法院的一种替代性纠纷解决程序，作为一种诉讼外纠纷解决程序，不可避免地要具有 ADR 程序的本质特征，同时因之发生于法院的系属之内，与诉讼程序紧密相联，其又有别于其他的 ADR 形式而具有一定的司法性，应该说此程序特征糅合了 ADR 的本质特征与相当的司法特征，具体特征阐述如下：

（一）从纠纷解决的主体上看，法院附设替代性纠纷解决机制是由法院提供的一种诉讼外纠纷解决方式

与其他 ADR 形式的主持机构不同，此程序内设于法院，是由法

院提供的非诉讼程序，而且与诉讼程序关系紧密，因此法院附设替代性纠纷解决机制兼具一定的司法性。作为法院案件管理运动极力推荐的一种纠纷解决形式，法院附设替代性纠纷解决机制是在法院的背景下展开，程序的启动、展开及最后的结论都与法院存在着内在的关联：法院向当事人介绍 ADR 程序并推荐其使用，美国法院有案件甄选会议，为纠纷选配合适的解决方式，日本法院认为恰当时甚至可以依职权将案件交付调停；程序展开过程中，由法院提供中立者主持此程序的展开（当然也可能是法院推荐社会中立者主持程序或由当事人自主选择），日本的民事调停更是由法官与调停委员组成调停委员会来主持调停程序，诉讼上的和解是由法官来主持和解程序；当事人达成的纠纷解决的合意可由法院予以确认并赋予正式的法律效力；等等。同时，ADR 程序也常常作为诉讼程序的前置程序，如当事人对案件结果不满意、不认同则可申请要求正式审判，由此可进入正式的诉讼程序。美国的“法院附设调解”、“法院附设仲裁”、简易陪审团审理和早期中立评估等法院附设替代性纠纷解决机制，与日本的民事调停程序等一样，均是诉讼程序的前置程序，在此程序用尽而没有形成解决纠纷的合意的情况下则会开启正式的诉讼程序，以形成判决的方式解决纠纷。

法院附设替代性纠纷解决机制作为距离诉讼程序最近的 ADR 程序，也不可避免地比其他 ADR 形式更具规范性和法律性。法院附设替代性纠纷解决机制已有相当的法律化倾向，程序的设置与运作均以诉讼程序的理论作为参照，当事人的出席和听审的程序权利、公平的参与原则、中立者的资质要求、程序运作的规范化倾向等都与诉讼程序如出一辙，而且形成了一系列的制度化规定。例如，美国的《ADR 法案》、日本的《民事调停法》和《家事调停法》等，本是自由随意的程序，也开始出现程式化和规范化，而且争议多数情况下也是在法律的阴影下得到解决。法院附设替代性纠纷解决机制强调程序的规范化，其目的是：既能充分发挥 ADR 功能和优势，又不致造成对司法乃至法治的破坏和威胁；既能最大限度地减轻法院压力，又不至于失去司法的权威；既能有效地促进当事人通过自治和自律达成和解，又不致造成某些当事人对 ADR 程序的滥用。[①]

（二）从纠纷解决的过程看，法院附设替代性纠纷解决机制的合意性特征突出，同时也存在着一定的内在强制性

在以“对抗·判定”为特征的诉讼程序中，虽然当事人被赋予了相当的程序选择权及处分权，但是在程序的最终是以中立的法官作出权威的、不容置疑的判决作为终结的，程序的决定性及强制性色彩相当浓烈。判定不仅表现在“判定者”经一方当事者请求就可以强制性地介入和能够以裁决强行地终结纠纷，也体现在纠纷处理过程中其特殊的位置和功能上。在高度专门化、制度化的审判程序中，判定者基本上只是一个消极的位置，判定者一般也不形成自己的解决方案，而只是在双方提出的方案中做最后的选择。与诉讼程序的对抗与判定的特征相比，法院附设替代性纠纷解决程序中充斥着合意的信息。以法院附设调解为例，一般情况下调解程序是在双方当事人合意的前提下启动的，一方当事人不能强制另一方当事人进入此程序。在程序展开的进程中，当事人有更多的自主控制、自我管理及程序的自主推进等权利，当事人间对话合意的本质尽显。主持纠纷的中立者一般情况下是在双方当事人同意的前提下介入纠纷的，而且作为当事人之间对话交流的媒介在引导和促进着程序的推进。调解者处理纠纷的功能可分为三个方面：在当事者之间搭桥以方便其对话；对各方当事人的主张进行判断，作出并提示解决方案；为达成合意而动员自身直接或间接掌握的资源，使当事人接受解决方案。[②] 中立者在当事人间牵线搭桥，疏通对话渠道，为双方提示信息，对当事人的主张形成自己的判断并以各种手段引导、说服当事人形成解决纠纷的合意，并最终促成合意的达成。当事人与中立者之间更多的是积极主动地展开沟通、交流与互动，诉讼程序中被动消极的中立者在

---

① 范愉．非诉讼纠纷解决机制研究［M］．北京：中国人民大学出版社，2000：420.

② 棚濑孝雄．纠纷的解决与审判制度［M］．王亚新，译．北京：中国政法大学出版社，1994：85-98. 作者将调解者的功能分别称为“中介”、“判断”和“强制”。

法院附设替代性纠纷解决程序中早已消失得无影无踪。在程序的最终，中立者提示的解决方案须以当事人的同意才能最终生效，如果欠缺当事人的认可，则程序会以失败告终，进入正式的庭审程序或恢复之前的诉讼程序。

在法院附设替代性纠纷解决程序中，与其他 ADR 形式相比，也存在着内在的强制因素。日本的民事调停程序的启动过程中，存在着交付调停的现象，即在诉讼审理过程中，如果受理诉讼的法院认为适当时，可以依职权将案件交付调停（日本《民事调停法》第二十条第一项），由此开启调停程序。在程序的最终，也存在着代替调停的决定，即法院在调停无法成立的情况下认为，恰当时可以依据职权在不违反双方当事人提出申请的宗旨的限度内，对案件的解决作出必要的决定（日本《民事调停法》第十七条）。在美国的法院附设 ADR 项目中也存在着强制参与的情形，在某些农业信用调解以及医疗过失案件的甄选小组会议中，强制参与有时候被规定为提起诉讼的前提条件。在某些情况下，某些类型的诉讼案件被整体输送至强制性的程序中（如某些家庭关系调解项目以及附属于法院的、无拘束力的仲裁项目）：所有存在争议的监护案件必须进行调解，除了明文规定的例外情形，所有讼争金额在 15 万美元以下的诉讼必须进行附属于法院的仲裁。而在另一些情况下，法院被授权选择案件进行强制转介或在一方当事人提出请求的时候要求另一方也参加……。[①] 英国的诉前议定书制度规定，通过诉前的文书交换和协商，使当事人通过早期的信息交流尽早实现合作，达成和解。而且通过引起一种对于诉前合作的期待，以司法权力对于不遵守相关议定书的诉讼当事人施加制裁为后盾，[②] 促进案件的准备工作。德国于 1998 年 7 月颁布的《简化民事诉讼程序法案》授权德国各州对于小额纠纷、邻里间的财产纠纷以及私人侮辱诽谤案件引入强制性调解程序（法院附设仲裁，修订后

---

① 戈尔德堡，等．纠纷解决：谈判、调解和其他机制［M］．蔡彦敏，等，译．北京：中国政法大学出版社，2005：396.

② 朱克曼．危机中的民事司法：民事诉讼程序的比较视角［M］．傅郁林，等，译．北京：中国政法大学出版社，2005：157.

的《民事诉讼法施行法》EGZPO 第十五条 a 项）。西班牙《1881 年法案》专门规定了法院调解制度，即在起诉前潜在的原告可以向法官申请传唤对方当事人，以促成调解从而避免诉讼，直至 1984 年改革之前，这一审前调解一直是强制性的，当事人不经调解程序就不能提起民事诉讼。当然上述的强制只是对于当事人参与的强制，强制当事人进入程序，而最终解决方案的作出并未强制当事人接受，仍强调合意形成解决方案，这样也更易于让方案得到彻底执行，而且当事人依然享有达不成合意就进入诉讼程序的权利。

（三）从程序的运作上看，法院附设替代性纠纷解决机制简易灵活的特征明显

与其他 ADR 形式一样，法院附设替代性纠纷解决机制充满了自由灵活的成分，与诉讼程序秉承严格的规范性、僵硬呆板地执行程序规则形成鲜明对照。在传统的诉讼程序中，基于正当程序及公正、正义等理念，一系列的程序规则是需要严格遵循的，如公开原则、直接原则、言词原则、辩论原则及要求公平程序的请求权等，而且对诉讼的地点、时间等均有详细而严密的法律规定，当事人自主选择的可能性受到限制。在法院附设替代性纠纷解决程序中，当事人可以灵活地选择是否适用 ADR 程序以及选择何种 ADR 程序，当事人可以自由选择居中调停人或裁断人，对于程序的起始、终结时间及程序的延续时间当事人均可灵活决定，而且在程序的运作过程中，诉讼领域内的程序规则并未得到严格遵循，而是可以灵活适用相应的规则。因为程序并不公开，所以有关隐私及经营、技术秘密的纠纷也能够通过非公开的程序得到解决。① 在纠纷处理的方式上，开庭的时间与地点可以由当事人根据客观实际情况以方便当事人的原则来确定，在开庭的方式，举证、质证的方式及辩论的方式上当事人均有灵活选择的空间，而不受法律的强制性规定。例如，在当事人之间感情上强烈对立的案

---

① 小岛武司，伊藤真．诉讼外纠纷解决法［M］．丁婕，译．北京：中国政法大学出版社，2005：9.

件中，可以不通过双方同时出席的方式，而是用轮流见面的方法来推动程序的进行。[①] 程序在适用规范时也与诉讼程序有着明显的区别。司法程序的普遍特征是所有判决均基于规范，“诉讼外”对冲突的解决则可以基于所谓“平等”或“有益”之类的考虑，或仅仅基于便利的考虑，或基于自由裁断。当事人可自由选择法律规范或者是双方均接受的习俗、惯例或其他参考依据，当事人可以在广阔的法外空间寻求合意的可能并进而解决纠纷，维系关系。

（四）从程序的地位上看，法院附设替代性纠纷解决机制具有替代和附属的特征

法院附设替代性纠纷解决程序与诉讼程序有着不同的运作机理，各自有着不同的适用范围，彼此互不从属。虽有学者将其称为“适合的纠纷解决”，但法院附设替代性纠纷解决机制的替代诉讼程序的特征已不容置疑。现代意义上的法院附设替代性纠纷解决机制是在特定的历史背景下产生的，是在司法改革的浪潮中为应对法院繁重的案件负担而出现的力求替代诉讼的纠纷解决方式，是作为诉讼程序缺陷的弥补及修正程序出现的，是与诉讼程序截然不同的另外一种纠纷解决的程序，是将已进入法院的特定案件舍诉讼程序而求其替代的解决方式。法院附设替代性纠纷解决机制使法院提供的程序具有了多样化的色彩，而不再是以前的只要案件进了法院就一成不变地呆板地沿着既定的诉讼程序费时费力的进行，直至最后作出一个冷冰冰的、不容置疑的裁决。法院附设替代性纠纷解决机制为进入法院的当事人提供了一个多元化的选择，“事实上，即使在一个很正式的法律制度中，例如盎格鲁—美国的对抗制中，仍会存在并且实际存在可以容纳那些较不正式的平息纠纷的方法的空间，而且事实上需要存在那些较不正式的平息纠纷的方法。”[②] 当事人可以在诉讼与替代方式之间进行恰

---

① 小岛武司，伊藤真．诉讼外纠纷解决法［M］．丁婕，译．北京：中国政法大学出版社，2005：9.

② 史蒂文，玛格瑞特．美国民事诉讼的真谛［M］．蔡彦敏，徐卉，译．北京：法律出版社，2002：205.

当的选择，由此当事人可以在诉讼程序之外发现另外一片天空，而且也许更适合于既已出现的纠纷。

当然，在当前的诉讼制度及司法背景下，诉讼程序是理论基础深厚并经历史和实践验证的解决纠纷的主流正当程序，其基础性和核心地位不容动摇。正如有学者指出，民事诉讼程序是一种“真正的诉讼组织技术”，它在确保人们自由、平等、博爱地“诉诸司法”的同时，也提供了对我们基本权利的最佳保护。① “美国的行为主义者，或许是天真地但肯定是乐观地，将联邦法院看做是个人权利的最终保护者，并且，在适当的情形下，是社会变迁的裁决者。”② 诉讼程序的内在价值及重要意义已是社会各界的共识，我们很难想象现代社会如果没有诉讼程序，社会将如何运转。在解决社会冲突的诸种手段中，诉讼是一种最为常规、最为规范、形式效力最为明显的手段，而且，诉讼审判手段的存在，现实地提高了其他冲突解决手段的适用机率和适用效果，没有诉讼审判，其他手段将会是苍白和乏力的。③ 然而，诉讼程序的重要地位并不排除其他纠纷解决方式的存在，而且是普遍的存在，法院附设替代性纠纷解决机制就是其中一例。法院附设替代性纠纷解决机制虽有着诉讼程序所不具有的解决纠纷的众多优势，但其地位仍只是作为诉讼程序的附属，不能撼动诉讼程序纠纷解决的中心地位，更不能完全取而代之。法院附设替代性纠纷解决机制作为一种合意解决纠纷的方式，如果没有国家公权力作为强制性的保障，甚至不能得到有效的执行。在法院附设替代性纠纷解决程序中，如果当事人之间就纠纷解决的合意没有达成，诉讼程序仍旧是当事人的最终选择，当事人可以启动诉讼程序以求得国家公权力的裁决。因此，致力于分流集中于法院纠纷的 ADR 的价值取向与不少意在提高诉讼效率的改革措施目标一致，都是在承认既有审判制度作为解决纠

---

① 让·文森，塞尔日·金沙尔．法国民事诉讼法要义［M］．罗结珍，译．北京：中国法制出版社，2001：3.

② 史蒂文，玛格瑞特．美国民事诉讼的真谛［M］．蔡彦敏，徐卉，译．北京：法律出版社，2002：44.

③ 顾培东．社会冲突与诉讼机制［M］．北京：法律出版社，2004：39-42.

纷最高或最重要方式的前提下对其进行“补台”。[①]

二、法院附设替代性纠纷解决机制的分类

对法院附设替代性纠纷解决机制来说，按照不同的分类标准可以得出不同的类别。从内涵的界定上来看，法院附设替代性纠纷解决机制有广义与狭义之分：狭义上的法院附设替代性纠纷解决机制包括法院附设调解、法院附设仲裁、简易陪审团审理和早期中立评估及日本的民事调停等程序；广义的法院附设替代性纠纷解决机制还包括诉讼和解程序。

关于诉讼和解的定义，学者们的界定基本一致。日本学者认为，通常意义上的诉讼上和解是指在诉讼系属中，当事人双方于诉讼的期日，在法官的参与下经协商和让步而达成的以终结诉讼为目的的合意。[②] 我国有学者认为，诉讼和解是指民事诉讼当事人在诉讼过程中自主协商，达成协议，解决纠纷，终结诉讼的行为。[③] 一般来讲，诉讼和解是指在诉讼程序运行中，由当事人私下和解或在法官的主持与斡旋下实现当事人间的和解，进而实现纠纷的合意解决。关于诉讼和解的性质，学界一直以来争议颇多，日本、德国学界较成形的有四种观点：私法行为说、诉讼行为说、两行为并存说、一行为两性质说。[④] 两国的通说认为，诉讼上和解兼具私法行为与诉讼行为两个方面的性质。[⑤] 不过也有学者认为关于诉讼上和解性质的种种学说是一种无谓的论争，即仅仅是一种“旨在进行理论上说明”的技巧性

① 王亚新．社会变革中的民事诉讼［M］．北京：中国法制出版社，2001：207.

② 熊跃敏．诉讼上和解的比较研究［J］．比较法研究，2003（2）：12.

③ 章武生，吴泽勇．论诉讼和解［J］．法学研究，1998（2）：12.

④ 兼子一，竹下守夫．民事诉讼法［M］．白绿铉，译．北京：法律出版社，1995：141.

⑤ 穆泽拉克．德国民事诉讼法基础教程［M］．周翠，译．北京：中国政法大学出版社，2005：173. 奥特玛，尧厄尼希．民事诉讼法［M］．周翠，译．北京：法律出版社，2003：252.

论争。[①]

而随着 ADR 程序的出现和广泛运用，学者们也多从诉讼和解程序的运作过程即合意解决纠纷的程序特征来界定其本质特征，认为诉讼上和解是广义上的法院附设替代性纠纷解决程序。日本学者伊藤真认为，审判上的和解是作为民事诉讼程序的一个环节来进行的，这一点使其很难与诉讼外纠纷解决方式相联系，但从不通过审判或判决来处理纠纷这一点来看，可以将其作为诉讼外纠纷解决方式的一种类型。[②] 日本学者加藤新太郎指出，诉讼上和解在根源于民事纠纷、当事人之间合意基础上的纠纷解决方式这个方面，与审判外各种合意型的纠纷解决方式有着共同的基础，诉讼上和解在广义上也可以说是 ADR，而且，劝说的方法、谈判的技术等左右和解成功与否的因素也是合意型纠纷解决方式，因此也理所当然地属于 ADR。[③] 学者埃哈德·布兰肯伯格亦认为，大陆法程序可行的替代程序是庭内和解，从这个层面来理解，避免诉讼不仅是在庭外处理纠纷，也包括在司法程序中可以选择一个较早的出口。[④] 由于诉讼中和解是在法院的诉讼程序中进行的，从这一角度出发，我们也可以将其理解为一种通过法院进行的、"另类"的民事纠纷解决方法。[⑤]

根据中立者在程序运作的过程中所起的作用，法院附设替代性纠纷解决机制可分为合意型法院附设替代性纠纷解决机制、裁断型法院附设替代性纠纷解决机制和顾问式法院附设替代性纠纷解决机制。合意型法院附设替代性纠纷解决机制的典型形式是法院附设调解；裁断型法院附设替代性纠纷解决机制的典型形式是法院附设仲裁；顾问式法院附设替代性纠纷解决机制包括早期中立评估（Early Neutral

---

① 高桥宏志．民事诉讼法——制度与理论的深层分析［M］．林剑锋，译．北京：法律出版社，2003：630-632.

② 小岛武司，伊藤真．诉讼外纠纷解决法［M］．丁婕，译．北京：中国政法大学出版社，2005：10.

③ 小岛武司，伊藤真．诉讼外纠纷解决法［M］．丁婕，译．北京：中国政法大学出版社，2005：40.

④ 奈尔肯．比较法律文化论［M］．高鸿钧，等，译．北京：清华大学出版社，2003：72.

⑤ 谭兵．外国民事诉讼制度研究［M］．北京：法律出版社，2003：286.

Evaluation）、简易陪审团审理（Summary Jury Trials）和混合型程序（Hybrids，如法院附设调解-仲裁）等。

根据程序启动的条件，法院附设替代性纠纷解决机制可分为合意性法院附设替代性纠纷解决机制与强制性法院附设替代性纠纷解决机制。合意性法院附设替代性纠纷解决机制是指，程序的启动是以双方当事人的合意为前提的，一般情况下不能以一方当事人的申请而启动程序。强制性法院附设替代性纠纷解决机制是指，法院依职权将纠纷转入ADR程序，程序的启动不容当事人选择。需要强调的一点是，此处所说的强制只是参与的强制，最终合意的达成与纠纷的解决仍有赖于当事人的同意。

根据起源和发展，法院附设替代性纠纷解决机制可分为传统型法院附设替代性纠纷解决机制和现代型法院附设替代性纠纷解决机制。传统型法院附设替代性纠纷解决机制是指其自传统发展而来，包括日本的民事调停和家事调停，各国的诉讼和解等。现代型法院附设替代性纠纷解决机制则是指，在20世纪60—70年代自美国起源的，为应对诉讼程序的缺陷和不足以及法院日益繁重的案件压力而出现的法院附设仲裁、法院附设调解等多种形式的法院附设替代性纠纷解决机制。

事实上，不同的分类标准就会形成不同的分类，不同的分类间也常常互有交叉与重合之处，而多种分类的目的则是从多元化的视角对法院附设替代性纠纷解决机制进行广泛而深入的考察，力求获得客观、全面的分析和认识。

以就业需求为导向的财经高校法学本科实践教学方法创新研究*

王　松

（东北财经大学法学院　116025）

摘　要　实践教学方法是财经高校法学专业本科教学的一项重要内容，有利于学生实践能力的培养提高。本文通过对所属财经高校在司法机关开展实务训练的实践教学方法、组织和演练模拟法庭审判的实践教学方法，以及参与实施法律援助的诊所式实践教学方法的研究，阐述了这三种实践教学方法的优点和特点，并对其在实际运行中出现的问题进行了剖析，最终以就业需求为导向，提出了一些完善建议和措施。

关键词　就业需求　财经高校　法学本科　实践教学

随着我国社会主义法治进程的不断加快，全社会在对高质量、实用型法律人才需求量不断增加的同时，对高等院校法学专业本科生能力素质培养的要求也越来越高。法学是一门实践性很强的专业，法律实践应当是有生命的，而法学实践水平的高低往往取决于法律职业工作者在人文情怀、职业伦理等方面的综合素养。然而，目前许多高等院校的法学教学还是讲演式的教学方式，由教师来主宰整个教学过程，学生处于比较被动的状态，容易丧失主体意识，主动获取法学知

* 基金项目：2012 年度辽宁省高等教育本科教学改革研究项目“以就业需求为导向的财经高校法学本科实践教学方法创新研究与应用”；辽宁省教育厅 2010 年度高等学校科研一般项目“法学专业学生实践能力培养模式研究”（W2010141）；东北财经大学 2012 年度教学研究项目“财经高校法学本科生就业状况调查与教学改革对策研究—以法学院为例”。

识的意愿也大大降低。因此，高等院校应当转变法律本科教育的传统教学观念，将人才培养目标从知识型人才向素质型人才转变，积极有效地创新实践教学方式，让学生有机会充分了解自己的真实水平，使其有目标地、积极主动地开发自己的潜能，最终提高自己的创新能力和实践能力。

法学本科实践教学方法对于提高财经高校法学本科的教学质量、增强学生的整体素质、锻炼学生的实践操作能力、提高法学专业本科生的就业率，具有非常重要的意义和推广应用价值。但是，目前也存在着对法学专业实践教学的轻视、实践教学的地位在我国法学专业教育中尚未确立、实践教学尚未系统化、法学实践教学整体处于研究阶段等一些需要解决的问题，缺乏以就业需求为导向、对财经高校法学本科实践教学方法的创新研究与应用，因此，笔者拟结合所在财经高校近几年在法学实践教学方法方面的经验，针对上述问题尝试着提出一些创新措施。

一、在司法机关开展实务技能训练的创新与应用

（一）该种实践教学方法的实际开展情况

自新中国成立后，国内法学教育就一直非常重视法学专业学生的专业实习，也就是目前在司法机关开展的实务技能训练。改革开放以后，随着我国法学教育的蓬勃发展，实务技能训练也得到了空前的重视。司法实务技能训练也称校外专业实习，主要是就是由学校负责联系法院、检察院、司法局、律师事务所、公证处等部门，定期派遣或由学生自由选择前往这些单位亲身参与法律实践；并且，由实习单位对学生的表现作出考评和鉴定，并将其作为该学生考试成绩的一种实践教学方法。该种实践教学的基本途径，实际上就是让学生以临时法律工作者身份参加到法律实践当中。

以笔者所在的高校为例，为了强化实践教学，使象牙塔中的法学教育面向实际，培养学生实践能力，笔者所在高校法学院在本市和本

省内许多法院、检察院、司法局、律师事务所、法律援助机构等部门、单位建立了多个实习基地，鼓励学生积极参与上述实习基地的实务技能训练；并且，还与实习基地合作，采用了“请进来”和“走出去”的方法，强化法学实践活动的教学效果，充分发挥实习基地对学生了解社会、贴近现实、锻炼能力、提高意识的作用。这些教学实习基地为法学本科生提供了相应的实习岗位，使其得以开展实务技能训练，并为学生随时旁听法庭庭审提供了方便；同时，也为法学院教师授课提供了大量鲜活的教学案例。法学实习基地的建立，为创新法律人才的培养模式，促使司法部门与法学教学单位的学术交流日常化，提升司法审判工作的学术含量等发挥了积极作用。例如，笔者所在高校的法学院与本区人民法院签署了共建实习基地合作协议，双方共同设立了社会弱者法律援助中心、疑难案件研究小组、“导诉台”服务站，定期举办疑难案件研讨会，通过以上几个方面多层次、多角度的合作，促进了法学教育、学术研究、司法实践的全面提高。

（二）该种实践教学方法的问题与完善

近几年来，财经高校在实务技能训练方面遇到了很多问题：一是出现经费困难，造假现象增加。由于学生的交通费、食宿费等各种费用没有长期、可靠的来源，很多高校已经逐渐放弃了传统的由学校组织学生集体进行寒暑假实习的做法，大多采取学生自己寻找实习单位、自己安排实习时间、自觉进行实习的方式。这种过于“自由”的校外实习方式，往往会产生“做表面文章”和“走过场”的不良现象。例如，有的学生根本就没有去实习，但是其通过关系找到有关单位，随便写了几句诸如“表现良好”、“收获颇丰”的鉴定结论，再盖上单位公章敷衍了事；还有的学生在时间上造假，明明是只去了几天，却让实习单位写去了几个月。这种弄虚作假的状况是目前各高校实行校外实习面临的最大问题。二是实习的效果并不理想。首先，由于大部分学生是选择公检法等部门和律师事务所作为实习场所，虽然接触到了一些与法律实务有关的事务性工作，但是一般不能真正接触实际的办案工作，学生通过实习所获得的一般都是较为肤浅的感性认识，真正的实务技能训练效果并不明显。其次，由于采取“放羊式”的实习方式，加之现在公检法等司法机关的工作非常繁忙，实习单位的指导教师根本没有精力和时间，也缺乏积极性去指导学生从事实习活动。最后，大多数学生怕吃苦受累，缺乏耐心和责任心，进入状态较慢，往往需要经历一个较长的过程才能适应实习单位指导教师所安排的工作任务。有些实习单位认为本科实习生根本帮不上什么忙，反而会给他们的工作增添许多麻烦，以致不愿再接收实习生。

综上所述，笔者认为，要扭转财经高校的法学本科生进行实务技能训练的实践教学流于形式的状况，必须从法律工作实务的角度出发，培养学生实践能力，必须让学生获得实习单位指导教师的亲自指导，使学生亲身参与到法律实践过程中去。首先，要多方面筹措资金来解决经费问题，保证有足够的费用可供学生在实习期间使用，使其没有后顾之忧。其次，在对实习成绩的考评机制方面，学校应当及时、密切地同各个实习单位进行沟通和联系，从而保证学生实习的真实性和鉴定结果的准确性。再次，高校应着力培养学生的法律实践能力，应教会学生用法律职业者的思维去分析、解决遇到的实际问题。而负责指导学生进行实务训练的司法部门，应当积极有效地提供更多的实习机会，让法学学生能够真正地参与到司法实践中去。另外，在实习基地的选择和协调方面，财经高校法学院应当主动联系或提供与经济有关的各行业，如银行、证券公司、保险公司、担保公司、外资企业等，多为学生提供一些接近、了解现实中涉及经济法律业务的机会。由于财经高校法学本科生相比于其他一般法学高等院校的法学本科生在专业知识方面拥有更多的竞争优势，因此，应当以就业需求为导向，着重突出体现财经高校在经济管理、金融贸易等法律专业人才方面的培养特色。

二、组织和演练模拟法庭审判的创新与应用

（一）该种实践教学方法的实际运行情况

自20世纪80年代以来，许多高校的法学专业为提高教学质量和

教学效果，在增强法学专业本科生的实践能力方面进行了大量探索，其中，以建立和组织模拟法庭、开展司法辩论和审判演练的实践教学方法尤为盛行。单纯依靠教师在学校课堂上讲授法学专业知识，只能让学生从感性上了解我国的司法运行程序，还不足以提高他们的实践能力；而在现实生活中，法学专业本科生又不可能整天去与司法实务部门打交道。于是，很多高校在实践中摸索出在校内建立类似人民法院中的审判法庭的做法，使学生在学校内就有机会接受类似开庭、审理的能力训练。有些高校还与有关法院建立了良好的合作关系，定期向其收集一些真实的案例，供学生模拟审判。不少高校还拿出大量的资金在校园内建设模拟法庭等硬件设施，为这种实践教学方法的顺利进行提供了物质条件。

组织模拟法庭辩论和审判，实际上就是通过模拟现实中人民法院法庭的真实场景，增强学生法律的运用能力，从而来提高其法律职业技能。该实践教学方式的基本途径是让学生以类似于司法工作者的身份参加模拟的司法工作。此种实践教学方法的基本做法就是：先由教师给学生选定比较复杂、典型的案例，并由学生模拟正规的诉讼模式组成合议庭、原被告及其委托代理人等，按照有关法律的规定开展诉讼活动（包括庭审前的各项诉讼准备活动与庭审活动）；然后，在庭审结束之后，组织学生对整个诉讼活动中存在的问题进行讨论分析；最后，再由教师进行现场点评。该种教学方法的最大特点是：由学生自主地分析案情，并独立模拟进行审判活动与诉讼活动，有助于培养学生独立发现问题、分析问题、解决问题的能力，实践证明确实具有一定的教学效果。

（二）该种实践教学方法的问题与完善

在从事组织法学专业本科生演练模拟法庭审判的多年实践教学中，笔者发现，许多高校的模拟法庭带有表演性质。这是因为，模拟法庭往往都要公开进行，允许学校的全体师生旁听，在其开始之前，教师和学生为了保证模拟法庭的顺利进行，往往事先进行了预演。也就是说，法庭上的法官、检察官、律师、原被告当事人、其他诉讼参与人等各种角色在开庭之前就已经确定完毕，而且各方在模拟法庭上的各种言论、动作乃至情感表达等都是事先经过多次演练而成的。在模拟法庭正式开庭后，大多数学生不过是将事先排练的成果再以表演的方式展现出来。有的高校法学院还专门成立了“模拟法庭训练营”，分期培训学生们书写起诉状、当庭辩论等技能，还邀请了国内外知名的模拟法庭专业教练对训练营的营员们进行系统和专业的训练。这样一来，这种极具表演性质的模拟法庭表面上看起来非常精彩，实际上却效果不佳，学生得到的最大收获无非就是对审判程序的了解和熟悉。

针对以上上述不足，笔者认为，未来的模拟法庭应当由表演型向实战型转变，不应过分地注重形式而忽略内容。模拟法庭不应进行预演，因为过分注重预演会使模拟法庭开庭审判更像是一场舞台剧或者话剧，而非现实生活，不利于学生实践能力的真正锻炼和提高。所以，笔者主张在模拟法庭开庭之前，仅应先确定该次庭审将要解决的争议案件内容和各方诉讼参加人的名单，而其他的如陈述意见、辩护意见，以及法官对诉讼过程的主持、最终判决结果等都应当处于未知状态。其次，在选择案例时，应当选择未作出判决或者是争议比较大的案例。参加者在开庭之前可以寻求老师、同学或真正司法人员的具体指导，认真地分析案件案情，自主全面地搜集材料，充分准备己方的论点论据，并应全面考虑对方可能提出的论点论据，设身处地的考虑自己的角色，全力以赴地争取最佳结果。在模拟法庭实战中，参加的学生要清晰有力地表达自己的观点，要根据在整个法庭审判诉讼过程可能出现的新情况作出及时、恰当的反应。只有这样，才能有效地提高学生的实践能力，提高学生对法律知识和基本理论的理解能力，提高他们运用法律法规的能力。最后，由教师对此次模拟法庭判决作出评述，并对各位同学的表现作出合理评价，帮助学生发现和弥补自身的不足。

三、参与实施法律援助的诊所式实践教学方法的创新与应用

（一）该种实践教学方法的实际运行情况

诊所式实践教学方法，是在20世纪60年代在美国兴起的一种新的法学教育方法。该方法的特点在于仿效医学院利用诊所来培养实习医生的形式，通过“诊所大夫”——教师指导学生参与法律实际运用，从而使得学生接触到真实的当事人和案件，提高法学专业学生运用法律知识处理社会纠纷的实践能力。由于诊所式实践教学所采用的案例是来源于现实生活，学生可亲自参与案件的全部过程和细节，因而可以达到训练学生解决问题的方法和技巧的目的。自2000年开始，在福特基金会的资助下，我国已有几十所高校开始陆续试点，采用此种实践教学模式。在现实生活中，诊所式实践教学还往往与法律援助形式相结合，通过在高校内建立法律援助工作站的形式，由法学专业学生在该法律援助站中从事一些具体工作，在教师的指导下开展诊所式实践教学，诸如为当事人提供法律咨询、代理起诉出庭等各种法律援助活动。

笔者所在法学院以本科生为主体的法律援助诊所式实践教学方法也逐渐得到了所在学校和有关司法部门的大力支持。早在2009年，笔者所在高校和当地的司法局共建的法律援助中心工作站就已正式成立，成为本省首个在高校成立的法律援助工作站，聘请了十几位具有多年律师和仲裁实际工作经验的本校法学教师作为高校法律援助工作站的指导教师，亲自指导学生开展法律诊所实践教学。每学期平均受理30余件案件，主要集中在劳动争议、农民工维权、医疗纠纷、交通肇事、民事侵权案件方面。学生们在教师的指导下直接接触当事人和具体案件，为来访者提供法律建议，不仅能够为当事人排忧解难，而且还锻炼了学生法学理论知识的实际运用能力，增强了其职业精神和社会责任感。另外，在原有现场咨询和电话咨询基础上，由工作站

学生们建立的法律援助中心网站在2010年也正式开通，开辟了全新的咨询方式——网络在线咨询，不仅丰富了法律咨询的模式，拓宽了服务社会的渠道，也标志着财经高校为社会提供的法律援助工作和为学生开展的法学实践教学工作迈上了一个新台阶，同时也为更多的学生参与到诊所式实践教学中提供了基础性平台。

（二）该种实践教学方法的问题与完善

1. 应当理顺法学理论课程与诊所式实践教学的关系

诊所式实践教学，实质上就是通过指导教师的指导，让学生亲自参加实际的法律知识运用过程，通过为社会中的当事人提供法律服务而达到培养学生实践能力、缩小高校知识教育与职业技能之间距离的目的。就笔者所在高校开设诊所课程的实际情况来说，学生普遍认同诊所课程的教学内容和方式。学生们通过参与办案的全过程，可以熟悉和了解接待当事人、做来访记录、提供法律咨询、起草诉讼文书、代理出庭、参加庭审等司法程序；而且，通过教师的具体指导和示范，学生们可以尝试进行庭前分析，提高司法文书的写作技能，甚至对于一些较为简单的案件，学生能够有机会独立出庭，进行代理活动。这样一来，就极大地提升了法学本科生的学习兴趣和参与司法实践的积极性。不过，注重诊所式的实践教学并非要淡化课堂上的法学理论学习，在理论学习与实践运用的关系方面，指导教师应当善于引导法学专业学生运用已经掌握的法学基础理论，对诊所式的实践教学中遇到的问题进行独立思考病予以解决，应当让学生在诊所式教学实践中发现其在理论方面存在的欠缺，进而有针对性的加强法学理论的学习，使基础理论的“学”和司法实际的“用”形成良性互动，最终实现法学本科生的理论知识和实践能力的同步发展和全面提高。

2. 应当采取措施为诊所式教学建立良好的平台制度

在法律援助与诊所式教学相结合的实践教学方法的现实运用中，高校应当注重与司法实务部门的沟通和联系，创造条件来建立适应各种诊所式实践教学的软硬件设施，提供充足的资金来源和物质基础，建立起与律师事务所、司法局、仲裁机构、法院、检察院等各种相关单位的长期业务交流与学术合作关系，聘请相关人员定期为学生指导和讲座，为学生的健康成长与发展作出贡献。此外，诊所式实践教学方法的良好运作还需要许多具有实际司法工作经验、具有较强责任心的教师，然而，如今在学术理论、实践经验以及思想意识方面都具备该条件的教师并不多。因此，诊所式实践教学的顺利开展需要高校不断探索符合现实国情的模式，改变现行的传统教学理念和方法，对有意加入的指导教师进行专业技术培训。最后，许多高校对待从事诊所式实践教学的教师还没有一套独立的职称评价及晋升标准，今后应当建立更为完善的制度。

总之，在当前实践教学快速发展的大好形势下，财经高校法学专业教育应当抓住难得的历史机遇，立足于现有的资源优势及各单位的支持，大力开展在法学本科生实践教学方法方面的探索和创新，争取开创出一条具有自身特色而又适合财经高校自身发展的实践教学新模式，这对于提高我国高等院校法学本科的教学质量、增强学生整体素质、提升学生实践能力、提高法学本科生就业率等方面都具有重要的现实价值和意义。

参考文献

[1] 王岩，王松．诊所式教学在财经院校法学课程中的应用［J］．东北财经大学学报，2008（5）：96.

[2] 董志峰．“复合型、应用性”法学本科人才培养模式研究［J］．国家教育行政学院学报，2008（11）：66.

[3] 王健．法学教育改革与发展的新动向［J］．中国大学教学，2009（12）：20.

浅谈我国消费领域惩罚性赔偿

李振兴
（东北财经大学研究生院　116025）

摘　要　随着社会经济生活水平的不断提高，消费者对消费产品质量的要求也日渐提高，尤其是近几年的“苏丹红”事件和“三鹿奶粉”事件的发生，更是引起人们对消费领域惩罚性赔偿的高度关注。惩罚性赔偿制度发端于英国的普通法，后来由美国、加拿大等普通法系国家所继受，并且在美国得到很好的发展。随着全球化的不断深化，惩罚性赔偿制度不仅仅在英美法系国家广泛运用，在大陆法系国家也初露端倪。我国最早引进惩罚性赔偿制度是在1993年，当年颁布的《消费者权益保护法》中规定了“双倍赔偿”责任制度，随后，在食品安全、商品房交易及产品侵权领域中都出现了类似规定。由于立法上和实践中的局限，我国的惩罚性赔偿机制还有待完善，不过，令我们欣慰的是，《消费者权益保护法》的修改草案已经公布，新的草案在维护消费者网购权益、进一步保护消费者个人信息以及加大惩罚性赔偿力度方面作了相应的调整。笔者认为，在《消费者权益保护法》修改之际，对我国消费领域惩罚性赔偿的研究是很有必要的。

关键词　消费领域　惩罚性赔偿　完善措施

一、消费领域惩罚性赔偿的概述

惩罚性赔偿制度自古就散见于各国的法律中，但是该制度在近现代却有着分化式的发展潮流。虽然它发源于英国，并在美国的《反托拉斯法》和《消费者保护法》中得到了很好的贯彻，但是它在大陆法系国家之中却发展甚慢，仅在为数不多的几个国家和地区有立法体现。惩罚性赔偿制度在我国最早体现于1993年的《消费者权益保护法》中的“双倍赔偿”，后来在《食品安全法》中也类似出现了“十倍赔偿”。我们从中不难看出，这项制度在我国主要适用于消费领域，它在一定程度上维护了我国市场交易秩序，同时对消费者的合法权益也提供了应有的保障。

由于市场经济的固有不足，直接导致的后果就是消费领域充斥着大量的制假售假行为，因此研究消费领域的惩罚性赔偿有着重大的现实意义。对于惩罚性赔偿，国内外立法和理论界有着不同的表述。在有着深厚渊源的英美法系国家，惩罚性赔偿通常描述为 punitive damages 或者是 vindictive damages，我国将其翻译为惩罚性赔偿或报复性赔偿。Black’s Law Dictionary 将“惩罚性赔偿”解释为：“当被告对原告的加害行为具有严重的暴力压制、恶意或者欺诈性质，或者属于任意的、轻率的、恶劣的行为时，法院可以判给原告超过实际财产损失的赔偿金。”Law Dictionary for Nonlawyears 将其定义为：“法院判决的损害赔偿与实际损害无关，目的在于起到警告、威慑的作用，防止类似行为发生。”

大陆法系国家和地区在理论研究和立法实践中也比较认同英美法系国家的观点。在我国理论界，学者们对惩罚性赔偿的表述也是众说纷纭。王利明教授认为，惩罚性赔偿也可称之为示范性赔偿或报复性赔偿，是指由法庭所作出的赔偿数额超出实际损害数额的赔偿，它具有补偿受害人遭受的损失、惩罚和遏制不法行为等多重功能。王卫国则认为，在普通法法系中，惩罚性赔偿是为惩罚他方当事人而判给一方当事人的赔偿金，这通常是法院在某些情况下于补偿金之外适用的。

在综合两大法系概念之后，笔者认为可以这样理解消费领域的惩罚性赔偿：经营者在消费领域提供商品或服务时，基于其故意或重大过失给消费者合法权益造成损害，法院在消费者的请求下按照法定程序判决侵害人支付受害人的补偿性赔偿金之外的金钱赔偿，以实现遏制类似行为的制度。

惩罚性赔偿的内在机制反映出这一制度的总体特征，这是惩罚性赔偿与其他法律制度的识别性区别。笔者认为在消费领域中惩罚性赔偿的法律特征应包含以下几点：

1. 惩罚性

这是惩罚性赔偿最突出的特点。惩罚性赔偿的目的是惩罚行为人的违法行为，并且预防该行为人及他人再发生类似行为。法院判决给受害人的赔偿金，主要目的是为了惩罚遏制不法行为，而不仅仅是为了补偿受害人。惩罚性赔偿的惩罚性是区别于一般民事责任的最主要的特点，这一特点在性质上有别于民事责任，这种特殊性也是大陆法系对惩罚性赔偿关注较少的原因之一。

2. 法定性

惩罚性赔偿法定性的根本宗旨，是使惩罚性赔偿的创设尽可能的规范和统一化，方便大众知晓，从而维护被害人的利益和市场交易秩序。它的法定性体现在两个方面：其一，适用惩罚性赔偿的范围法定，最直接的表现就是哪些种类的侵权案件适用惩罚性赔偿责任，如果适用所有的民事责任，势必会造成对正常民事交往中个体合法利益的损害。超出惩罚性赔偿的适用条件就会出现不公平的状态。其二，惩罚性赔偿的内容法定，这样就可以排除个人基于需要而发挥想象力创设新的内容。

3. 附随性

惩罚性赔偿不是主要适用的民事责任形式，它不能像补偿那样适用于广泛的侵权领域，只能适用于那些具有重大恶性的民事违法行为。民事责任更多的是通过补偿责任达到对权利的修复，只有当补偿不能制裁侵害人的恶意行为，而且也表达不出法律对侵害人的充分否定时，惩罚性赔偿才能适用，这就决定了惩罚性赔偿是补偿性赔偿之外的责任形式，具有一定附随性特征。

二、消费领域惩罚性赔偿的域外研究

惩罚性赔偿制度发源于英美法系国家，在欧美发达国家中得到迅速发展，因此我们通过对外国立法和实践中的可取之处进行深入研究和借鉴，对于弥补我国现阶段立法上的不足有很大的现实意义。

（一）英美法系国家的现状

英国普通法上最早有记载的相关判例是1763年的“North Briton”案群，它是由Wilkes v. Wood案、Huckle v. Money案和Money v. Leach案构成的。它们是公认的英国法律史上最早的在司法上承认惩罚性赔偿的案件。不过，由于其强烈的政治色彩，以及它未能以中世纪英国制定法的多倍赔偿为基础，这些案例在以后的司法实践很少被引用。

直到20世纪60年代发生的Rookes v. Barnard一案，英国的惩罚性赔偿发展史才有了新的转折。案件主审法官认为，惩罚性赔偿在本质上是刑事的，然而却通过民事诉讼程序判予，这种将民事法与刑事法混合并融进民事诉讼之中的做法，将使得法律处于非常令人迷惑的状态，因此，惩罚性赔偿应该被排除于英国的法律体系之外。但另一方面，法官也不得不承认，确实存在着一些特定类型案件是适用惩罚性赔偿的。为了解决以上矛盾，法官建议惩罚性赔偿严格适用于以下三种情形：一是法律明确规定适用惩罚性赔偿的案件；二是政府官员专断、违宪或者权力滥用的行为；三是侵害人事先计划好的能够获利的侵权行为。

20世纪末到21世纪初，英国法律对于惩罚性赔偿制度有了新的认识，多数人认为应当扩大惩罚性赔偿制度的适用范围。典型的案件是2001年的Kuddus v. Chierconstable of Leicestershire Constabulary一案。本案主审法官认为原有的范围限制不利于法律的持续性发展，并主张适当扩大惩罚性赔偿的适用范围。

虽然惩罚性赔偿制度是在英国发端，但它在美国的实践中得到了最广泛的运用，并且对其他国家和地区也产生了深远的影响。作为曾经的英国殖民地，美国独立以后，我们就能在其司法体系中看见惩罚性赔偿的印迹。Genay v. Morris 一案被认为是美国惩罚性赔偿的最早判例。同样，惩罚性赔偿制度在美国的发展也经历了复杂的变化，适用范围也逐渐扩大到侵权、合同甚至雇佣关系中，尤其在侵权和合同领域应用最广。从美国的立法和实践中我们可以总结出以下特点：在适用范围上，它主要在侵权责任法中对违法经营者予以惩罚性赔偿；在主观心态上，只有当行为人的主观达到了法律认为值得处罚时才允许运用此种责任形式；在损害结果上，法律要求必须有实际损害，无损害无赔偿。

（二）大陆法系国家的现状

许多大陆法系国家没有类似英美法系国家的惩罚性赔偿制度，主要原因是大陆法系国家对公法和私法的明确划分。自中世纪以来，惩罚权由国家来行使的观念就深入人心，再加上对部门法职责的精确划分，直接消除了惩罚性赔偿在近代欧洲大陆国家产生的可能。不过，随着全球一体化的深入发展，不同法系的思想也在逐渐融合，而且大陆法系国家也慢慢地发现，一些具体的纠纷仅仅通过补偿性赔偿是不足以弥补当事人损害，因此，惩罚性赔偿制度在一些大陆法系的国家和地区渐渐兴起。

20 世纪初的德国，惩罚性赔偿是不被允许的。根据《民法典》起草者的观点，民事侵权损害赔偿只能是纯粹的补偿性的，法律的惩罚性功能应该由刑事法律来实现，所以直到 20 世纪下半叶以前，德国最高法院一直认为，补偿性乃是损害赔偿法律的唯一基础。随着法律实践的日益复杂化，德国法律界对于自己一贯坚持的态度也有所动摇。直到 1994 年，Caroline von Monaco 一案的判决才使德国联邦最高法院在补偿性赔偿通往惩罚性赔偿的道路上迈进了一步。这也体现出德国侵权损害赔偿中惩罚性因素已逐渐显现，尽管这些纠纷集中在人格权、知识产权和不正当竞争的纠纷中。同时，这也说明了补偿性原则在德国已经不足以构成一切侵权行为的有效规则了。我们也可以合理设想，当法律发展到传统规则无法应对的地步时，德国法律并不介意将惩罚性赔偿纳入更多法律当中。

了解了欧洲大陆状况之后，我们再将视线转移至亚洲。在日本，法院对英美法系中惩罚性赔偿的立场，与德国法院相似，即以补偿损害为最高原则，甚至到战后的法律重整中，日本也没有把惩罚性赔偿引入法律中。尽管如此，日本理论界对此进行的学术讨论却比较热烈，其中以田中英夫和竹内昭夫为代表。他们在对美国相应制度进行考察的基础上，指出了日本现行法律缺乏灵活性，并建议立法者应该引入惩罚性赔偿机制。在他们眼中，将民事责任仅仅局限于补偿并非理智之举，而将所有的制裁完全寄托于刑事法律上也并不可取，唯有将惩罚性赔偿机制引入民事法律责任之中才可以更好地解决日益复杂的民事纠纷。

三、消费领域惩罚性赔偿在我国适用过程中存在的问题

受大陆法系国家的影响，我国的民事损害赔偿早期也采取了补偿性原则，在一般的民事立法中未曾有惩罚性赔偿的规定。新中国成立后，在苏联民事立法的影响下，我们还沿用补偿性的原则，甚至在之后制定的《民法通则》中也没有关于惩罚性赔偿的规定。可见，我国传统观的民法理论是不认可惩罚性赔偿机制的。

可是，在全球化发展环境下，我国传统的法制体系已无法适应市场经济的迅猛发展，诸多产品责任问题层出不穷，而且趋势也越来越复杂。针对我国市场的现存情形，有必要尽快建立行之有效的法律机制来保障市场经济的稳定发展，维护社会的安定秩序。随后，我国在消费者权益保护领域引入了“双倍赔偿”这一明显具有惩罚性的民事赔偿机制。这一举措在保护消费者合法权益、激励商品经营者诚信经营方面，具有较大的积极意义，同时也初步表达出我国民事法律体系对其内部出现的惩罚性因素并非一概排斥的态度。随着我国立法的逐步完善，惩罚性赔偿在我国的《食品安全法》、《侵权责任法》以及《关于审理商品房买卖合同纠纷案件适用法律若干问题的解释》

都有体现。

从上述介绍中可以看出，我国已经出现了惩罚性赔偿制度的相关立法。这意味着我国在立法活动中已突破了传统民法中补偿性赔偿责任的规定，逐步确立了惩罚性赔偿制度在我国的发展。但是，从我国现有的相关惩罚性赔偿规定看来，还是存在一定的缺陷，主要体现在以下几个方面：

（一）适用范围有局限性

根据现行的《消费者权益保护法》，惩罚性赔偿仅仅适用于消费合同中的欺诈行为，尽管《食品安全法》中将适用范围扩大到了生产者、经营者的侵权行为，但毕竟还是有所局限，它并没有扩展到消费领域的全部合同行为和产品侵权行为，虽然事实上我国每年都有大量的产品责任事故，其造成的影响和损失远远大于一般的合同欺诈行为。同时，《消费者权益保护法》规定的欺诈行为也不能满足当今的社会需要。随着社会的发展，欺诈行为已经不是经销商唯一的手段，当法律面对他们的重大过失或者恶意的不作为的时候明显力不从心。

（二）适用主体有局限性

我国《消费者权益保护法》规定了责任主体的认定要基于直接消费合同关系，即只有当受害人与企业经营者存在契约关系时才可以适用双倍赔偿的规定，这样的规定直接否定了第三方受害人的赔偿请求权。同样受到伤害却会有不同的结果，如此一来，惩罚性赔偿的本质目的就难以全面实现。

（三）举证责任不利于维权

在现行《消费者权益保护法》中，消费者提起惩罚性赔偿诉讼是有大前提的，即消费者必须对经营者的欺诈行为进行举证才能获得赔偿。而现实情况下，由于市场地位的天然不平等、信息的不对称，消费者很难获得有力的证据来证明经营者存在欺诈的行为，经营者的行为是出于故意还是过失，消费者很难去证明，相反，即便是故意的行为，经营者也可以疏忽来抗辩，这样就加大了消费者的诉讼成本，也不利于惩罚扰乱市场秩序的经营者。

（四）在赔偿金额上设计欠妥

在我国现有消费者保护领域的惩罚性赔偿规定中，赔偿基数主要是购买商品或接受服务所支付的价款。基数的计算直接影响到惩罚性赔偿的力度，如商品存在缺陷而造成消费者损害，商品价格可能很微不足道，而消费者因此而遭受实际损害不仅有支出的价款，还有因此造成的其他损失，仅仅以商品价款来替代消费者的全部实际损害是不合理的。

另外，相关法律在惩罚金的倍数设计上也存在不合理。纵观我国目前消费者保护领域的惩罚性赔偿规定，主要有《消费者权益保护法》的双倍赔偿和食品安全法的十倍赔偿。这种缺乏灵活性的设计，直接导致的结果就是法官没有空间根据具体情况进行自由裁量。其次，这样的倍数对于价格低廉的产品或者财力雄厚的大企业来说起不到应有的遏制作用，当然更无法实现立法者的初衷。

四、我国惩罚性赔偿制度的完善措施

《消费者权益保护法》制定之时，恰逢我国提出市场经济目标之初，众多问题还没有显现。在实施的20年里，我国市场经济在飞速发展，市场竞争中的违法行为也在逐渐暴露。当初的立法设计已经无法满足当代的法律实践需求，尽管2009年通过的《食品安全法》规定了十倍的赔偿规则，但在消费领域的侵权行为之前还是显得力不从心。因此，为了充分发挥消费领域惩罚性赔偿的积极作用，我们应该在立法上作出相应的调整以迎合时代的需要。笔者认为我们可以从以下几点进行完善：

（一）适当扩大惩罚性赔偿的适用范围

目前，我国已经在消费者权益保护、食品安全、商品房买卖以及产品责任的领域内设置了惩罚性赔偿，广义而言，这些领域都属于消费领域。随着经济社会发展，仅在这些领域适用惩罚性赔偿还是不够的。通过借鉴国外立法经验，我们可以将惩罚性赔偿制度适用范围归纳为两种情形：一是责任主体为了追求利益最大化实施的恶意行为；二是责任主体的损害赔偿应基于引起的损害以及逃避责任的可能性。只要逃避责任的可能性较大，就应适用惩罚性赔偿制度。

（二）合理界定起诉主体

原则上认为起诉主体与责任主体应存在直接的合同关系，但笔者认为，在我国想要更好地实施惩罚性赔偿制度就有必要将起诉主体的范围进行必要调整。直接受害人由于产品质量问题导致损害时，为追究责任人法律责任而提起诉讼无可厚非，除此之外，我们也要维护“准受害人（将来有可能受到侵害的人）”的潜在利益。一批产品出现问题，可能有些个体已经受到损害，这时还没有受到损害的消费者为了阻止即将发生的更大范围的损害也可以请求惩罚性赔偿，这既可以及时遏制经营者的不当行为，也有利于实现惩罚性赔偿制度的立法目的。

（三）实行举证责任倒置

在市场经济条件下，消费者相对于经营者来说是天然的弱势群体，双方掌握的信息严重不对称，而且，有些商品对消费者的损害有一定的滞后性，当消费者发现时，对其有利的证据已经无法控制，即使消费者能够及时发现，也很难掌握对其有利的证据。所以，继续沿用民诉法中的“谁主张谁举证”是不利于消费者维护合法权益的。针对以上状况，我们可以尝试举证责任倒置，即消费者仅需提供侵害权益的事实证据，经营者无法举证其没有侵权事实，就可以适用惩罚性赔偿机制。这样不仅减少消费者的维权成本，也提高了消费者的维权积极性。

（四）合理确定惩罚性赔偿的数额

惩罚性赔偿金额是确立惩罚性赔偿制度争议最多之处。惩罚性赔偿制度设立的目的在于起到适度威慑作用，如何做到适度威慑，其关键就在于赔偿金额的确定。为了更充分地保护消费者的权益，我们可以在现有基础上作出修正，仍然以所购商品或者接受服务的对价作为赔偿基数，消费者可以以对价的两倍提出赔偿要求。同时，立法者还应该设立最低限额，当赔偿的数额太少时，适用最低赔偿数额，或者500元或者1 000元，这样可以避免经营者面对低价消费品熟视无睹的困境，一定程度上还是可以起到遏制作用的。

消费领域的惩罚性赔偿制度是随社会现实的需要而诞生、发展和演变的。从制度产生至今，经历了从判例法领域向制定法领域、从民商法领域向社会法领域的拓展，从英美法系向大陆法系迁延的历史发展，如今为许多国家和地区的消费者保护立法所借鉴和吸收。作为一种维权机制，惩罚性赔偿更多宣示的是立法在保护私权利方面的决心，追寻的是不平等主体间的实质正义，正好吻合了消费者保护的立法目的和法律理念。惩罚性赔偿机制虽然在我国也有了一定发展，但为了充分地维护消费者的法定权益，对现行立法进行适时修正已经应该提上日程。唯有我们与时俱进地更新我们的观念，创新我们的立法，健康有序的市场才有实现的可能，不法行为才有被遏制的可能，消费者的合法权益才可以真正得以保障。

参考文献

[1] 王利明．惩罚性赔偿研究［J］．中国社会科学，2000（4）：15.

[2] 杨立新．《消费者权益保护法》规定惩罚性赔偿责任的成功与不足及完善措施［J］．清华法学，2010（3）：22.

论网络交易消费者权益保护的立法与行政规制

石鲁夫
（东北财经大学法学院　116025）

摘　要　近年来网络交易领域的投诉占据所有消费领域投诉的较大比例，“网购维权”已成为广大消费者热议的话题和社会焦点。本文拟从法律的视角建立和完善网络交易消费者权益保护机制，希望借此能为电子商务规范、健康的发展提供行之有效的法律支撑，为我国网络交易中消费者权益保护的相关立法及完善提供有益参考。

关键词　网络交易　消费者权益保护　立法与行政规制

一、网络交易中消费者权益保护的立法规制

（一）立法规制的目的和总体思路

网络交易模式的自身特征决定了网络交易的消费者与经营者之间的信息严重不对称、交易地位的不平等，消费者处于弱势一方，而经营者具有先天的优势。基于当代民法兼顾弱势意义上的平等对待的法律精神，有足够充分且正当的理由，注重保护作为弱势一方的网络交易消费者，所以，消费者的权益需要法律予以适当倾向性保护。一方面，网络交易消费者权益较之传统消费者，更容易受到侵害，所以制定法律规则应注重从源头上发挥法律的指引、评价和教育作用，从制

度上最大限度地预防侵害网络交易消费者权益的行为出现；另一方面，网络交易消费者的权益在受到侵害之后其维权也更为困难，所以制定法律法规时也应注重发挥法的强制作用，确立有效的权利救济制度，弥补网络交易消费者的权益损失。

笔者认为，网络交易消费者权益保护相关立法的总体思路系“三位一体”，具体为:《消费者权益保护法》应进一步补充和明确消费者的权利和细化权利行使规则；《合同法》应增设网络经营（交易）合同作为新型有名合同，同时明确网络交易经营者和网络交易平台服务提供者的义务；在程序法方面应补充和完善网络交易消费者维权的途径和措施。

（二）基于现行《消费者权益保护法》的修改建议

1. 应增设消费者的隐私权

在网络交易中不当使用或泄漏网络消费者信息，极易引发隐私权保护问题，《消费者权益保护法》中应增设隐私权，并建立严格的消费者隐私权保护体系，使用消费者个人信息必须经其本人同意。网络交易经营者或其他部门侵犯消费者隐私权，对消费者造成精神或物质损失的，应当对消费者进行赔偿。

2. 应对知情权做适当的扩展和延伸

《消费者权益保护法》应对原有的知情权按照网络交易的特点有所扩展和延伸。首先，《消费者权益保护法》所规定的消费者知情权对于经营者来说，属于“被动的义务”，即只有在消费者要求网络交易领域获得有关信息时，经营者才有义务提供。而在网络交易领域，为了防止因消费者缺乏经验使经营者钻法律空子的情况发生，法律上应当将经营者的被动义务转变为主动的责任，让经营者负有主动提供信息让消费者知情的特定义务。其次，《消费者权益保护法》所规定的知情权内容仅限于消费者知悉经营者本身及其提供的商品或者服务的情况。根据网络交易的特点，消费者在与经营者进行网络交易以前，经营者应当准确、详细和明确地提供更详尽的信息。此外，如果经营者制定了面向消费者的格式合同条款，还必须以消费者可以保存和复制的形式提供给消费者，便于消费者以此作为主张权利或者提起诉讼的根据；如果消费者在获得电子记录之后，要求经营者提供纸质记录，经营者不得拒绝。① 最后，在网络交易中消费者还应当获得确认权，即经营者对消费者发出的确认信息负有必须履行的义务，建议立法规定“经营者应当于消费者在网上确认交易条件后的合理期限内，以电子邮件的方式将确认书发送至消费者指定的信箱”。

3. 应增设消费者的退货权（后悔权）

在网络交易条件下，消费者权益保护中的一个焦点问题在于如何保障消费者退换货的权利。笔者认为，应该针对网络的迅捷性所造成的消费者改正错误的困难，给予消费者一个合理的退换货“犹豫期”，保证消费者有一定的反悔时间，以使其能够在收到商品后的合理时间内退换货。我国现行法律没有关于“犹豫期”的规定，因此建议在《消费者权益保护法》中明确规定“在犹豫期内，消费者可以无条件解除合同或退货”。至于犹豫期的长短，笔者认为可借鉴我国台湾地区2002年6月12日修订后施行的《消费者保护法》第十九条所列明的，消费者在收到商品后享有7天“犹豫期”的规定。但是，以上“犹豫期”利益的适用，只是对非完全的在线交易（即商品的交付不能或没有通过网络进行的交易）而言是比较合理的，对某些完全通过网络进行的在线交易而言，如数字化产品（具有网上交付及复制方便等特点），若赋予其同样的权利，则可能导致新的不公平现象。因此，对于这些情况，笔者建议应区别对待，参考欧盟《远程保护指令》第六条中“视听产品或计算机软件已被消费者拆封即不得解除合同或退货”的除外规定，对于完全通过在线交付的数字化产品，除非存在信息的不完全、有严重错误或含有病毒等破坏性程序这类严重情况，消费者不得要求退货。

---

① 李国光，张严方. 网络交易与消费者权益保护［N］. 人民法院报，2011-01-12（8）.

（三）基于现行《合同法》的修改建议

在整个网络交易链条中，并不限于单一的网络销售（服务）协议，通常至少包括三个协议（合同）：网络交易经营者与网络交易平台服务提供者之间的“进站经营协议”；网络交易消费者与网络交易平台服务提供者之间的“用户协议”；网络交易经营者与网络交易消费者之间的“网络销售（服务）协议”。这三类合同共同构成了网络交易（经营）合同的主体组成部分，缺一不可，所以，网络交易消费者权益的保护首先应依托于《合同法》的保护。然而，我国现行《合同法》仅仅在分则中确立了传统买卖合同和提供服务类合同的规则，并没有涉及网络交易领域各方主体所应享有的“特殊”权利和负有的“特殊”义务。然而，网络经济的迅猛发展，业已为包括网络交易消费者权益保护在内的诸多法律、法规带来了新的挑战。笔者认为，在《合同法》分则中增设网络交易（经营）合同作为新型的有名合同是非常必要的，其内容应着重强化网络交易经营者和网络交易平台服务提供者的法定义务和责任，基于法的指引、评价和教育作用，可以从源头上最大限度地预防网络交易消费者合法权益受到损害的发生概率。

网络交易经营者除了负有传统买卖合同或提供服务类合同义务之外，其法定义务还包括与网络交易消费者法定权利相对应的义务，如信息披露义务、“犹豫期”内无条件退货义务、保存网上交易记录义务等。

网络交易平台是网络商品和服务集中交易的场所和空间，网络交易平台服务提供者（以下简称平台服务提供者）通常是网络交易规则的主要制定者和交易纠纷的第一处理者，因此抓住平台服务提供者，就直接抓住了维护网络市场秩序的关键环节，对于网络消费者权益的保护至关重要。平台服务提供者的法定义务首先体现为其应具有独立性，遵从“业务隔离”原则，必须分离平台自营业务与第三方业务，确保平台相对交易双方的公平、公正和独立。其次，平台服务提供者负有准入管理义务，对申请进入平台从事网络商品和服务交易的经营者的资格进行审查，其中对审查合格且暂不具备工商登记条件的自然人，还要核发个人身份信息真实合法的证明标记，加载在其从事商品交易或服务活动的网页上。再次，平台服务提供者负有检查、监控通过平台提供商品或服务的经营者及其发布的商品、服务信息的义务。最后，针对网络交易消费者索赔难的现状，建议增设平台服务提供者先行赔付制度，即如果消费者在该平台购买商品，其合法权益受到损害后，经营者仍在平台开展经营的，由经营者承担赔偿责任；经营者已不在平台经营的，由平台服务提供者承担赔偿责任，待先行赔偿后，有权向相关经营者追偿。

明确和强化平台服务提供者法定义务的关键在于，立法机关必须明确规定平台服务提供者不履行义务所应当承担的责任。2010 年 7 月 1 日施行的《侵权责任法》在第三十六条明确规定了网络服务提供者承担侵权责任的情形。将来拟修改的《合同法》中应明确规定平台服务提供者违反用户协议、进站经营协议的违约责任；相应的行政立法也应出台平台服务提供者违规追责的惩处细则，规范平台服务提供者的行政责任，民事责任和行政责任两手抓、两手硬，才会对平台服务提供者形成真正的规范，才能使平台服务提供者具有足够的动力协助保护网络交易消费者的合法权益。

（四）管辖权及争议解决方式的创新

1. 管辖权的确定

我国《民事诉讼法》对于网络交易（经营）合同纠纷的管辖没有作出特别规定，因此只能适用《民事诉讼法》的一般规定，即由被告住所地或合同履行地管辖，也可以进行协议管辖。如上文所述，网络交易具有开放性，在互联网虚拟的世界里，很难判断网络交易活动发生的具体地点和确切范围，更难将其对应到某一特定的司法管辖区域，因此我国目前的立法现状不利于对网络消费者的保护，也不符合国际上有关网络交易合同纠纷管辖的一般原则。笔者认为，管辖权的确定可以借鉴《布鲁塞尔公约》的做法，对于网络交易合同的管辖以消费者住所地为管辖一般原则，同时尊重消费者的个人意愿，除非其选择权的行使违反法律的强制性规定和公序良俗的要求。引申开来说，作为网络消费者既可以在被告住所地国家起诉，也可以选择在个人住所地国家起诉，而网络交易经营者只能在消费者所在地国家起诉消费者。

2. 建立在线投诉中心和在线争端解决机制

建议国家工商总局和中国消费者协会可以共同建立一个权威的在线投诉中心，接受来自全国各地的网络交易投诉。该中心将收到的投诉资料由中心转发到被投诉的网络交易经营者等所在地的工商局或消协，由当地的工商局或消协对投诉资料进行核查和处理，往往会使消费者在寻求救济时无须考虑地域限制和救济成本的问题。

由于多数网络交易涉及的金额较小，网络消费者往往认为通过诉讼的方式维权成本过高，笔者建议可以考虑建立在线争议解决机制试点，该机制包括在线协商、在线调解、在线仲裁和在线诉讼四种方式。与传统的争端解决机制相比，在线争端解决机制具有成本低、快捷、方便等优点，但也存在缺乏强制力和代表性、透明度不高等问题。根据我国现实情况，建议该机制由职能部门（如国家工商总局、信息产业部）进行领导和管理，相关的全国性协会或组织（如中国消费者协会、中国电子商务协会）负责争端解决，以确定和保证争端解决的公正性与权威性。

二、网络交易中消费者权益保护的行政规制

（一）整体监管工作思路

为了更好地开展网络交易监管工作，维护网络交易中消费者的权益，应形成以所在地市工商行政管理机关为主导，采取“三个二”的整体监管工作思路。首先，应准确掌握本地网络交易平台及网络交易经营者的基础数据，这是整个监管工作的前提和基础，这项工作要依托两个渠道：一是通过企业年检、个体户验照等行政行为对从事网络交易活动的网站进行先行摸底；二是通过移动、联通、电信等运营

商掌握所在地市从事网络交易活动网站的数量和网站经营者的相关资料。其次，在具体处理网络消费者投诉案件的执法活动中，执法人员应抓住两个要素：一是对网络交易主体违约或违法事实的认定；二是对网络交易责任主体的查找和认定，以及证据的保全。最后，必须认识到由于网络交易存在经营主体的不确定性、交易不受地域限制等特性，网络交易的监管工作是一个系统工程，加强网络监管不是一个或几个部门单独行动就可以解决问题的，需要有一个涵盖各部门、各层级，全方位、全时段的系统监管体系。为此，网络交易监管部门要形成两个联动：一是形成与移动、联通、电信等运营商的联动，在彼此协助配合、网络资源共享、网站违法行为监管联动等方面达成协议；二是形成与公安机关、税务机关、海关、金融机构、消费者协会等多个部门的联动。

（二）加强对网络交易经营者提供的格式合同监管

应由所在地市出台地方性法规或规章，授权工商行政机关对网络交易格式合同设立预审查制度、登记备案制度和不定时审查制度，充分发挥行政监督职能，进行监督管理。凡使用格式合同的经营者应将其提供的格式合同提交给工商行政机关进行审查，工商行政机关有权提出建议和修改。工商行政管理部门审查后可以依据实际情况向提供方提出书面修改建议，提供方应在收到书面建议之日起一定日期内对格式条款进行修改。提供方不按工商行政机关提出的建议修改的，工商行政机关可以将修改建议和需要修改的格式条款，或含有需要修改的格式条款的合同文本，通过网络向社会公告，以提醒消费者注意。工商行政机关也可以主动草拟合同范本，或指令中立第三人拟定网络交易合同范本，供经营者在制定和适用格式合同条款时参考。

（三）加强网络交易监管系统建设

网络交易中的违法行为具有很强的隐蔽性、分散性，靠现有的监管手段难以达到有效监管，必须借助于高科技手段，全力推进网络交易监管信息系统和平台建设工作，努力实现“以网管网”的目标。

一方面，基层工商行政管理机关要抓紧配备现代化的监管设备，同时，也建议国家工商总局开发和建立起全国统一、统分结合、功能齐全、上下联动、方便快捷的网络经营监管信息系统和平台，以实现对网络经营更为有效的监管；另一方面，要努力实现互联互通，实现全国联网一体化监管，明确监管工作的目的、原则、要求和流程等，并将流程固定化、格式化、规范化。

（四）建立网络交易经营者的网络认证制度

信用监管是网络市场监管的基本方式和手段，是维护网络市场良好秩序的关键，建议地方工商行政管理机关把加快网络信用监管体系建设作为监管工作的重中之重，不仅要为网络交易经营者建立信用档案，进行信用分类监管，而且要建立网络认证制度，使网络信用规范化、制度化。所在地政府可借鉴韩国建立“eTrust”认证委员会，由该委员会根据消费者的反馈信息、媒体报道、专业调查报告、行政机关提供的信息等，对网络交易经营者所销售商品的质量、个人信息保护、服务流程等项目进行综合评估，向符合标准的网络交易经营者颁发表明其商业信誉良好、经营规范的“eTrust”认证标识。

大型超市“进场费”的合理性、合法性分析

王 岩 王 章
（东北财经大学法学院 116025 东北财经大学法学院 116025）

摘 要 收取进场费已经成为我国大型超市的“显规则”，它严重违背大型超市的经营理念，加大了物流成本，损害了消费者利益。该行为属于滥用市场支配地位的限制竞争行为，应当受到反垄断法的规制。本文从其基本含义入手，分析了其不合理性、违法性，并提出了禁止收取进场费的思路，以期对降低物流成本、维护消费者利益有所裨益。本文分为四个部分：第一部分，介绍了对于大型超市收取进场费的合理性和合法性争议以及由来；第二部分，通过三个方面详述了其不合理性；第三部分，从法律角度论述了其不合法性；第四部分，通过讨论和分析典型国家对进场费的管制方法，讨论我国如何管理、规制进场费。

关键词 进场费 物流成本 滥用优势地位 合法性

为维护公平有序的市场环境，促进零售业健康发展，经国务院批准，商务部、发展改革委、公安部、税务总局、工商总局等五部委曾联合下发通知，决定自2011年12月至2012年6月在全国集中开展清理整顿大型零售企业向供应商违规收费工作。这一通知使一直争议不断、尚没有定论的大型超市进场费问题再次备受关注，也激发起人们对其合理性、合法性问题进行更深入的探讨和研究。

一、进场费以及合理性的争议

（一）进场费的含义

超市进场费，又称通道费，是指供应商或生产商为使自己的产品进入零售商的销售区域并陈列在货架上，而事先一次性支付给零售商的费用。[①] 在费用的支付方式上，可以事先一次性支付给超市，也可以在今后的销售货款中由超市扣除。超市进场费可以作狭义和广义两种理解。仅为进场目的支付的可以看成是狭义的通道费。广义的通道费，是供应商为进入超市卖场这些零售终端而支付的一系列费用的总称。在我国，通道费种类繁多，比如上架费、月返费、广告费、促销费、年节费、店庆费、补损费等，甚至还有所谓的条码费、端头费，促销活动中的条幅、花篮、空飘、地贴、墙贴、灯箱、DM 特别广告费等。数额在不断攀升，甚至有的费用占到销售收入的 30%，而供货商的毛利也只有 30% 左右而已。一包 3 块钱的锅巴大型超市赚走 1 块 2 已成为普遍现象。

本文的进场费主要是指大型超市的进场费。只有超过一定规模的超市才会形成市场的优势地位，才会存在合法与否的问题，也才有研究的必要。小型的超市一般不具有优势地位，向供应商收取进场费的可能性很小，不具代表性，因此本文不讨论这一类超市的进场费问题。另外，从我国立法来看，也主要是针对大型超市的。前述五部委开展的清理整顿工作主要就是针对利用市场优势地位向供应商违规收费的超市、百货店、电器专业店等大型零售企业及其下属门店。清理整顿的零售企业，其最大单店面积超过 6 000 平方米（含）、门店数超过 20 家（含），且 2010 年销售额超过 20 亿元人民币（含）。

目前，各个大型超市（含大卖场）向供货商收取的进场费，有

① 该基本含义援引自 2001 年美国联邦贸易委员会对供应商投诉连锁商向其收取通道费召开的听证会报告。

合同内和合同外两种。合同内收费主要为上架费、月返费、广告费、促销费、年节费、毛利补差等，通过合同形式表现出来。合同外收费往往由合同内的收费项目“衍生”出来，如所谓的条码费、端头费，促销活动中的条幅、花篮、空飘、地贴、墙贴、灯箱、DM 特别广告、人员管理等费用。

这些名目繁多的进场费中，一类是相对合理的收费，如新品上架费、促销费、返利等，因为这部分商品占据了大型超市的货架资源和人力资源，供货商必须支付相应的价格。“猫腻”主要出在另一类不合理收费上，且这类收费占了进场费的“大头”，如店庆费、补损费等，还有的收费是假借各种名义收取，甚至采取账外暗中的方式收取。

（二）关于进场费的争论

20 世纪 90 年代，家乐福开始进入中国，将其在发展中国家低成本快速扩张的模式带到了中国，通过向供货商收取进场费、占压货款的方式，赚取后台利润，实现了快速发展。由于当时中国国内零售业在反垄断、限制零售商滥用优势地位方面的法律法规不健全，而且当时外资零售企业在国内还能享受到很多税收和地租的优惠，收取进场费这种零售模式在国内得以迅速扩张。这种模式一开始就受到零售商的欢迎、供应商的反对，也引起经济学界、法学界的关注。

1. 赞成说

赞成者认为这是一种国际惯例，进场费实际上是大型超市和供应商之间一种非常正常的交易行为，理由有三点：①通道费可缓解大型超市资源稀缺性的矛盾。大型超市已经成为我国零售业的主要业态，供应商的存在和发展与大型超市息息相关，别是对于中小型企业来说，大型超市是市场销售提升的主要渠道。大型超市的客源、人气、服务和场地空间，对供应商而言是稀缺资源。要利用这种资源，供应商应支付一定的费用，从根本上来说，这也是一种交换的关系，可以缓解货架不足与商品过剩的矛盾。②通道费会引起交易成本的降低。社会交易成本降低是在既定条件下从整个社会资源配置的角度出发进行考虑的。从营销渠道内部来看，零售商为制造商提供更集中的陈列及展示场地，促进了产品的销售，提高了交易效率。零售商通过向厂商收取通道费，减少了对不同产品进行甄别、筛选的繁杂程序，从而大大降低了自己的交易成本。③通道费会引起优胜劣汰的效果。供应商为了尽量避免受人过度控制的局面，提高在进场费问题上讨价还价的实力，就得努力发展自身，争创品牌。进场费可以淘汰部分实力弱小的供应商，这不但符合优胜劣汰的自然竞争法则，还减少了资源的浪费，使社会资源得到更合理的配置，提高了效率。

2. 反对说

反对者认为，进场费损害了供应商的利益，加大物流成本，最终损害消费者的权益。首都经贸大学的陈立平分析说：“进场费必然要推动价格的上升，而且是消费者去买单。一些衬衫成本就是几十块钱，经常是零售价格人民币上千块钱。”中国商业联合会副会长王耀也表示：“一件服装的成本加价率从2.3倍可以到12倍。零售商收得越高，加价就越高。”进场费，这个中国式的“商业怪胎”，一方面不断侵占生产商的合理利润，另一方面又大肆盘剥消费者的腰包，侵蚀了中国经济，推高了全社会的物价基础。

仅仅从经济学的角度上对进场费进行分析显然是不够的，应当基于法学的公平价值观，从维护市场交易公正性的立场上分析，才能得出客观、全面地结论。作者认为，进场费是一种违反实质公平的不合理现象，属于滥用市场支配地位的限制竞争行为。

二、进场费不具有合理性

（一）违反超市的经营理念，最终影响大型超市自身的发展

超市作为一种营销的平台，主要是靠赚取进销差价、加快商品周转的方式存在和发展的。其核心是优化供应链，发挥零售业自身的优势，通过大规模采购，引入价格更低廉的商品，在低价的基础上再加价销售，赚取差价。由于是零售商自己直接从产地

采购商品，这样就省去了代理和进店费用的交易成本，采购的商品首先具有了价格优势；同时，发达国家零售企业有一支非常重要的经营队伍，就是采购人员，采购人员根据其对消费者的理解和丰富的商品知识，在国内甚至全球范围内选购消费者喜爱的商品，确保购买的商品能够迅速销售出去。事实上，像家乐福、沃尔玛这样的外国零售巨头在本土经营时，单笔生意的毛利并不高，但是它们经营能力很强，采购的产品一般都很受欢迎，销售周期短，周转速度快，销售额巨大。

如果要仅仅依靠采购、周转商品来赚取进销差价盈利，就需要零售企业想尽一切办法加强经营和采购能力，用物美价廉的产品吸引消费者。目前，由于进场费的出现和泛滥，越来越多的零售企业开始依赖出租货架、店铺资源，来收取进场费。实质上，很多大型零售企业已经退化成收取商业租金的“二房东”，其核心竞争力因而被大大削弱。进场费的存在，违背了大型超市的基本经营理念。由于销售的商品质量良莠不齐（收取进场费所致），品牌优势终会慢慢丧失，最终将影响大型超市的发展。长江商学院副院长滕斌圣说：“你卖的产品对于消费者创造一个什么样的价值，这是最根本的，如果消费者在你这里买不到他想要买，同时也是物美价廉的东西，这个渠道就是没有价值的了。”

（二）剥夺了中小供应商进入市场的资格，违反实质公平价值观

高额的进场费使得供应商叫苦不迭，中小供应商更是难堪重负。这种限制竞争行为造成实质上的不公平，在大型超市和供应商之间形成了一种显失公平的交易关系，为市场竞争规则所不允许。大型超市收取进场费，滥用了其占有稀缺资源的优势，构成了限制竞争行为。因此，“进场费是大型超市和供应商之间一种非常正常的交易行为”的观点是不成立的，“通道费引起优胜劣汰的效果”也是法律所不允许的。

图1是一个供应商需要缴纳进场费的实例，这样的费用是中小企业根本无力支付的。

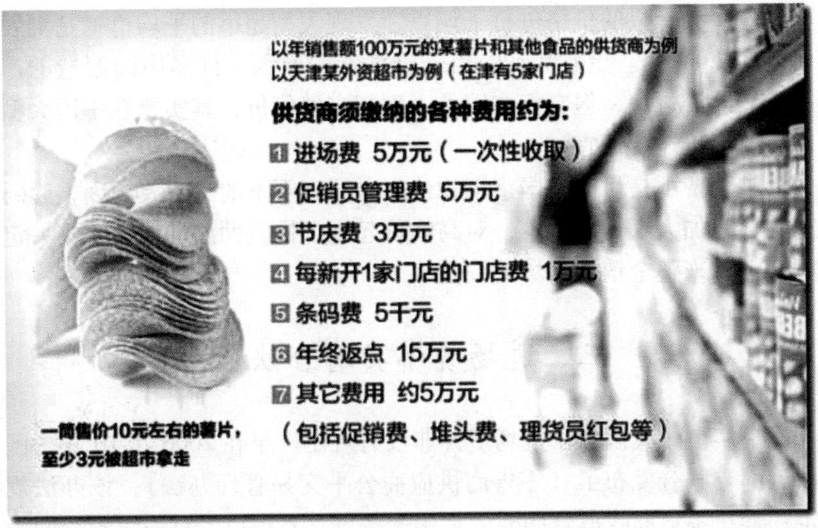

图1

根据有关统计，缴纳进场费的商品大体分三种情况：10%的A类商品是为了吸引客源，比如可口可乐等是完全不收通道费的，大卖场可以亏本或低利润销售；20%的B类商品是双方得益，主要是一些国际著名品牌以及较少部分的国内强势品牌，这类货品只收少量的通道费或不收费；70%的C类商品则要被征收高额通道费，大卖场获利，供应商只能获得较少盈利或做亏本买卖，而当前国内的绝大部分生产企业生产的商品均属于此类。

（三）推高物价，损害消费者利益

大型超市“坐地生财”的做法不仅在某种程度上推高了物价，也导致生产企业特别是中小企业利润越来越低，致使它们不断压低成本，甚至在产品质量上打折扣；面对高额的进场费，他们没有相应的利润空间进行消化，只好转移到商品价格上。质量不升反降，价格不降反升，最终受伤的其实还是消费者。正如一个生产薯片的供应商所说：“薯片的出厂价也就是最终零售价的一半左右，没有进场费，我的薯片肯定便宜不少，薄利多销嘛。”有记者在北京锦绣大地批发市场，对6种干果的价格进行了调查，发现大型超市的平均价格是批发市场的2.85倍。更有甚者，由于进场费的原因，许多中国制造的产品虽然漂洋过海，但它们在国外大型超市的售价，其实比在中国大型超市的售价还要便宜。

进场费不是目前中国市场物价水平居高不下的最主要原因，起码它的存在加大了物流成本，对高物价起到了推波助澜的作用，在一定程度上带来整个销售市场的混乱。

三、进场费不具有合法性

事实上，我国对于进场费并非没有规定。早在2006年10月，国家五部委联合发布了《零售商供应商公平交易管理办法》，该办法规定：禁止零售商收取合同外的促销服务费；不得以签订或续签合同为由收费或变相收费；不得收取超过实际成本的条码费；在未提供促销服务时，不得以节庆、店庆、新店开业、重新开业、企业上市、合并等为由收取供应商促销服务费用；等等。但是由于立法层次较低，处罚力度不够，执行得并不彻底。

2008年8月1日起实施的《反垄断法》作为市场经济的"经济宪法"，将滥用市场支配地位作为规制对象。为具体落实《反垄断法》的规定，国家工商总局颁布了《禁止滥用市场支配地位行为的规定》，自2011年2月1日起施行。依据上述法律法规，进场费应属于滥用市场支配地位的限制竞争行为。

（一）大型超市具有市场支配地位

《反垄断法》第十七条规定："市场支配地位，是指经营者在相关市场内具有能够控制商品价格、数量或者其他交易条件，或者能够阻碍、影响其他经营者进入相关市场能力的市场地位。"市场支配地位就是具有经济优势，包括绝对优势和相对优势。可以控制或影响市场竞争、占有较高市场份额时，市场主体拥有的是一种绝对的市场优势。市场主体拥有的经济优势并不仅限于此，有时虽然与其竞争对手相比并不具有绝对优势，但面对其交易相对人时，由于产品的独特性、占有资源的稀缺性等原因却具有一种交易中的相对优势。这种优势虽然不能使某一市场主体控制或影响市场，但却可以使其在具体的交易中居于有利地位，甚至可以决定交易的内容。大型超市尤其是超大型超市对于供应商，尤其是中小供应商而言，就具有这样的相对优势。前文已经提到的大型超市资源的稀缺性（包括销售渠道、货架位置等），是形成该优势地位的原因。在这种情况下，交易相对人在交易过程中处于劣势，甚至不得不接受优势主体提出的不合理的交易条件，正是进场费形成的深层次原因。

（二）大型超市收取进场费是滥用市场支配地位的表现

市场经济中一方主体拥有相对经济优势地位是正常的，也是无法避免的，因此法律并不限制或禁止市场主体拥有相对经济优势地位，但当交易相对人在市场交易中对于交易对象和交易内容的选择权受到限制的时候，就存在优势企业滥用相对经济优势地位的可能。我们很难给“滥用”行为确定一个权威的定义。《欧共体条约》第八十二条对企业滥用市场优势地位行为进行了规制，但也没有对“滥用”进行概念上的界定，而是具体规定了“滥用”的四种情形：（1）直接或间接强迫接受不公平的收购价格、销售价格或其他交易条件；（2）对生产、销售或技术发展施加对消费者不利的限制；（3）在相同的交易中，对其他贸易对手采取不同的条件，从而使其在竞争中处于不利的地位；（4）以对方接受额外的义务作为与其订立合同的条件，而这些额外义务按其性质或商业习惯与该合同并无联系。需要注意的是，判断滥用行为是否成立主要看优势企业提出的交易条件是否公平合理，如果交易对方当事人不得不接受不合理的条件并将其作为合同的条款，优势企业就应该是滥用了他的相对经济优势地位。进场费的收取与大型超市的经营理念是背道而驰的，并不符合交易规则，但供应商为了能够挤进大型超市，不得不接受高额的进场费，使之构成合同条款，此时，大型超市的行为就属于典型的滥用相对优势地位。

四、进场费的规制

（一）国外关于进场费的规制

针对目前已成为行业显规则的进场费，国外的立法和执法实践为我们提供了可借鉴的经验。20世纪30年代中期，美国曾出现过零售连锁企业向供应商收取各种费用的现象，包括交纳进场费、提高折扣比例等，使供应商不堪重负，最终迫使全美中小制造商及经销商联合起来向美国联邦法院上诉。在大法官的支持下，1936年美国国会出台了《罗宾逊-帕特曼法案》，该法案规定：对有可能垄断市场的商家不许向供应商收取进场费；禁止向供应商要求特殊折扣等不合理费用；对供应商不能采取大小有别的政策。该法案的出台使美国零售业发生了历史性的转变，并最终杜绝了零售连锁企业依靠压榨供货商获取利润的现象。

1991年，随着大卖场的出现，大规模滥用优势问题几乎扩展到所有业态。日本公平交易委员公布了一个《流通及交易习惯指导方针》，从法律上指明了五种大型零售业滥用优势地位的行为。1993年以后，日本发生了大规模的价格战，由于零售商大幅促销、打价格战，前台利润不断下降，零售商开始频繁地向供应商收取费用，而收取费用的直接后果就是供应商继续提高价格，双方矛盾愈演愈烈。经过多年讨论，日本废除了1954年和1991年的法规，在2005年重新制定了《关于确保零售业公平采购交易——限制人规模零售业滥用其优势地位的法规》，对大规模零售企业滥用优势地位的行为作出了非常清晰的界定，把大规模零售商滥用优势地位的行为由过去的五种扩大到十几种，对违反法律的行为由公平交易委员会进行仲裁，予以严厉处罚。

欧洲许多国家和地区对于大规模零售企业滥用优势地位的行为也是明令禁止的，例如，法国通过《反不正当竞争法》禁止收取进场费；爱尔兰和英国也通过相应的法律文件禁止收取进场费，不过英国允许为新产品上市按一定风险比例收取“推广费”。

（二）我国应采取的规制措施

1. 我国规制进场费的原则

目前，针对市场发育不成熟的现状，我国应当采取严格禁止的立法态度，杜绝滥用优势地位的行为所带来的销售市场的混乱，坚持不懈地遏制物价的上涨。

2. 加强常态监管，遏制进场费

除前述五部委集中开展清理整顿大型零售企业向供应商违规收费工作之外，为维护公平有序的市场环境，促进零售业健康发展创造良好的外部环境，对进场费应当实施常态监管，持之以恒地对其进行规制。

3. 充分发展行业协会的作用

为更好地杜绝进场费，应当充分发挥行业协会的作用。行业协会可以保障行业会员利益，减少零售商对供货方的控制。同时，众多的边缘企业也可以通过行业协会加强自身力量，争取与零售商进行交流的话语权。这一点对于中小供应商来说尤其具有现实意义。行业协会还可以发挥良好的自我约束和内部监管职能，避免业内企业之间的恶性竞争及投机行为。2006 年 6 月 14 日，上海炒货行业协会宣布，协会名下占全国炒货市场 8 成市场份额的 10 家会员企业（包括阿明、正林、洽洽等）集体“暂停”向家乐福（中国）的 34 家大卖场供货。在此之后，水产、内衣、烟、酒、糖、茶等十多家行业协会纷纷对炒货行业协会表示声援，接着又传来南京家乐福也遭供货商“讨伐”、全国性瓜子名牌“傻子”瓜子也申请加入炒货行业协会的消息。同时，中国造纸协会以及生活用品专业委员会下属近 40 家企业在上海召开“进场费问题研究会暨声援上海炒货行业协会会议”，整个事件造成极大影响。经过若干轮谈判，由炒货行业协会与家乐福（中国）签订新一年的购销合同，较好地维护了本行业企业，尤其是中小企业的权益。这是一个极为成功的抵制进场费的案例，行业协会发挥了重要作用。

五、结 论

对进场费仅仅从经济学的角度上去分析显然是不够的，应当基于法学的公平价值观，从维护市场交易公正性的立场出发，只有如此才能得出客观、全面地结论。作者认为，收取进场费是一种违反实质公平的不合理现象，属于滥用市场支配地位的限制竞争行为。它的存在一方面推高了物价水平，另一方面也使消费者和供应商苦不堪言。所以，我国应当采取严格禁止的立法态度，杜绝其导致的销售市场的持续混乱和物价的不断攀升，依法规制大型超市向供应商征收进场费的行为。

参 考 文 献

［1］张瑞萍．反垄断法理论与实践探索［M］．长春：吉林大学出版社，1998.

［2］张昕竹．中国规制与竞争：理论与政策［M］．北京：社会科学文献出版社，2000.

［3］孔祥俊．反垄断法原理［M］．北京：中国法制出版社，2001.

［4］邵建东．德国反不正当竞争法研究［M］．北京：中国人民大学出版社，2001.

［5］杨凯．通道费现象的性质和法律规制［J］．法学，2003（4）：15.

［6］张严方．消费者保护法研究［M］．北京：法律出版社，2003.

［7］刘凤．竞争法视野中的通道费现象［J］．经济社会与发展，2004（4）：12.

［8］金永生，王正选．零售企业经营与管理［M］．北京：北京工业大学出版社，2004.

[9] 王全兴. 经济法前沿问题研究 [M]. 北京：中国检察出版社，2004.
[10] 吴志攀. 经济法学家 [M]. 北京：北京大学出版社，2004.
[11] 王继军. 市场规制法研究 [M]. 北京：中国社会科学出版社，2005.
[12] 王先林. WTO 竞争政策与中国反垄断立法 [M]. 北京：北京大学出版社，2005.
[13] 刘进. 通道费、零售商滥用市场支配地位与反垄断法规制 [J]. 湘潭大学学报（哲学社会科学版），2008 (3)：10.

重大误解与电子商务合同
——一起打折机票退票案引发的思考

贾 翱
（东北财经大学法学院 116025）

摘 要 我国《合同法》规定了因重大误解订立的合同属于可撤销合同的一种，并建立了相关规则。由于电子商务合同的特殊性，在电子商务环境下重大误解的认定标准应与日常纸质交易环境有所不同。我国的一些司法判例在认定重大误解时，没有考虑电子商务合同的特殊性，使司法判决的公信力受到质疑。西方一些发达国家已经建立了有关电子合同错误的规则。我国应参考借鉴相关立法成果，以完善电子商务法律制度，为类似案件提供良好的法律规范。

关键词 电子商务合同 格式条款 重大误解 撤销权

一、问题的提出：一起机票退票案及相关案例

2008年1月9日上午，某消费者（原告）与友人回哈尔滨，在某电子商务网站用自己的信用卡订购某航空公司（被告）当年1月17日下午的上海至哈尔滨单程飞机票两张。两位客人于1月17日下午到达上海浦东机场时才发觉所购机票的日期实际为2008年2月17日，后另购机票到达哈尔滨。事后原告在网上通知被告航空公司，告知其具体情况并要求退票。原告请求撤销原告与被告签订机票订单的行为，由被告退还原告已支付的机票费1 180元，被告以该机票是低折扣、高限制的特殊仓位（B舱）客票为由，拒绝了原告的请求。

上海法院认为，原告在购买特价机票时，被告已特别提示告知4折以下舱位的机票不得退票、转签和变更，对此，原告确认后应当接受相关条款的约束。主张重大误解而行使撤销权的当事人应举证证明对合同性质，当事人特定身份，标的物性质、质量、价值等主要条款发生了误解，且误解造成了对当事人的重大不利后果；订购机票在日期和价格等方面即使出现错误，都不属于对合同标的的存在或性质有关的事实上出现的重大认识错误，不能作为重大误解的理由。法院对原告以误订机票日期为重大误解而主张撤销其购票行为的诉请，作出不予支持的判决。①

该案例引起了学者的注意，并对法院判决的理由进行了评论。②在实践中，这样的案例并不少见，有些甚至成为媒体所讨论的热点。据媒体报道，有人“在南航订了 12 张特价机票，因为搞错时间想改签或退换，却发现根本不可能”。有位女性网友在微博上大倒苦水，她说，补齐全款也不能改签，近万元的机票钱打了水漂。记者致电114 航空订票热线，服务人员对记者说：“订购类似 3 折这样的特价机票，不得改签、不能退票，如果不能按时登机，机票只能作废，最多只能退还 100 多元的基建费和燃油附加费。”当记者对这一规定提出质疑时，服务人员告诉记者：“所有航空公司的所有线路都是如此执行的。”③

另外一起引起广泛关注的案例，也与机票相关。2011 年 3 月 14 日，北京律师刘××在南航网站上订购了 4 月 13 日、15 日从北京到南宁的“快乐飞”往返机票。付款后，她发现自己返程时间不是 15 日而是 16 日，于是致电南航客服要求更改机票时间，结果被告知该票不得“签改退”。无奈之下，刘××只得重新购买了一张 16 日的返程票，并将 15 日的返程票退掉。然而，南航只退还给刘××机场建设费和燃油附加费共计 140 元，机票款 630 元并未退还。刘××于是将

① 内容参见上海市长宁区人民法院（2008）长民一（民）初字第564号民事判决书。

② 徐澜波．因重大误解而撤销或变更合同的法律问题——由旅客错误购买特价航空机票不能“签转退”引发的思考［J］．法学，2009（4）：122.

③ 郭丽君．特价机票不退不换太霸道［N］．光明日报，2011-06-14（10）．

南航起诉至法院，要求返还机票款630元。

在上述案例中，有如下三个共同点：第一，当事人都是在网络上购买的机票；第二，当事人购买的是打折机票，均面临航空公司“特价机票不能退票”的条款制约；第三，当事人订票过程中对机票的日期产生了错误认识，从而产生了撤销合同的诉求。在具体的诉讼过程中，当事人的诉讼请求则有所不同。有的当事人试图依据《合同法》第五十四条重大误解的规定撤销合同，或者通过《合同法》二百九十五条实现“签改退”的权利，而有的当事人则试图通过格式条款规制而使合同归于无效。在上述案例中，几乎所有的当事人都忽略了合同缔结的特殊方式，即网络交易。本文试图从案例出发，围绕这些案例提出的相关问题进行讨论。

二、法院判决理由检讨

对于上述上海案例，有研究者进行了深入评析，认为法院的判决理由存在不妥。法院判决理由主要有两个：第一个理由是，根据《民法通则意见》的规定，对标的物的期限的重大误解不属于重大误解，因此，该种行为不属于可以撤销的行为，也就是不能退票。第二个理由是，双方有约定，四折的机票不能退票。法院的这两个理由是有针对性的。因为本案原告的诉讼请求是希望能够撤销其通过网络与航空公司订立的合同，而欲实现这一请求权，在《合同法》上有两个请求权基础：第一个是通过《合同法》中的“重大误解”制度；另外一个是通过《合同法》第二百九十五条旅客方依法享有在约定或法定期限内变更或解除合同的权利。

在上述两个理由中，第二个理由很难成立。因为双方有明确的约定，四折机票不能退票。该约定毫无疑问属于格式条款。根据《合同法》第四十条的规定：格式条款凡是具备合同绝对无效条件之一的，一律无效；凡是规定造成对方人身伤害而予以免责的，规定因故意或重大过失给对方造成财产损失而予以免责的条款一律无效；凡是免除提供格式条款一方当事人主要义务，排除对方当事人主要权利的条款，一律无效。那么，本案中的格式条款是否符合这种“排除对方当事人主要权利”的情形而应归于无效呢？在实践中，有人提出了这个观点，并且有学者认为，打折机票不得“签改退”是一个显失公平的格式合同条款，虽然航空公司明示不得“签改退”这一使用条件，也不能使这一条款具有合法性。根据《合同法》和《消费者权益保护法》的规定，作为格式合同的提供方，航空公司利用谈判地位的不平等，把对自己有利的条款强加于缔约的另一方，这种条款即便是经过明示，也是无效的。

但是本文认为，这样的观点并不成立：第一，“签改退”的权利是否是“主要权利”尚需进一步论证。旅客购买车票是为了得到客运服务，“签改退”并非旅客的主要权利，旅客可以通过审慎的行为避免“签改退”行为的出现。第二，这种格式条款难谓不公平。如果消费者以正常价格购买机票时，消费者并没有丧失“签改退”的法定权利。航空公司实际以较低的价格换取了消费者放弃“签改退”的权利。这是一种至少在形式上等价的交换。在北京律师刘××诉南航案中，法院也持类似观点。法院一审判决认为，刘××购买的机票为特价三折机票，低价格是南航吸引乘客的一种促销手段，享受的则是与全票价相同的服务，南航将不得“签改退”作为使用低价票的条件，并非不公平、不合理，也不违反法律规定。[①] 第三，如果类似的条款在司法实践中被法院认定为显失公平，而作出相反的判决，即允许当事人在订购机票以后，以重大误解为由撤销合同，那么航空公司“不得退票”条款的意义何在呢？退票如果变得轻而易举，必然会增加航空公司的成本，而航空公司也势必将该成本转嫁给消费者。这样的判决结果只能导致特价机票被取消，而不利于广大的消费者。因此，在认定不公平的格式条款时，应该采取审慎的态度，双方约定不得“签改退”是有效的。

接下来需要探讨的一个问题是，双方这种不得“签改退”的约

① 党小学．女律师就打折机票“霸王条款”诉南航案，一审判决：不退不改签“并非不公平”［N］．检察日报，2011-11-30（7）．

定，排除了依据《合同法》第二百九十五条进行“签改退”的权利，那么是否能够排除依《合同法》第五十四条以重大误解为理由而产生的撤销合同的权利呢？首先需要回答的是，《合同法》第五十四条规定的这种撤销权可以依双方当事人的合意加以排除吗？本文认为，合同当事人达成的合意只要没有违反法律的强制性规定和社会公共利益，法律应当予以尊重。除非这种合意是在不平等的条件签订的。比如，如果航空公司利用其优势地位迫使乘客接受了这一不公平的格式条款，则当事人仍然可以合意排除这种撤销权。但问题的关键在于，在上述案例中，四折机票不得“签改退”的约定，是对重大误解撤销权的排除吗？本文认为该约定不能认定为是对双方当事人对因重大误解而产生的撤销权的排除。第一，按照通常的理解，对于双方不能退票的约定是对《合同法》第二百九十五条的合意排除。《合同法》第二百九十五条规定：“旅客因自己的原因不能按照客票记载的时间乘坐的，应当在约定的时间内办理退票或者变更手续。逾期办理的，承运人可以不退票款，并不再承担运输义务。”旅客的这种解除或变更相对于因承运人原因造成的旅客不得不解除或变更而言，是自愿解除或变更。同时旅客的这种解除或变更是其权利，承运人除按规定收取一定比例的手续费外，应按旅客的要求变更客运合同的内容，或者将剩余票款退还给旅客，承运人不得拒绝解除或变更。这种解除或变更客运合同的具体形式就是客票的“签改退”。第二，如果对合同条文的理解出现争议，应该作出对条文制定者不利的解释。在该条款是否排除了因重大误解而产生的请求权方面，双方当事人如果不能达成共识，应该作出对航空公司不利的解释。如果合同双方的意图是排除该撤销权的，应该达成特殊的约定。第三，不得退票的约定作为合同的一部分，仍然有可能是因为重大误解作出的。所以，赋予当事人以撤销权是十分必要的。

如果双方当事人的约定不能排除乘客依重大误解为由要求撤销合同的权利，那么还有一个问题需要解决，旅客自己弄错日期是否符合《合同法》中的“重大误解”。因为误解人本身具有一定的过错，所以，我国的《民法》不保护发生误解的当事人，而只保护“重大误解”的当事人。那么，在这个案例中，当事人对于日期的误解属于“重大误解”吗？毕竟在《民法通则》中，立法者所列举的重大误解的情形不包括合同的期限。相关国家的民法典以及学理上对足以影响民事行为和合同效力的“误解”或“重大误解”的规定和描述，基本上揭示了“误解”或“重大误解”的对象或内容的本质，即“误解”或“重大误解”是指民事行为或合同当事人表示的重要的意思或合同内容错误。至于其中的“重要的意思或合同内容”的内涵是什么，有研究者提出，其本质要求一般可以从以下四个方面来把握：①错误表示的内容是否为合同标的物的本质；②意思表示的错误是否影响到合同目的的实现；③如果当事人在为意思表示时就知道该错误的后果，则不会作出此意思表示；④是否属于交易上所认为是重要的民事关系或合同关系要素方面的错误。如果同时还要结合错误表示的后果来衡量的话，则还可以从“误解人是否为此受到较大损失”方面来考虑。由上述分析可知，《最高人民法院关于贯彻执行〈中华人民共和国民法通则〉若干问题的意见》第七十一条规定的“行为人因对行为的性质、对方当事人、标的物的品种、质量、规格和数量等发生错误认识”等情形，无疑是符合重大误解的内涵的，而行为人对民事法律关系或合同关系的标的物的数量、包装、履行方式、履行期限等内容的错误认识，只要具备上述四项内容和要求之一或者与之类似，理当作为对“重要的意思或合同内容”的错误理解或表意。①

综上所述，在这个案例中，上海法院判决的理由值得商榷，不管法院判决的结果是否合理，但支撑法院判决的两个理由是站不住脚的，难以让当事人信服。

三、被忽视的交易方式：电子商务合同

事实上，从诉讼的角度分析，上海法院完全可以换个角度来完成

① 徐澜波．因重大误解而撤销或变更合同的法律问题——由旅客错误购买特价航空机票不能“签转退”引发的思考［J］．法学，2009（4）：122.

判决，即通过证据问题来解决该件个案。原告主张存在重大误解，需要提出证据证明自己的主张，那么在这个案例中，原告如何证明自己存在重大误解呢？有这样一种可能，购票人买的确实是2月17日的机票，突然有事情要提前回哈尔滨，但是由于购买的是四折机票结果不能退票，因此起诉到法院，以重大误解为由要求撤销合同，也就是退票。那么，这种合理的怀疑如何排除？原告需要提供何种证据才能证明内心发生了错误认识呢？事实上，防止当事人借助“重大误解”制度获得不合理的利益，大概正是上海法院作出判决的初衷。

证据问题是诉讼法上的问题，不影响实体法问题的论证。如果法律赋予了当事人一种在诉讼上根本无法实现的权利，有什么实际的意义呢？而之所以会出现这种举证上的困难，源于交易方式的特殊性——缔约是通过网络进行，双方签订的合同属于电子合同。没有实际的磋商过程，合同的成交只是通过点击的一瞬间来完成的。原告很难证明自己在这一瞬间内心的真实想法。我们看到，电子合同具有特殊性，具体如下：

首先，从商业机构的角度分析，商业机构无法对交易相对人是否存在重大误解进行判断。在非电子商务环境下，商业机构在面对面的磋商过程中，可以对对方是否存在误解进行判断，并采取一定的防范和避免措施。而在电子合同的订立过程中，这种防术措施难以采用。事实上，不仅仅在重大误解的场合，在无民事行为能力人和限制行为能力人的场合更为典型。崔建远教授认为，电子合同的签订通过基于网络的虚拟市场进行，当事人之间大多互不谋面，有无相应的行为能力，不易查考，若一定要调查清楚，成本高昂，就会失去电子合同的优势。有鉴于此，越来越多的专家主张，当事人及其法定代表人不得以欠缺相应的行为能力为由影响合同的效力。在这方面，我国台湾地区《电信法》规定，无行为能力人或限制行为能力人使用电信之行为，对于电信事业，视为有行为能力（第九条）。这具有相当的合理性，值得采纳。[①] 打比方说，未成年人订立的合同是一个有瑕疵的合

① 崔建远．合同法［M］．北京：北京大学出版社，2012：92.

同，未成年人由于智力和精神的发育未臻成熟，所以在意思表示能力上有瑕疵，对于未成年人订立的合同，传统的《合同法》会给予救济。但是在电子合同场合，这种瑕疵被忽视了，有瑕疵的合同被视为没有瑕疵的合同。在对电子合同的产生重大误解的场合，订立的合同同样是一个有瑕疵的合同，但是按照无民事行为能力和限制民事行为能力人的处理思路，法律应该按“同样问题，同样处理”的原则，也将之视为一个没有瑕疵的合同。

其次，从消费者来说，电子商务合同也有其特殊性：第一，人无完人，在电子商务环境下，电子技术传输速度极快、电子订约效率较高，电子交易的双方当事人因自身疏忽而致输入性错误也是难免的，法律不应该对错误方进行“自吞苦果”式的简化处理和继续维持错误。第二，作为消费者，在非电子商务环境下，消费者作为弱势群体受到法律较多的关照；而在电子商务环境下，消费者的弱势群体地位更加明显，获得法律救济的需要也更为强烈。

我们看到，正因为电子商务合同具有特殊性，使得交易的外部约束条件发生了重大变化；而传统的法律关于重大误解或错误制度是建立在对传统的交易方式考量之上。在传统的交易方式中，赋予发生重大误解的当事人以合同撤销权，平衡了合同双方当事人的利益；合同的另一方当事人可以在交易过程中提醒对方，避免重大误解的出现；而发生误解的当事人也有必要谨慎行事，避免发生误解。但是，在缔约环境改变的情况下，双方当事人的均衡已被打破，如果固守以往的规则，就会在解决实践争议的时候出现问题。在上述打折机票退票案中，如果固守重大误解的规则，那么得出的结论则不能令人信服。

四、电子商务合同中重大误解的立法比较

立法者对于电子商务合同中的重大误解需要在消费者和商业机构之间进行平衡。世界上一些发达国家已经立法对这个问题进行了规制，可以引以为鉴。

有关电子错误及其法律后果，美国《统一电子交易法》第十条

第二款规定："在涉及个人的自动交易中，该个人可以使在与另一方当事人的电子代理人进行交易过程中源于本人错误的电子记录不产生效力，如果该电子代理人未能提供预防或纠正错误的机会并且在该个人知悉此错误时，该个人：(A) 立即向另一方当事人通知此项错误和其不欲受另一方当事人所收到的电子记录拘束的意思；(B) 采取合理步骤，包括采取符合于另一方合理指示的步骤，向另一方返还由于错误的电子记录所收到的对价，或者根据另一方当事人的指示，销毁此对价；且（C）没有从另一方当事人收到的对价中使用或接收的任何利益或价值。"加拿大《统一电子商务法》第二十二条规定："在自然人与另一人的电子代理人订立的电子文件中，如果该自然人在文件中存在实质性错误，且存在下列情形，则该电子文件没有法律效力且并不可执行：（a）电子代理人没有向该自然人提供防止或纠正错误的机会；（b）该自然人在知悉错误后按实际可行尽可能快地通知另一人，指出自己在电子文件中存在错误；（c）该自然人采取了合理步骤，包括按照另一人的指示返还由于错误所收到的对价，或依指示销毁该对价；且（d）该自然人未从另一人收到的对价中接受任何实质性利益或价值。"

《欧盟电子商务指令》第十一条第二款要求自动计算机系统给当事人纠正错误提供机会。在执行《欧盟电子商务指令》的过程中，各国针对当事方未能提供发现并纠正电子合同谈判中差错的程序，增加了相关后果的规定。在德国，其后果是延长了消费者可取消合同的期限，该期限从商户履行其义务时才开始计算。在英国，其后果是消费者"应有权取消合同，除非对有争议的合同具有管辖权的法院应服务提供商的申请发出另外的命令"。①

《国际合同使用电子通信公约》（以下简称《公约》）是联合国国际贸易法委员会在联合国框架内所制定的第一个电子商务领域的全球性国际公约。该《公约》旨在寻求各国立法关于电子合同缔结规

① 刘颖，何其生．《国际合同使用电子通信公约》对我国电子商务立法的启示[J]．暨南学报（哲学社会科学版），2009（4）：77.

则的统一，消除国际合同适用电子通信的法律障碍，消除现有国际贸易法律文件在执行中可能产生的障碍，加强国际贸易合同的法律确定性和商业上的可预见性，有助于促进国际贸易的稳定发展。《公约》确立了新的电子商务国际规则，具有里程碑式的意义。《公约》缔约国有义务修改其国内立法以使其符合《公约》的规则。一旦采用，《公约》规则的效力将高于国内法的效力。① 根据《国际合同使用电子通信公约》，其关于电子订约错误的规定见于第十四条“电子通信中的错误”，该条规定，一自然人在与另一方当事人的自动电文系统往来的电子通信中发生输入错误，而该自动电文系统未给该人提供更正错误的机会，在下列情况下，该人或其所代表的当事人有权撤回电子通信中发生输入错误的部分：（A）该自然人或其所代表的当事人在发现错误后尽可能立即将该错误通知另一方当事人，并指出其在电子通信中发生了错误；而且（B）该自然人或其所代表的当事人既没有使用可能从另一方当事人收到的任何货物或服务所产生的任何重要利益或价值，也没有从中受益。此外还规定，本条中的规定概不影响适用任何可能就除了第一款中所提到的错误之外的任何错误的后果作出规定的法律规则。②

对于电子通信中的人为错误问题，我国《电子签名法》中没有相应的规定，而且我国其他立法也未就此作出专门的规定。这不利于我国对这类纠纷的解决，也不利于我国电子商务的正常健康发展。我国应该参照美国、加拿大、欧盟等立法，尤其是借鉴《国际合同使用电子通信公约》的相关规定，对电子通信中的人为错误问题进行专门规定，在自然人与自动电文系统交易的过程中，允许发生错误的当事人在自动电文系统未向其提供更正错误的机会时撤回电子通信中发生错误的部分。③

---

① 刘万啸．《国际合同使用电子通信公约》适用问题研究［J］．政法论坛，2007（6）：22.

② 吴晓辉，孙占利．电子订约中的输入错误研究［J］．科技与法律，2007（4）：48.

③ 刘万啸．电子通信错误对合同效力的影响［J］．政法论坛，2011（2）：45.

五、B2C电子合同中重大误解的市场规则

事实上，忽略电子合同中意思表示的瑕疵具有合理性。在合同交易中，事实上，对一方当事人提供救济的同时，要考虑对方当事人的交易安全问题。在电子合同的订立过程中，如果法律给予误解人法定的救济渠道，首先，会使得对方当事人提高交易的成本，在购票、购物等场合，这种提高的交易成本必然最终转嫁给消费者，甚至降低消费者的消费意愿，从而损害整个电子商务环境。2011年1月，中国互联网络信息中心（CNNIC）发布了《第27次中国互联网络发展状况统计报告》。报告显示，到2010年12月底，网络购物用户规模达到1.61亿，使用率提升至35.1%，网络购物用户规模年增幅48.6%。网上支付、网上银行的使用率迅速提升，团购用户的规模达到1 875万，在网民中占4.1%，更多的经济活动已大步跨入互联网时代。

科斯定理是由罗纳德·科斯提出的一种观点，他认为，在某些条件下，经济的外部性或曰非效率可以通过当事人的谈判而得到纠正，从而达到社会效益最大化。科斯本人从未将定理写成文字，而其他人如果试图将科斯定理写成文字，则无法避免表达偏差。关于科斯定理，比较流行的说法是：只要财产权是明确的，并且交易成本为零或者很小，那么，无论在开始时将财产权赋予谁，市场均衡的最终结果都是有效率的，实现资源配置的帕雷托最优。

哈耶克以是否涉及权力要素为标准，将社会规则界定为内部规则和外部规则。前者是经由那些偶然采用了某个行动策略的人们在一个不知其由来，亦不知其所终的缓慢过程中不断的试错互动而来，它们是社会在长期的文化进化过程中自发形成的产物，是一种自生规则；而后者则是由权力中心或立法者设计、规划，或采取其他方式供给的制度安排，其往往表现为特定组织的特定规则，是仰赖于权力等外部要素形成的外生产物。在哈耶克的分析脉络中，不同于服务特定“组织秩序”的外部规则，自生而来的内部规则才是真正“有助于自

由或内部秩序”的制度装置。①

在电子合同订立的场合，在法律规则缺位的情况下，市场为解决这一问题形成了自己的规则。例如，网上最大的B2C购物平台淘宝网推出了7天无理由退货条款。“7天无理由退换货”是指，用户(下称“卖家”)使用淘宝提供的技术支持及服务向其买家提供的特别售后服务时，允许买家按本规则及淘宝网其他公示规则的规定对其已购特定商品进行退换货。具体来说，当淘宝网买家使用支付宝服务购买支持“7天无理由退换货”的商品，在签收货物（以物流签收单时间为准）后7天内（如有准确签收时间的，以该签收时间后的168小时为7天；如签收时间仅有日期的，以该日后的第二天零时起计算时间，满168小时为7天)，若因买家主观原因不愿完成本次交易，卖家有义务向买家提供退换货服务；若卖家未履行其义务，则买家有权按照本规则向淘宝发起对该卖家的投诉，并申请“7无理由退换货”赔付。

六、结　语

由于相关法律规则的缺失，电子商务合同的特殊性没有被法院纳入认定重大误解时的考量范畴，这使得相关的司法判决公信力面临质疑。在电子商务环境下，“重大误解”的认定标准应与日常纸质交易环境有所不同。西方一些发达国家通过立法建立了电子合同错误的规则，而我国在这方面的立法仍然处于空白状态。应该参考并借鉴相关立法成果，完善我国电子商务法律制度。

① 吴元元. 规则是如何形成的——从哈耶克的“自发演进”论开始［J］. 西南政法大学学报，2006（4）：4.

股权转让与股权变动效力之研究

黄晓文

（大连市甘井子区甘井子法律所 116033）

摘 要 有限责任公司股权转让中受让人取得股权的时间点如何确认，是《公司法》实施以来民商事案件中常出现的问题，法律界对此存在争议。笔者认为，正确把握取得股权的时间点，涉及对股权转让（合同）效力与股权变动效力相互关系的分析。本文以笔者亲自代理的一宗民商事案件为例，力图对此问题进行较为深入的探讨。

关键词 股权转让效力 股权变动效力 股权取得时间点

一、基本观点

股权转让（合同）效力与股权变动效力，系两个不同的法律概念。股权转让效力又称股权转让合同效力，系从法律角度对双方股权转让合同的有效性所进行的综合评判。股权转让合同效力体现的是双方的意思表示，是指转让人与受让人之间对于股权移转事项形成的合意及对双方产生法律约束力。合同订立后，转让人有权请求受让人支付的价款，受让人有权请求转让人移转股权于其名下，同时享有股权交付和违约赔偿的请求权；转让人还应及时履行交付股权之义务，承担股权瑕疵担保责任等。股权变动效力，是指股权转让合同生效之后，法律对各当事人完成股权移转过程及效果的评定。股权变动效力取决于股权的实际交付，只有完成股权交付，受让人才能取得股东资格。而股权交付或实现股权变动，通常是以出资证明书、公司股东名册、工商登记文件等作为表现形式，即《公司法》第三十二条、第三十三条规定之内容。可见，股权转让合同效力与股权变动效力，系两个具有密切关联又有相互区别的法律概念。

股权转让合同效力与股权变动效力二者的区别如下：

股权转让合同效力的行为主体是转让人与受让人；其着力于行为人对于股权转让一致的意思表示；产生效力的时间通常为股权变动的初始阶段，以双方订立股权转让合同为时间点。股权转让合同的生效，标志着双方权利与义务关系的确定，对双方产生法律上约束力。在《公司法》暂无明确规定情形下，双方在股权转让合同的权利与义务关系，适用《合同法》予以调整。

股权变动效力，则是股权转让合同成立并生效后，在股权实际转让和股东资格继受过程中，各方当事人履约行为或履行法定义务行为。需特别强调的是，在这一过程中，更多体现的是公司意志及行为，以实现股权变动。转让人或者受让人将已订立股权转让合同的事实告知公司后，公司应当及时依法办理公司内部股东变更登记，完成公司“股东名册”等材料的变更登记手续。变更登记完成之日，即为股权变动生效或实现股权变动的时间点。以后，公司据此所进行的公司章程修改、办理工商变更登记，仅为依法设立公示及对抗效力，与实现股权变动无关。

有关股东受让取得股权的时间点，法律界一直存有争议。观点一认为，受让继受股权的，从股权转让合同生效之时完成股权变动。而取得股权后，要求变更股东名册、工商登记等是基于股权的准物权效力，意在股权登记后取得相应的对抗效力，即股权转让合同生效之时，股权由出让股东移转至受让股东，当受让股东姓名或名称登记于股东名册，则其取得对公司的对抗效力，当工商登记变更之时，其取得对第三人的对抗效力。观点二，公司内部股东之间相互转让时，股权转让合同成立并生效后，出让方或受让方应当承担将股权转让事实告知公司并要求公司进行变更登记之义务，公司应当及时召开公司股东会，以股东会决议发生法律效力之时确认股权移转的时间点。观点三，无论原始出资、增资扩股或继受股权的，股东都应该从股权工商登记完成之日取得股权，因为股权的变动不仅需要股权转让合同生效，还需要完成股权转让事实登记，股权变动是对股权转让合同的实际履行。

对于上述三种观点，笔者认为，股东取得股权的时间点应以受让股东身份取得之时为准。股东身份取得的实质性要件是向公司出资或者认购股份，而股东身份取得的形式要件则应满足《公司法》第三十三条，股东姓名或名称被记载于出资证明书及股东名册。在有限责任公司内部股东之间股权转让中，继受人取得受让股权发生于股权转让合同生效之后，股权取得时间点，以其姓名或名称被登记于公司股东名册为最终标志。

综上，股权转让合同效力产生于转让人与受让人之间，而股权变动效力发生于二者与公司之间，系不同的法律关系。股权转让合同是发生股权变动之因，而股权变动则是实现股权转让之果。二者具有因果关系又具有区别。前者着力于转让人与受让人之合意，开启股权转让的起始点；而后者强调了各方当事人实施股权移转的过程。

以下，笔者以亲自代理的一宗民商事案件为例，除对全案进行分析外，力图对上述观点予以探讨。

二、当事人基本情况

上诉人（原审被告）：大连××机器有限公司

住所地：大连市高新园区七贤岭基地火炬路××号

法定代表人：王××　该公司董事长

上诉人（原审被告之一）：王××　男　1949 年 7 月 18 日出生　汉族　系大连××机器有限公司　董事长

现住址：大连市西岗区东麓巷××号×－×－×

被上诉人（原审原告）：陈×　男　1950 年 8 月 12 日出生　汉族　系大连××机器有限公司　退休工人

现住址：大连市甘井子区秀水路×号×－×－×

三、原告诉讼请求及二被告答辩情况

原告陈×诉讼请求：（1）请求确认陈×在被告大连××机器有限公司11.13%股份权利。（2）请求判令被告王××公开公司历年财务会计报告及其明细表。（3）请求判令被告王××按照公司章程给原告分配利润。

陈×的具体理由如下：其一，庭审中原、被告提供的工商档案及《股东股份转让协议书》证实陈×持有大连××机器有限公司11.13%的股权，是被告伪造了工商局备案的《大连××机器有限公司股权转让协议书》变更股权。其二，王××与陈×于2010年8月10日签订的《股东股份转让协议书》没有成立。该《股东股份转让协议书》缺少合同的必备条款（没有约定转让对价）而属于没有成立的协议，对当事人没有约束力。其三，股权转让协议的成立与效力应该依据《公司法》相关规定认定，工商登记只是股权变更的公示方式，不作为股权转让合同成立和生效的要件。二被告（另一为大连××机器有限公司）于2010年12月1日伪造陈×签名编造一份虚假的大连××机器有限公司股权转让协议书进行工商变更登记，不发生股权转让的效力。其四，2010年8月10日签订的《股东股份转让协议书》系显失公平的合同，王××使用欺诈手段（其说要分配股利，让陈×到公司财务室，由会计提供空白合同，领取一万元的收据并加盖公司公章，使陈×误认为是领取公司股利）让陈×在一万元收据上签字，并诱导陈×在没有对价、所谓的《股东股份转让协议书》上签字，故该协议属于没有成立的协议。

二被告均作出了书面答辩。

被告大连××机器有限公司辩称：（1）陈×的三项诉讼请求，分别为股权确认之诉、股东知情权之诉及公司盈余分配之诉。陈×享有11.13%股东权利的前提，是陈×具有股东资格。陈×享有知情权及盈余分配权的前提，也是陈×必须具有股东资格。根据民事证据规则，陈×应对自己具有股东资格承担举证责任。现存于工商登记机关，最后一次公司变更登记中，并没有关于陈×是公司股东及所持股权的记载。鉴于工商变更登记具有公示及对抗效力，故大连××机器有限公司认为，陈×不具有公司股东资格。（2）公司财务报告历来都随时向各位股东开放，从未限制过股东的知情权。（3）依照法律及公司章程相关规定，盈余分配的条件是公司经营产生税后利润，因公司多年亏损，公司股东会未曾作出过利润分配方案。（4）陈×在起诉书中较多提及2010年8月10日股权转让及2010年12月1日的公司登记行为，陈×所述内容与事实不符。大连××机器有限公司认为，人民法院奉行“不告不理，不诉不审”的基本审理原则。陈×在没有提起股权转让效力之诉的前提下，无权要求人民法院对股权转让事实及适用法律进行审理。股权转让的效力，依法不是本案审理的范围。

被告王××辩称：（1）同意被告大连××机器有限公司答辩意见。（2）陈×三项诉讼请求的诉讼标的，均是基于陈×与大连××机器有限公司之间产生的实体法律关系，股权确认的相对方是公司；而公开财务会计报告及决定批准分配盈余，亦属于公司行为。王××只是履行职务行为，故王××依法不能成为本案的义务主体，陈×列王××为本案被告系起诉主体有误。（3）不存在王××向陈×支付1万元“股利”、“伪造”股权转让协议书、“无偿”转让股权等事实。有证据证明，在履行双方所签“股东股份转让协议书”中，王××向陈×支付了一万元股权转让金。现存于工商登记机关的“股权转让协议书”，填写的依据及基础，是2010年8月10日陈×与王××之间订立的“股东股份转让协议书”。不存在任何伪造的事实，陈×所述事实有误。

四、原审查明案件事实

原审法院查明，2002年5月21日，陈×、王××及其他股东申请成立大连××机器有限公司，陈×占公司12%股份，王××占14%股份并任公司法定代表人。后几经变更，陈×的股份变更为11.13%。

2010年8月10日，陈×与王××签订一份《股东股份转让协议书》，约定：（1）甲方（陈×）自愿按照《大连××机器有限公司章程》第十二条第四款之规定，将本人所持有的大连××机器有限公司全部股份（量化及出资）合计贰拾捌万玖仟元（人民币）转让给乙方（王××）。（2）自本协议生效日起，乙方享受甲方转让给乙方全部股份的权益。（3）此协议由甲方、乙方、大连××机器有限公司方签字或盖章后生效。（4）本协议具有同等法律效力。（5）本协议一式四份，甲、乙、大连××机器有限公司董事会、财务各一份。陈×在大连××机器有限公司财务室收取了一万人民币后，在一份“专用收款收据”上收款单位处签上自己名字。该《收款》的收款事由处载有“收王××出资款（由陈×转给）”字样。

2010年12月1日，大连××机器有限公司在没有通知陈×，陈×未出席的情况下，召开了股东会，并作出包括变更股权等内容的《股东会决议》，将公司股东变更为王××和魏×。在该《股东会决议》的股东签字处，由该公司人员签上了“陈×”名字。同日修订的该公司《章程》中，载明的股东亦为王××和魏×。嗣后，大连××机器有限公司到工商部门进行股东变更登记，出具了一份原告陈×没有签字，由大连××机器有限公司单位人员代签的《大连××机器有限公司股权转让协议书》。工商部门据此将大连××机器有限公司的股东变更为王××和魏×二人。

五、原审判决要旨

原审法院认为，陈×与王××就股权转让事宜达成的《股东股份转让协议书》，系双方真实意思表示，且不违反法律法规，合法有效。陈×主张该协议是受王××和大连××机器有限公司欺诈而签订，未能提供确凿充分之证据，故该主张原审法院不予支持。根据《最高人民法院关于适用〈中华人民共和国合同法〉若干问题的解释（二）》第一条规定“当事人对合同是否成立存在争议，人民法院能够确定当事人名称或者姓名、标的和数量的，一般应当认定合同成立。但法律另有规定或者当事人另有约定的除外”，该份《股东股份转让协议书》当事人名称（陈×、王××）、标的（股份）和数量（全部）均能确定，故该《协议书》成立。陈×关于该协议书未成立从而未生效的主张，依据不足，原审法院不予支持。根据《中华人民共和国合同法》第四十四条规定“依法成立的合同，自成立时生效”，故《股东股份转让协议书》自2010年8月10日成立时即生效。关于合同的履行，《中华人民共和国合同法》第六十条规定“当事人应该按照约定全面履行自己的义务”。陈×应该按照《股东股份转让协议书》方可认定履行完毕。

根据《公司法》及相关理论，股权是一种特殊的独立的民事权利，是以财产权、身份权和管理权为主要内容的综合性权利形态。股权转让合同的效力与股权变动的效力有所区别。股权转让合同的生效，是指转让人与受让人的合同约定对双方产生法律约束力的问题，只是确定了转让人与受让人之间的权利和义务。转让合同生效后，受让人享有股权交付的请求权，只有股权实际交付后，受让人才能取得公司的股东资格。股权交付或者股权变动是通过出资证明书、公司股东名册、工商登记文件的形式表现的。股权的实际转让有赖于对转让合同的实际履行，股权的实际转让就是股权的交付。在股权转让合同的履行中，转让人的主要义务是向受让人移交股权，具体体现为将股权转让的事实以书面方式通知公司，请求公司办理变更登记手续。公司的义务是将股权转让结果记载于股东名册、修改公司章程、变更工商登记。结合本案，各方均未提供出资证明书和股东名册，故根据出资证明书和股东名册无从体现股权的转移。虽然大连××机器有限公司在《股东股份转让协议书》上盖章，但以该印章即认定出让人陈×履行了书面通知变更义务，显系不妥。

纵观本案，出让人陈×股权交付的表现形式仅可从股东会决议和修改后的公司章程上有所体现，即大连××机器有限公司于2010年12月1日召开的由全部31名股东参加的股东会。在该股东会召开及决议过程中，陈×仍为该公司股东，在决议后方丧失股东资格并体现于修订后的《公司章程》中，故该决议及章程所载应是陈×对股权的实际交付。但根据《公司法》第四十二条规定“召开股东会会议，应当于会议召开十五日以前通知全体股东”，大连××机器有限公司及王

××均无证据证明会前履行了通知义务，且在陈×未出席会议的情况下，在该决议上陈×的签字处由他人代陈×冒签，故该决议中关于陈×的股权交付行为显然非陈×的真实意思表示，依法不应该发生相应的法律效力。代签行为充分说明了在召开股东会时即2010年12月1日，公司认为陈×仍为公司股东。而根据《公司法》第四十四条的规定“股东会会议作出修改公司章程、增加或者减少注册资本的决议，以及公司合并、分立、解散或者变更公司形式的决议，必须经代表三分之二以上表决权的股东通过”，大连××机器有限公司未通知陈×参加股东会，剥夺了陈×的股东权利，《公司章程》中关于陈×股东身份的变更记载不能成立。故关于陈×已交付了股权并丧失股东资格的事实，证据不足，难以认定。另外，王××至今尚未全部履行《股东股份转让协议书》中的给付转让价金的义务，仅仅支付了其中的部分款项，属于部分履行。

而根据本案证据，陈×与王××签订《股东股份转让协议书》后，并未以书面方式通知大连××机器有限公司可以变更股东为王××，故陈×亦未履行股权的交付义务。大连××机器有限公司于2010年12月1日，使用同样非陈×本人签字的《大连××机器有限公司股权转让协议书》到工商部门进行股权变更登记，程序上存在一定瑕疵。而工商变更登记是对抗登记，而非设权登记。对抗登记本身不引起股权变动的法律效力。王××和大连××机器有限公司认为现存于工商部门的档案中已然记载股东为王××和魏×，陈×不再是股东，故应依据该登记认定陈×无股东资格，缺乏法律依据和法理基础，王××和大连××机器有限公司的此项辩解意见，原审法院不予支持。因陈×与王××之间的股份转让协议未得到全部履行，陈×原享有的股权未发生变动，故陈×关于其仍享有被告大连××机器有限公司11.13%股份权利的主张，与本案事实相符，原审法院予以支持。

关于陈×主张的第二、三项诉请，原审法院认为，根据《公司法》第三十四条规定“股东有权查阅、复制公司章程、股东会会议记录、董事会会议决议、监事会会议决议和财务会计报告”、第三十五条规定“股东按照实缴的出资比例分取红利”在股东知情权和公司盈余分配法律关系中，权利主体是公司股东，义务主体是公司，而本案中陈×向王××个人主张上述权利，缺乏法律依据，故对其上述两项诉请，原审法院不予支持。王××针对陈×第二、三项诉请的答辩意见正确，予以支持。

综上，依据《公司法》第七十二条第一款、第三十三条第三款、第四十二条、第三十四条、第三十五条、第四十四条、《最高人民法院关于适用〈中华人民共和国合同法〉若干问题的解释（二）》第一条之规定，判决如下：（1）确认陈×在大连××机器有限公司享有11.13%的股份权利。（2）驳回陈×的其他诉讼请求。案件受理费人民币5 635元，其他诉讼费人民币50元，合计人民币5 685元（原告已预付），由陈×负担人民币1 895元，大连××机器有限公司负担人民币1 895元，王××负担人民币1 895元。

六、当事人上诉及答辩情况

原审宣判后，上诉人大连××机器有限公司（原审被告一）、王××（原审被告二）均不服原审判决上诉，称：（1）陈×提起全部诉讼请求的前提，是具有股东资格，即拥有公司股权。根据民事证据规则，陈×应对自己具有股东资格承担举证责任。而陈×向法庭出示的工商档案登记资料，仅能证明曾经拥有公司11.13%股权。经最后一次变更登记（2010年12月1日），现存登记档案中，并没有陈×是公司股东及所持有股权的记载。由于陈×未能证明自己是公司股东，故无权提起本次诉请，应当承担不利的法律后果。（2）根据陈×的三项诉请，本案案由应为股权确认之诉、股东知情权之诉及公司盈余分配之诉，原审法院确认本案案由为股权转让纠纷，与案情不符。依照人民法院奉行“不告不理，不诉不审”的基本审理原则，在陈×未提起股权转让之诉的情形下，原审法院就股权转让事实及适用法律进行审理，不符合法律规定。（3）本次股权转让发生在公司经理与副经理之间。有证据证明，王××与陈×之间订立股权转让合同时，即已通知大连××机器有限公司，此后，公司已履行完毕向新股东出具股东出资证明书、变更股东名册等法定义务。原审判决以股东会决议及修正章程来确定陈×“对股权的实际交付”，无法律依据且与事实不符。另外，原审法院认定股权变动未生效结论缺少事实与法律依据；在论述股权实际交付条件、股东会决议或修正章程对股权变动的影响、确认股权转让价款等诸多方面，存在认定案件事实、适用法律错误。综上，上诉人大连××机器有限公司、上诉人王××请求依法改判，撤销原审判决书第一项判决，驳回被上诉人陈×各项诉讼请求。被上诉人陈×答辩服从原审判决，不同意二上诉人的上诉请求及理由。

七、二审法院查明事实

二审法院经审理查明的事实与原审法院查明的事实一致。另查，二审庭审中，上诉人提供“大连××机器有限公司股东名册”及公司“股东出资证明书”，记载王××占公司 95.45% 股权、魏×占公司 4.55% 股权，登记日期为 2010 年 12 月 8 日。被上诉人提供的 2005 年 9 月 16 日大连××机器有限公司章程，记载陈×为公司股东。2010 年 12 月 1 日大连××机器有限公司召开股东会，决议同意陈×将公司 11.13% 股权转让给王××、公司股东变更为王××和魏×。被上诉人陈×认为，该股东会因陈×未出席，召开不合法，故其仍具有公司股东资格。二上诉人认可此次股东会决议中陈×的签字并非其本人签字，但称代表公司 88.87% 股份的股东均参与此次股东会并在决议上签字，被上诉人对此不予认可，认为存在其他股东冒签情形，但未能提供证据予以证明。

上述事实，有股东名册、股东出资证明书、公司章程、当事人陈述笔录等证据在案为凭，业经庭审质证，足资认定。

八、二审裁判要旨

二审法院认为，陈×与王××就股权转让事宜达成的《股东股份转让协议书》，系双方真实意思表示，内容不违反法律法规的强制性规定，应为有效。关于被上诉人陈×提出因陈×未出席股东会，涉及其股权转让的股东会召开不合法，因此其仍为公司股东的理由，依据《公司法》第四十四条“股东会的议事方式和表决程序，除本法有规定的外，由公司章程规定。股东会会议作出修改公司章程、增加或者减少注册资本的决议，以及公司合并、分立、解散或者变更公司形式的决议，必须经代表三分之二以上表决权的股东通过”的规定，本案中，大连××机器有限公司的公司章程对于股东内部之间转让股权召开股东会须具备的表决权比例未明确规定，而除陈×外其余占公司88.87%表决权的股东均参与了案涉股东会的召开，形成决议并签字，虽然被上诉人对此不予认可，但未能提供相反证据予以反驳，故被上诉人该项理由无事实与法律依据，本院不予支持。依据双方签订的股东股份转让协议书，陈×已作出将其持有的大连××机器有限公司全部股份转让给王××的意思表示，其要求确认在大连××机器有限公司拥有11.13%股权的诉请依据不足，本院不予支持。至于转让股权的对价是否公平合理，被上诉人可以另诉解决，本案不予审理。综上，原审判决认定事实不清，适用法律错误，判决结果有误，应予纠正。依照《民事诉讼法》第一百五十三条第一款第（二）、（三）项之规定，判决如下：（1）撤销大连市甘井子区人民法院（2011）甘民初字第2718号民事判决。（2）驳回被上诉人陈×的诉讼请求。一审案件受理费5 635元、其他诉讼费用50元，二审案件受理费5 635元，合计11 320元，由被上诉人陈×负担。本判决为终审判决。

九、对本案事实和法律适用的评析

（一）争执焦点之一——在案涉股权转让合同已生效情形下，是否最终实现了股权变动

2010年8月10日，陈×在办理退休手续时，与王××订立股权转让合同，大连××机器有限公司亦在股权转让合同上盖章，合同内容为各方真实意思表示，自三方签字盖章之日起，该三方股权转让合同

已经生效，具有法律约束力。在合同已生效的“原因”下，是否最终实现了股权变动，应为一、二审法院审理的核心。

原审判决称，“股权的实际转让就是股权的交付”，“在股权转让合同的履行中，转让人的主要义务是向受让人移交股权，具体体现为将股权转让的事实以书面方式通知公司，请求公司办理变更登记手续”。笔者认为，对此段论述需作正确理解。设立转让人“通知”公司、“请求办理变更手续”二项义务，是基于股权转让合同成立生效后，当转让人怠于履行通知公司义务至使股权变动无法实现时（多发生于股东向公司以外人转让股权时），最大限度地保证股权转让合同内容的实际履行，以维护受让人利益。因此，设立该二项义务，旨在保证公司知道转让股权事实及请求公司办理变更登记。就本案而言，也就是大连××机器有限公司是否知道王××与陈×之间已订立了股权转让合同，是否办理了股东“变更登记”。

首先，2010 年 8 月 10 日双方所订立的股权转让合同（股东股份转让协议书），系包含了大连××机器有限公司意思表示的三方股权转让合同。其中，协议书内容“三”明确约定“此协议由甲方、乙方、大连××机器有限公司方签字或盖章后生效”；内容“五”还约定“本协议一式四份，甲、乙、大连××机器有限公司董事会、财务各一份”。

由于公司内部股东之间可自由进行股权转让，大连××机器有限公司在股权转让合同上的盖章行为并无批准之意，而是表明两点：其一，大连××机器有限公司已经知道王××与陈×之间的股权转让事实；其二，同意承担办理股东“变更登记手续”义务，以完成股权变动。原审把大连××机器有限公司的盖章行为归结为“显系不妥”，既没有讲清“不妥”的理由，又没有正确分析三方股权转让合同的性质、论证盖章行为的效力及法律后果，所作结论难以令人信服。

其次，在本次股权变动过程中，2010 年 12 月 1 日大连××机器有限公司在工商档案登记第 227 页“大连××机器有限公司公司股东（发起人）出资信息”上的“盖章”行为，2010 年 12 月 8 日向新股东出具股东出资证明书、办理变更股东名册的“登记”行为，均已证明，大连××机器有限公司不仅完全知道并了解本次股权转让事实，且已履行了办理股东变更的各项法定义务，可以认定公司依法完成了本次股权变动。

由于大连××机器有限公司向新股东出具股东出资证明书、对股东名册进行变更登记的日期为2010年12月8日，根据《公司法》第三十三条之规定，应以此日期作为完成本次股权变动的时间点。原审判决以2010年12月1日股东会决议日作为股权变动的时间点，缺少法律依据。

（二）争执焦点之二——在陈×缺席股东会的情形下，公司股东会决议是否对其发生法律效力

陈×诉称，召开公司股东会前，大连××机器有限公司未能尽到通知义务，存在“冒签”行为。原审称由于转让人陈×的缺席，“剥夺了原告的股东权利”；股东会决议中“关于陈×的股权交付行为显然非原告的真实意思表示，依法不应发生相应的法律效力”。那么，陈×的缺席，是否影响本次股东会决议的效力？大连××机器有限公司是否“剥夺”了陈×的股东权利？股东会决议是否影响股权变动效力？

首先，根据《公司法》及公司章程规定，股东会决议“经代表三分之二以上表决权的股东通过”即已生效。2010年12月1日，上诉人××公司所召开的股东会中，除退休的陈×一人缺席外，股东会决议经代表公司88.87%股份的股东通过，故本次股东会决议程序真实、合法、有效，其结果对包括陈×在内的所有股东均产生法律约束力。陈×的缺席，并非影响本次股东会决议的效力。

其次，大连××机器有限公司是否“剥夺”了陈×的股东权利？判别的依据，应是本次股东会决议结果是否违背陈×的意思表示。由于本次股东会召开的唯一内容即为变更股权，而决议结果，与2010年8月10日王××与陈×之间同意相互转让股权、公司同意变更股权的三方意思表示相一致（股东股份转让协议书），代表了陈×的真实意思，故无论陈×是否参加本次股东会，均不影响案涉股权转让合同效力，均不影响本次股权的变动。

最后，本次股东会议事议程只有一个，形成关于公司股东资格变更的决议并对公司章程进行修改。《公司法》第七十四条之规定："依照本法第七十二条、第七十三条转让股权后，公司应当注销原股东的出资证明书，向新股东签发出资证明书，并相应修改公司章程和股东名册中有关股东及其出资额的记载。对公司章程的该项修改不需再由股东会表决"。这说明，在股东之间股权转让过程中，股东会表决并不会直接影响股权变动的效力。是否产生股权变动之效力，应当从股权转让合同的效力及公司是否办理股东变更内部登记两个方面加以甄别、认定。

（三）本案判决值得商榷的地方

1. 有关法院应当径直驳回陈×的各项诉讼请求

当事人应当对自己的主张承担举证责任。由于陈×的主要诉讼请求是请求法院确认其拥有公司11.13%比例的股权，故提起该项诉请的前提，是陈×具有股东资格。根据民事证据规则，陈×应对自己具有股东资格承担举证责任。而陈×向法庭出示的工商档案登记资料，仅能证明其曾经拥有公司11.13%股权，经最后一次变更登记（2010年12月1日），现存工商登记档案中，并没有陈×是公司股东及所持有股权的记载。在陈×既未提起股权转让效力之诉或行使撤销权，又未能证明自己是公司股东的情形下，无权提起三项诉请，应当承担不利的法律后果。因此，根据民事证据规则，有关法院应当径直驳回陈×的各项诉讼请求。

2. 原审法院确定本案案由为股权转让纠纷与实际案情不符，且二审法院对这一错误未作出纠正

陈×的三项诉请，为可合并审理的股权确认之诉、股东知情权之诉及公司盈余分配之诉，而原审法院确定本案为股权转让纠纷，系对案件法律关系定性错误。正因为原审确定案由存在错误，直接导致一、二审对本案诉的标的出现认识偏差，审理范围超越了原告诉请（股权转让合同效力、交易对价、合同履行等内容与本案纠纷无关），违反了人民法院奉行"不告不理，不诉不审"的基本审理原则。

结合本案，陈×的主要诉讼请求是请求法院确认其在大连××机器有限公司的11.13%股权，提起的案由是股权确认纠纷之诉。尽管在庭审中各当事人争议焦点较多涉及股权转让过程甚至股权转让合同效力，但笔者认为，相关法院仍应重点审查股权变动的效力，即大连××机器有限公司是否知晓双方股权转让事实、是否依法履行了变更股权的法定义务（主要体现为是否及时办理了公司内部“股东名册”变更登记）。因陈×并没提起股权转让纠纷之诉，本案审理不应涉及股权转让合同效力之内容，有关合同的对价、意思表示、履行等问题，只能通过另案解决。最终，陈×没能证明其拥有现行股东资格，没能证明双方股权转让意思表示存在瑕疵，亦没能证明股东会决议不发生法律效力之理由。

股权转让效力与股权变动效力，系两个不同的法律概念。股权转让合同效力产生于转让人与受让人之间，而股权变动效力发生于二者与公司之间，系不同的法律关系。股权转让合同是发生股权变动之因，而股权变动则是实现股权转让之果。二者具有因果关系又具有区别。前者着力于转让人与受让人之合意，开启股权转让的起始点；而后者强调了各方当事人实施股权移转的过程。而2010年12月8日，大连××机器有限公司以股权转让当事人订立的“股东股份转让协议书”为依据，依法所进行的公司内部“股东名册”变更登记，并不违反法律法规，故二审法院终审作出驳回陈×各项诉讼请求的实体判决，应在预想之中。

参考文献

［1］刘俊海．股份有限公司股东权的保护［M］．北京：法律出版社，2004.

［2］奚晓明．民事审判指导与参考［M］．北京：法律出版社，2009.

东北地区建立信用制度的法学思考

冯　莉

（东北财经大学职业技术学院　116025）

摘　要　信用是一个国家经济繁荣和社会发展的基础，也是市场经济秩序的基本内容。信用制度的建立对于振兴东北老工业基地有着非常重要的意义，然而，目前东北地区的信用问题已经成为振兴东北老工业基地的障碍之一。为此，在本文中笔者从信用的概念入手，阐述了信用的法律特征，然后对东北地区信用缺失的原因进行了分析，最后对东北地区建立信用法律制度提出了构想。

关键词　信用　信用缺失　失信惩戒

人无信不立，国无信则衰。信用是一个国家经济繁荣和社会发展的基础，也是市场经济秩序的基本内容。振兴东北老工业基地给东北带来了无限的机遇，同时又使东北人面临着巨大的挑战。随着社会不断发展进步，人们交往的日益频繁和扩大化，“信用缺失”已成为日趋严重的问题，从天价医疗费到哈尔滨的“停水风波”，从中行双鸭山票据诈骗到辽宁本溪虚假存单案，大量的失信行为所导致的市场经济秩序的混乱，使得重建信用制度成为振兴东北老工业基地亟待解决的重大问题。

一、信用概述

（一）信用的概念

“信用”一词在伦理学、社会学、经济学等许多学科均被使用。

在伦理学上，它是指忠实真诚、恪守诺言、不欺不诈的一种美德，体现了一个人的道德修养和精神境界。在社会学上，信用是一种态度，是一种心理状态，是人类在自身历史发展历程中的一种心理选择，是对理性不足的补充。经济学上广泛地使用信用一词。一般而言，经济学意义上的信用，是指建立在授信人对受信人偿付承诺的信任的基础上，使受信人不用立即付款就可获得商品、服务或货币的能力。

笔者认为，法律上的信用是指民事主体所具有的经济能力和诚实践约能力在社会上获得的相应的信赖和评价。信用的主体具有广泛性，无论是自然人或是法人皆有信用。交易当事人信用的高低，首先取决于当事人所具有的债务清偿能力，其次取决于债务人是否遵守对债权人所作的按期偿还债务的承诺。

（二）信用的法律特征

1. 信用是一种法律主体资格

传统的信用表明的是一种特定的法律和社会身份、地位，反映的是一种道德上的人格利益，并体现为一种人格权。在法律上，作为法律主体的人分为自然人和法人。不论是自然人，还是法人作为法律主体，如果要取得法律上的人格，即法律主体资格，都不同程度地需要具有一定的信用要素，符合一定的信用要求，这是信用的人格属性所决定的。

2. 信用具有一定的财产性

信用的财产性表现为它是一种财产信用，即以财产为基础的信用。在简单商品生产交换时期，人们在经济交往中判断对方的信用状况主要是以对方的道德品格为标准的。在现代商品社会中，人们在传统的“熟人社会”中使用的以“人格道德”来判断信用状况的标准显然已经无法适用，取而代之的是资信标准。资信实际上指的就是财产的信用，而所谓人的信用归根到底也还是财产的信用。

3. 信用具有强烈的信息化特点

现代社会是一个信息社会，信用已经信息化。信用由信息构成，并以信息的形式在社会经济生活中发挥日益重要的作用。

现代商品经济活动强调的是交易和投资的方便、快捷、安全。一方面，投资和交易方需要能够使自己的信用状况及时、方便地为对方所了解，以扩大影响，更多地吸引投资和客户，因此，便于认识、便于传输、更为客观的信用信息的量化就应运而生，并得到迅速发展。另一方面，信用是一种信息服务机制。一个有高度信用的市场，必然有完善的信用法律机制。信用度低、合同履约率低乃至欺诈现象严重，尽管有多种因素，但很大程度上是由于有关交易和投资方对信用与风险的信息缺乏、信息不灵、信息不真造成的，因此，发展专门的信息咨询和服务业，及时准确地为交易和投资者提供可靠的信息，就成了避免和减少风险、增强市场信用的关键一环。

二、东北地区信用缺失的原因分析

（一）观念上的原因

东北三省大部属于内陆地区，市场经济发展速度赶不上南方沿海地区，市场信用交易不发达，特别是老工业基地长期受计划经济体制影响较重，导致社会的信用观念淡薄。此外，东北地区特定的地域文化也造就了东北人的性格特征：（1）重义气，轻利益。重义轻利本质上是一种高尚的行为观念，在市场经济承认并追求利益的情况下，重义轻利更是难能可贵的。但是，市场经济的本质是通过对行为主体利益的承认和满足并激励其开展各项交易而实现社会利益的；重义轻利往往要以牺牲自身利益为代价。如果为此要付出很大的利益损失，舍义失信也就成为不得已的选择了。所以，东北人的诚信文化中缺乏正确的义利观，不能完全适应市场经济的发展要求。（2）重感觉，轻规则。感觉是一种情感的判断，规则是一种理性的反映。二者有时是统一的，即所谓的“合情合理”；但有时又是对立的，二者不可兼得。东北人好感情用事，缺乏理性，一方面显得豪爽大气；另一方面则失于精明和踏实，经常是轻率承诺在先，无奈违约在后。（3）重大框，轻细节。如果能够忽略一些细节，抓住主要矛盾解决突出的问题，是一种高明，但过于忽略细节则显得粗放，也就成为一个弱点。东北人讲究大手笔、大战略、大项目，但往往忽略实施过程中必要的细化措施，这往往使得整个战略或项目充满了变数，一旦有变，失信也就在所难免。

（二）制度上的原因

东北三省的一些中小企业，普遍缺乏健全的信用风险管理制度，由此带来因授信不当而导致合约不履行，以及受信企业对履约计划缺乏管理而违约的现象频繁发生。另外，因对客户的信用状况缺乏了解，也使许多企业屡屡上当受骗，造成大量的经济纠纷和交易损失。同时，由于国有企业改革不彻底，内部治理结构不规范，也导致企业信用管理制度难以真正建立起来。

近年来，东北三省在企业改制进程中，一些企业逃废银行债务问题很突出。由于过去一些老贷款手续不健全或不规范，商业银行在起诉、追缴过程中，往往不被法院受理或败诉，有些即使胜诉，也常常由于种种原因得不到执行。这种现象之所以经常出现，就是失信惩罚机制的欠缺助长了失信者的气焰，以罚代打，罚打力度不到位，使不少企业能够从失信、坑蒙拐骗中赚取高额利润，一些日子不好过的企业甚至干脆把不讲诚信作为摆脱困境的一种手段。这也间接地打击了守信者的信心，扰乱了社会信用道德的评价标准。

（三）政府的原因

政府信用是社会信用体系必不可少的一个重要环节，是建立个人信用和企业信用的前提和外部环境。客观地说，目前东北三省的一些政府部门及其公务人员言而无信、欺上瞒下、政策朝令夕改、责任制不健全、决策不科学等失信于民的行为确有存在，严重地影响了各级政府在社会公众中的应有形象和威信，阻碍了经济建设的快速发展。可以说，政府信用已经面临着严峻的挑战。

造成当前政府信用缺失的原因是多方面的，具体说来，主要有以下几个方面：

其一，政府与公众之间的信息不对称。政府与公众在信息掌握方面，政府掌握绝对信息量，许许多多的信息社会公众无法知晓也无从知晓，而社会公众对政府的具体工作并不十分了解，这种信息不对称使得政府有机会从自身利益出发追求私利而让社会公众失去信任。其二，政府决策的不规范不科学。一方面，政府任意决策，随意干预市场和干预企业的经营决策与经营活动，政企不分；另一方面，一些政府的地方保护主义思想严重，某些政府官员为了所谓政绩，对于所辖范围的违法犯罪活动例如恶意逃债、制假售假、商业欺诈、走私贩私、破坏环境、侵犯他人知识产权等有违诚信的行为实行公开的地方保护。其三，政府责任制不健全。长期以来，我们的一些政府机关及其公务人员始终认为政府就是行使权力、管理社会、约束相对人行为的。一谈到责任，皆退避三舍。这种只有职权、没有职责，只有权力、没有义务的无责任政府必然割裂政府与社会公众的相互联系，降低政府的威信，损害政府的信誉。

（四）法律制度的原因

长期以来，我国的经济立法由于没有完全摆脱计划经济思想的指导，对信用关系的规范很弱，信用法律体系不健全，信用方面的立法严重滞后，已不能适应市场经济的要求。近年来出台的一批基本经济法律，对信用关系的规定有所加强，但还存在严重不足。我国的《民法通则》、《合同法》、《反不正当竞争法》、《广告法》、《产品质量法》、《消费者权益保护法》等有关市场秩序规则的法律中，虽然都有诚实守信的法律原则，《刑法》中也有对诈骗犯罪等犯罪行为处以刑罚的规定，但这些只是原则性的规定，比较笼统，不够明晰，导致理解时有伸缩性，实践中不易操作，对各种失信行为不足以形成强有力的法律规范和约束。

另外，法律上缺乏有效的失信惩戒机制。现有的法律中对违反市场经济秩序的企业惩罚较轻，难以起到法律应有的惩戒作用。如我国《消费者权益保护法》第四十九条规定，经营者提供商品或者服务有欺诈行为的，应当按照消费者的要求增加赔偿其受到的损失，增加赔偿的金额为消费者购买商品的价款或者接受服务的费用的一倍。按照这个惩罚性赔偿规定标准，相对于制假、贩假的高额利润来讲，难以起到理想的惩罚效果。

三、在东北地区建立信用法律制度的构想

信用制度的构建离不开良好的法律环境，这种法律环境的建立，有赖于一套严谨、科学、统一、完备的法律体系的建立。改革开放二十多年来，尽管我国制定了一系列有关信用的法律、法规，在规范信用方面积累了一定的经验，但是我国目前的立法状况却与实际极不协调，存在许多漏洞，甚至某些法律规定处于真空状态。建立完善的信用法律制度是保障市场经济秩序健康稳定的依据，也是振兴东北老工业基地的基本保障，由此，笔者针对东北地区的实际情况，对信用法律制度的建立健全提出如下构想：

（一）在东北地区培育符合现代市场经济要求的信用意识和诚实守信的社会道德规范

一个地区市场化程度越高，对信用的要求也就越高，信用观念也会愈发重要，然而目前东北地区的信用状况不容乐观，人们的信用观念普遍淡漠。我们必须在全社会加强信用道德教育，增强全民信用意识。良好的社会道德环境是市场经济制度下信用交易普遍实行的一个重要保障。要建立规范的信用秩序、树立良好的社会风气，必须从构建以思想道德为核心的社会主义市场经济文化入手，加大宣传力度，从基础教育到大学教育，对信用观念、信用意识、信用道德的宣传和教育应贯穿始终，使人民在心中自觉形成诚信守诺的道德观。

（二）重视政府信用的制度建设

计划经济条件下，政府信用是保证经济活动和经济交易顺利完成的基础；市场经济条件下，政府信用是规范市场经济有序运行的重要保障。从信用结构来看，政府的信用是最大的信用，是整个社会信用

体系的重心。市场经济的有效运行需要有完善的法律体系和社会保障体系，需要有强有力的公正、公开、公平的制度作为保障。要使东北老工业基地振兴，就要加强政府在宏观经济监管、维护市场经济秩序方面的政府信用建设，建立社会信用平台，保证市场机制的高效运行。

首先，政府要把立法、执法和守法统一起来。为建立信用经济和维护信用经济服务。政府要根据信用体系建设的需要，出台一系列法规，要善于运用法律的武器，同破坏信用的违法乃至犯罪行为进行坚决的斗争，以维护社会主义市场经济的健康发展。

其次，提高执法人员素质和执法水平，严格执法责任和责任追究制，强化法治，完善行政处罚和刑事追究衔接的规定，防止和纠正违法不究、以罚代刑的现象，加大对违法犯罪的打击力度。确保有法必依、执法必严。

最后，政府在处理经济活动中发生在各种行为主体之间的利益冲突时要采取公正、公平、公开的原则。特别是要做好弱势群体的保护工作，如农民的负担问题、民与官的官司问题等，这些问题能否处理好实际上是对政府信用的考验。

（三）促进信用中介行业的发展

信用中介服务无论对于市场主体的微观管理，还是对于国家宏观信用管理体系的建设来说，都具有非常重要的意义。在微观经济中，信用中介服务机构接受交易一方的委托，以第三方的身份独立、客观、公正地对交易另一方的信用状况进行调查，为委托方交易决策提供依据，从而降低交易成本，保证交易安全，同时为整个国家的社会信用体系的建立和完善奠定良好的基础。

诚然，为了保证信用中介服务的中立、公正的性质，政府不应参与主办，而是要促进信用中介服务行业的市场化发展。在宏观的信用中介服务行业的监督和管理中，一方面要加快相关法律法规的制定，尤其在信息的合法取得和利用，以及涉及商业秘密和消费者个人隐私的信用信息的采集和公布方面要列入立法议程；另一方面，要充分发挥行业协会自律管理的作用，制定行业规章制度，提出与信用行业相关的法律法规草案等。

（四）东北地区的中小企业应建立自己的信用体系

目前，东北地区的中小企业信用状况不是很好，没有一个完善的信用体系作保障。因此，东北地区的中小企业必须了解自己所处的信誉环境，要意识到信用就是生命，在此基础上全力以赴，提高产品质量，提高诚实守信意识，提高履约信度，树立自己在市场经济中的品牌和信誉形象。

（五）建立严格的失信惩戒制度

建立失信惩戒机制是信用法律制度系统建设的重要一环，如果没有惩戒制度，守信者会成为受害者，而且对失信的不良行为会产生模仿和放大效应。因此，在失信惩戒机制建设中，要增大失信成本，从立法到执法上，使失信者付出惨重的代价。例如，政府的监管部门和权威的征信机构可以将失信者的记录正确地列入惩罚名单，向全社会公示，加大对失信行为的成本约束。具体包括，严禁失信者担任企业管理人员，对失信企业予以“不合格”年检结论，严重的可以吊销其营业执照；对有不良信用记录者特别是假破产者、歇业不办手续者、办手续却不停业者，都不许注册新公司或成为企业的高级管理人员，限制其行业再进入权、其他行业的再投资权。同时，实行守信激励制度，对守信企业进行重点扶持，从积极方面鼓励其他企业重视信用、保护信用、提倡信用，更好地维护信用制度。具体激励措施是：公开良好信用记录；除专项检查和举报外，免于日常检查如工商年检、巡查、抽查；开辟“绿色通道”，提供便利，将守信作为名牌产品、驰名商标的认定条件之一；以财政补贴形式降低对守信者的贷款利率等。

大连市档案局积极开展信用档案建设工作，在大连市社会信用体系建设中发挥了很好的作用，为东北老工业基地振兴营造了健康有序市场经济环境，值得推广。大连市档案局联合工商局，已经初步构建起企业信用体系的基本框架，即企业信用信息整合、查询、统计、警示控制、预警提示和企业信用评价分析等六大功能，以及企业信用信息数据、管理、监控、评价、公示和法规体系等六大系统。该框架以企业注册档案为基础，对全市各类企业和个体工商户的“经济户口”档案，注册的静态信息和企业年检、日常监管的动态信息进行监控，实现了市局、分局、基层工商所三级计算机联网，对企业主体资格、市场信誉、产品和服务质量、资信和经营状况等信息资料随时录入、公示，并提供查询服务。大连市工商局在“大连工商网”公布了国家、省、市级“守合同重信用”、驰名商标、信誉优良单位907家，免检企业1 248家，吊销企业5 328家，为下岗职工提供有效信息3 380条，即时发布年检公告、法律、法规信息。

综上所述，我们应抓住目前的有利时机，建立健全信用法律制度，为振兴东北老工业基地奠定坚实的基础。只有完善的信用法律制度的建立，才能保障东北老工业基地在短时间内焕发出勃勃生机。

参考文献

[1] 候申华．诚信恐慌［M］．北京：中华工商联合出版社，2004.

[2] 宋清华．信用管理概论［M］．北京：中国财政经济出版社，2010.

[3] 朱全宝．完善我国个人信用征信的立法思考［J］．征信，2010（4）：18.

保险合同不可抗辩条款探析

於向平

（东北财经大学法学院　116025）

摘　要　2009年修订的《保险法》第十六条第三款，规定了不可抗辩条款的内容，被认为是我国保险立法的巨大进步。关于不可抗辩条款立法后的影响，以及不可抗辩条款的适用范围和适用限制，成为保险法研究的重要课题。本文在对不可抗辩条款的历史发展和我国的立法背景进行分析的基础上，结合保险业发展现状和当前保险法律关系特点，就不可抗辩条款的利弊及完善展开研究与讨论，希望为不可抗辩条款的正确实施提供有益的参考。

关键词　保险合同　不可抗辩条款　利弊　探析

一、保险合同不可抗辩条款的源起与我国的立法背景

不可抗辩条款是指，保险合同自成立之日起经过一定期间后，保险人不得对被保险人违反如实告知义务之事实提出抗辩，而主张解除合同、拒付保险金。

在18世纪后半叶和19世纪初期，英、美法院在保单中实施严格一致原则。如果投保人保证的事实与其声明并非完全一致，则保险公司可以随时宣布保单无效或解除合同。在这种情况下，如果投保人在投保时稍微有点瑕疵，就有可能在未来的索赔中遭拒。到19世纪后半叶，保险人发现，滥用合同解除权对于保险人来说虽然可以带来一时的好处，但是这种做法严重损害了寿险业的形象，造成社会公众对

寿险业的不信任。从长期看，这会从根本上损害寿险业的利益，危及寿险业的生存根基。正是在这种背景之下，保险人开始反思合同解除权的行使问题。

为重塑保险业的诚信形象，1848 年，英国 The London Indisputable Life 保险公司在保单中添加一项条款，规定公司将放弃在任何情况下进行保单抗辩的权利。1864 年美国 the Manhattan Life 寿险公司引进了规定‘不可抗辩性’的第一项保单条款。此时，不可抗辩条款是由保险公司自愿提出的、基于意思自治在保险合同中任意约定的条款，是保险人放弃因投保人不履行告知义务所产生的抗辩权利的单方承诺。由于该条款显示了保险公司到期履行保险金给付义务的最大诚意，收到了公众的热烈欢迎。随后，当时各发达国家的保险公司纷纷效仿，不可抗辩条款逐渐成为寿险合同的通行条款，并在保障被保险人利益、改善保险公司形象以及稳定保险业发展方面发挥了重要的作用。

在不可抗辩条款成为行业惯例后，又逐步上升到具有普遍性和强制性的法律规范的高度。20 世纪 40 年代，美国保险立法确定了不可抗辩条款，这对现代各国保险立法产生了重大影响，此后加拿大、日本、德国、韩国、我国台湾地区等国家和地区纷纷借鉴吸收美国保险立法经验，在商法典或保险法中对不可抗辩条款作出强制性规定。可见，不可抗辩条款是产生于保险实践，并随着保险业发展而不断完善的，它真正经历了一个“从个别保险公司的自愿条款到普遍的行业惯例，再到法定条款的漫长发展过程”。

在新《保险法》颁布前，我国寿险市场出现了与 19 世纪中前期英美保险市场相似的情况，保险公司在公众中遭遇了信任危机。原《保险法》第十七条规定：“（1）订立保险合同，保险人应当向投保人说明保险合同的条款内容，并可以就保险标的或者被保险人的有关情况提出询问的，投保人应当如实告知。（2）投保人故意隐瞒事实，不履行如实告知义务的，或者因过失未履行如实告知义务，足以影响保险人决定是否同意承保或者提高保险费率的，保险人有权解除合同。（3）投保人故意不履行如实告知义务的，保险人对于合同解除前发生的保险事故，不承担赔偿或者给付保险金的责任，并不退还保险费。（4）投保人因过失未履行如实告知义务，对保险事故的发生有严重影响的，保险人对于合同解除前发生的保险事故，不承担赔偿或者给付保险金的责任，但可以退还保险费。”保险公司依据此条规定，在投保人未履行如实告知义务情形下，几乎可以不受限制地行使合同解除权。这是由于“足以影响保险人决定是否同意承保或者提高保险费率的”评判标准，完全是由保险公司来掌握的，投保人很难提出反驳。此外，投保人未如实告知的主观状态决定着保险费能否退还，但实践中关于投保人出于“故意”还是“过失”的判断，也是由保险公司作出的。由于所有投保单上都有投保人和被保险人签字，保险公司往往以此为依据将绝大部分投保人的未如实告知行为都认定为故意，不仅可以解除合同，拒付保险金，还可以不退还保险费，实际经济收益远大于履约赔偿和满期给付。一些保险公司采取“宽进严出”的办法，在投保人缔约时不严加审查，等到被保险人出险时，再千方百计寻找投保人和被保险人投保前的意思表示瑕疵，以规避保险赔付义务的履行。投保人和被保险人如果不同意保险人的主张和理由，只能通过诉讼途径寻求救济，但诉讼需要较高的时间成本和经济成本，普通保险消费者不愿意选择，而且即使选择诉讼，普通消费者也很难与处于优势地位的专业保险机构相抗衡。因此，公众纷纷对保险业发出了“投保容易理赔难”的指责，保险合同纠纷也成为一段时期内消费者投诉热点。有鉴于此，立法者在修订新《保险法》时强化了对保险消费者合法权益的保护，借鉴和引进了包括不可抗辩规则在内的一系列保险法律制度，使保险人与投保人的权利义务配置发生了扭转。

二、我国保险法关于不可抗辩条款的规定及适用范围

我国新《保险法》第十六条规定：“（1）订立保险合同，保险人就保险标的或者被保险人的有关情况提出询问的，投保人应当如实告知。（2）投保人故意或者因重大过失未履行前款规定的如实告知义

务，足以影响保险人决定是否同意承保或者提高保险费率的，保险人有权解除合同。（3）前款规定的合同解除权，自保险人知道有解除事由之日起，超过三十日不行使而消灭。自合同成立之日起超过二年的，保险人不得解除合同；发生保险事故的，保险人应当承担赔偿或者给付保险金的责任。”

从新《保险法》第十六条第三款，我们可以得出两层含义：一是“前款规定的合同解除权，自保险人知道有解除事由之日起，超过三十日不行使而消灭。”也就是说，如果保险人发现投保人故意或者因重大过失未履行第十六条第一款规定的如实告知义务，并且投保人未告知的情况足以影响保险人决定是否同意承保或者提高保险费率，保险人就有权在三十日内解除保险合同。二是“自合同成立之日起超过二年的，保险人不得解除合同；发生保险事故的，保险人应当承担赔偿或者给付保险金的责任。”这意味着，保险人必须在两年之内发现投保人违反如实告知义务，才能取得合同解除权；合同成立超过两年后，即使保险人发现投保人违反如实告知义务的行为，也不得再主张合同解除，并且不得拒付保险金。笔者注意到，此处“保险人不得解除合同”的适用范围，是仅限于投保人违反如实告知义务时的合同解除权，还是任何情形下保险人都不能解除合同，表述上存在着歧义。从新《保险法》整体来看，此处的“不得解除合同”应当仅限于投保人违反如实告知义务的情形，因为第十六条是有关告知义务的规定，而且如果按照后一种理解，将造成与新《保险法》其他条款之间的矛盾冲突。

新《保险法》第十六条第三款的可抗辩期间采取双重起算标准，即从保险人知悉解除事由之日起三十日内为合同解除权的一般行使期限；在此基础上又规定合同解除权两年的最长行使期限，作为对一般期限的补充，该期限自保险合同成立之日起计算，属于客观有效期限。只要符合其中一个期间届满，保险人均不可以如实告知义务未履行为由对抗投保人、被保险人、受益人。这主要是借鉴了德国法、日本法的特点，对保险人合同解除权的行使期限作出了更为严格的限制。从民法理论来说，合同解除权属于形成权，保险人合同解除权的行使期限属于除斥期间，保险人未在法定期限内行使解除权，则解除权消灭。

关于不可抗辩条款的适用范围有两个方面：一是不可抗辩条款适用于所有类型的保险合同。保险合同依保险标的性质的不同，一般可分为财产保险与人身保险。不可抗辩条款所在的第十六条第三款被置于保险合同一章中的一般规定中，因此可以认为其应当适用于所有类型的保险合同，即投保人无论投保是何险种，均可以援引不可抗辩条款对抗保险人的合同解除权。二是不可抗辩条款适用所有违反如实告知义务的情形。新《保险法》第十六条第三款在设立不可抗辩条款时并未附加任何限制适用条件，只要是由第十六条第二款产生的合同解除权，理论上都应无条件地受到不可抗辩条款的制约。第十六条第二款所涉及的是投保人故意或者因重大过失未履行如实告知义务，并且该行为足以影响保险人决定是否同意承保或者提高保险费率的情形，涵盖了包括欺诈在内的各种违反如实告知义务的形态。此外，新《保险法》第三十二条条第一款规定，“投保人申报的被保险人年龄不真实，并且其真实年龄不符合合同约定的年龄限制的，保险人可以解除合同，并按照合同约定退还保险单的现金价值。保险人行使合同解除权，适用本法第十六条第三款、第六款的规定。”根据该条款，年龄误告与其他未如实告知行为一样，所产生的合同解除权也适用不可抗辩条款。

三、我国保险法引入不可抗辩条款后可能产生的影响

（一）不可抗辩条款立法后可能产生的积极影响

不可抗辩条款的引入，赢得了法学界和社会公众的一片喝彩，此举被认为顺应了国际保险立法潮流，是我国保险立法的重大进步。具体说来，主要有以下几个方面的积极意义：

第一，保护被保险人利益。正如前文在追溯不可抗辩条款起源以及分析其理论基础中所提到的那样，不可抗辩条款从上升为立法之日

起，就以保护被保险人利益作为立法本意和初衷，它通过对处于优势地位的保险人权利的限制，有效防止了保险人滥用合同解除权，保障了保险合同的稳定性和可预测性，扭转了投保人在保险法律关系中的不利地位，体现了对被保险人或受益人强烈的人道主义关怀，使我国法律对保险消费者的保护水平达到了新的高度。

第二，维护交易安全。在现代金融中，人寿保险保单不仅是一份人生保障计划，也是一种资金融通工具，投保人可以就保单现金价值、被保险人可以就未来的保险金请求权设定质押，作为向第三人借款的担保。但是，在不可抗辩条款缺失的情况下，由于客观上存在影响保险合同效力不确定因素，质权人的权益很难得到完全保证，如果保险人以投保人违反告知义务为由提出抗辩，质权人很难提出反证。尽管我国目前保单质押在经济社会生活中还不多，但随着经济快速发展，这种融资需求可能在将来大量增加，对不可抗辩条款进行立法有利于增强保险单信用等级，具有鼓励人们进行交易的积极作用。

第三，减少保险合同纠纷。目前在保险人与投保人、被保险人之间发生的合同纠纷中，因告知义务产生的理赔纠纷占了相当大的比重，这里排除少数保险公司故意滥用合同解除权的情况不谈，保险公司经过正常核赔程序发现投保人未如实告知而引发的理赔纠纷也不在少数，而且由于此类纠纷往往要还原多年前的事实，在调查举证方面存在着相当大的困难。以一件保险理赔案件为例：被保险人李某向保险公司提出理赔申请，但保险公司拒绝了李某请求并提出解除合同，理由是保险公司通过调查发现了李某多年前的病历上记载有高血压病史，但李某坚称从未也不可能患有高血压，病历系当时医生错误记载，而现实中也确有医生在记载病人主诉时擅加推测臆断的情形，但由于时间久远，当时情景已无法还原，李某只能独自承担不利的法律后果。不可抗辩条款引入新《保险法》后，此类纠纷将大大减少，一方面保险公司须主动担负起审查义务，有利于及时查明投保人的如实告知情况；另一方面超过可抗辩期间后，保险公司只能忠实履行赔付义务，不存在发生纠纷的可能。

第四，有利于保险业长期健康发展。从短期来看，不可抗辩条款立法必然会给我国保险业带来一定的冲击，但从长远看来，只要应对得当，不可抗辩条款立法不仅不会给保险业带来大的负面影响，反而有利于保险业的长期健康发展。

首先，由于寿险业经营管理的是长期风险，保险公司收取保费后要为若干年后的保险金领取做准备，因此寿险公司实际上属于长期负债经营，现金流就是寿险公司的生命。一旦现金流断裂，寿险公司将很快难以运转甚至面临倒闭，而要维持现金流充足稳定，必须保证社会成员中不断有人参加人寿保险。从这个意义上说，保险公司出于短期利益考虑，滥用合同解除权获取不当利益，是一种饮鸩止渴的危险行为。因为一旦公众对保险公司失去信任，不再购买保险，现金流的持续性和充足性将难以得到保证，而这才是对保险公司长期稳定经营的最大威胁。不可抗辩条款纳入立法后，保险消费者不必再担心寿险合同的稳定性，对保险公司的信任度将大大提高，购买长期人寿保险的积极性和主动性也会明显增强，这无疑对保持寿险公司的现金流是极为有利的，也间接促进了保险公司的稳定持续发展。其次，部分保险公司出于同业竞争和业绩考核的压力，一味扩大市场规模，重保费轻服务，这种粗放型经营的结果就是只注重短期利益，将利润的获取建立在牺牲投保人、被保险人利益之上。不可抗辩条款引入我国后，保险公司不能再使用滥用合同解除权的手段获取短期利益，立法将迫使保险公司不得不转变经营方式，着眼长远利益，通过提升自身服务能力，在保险市场中重建竞争优势，从而实现引导市场竞争由保费规模竞争向保险服务竞争升级，对我国保险市场的健康发展大有裨益。最后，我国在加入 WTO 后，承诺将逐步对外资开放国内保险市场，中资保险公司直接面临着来自国外保险巨头的巨大挑战，国内保险市场的竞争也将变得日趋激烈。目前不可抗辩条款在世界范围内已成为寿险合同标准条款，外资寿险公司有着使用不可抗辩条款的丰富经验，以及与之相适应的高水平的风险管控能力，如果不能尽快使国内寿险公司适应不可抗辩规则下的保险市场竞争，那么国内寿险公司很可能在未来与外资寿险公司的博弈中处于不利地位。引入不可抗辩规则后，国内寿险公司必须学习国外保险业在调查评估方面的先进经验，全面提高自身的风险管理水平，这对提升我国保险业的国际竞争力、更好地迎接保险市场国际化的挑战，无疑是非常及时和必要的。

（二）不可抗辩条款立法后可能带来的消极影响

不可抗辩条款虽然具有重要的立法价值和积极的现实意义，但在新《保险法》修订草案征求意见期间，却是受争议最大的修订条款，最强烈的直接反对声来自保险实务界，很多保险机构认为不可抗辩条款严重损害了保险人利益，超越了我国保险业的发展阶段，将给保险经营带来不可控的巨大风险，最终将阻碍当前保险业持续快速的发展势头。保险机构从行业利益出发，提出上述反对意见并不奇怪，但该观点并非仅是保险机构站在自身立场的一家之言，从我国国情和保险业的发展现状来看，这种担心和忧虑不无道理，如果不可抗辩条款不能很好地实现本土化，最终实际产生的法律效果和社会效果也有可能弊大于利。

第一，导致道德风险的大量增加。道德风险是80年代西方经济学家提出的一个经济哲学范畴，即从事经济活动的人在最大限度地增进自身效用的同时而采取不利于他人的行动。或者说，当签约一方不完全承担风险后果时所采取的自身效用最大化的自私行为。从保险的角度简而言之，道德风险是指人们以不诚实或故意欺诈的行为促使保险事故发生，以便从保险中获得额外利益的风险因素。道德风险是保险公司在经营中要认真应对和妥善处置的一种重要风险。原《保险法》之所以赋予保险人在投保人未履行如实告知义务情形下的合同解除权，也是意在防范保险公司可能面临的道德风险，督促投保人本着最大诚信原则如实完整地提供保险标的的相关信息。因此，不可抗辩条款纳入立法后，关于其对道德风险的影响成为理论界和实务界研究讨论的核心问题之一。考虑到以下因素，至少保险公司在短期内将有很大可能面临更高的道德风险：（1）当前社会诚信状况不佳。自改革开放以来，我国的商品经济得到了飞速发展，然而短短三十几年的时间，尚不足以使诚实信用成为社会成员在经济活动中普遍遵守的道德准则，加上精神文明建设的相对滞后，使我国社会信用环境现状堪忧。一些人利用法律、政策等方面的漏洞，采取欺骗、隐瞒等不道德手段获取非法利益，既损害了他人合法权益，也扰乱了社会风气，由于我国信用体系还处于建设之中，对于这些不诚信行为往往缺少行之有效的约束手段。在保险领域，近年来利用保险非法获利案件不断增多，投保人恶意投保以骗取保险金的案例层出不穷，特别是针对财产保险的保险诈骗，已严重影响到财产保险公司盈利水平。在这样的诚信状况下，不可抗辩条款纳入立法，将很可能被一些居心不良的投保人利用，加剧保险领域的欺诈行为。不可抗辩条款的设立，是以假设绝大多数投保人都能善意履行如实告知义务为前提的，如果投保人中有人以获取不正当利益为目的恶意投保，那么保险公司放弃抗辩权利无疑为其打开了方便之门。（2）保险营销体制存在缺陷。现行保险营销制度是由美国友邦保险有限公司于1992年引进我国，后来陆续被国内各寿险公司学习采用，目前已经成为保险公司尤其是寿险公司首选的营销渠道。截止2008年年底，全国保险营销员数量已经达到256万人，保险营销业务规模从2002年的1 082亿元增至2008年的3 380亿元，占总保费收入的比重达到35%，最高时的2006年达到47%。这说明，大量的寿险合同是以保险营销员作为中介签订的，而并非保险公司直接与投保人订立。从总体上看，现行营销体制是保险公司在我国社会主义市场经济法制体系框架以外，本着成本最低、责任最小的目标由小到大，逐步自发膨胀起来的，保险营销员的法律地位很难界定，名为代理人却要接受保险公司的管理培训和业绩考核，看似保险公司员工却与保险公司没有任何劳务关系。一方面保险营销员队伍低素质膨胀，保险公司对保险营销员增员缺乏管控，任何素质的应聘者都能成为保险公司的营销员；另一方面，保险营销员的高脱落率和展业方式的短期行为化仍在继续恶化。据统计，目前我国保险营销员13个月的留存率平均只有30%左右，两年留存率不到15%，远低于其他国家和地区的水平。可以想象在这样的保险营销体制下，能否保证投保人在缔约时准确知晓自己的权利义务，实在是个令人堪忧的问题。更严重的是，保险营销员的计酬方式完全依靠业绩佣金提成，在利益诱导下，保险营销员展业时以眼前利益为上，保险销售误导行为已成为行业难以根除的顽疾。有些保险营销员在明知被保险人的身体健康等状况不符合承保条件的情况下，非但不向保险公司及时主动地作出反馈，反而诱导投保人与被保险人隐瞒或虚报重要信息；更有甚者，直接按照承保标准要求填写好投保单，再交给投保人与被保险人签字，以促成保险合同缔结，达到获取佣金的目的。可见即使投保人、被保险人具有忠实履行如实告知义务的本意，现行保险营销体制也难以保证相关重要信息能够准确全面地传达至保险人，更不要说保险营销员与投保人、被保险人合谋的情况。因此，在不可抗辩规则实施后，保险营销体制的固有缺陷很可能引发难以预测的道德风险。

第二，可能影响保险公司短期内的发展。虽然我国保险事业的开端可以追溯到晚清时期，但中间几经波折，直到 1980 年我国国内保险业务正式恢复，保险业才真正迎来快速发展的新阶段，经过短短三十多年，我国保险业取得了举世瞩目的成就，可以说我国保险业用三十年的时间走完了西方发达国家保险业几百年的发展道路。但这种跨越式发展更多地体现在保费收入、市场规模等方面，在发展内涵上，我国与世界保险业较发达的国家相比仍然存在着相当差距，因此我国保险业能否经得起不可抗辩条款的考验，短期内仍是一个未知。具体来说，主要有以下几点：(1) 保险公司核保能力不足。新《保险法》实施以前，由于投保人负有严格的如实告知义务，因此对保险人核保能力要求相对较低，保险公司核保程序也比较简单，往往简单审查后先承保下来，再通过出险后详细核查的方式补正核保时的不足，不仅调查核实案件数量较少，调查工作也比较有针对性。但新《保险法》实施后，随着不可抗辩条款的引入，保险公司投保信息的审查将由“事后审查”转为“事前审查”，从“个别审查”变成“普遍审查”，现有的核保机制在短期内很难承担这种转变。目前很多保险公司的核保岗位配备不足，核保人员专业能力不强，由于核保是技术性很强的专门岗位，成为一名优秀的核保人员需要理论知识与实践经验的长期积累，因此加强保险公司的核保力量要经历一个长时间的过程。(2) 保险公司缺乏有效的调查渠道。由于我国社会目前信息化水平不高，保险公司缺乏简便高效的调查手段，客观上增加了对投保信息审查核实工作的困难。据笔者了解，仅以大连地区为例，保险公司如果要调查被保险人的健康状况，只能向市内各大医院了解该被保险人的住院情况，大多数医院对于患者病历管理比较严格，调查人员往往要通过私人关系才能取得。如果该被保险人只在医院门诊确诊，没有经过住院治疗，或者该被保险人曾经在外地医院住院治疗，调查人员一般很难查明相关情况。这样的调查渠道不仅成本过高，而且效率低下，明显不能满足不可抗辩条款实施后的现实需求。在一些信息化水平比较高的国家和地区，保险公司在进行调查核实时，可以从政府部门或社会组织的信息库中，方便调取与核实工作有关的权威信息。如美国国家医疗信息管理局（简称 MIB），免费向保险公司提供关于投保人、被保险人医疗信息的查询服务，显著提高了保险公司调查核实的工作效率。因此，加快社会信息化进程，特别是医疗信息的集中化管理，对于增强保险公司的风险排查能力、减少投保人的不诚信行为，将有着重要的意义。

第三，可能间接损害投保人与被保险人的利益。关于不可抗辩条款损害投保人与被保险人利益，可能一般消费者很难理解，其实保险人和投保人本来就是一对相互对立、相互统一的矛盾体，保险人通过提供保险服务获利，投保人通过购买保险服务使被保险人获得保障，保险业发展萎靡将导致投保人的保障需求很难得到满足与实现。

具体到不可抗辩条款的问题上，如果因投保人不如实告知额外导致的保险金支出显著增加，那么保险公司显然不会自己承担这项损失，而是将它转嫁给全体投保人，换言之即提高保费，这意味着要购买同样的保险保障，消费者需要付出比以往更高的经济成本。事实上，保险公司的保费收入中有相当一部分是用于支付因保险欺诈产生的保险金，国际上保险欺诈平均损失在保费收入的 10% ~30%，这部分损失在保险精算师设计产品时就会计算在保险费之内。从保险原理来说，保险公司是从保险基金中支出保险赔款和满期给付的，而保险基金正是由保费收入汇集成的，它实际上属于全体投保人和被保险人，保险公司只相当于保险基金的管理人。从这个意义上说，不可抗辩条款引入我国后，如果保险公司不能应对得当，由此增加的保险赔款和给付，最后几乎全部要由投保人来埋单。

四、关于完善我国保险法不可抗辩规则的建议

任何一项法律制度都必然有正反（利弊）两个方面，我们要做的应当是趋利避害，而不是因噎废食，因此不可抗辩条款的问题不是应否纳入立法，而是如何纳入立法。新《保险法》引入不可抗辩条款是正确的，但具体规则设计则远远超出了我国保险业的发展现状，以第十六条第三款来看，对于不可抗辩条款只有原则性规定，从条文上解读不出任何适用限制，这使我国原《保险法》从没有规定不可抗辩条款，瞬间“进步”到拥有最严格的不可抗辩条款。我们可以理解立法者“治乱用重锤”的苦心，但强调对保险消费者利益的保护不能以牺牲一个行业的整体发展为代价，从原《保险法》第十七条到新《保险法》第十六条，我们的法律总是在做“非此即彼”的绝对选择，而没有在两者之间寻找最佳的利益平衡点。

一个国家或地区的保险立法能在多大程度上采纳不可抗辩条款法则，不仅取决于该国家或地区对消费者的法律保护政策，也取决于当地保险市场的具体发展阶段，归根到底还是取决于该国家或地区的经济发展水平。由于不同国家和地区在保险市场的开发程度和法律治理水平方面存在的不平衡发展状况，对不可抗辩条款的具体立法设计也有所不同。在较发达的国家和地区，不可抗辩条款依托的经济、市场和法律条件都已具备，立法者为不可抗辩条款设定了更为广泛的适用范围，以加强对广大投保人的保护。美国是世界上保险市场最发达的国家，因此美国保险立法中不可抗辩条款法则也体现出对投保人的一种高水平的法律保护，这与美国的经济发展水平相适应。其他国家和地区的保险法尽管规定有不可抗辩条款，但其提供的保护水平和范围不及美国。我国保险业起步较晚，发育程度不高，与之发展相配套的社会诚信状况和信息化水平都不尽如人意，而新《保险法》关于不可抗辩规则的设定，却超越了目前各国保险立法的保护水平，不得不

令人为实践中可能导致的消极影响而担忧。因此，笔者认为必须对新《保险法》第十六条第三款的规定进行修改和细化，明确具体的适用范围和限制条件。

（一）限制不可抗辩条款的适用范围

第一，限制不可抗辩条款仅可适用于人身保险合同。新《保险法》关于不可抗辩条款的立法体例，决定了不可抗辩条款对所有类型的保险合同都具有法律效力，即不可抗辩条款可以适用于财产保险合同。这在世界各国保险立法中都非常少见。如前文所述，不可抗辩条款之所以容忍甚至保护投保人的不诚信行为，是因为被保险人或受益人对长期人身保险合同所享有的合理期待或信赖利益，蕴藏着丰富的人道主义伦理价值；而财产保险仅涉及经济利益，如果对财产保险投保人的不诚信行为都要保护，显然对保险人有失公平。此外，从保险实践来说，由于财产保险是以财产及其有关利益为保险标的，不像人身保险只承保人的寿命和身体那样单一，保险人对投保人告知义务的履行情况更加难以核实，而投保人故意制造保险事故相较人身保险又要容易得多，很可能增加保险人的运营风险。虽然有的观点认为，我国目前财产保险保险期间多为一年，因此不可抗辩条款适用财产保险的概率很小，所以此规定对实践影响不大，保留无妨。但笔者认为，不可抗辩条款适用于财产保险从理论上就存在合理性问题，不能因为一般财产保险期间达不到不可抗辩条款规定的两年，就放任不可抗辩条款的适用范围扩展到财产保险，这样不仅于法理不通，而且不利于少数长期财产保险产品（如贷款保险）的风险控制，对财产保险公司开发长期财产保险产品的积极性也是一个打击。

第二，明确不可抗辩条款适用何种承保范围或除外责任之争。不可抗辩条款适用于承保范围是当前国际保险立法的发展趋势，原因是部分保险人利用承保范围或除外责任不适用不可抗辩条款的规则，将可能导致保险事故发生的瑕疵健康条件排除在承保范围之外或列为除外责任，规避了不可抗辩条款的适用，损害了投保人的法律利益。因此美国保险立法率先将承保范围纳入不可抗辩条款保护之中，规定了对于保险人所作出的“投保前已存在的瑕疵健康条件不在承保范围或属于除外责任”的抗辩，保险人也必须在可抗辩期间内提出。笔者认为，美国立法的此项规定有合理之处。我国保险法未就适用承保范围或除外责任之争的具体情形作出如此明晰的说明，意味着所有关于承保范围的诬告都将受到不可抗辩条款的保护。比如对于某些不承保高危职业的人身保险产品，投保人只要谎报职业后再经过两年的可抗辩期间，就可以获得与正常投保人相同的保障。这种情况显然并不合理，因为保险人排除在承保范围之外的风险因素，在计算保险费率时是不会考虑在内的，将打乱保险人的精算基础，建议新《保险法》借鉴美国保险立法，对不可抗辩条款适用承保范围或除外责任之争的具体情形作出限定。

（二）明确不可抗辩条款适用的限制条件

第一，投保人的欺诈行为。这里所说的欺诈，就是指投保人故意不如实告知的行为，即投保人出于获得不法利益的目的，有意作出虚假陈述或隐瞒真实情况，就是要使保险人陷入被保险人或保险标的的风险状况完全符合承保条件的错误判断，从而作出缔结保险合同或者不提高保险费率的意思表示。投保人故意违反如实告知义务的行为完全符合欺诈的定义。关于不可抗辩条款是否适用于欺诈之情形，历来是在不可抗辩条款适用问题上的最大争议所在。以美国为代表的保险立法为例，严格贯彻投保人保护主义，规定投保人的欺诈性误述或隐瞒适用不可抗辩条款，也就是说无论投保人违反如实告知义务行为是出于故意还是出于过失，只要投保人在可抗辩期间内没有发现，就不能再就此提出解除合同和拒付保险金的主张。而大多数国家和地区则区分投保人的主观过错状态，将欺诈、恶意投保等行为作为不可抗辩的适用例外，只有出于过失导致未如实告知的投保人才能受到不可抗辩条款的保护。笔者认为，我国新《保险法》应当规定投保人的欺诈行为作为不可抗辩条款的适用例外。从法理上说，由于保险活动对双方当事人提出了比一般民事合同更高的道德要求，保险合同又被称为最大诚信合同，而投保人通过欺诈获利的行为，不仅严重违反最大诚信原则，甚至连一般诚实信用原则的标准都达不到。因此，如果不可抗辩条款保护欺诈行为，将会给当前我国社会带来错误的价值导向。此外，根据我国刑法第一百九十八条，“投保人故意虚构保险标的，骗取保险金的”，可构成保险诈骗罪。“故意虚构保险标的”是一种严重的欺诈行为，如果不可抗辩条款适用于欺诈行为，意味着只要投保人的欺诈行为在两年内没被发现，法律就将承认和保护投保人所获得的利益，而刑法却要对投保人获取合法利益的行为以保险诈骗罪的罪名追究刑事责任，显然两种法律对同一行为的价值评判出现严重冲突。而且根据《刑法》和新《保险法》的相关规定，欺诈行为超过两年被发现且构成保险诈骗罪的，投保人应受到刑罚处罚，而被害人保险公司却仍负有向罪犯支付保险金的义务，这在现实中将是十分荒唐的。对于包括“带病投保”在内的一些欺诈行为，投保人在缔结保险合同时，被保险人实际上已经达到保险人支付保险金的约定条件，相当于保险事故发生于保险合同成立之前，如果此时还要求保险人按照合同约定予以赔付，有违保险合同的基本法理。从我国保险实践来说，我国社会成员的平均诚信状况并不尽如人意，社会化信息管理相对滞后，投保人的不诚信行为不仅发生概率较高，事后也难以调查发现；而且我国保险业管理和评估风险的水平较国际先进水平还有较大差距，调查能力和调查手段都比较欠缺，保险人应对因投保人过失未如实告知而增加的运营风险已是勉为其难，如果再加上投保人的欺诈行为，将对给保险业的持续健康带来重大不利。还有的观点担心，如果将欺诈行为作为不可抗辩条款的适用例外，将使保险人有机会规避不可抗辩条款的制约。对此笔者认为，只要在保险诉讼中，将欺诈行为的举证责任放在保险人一方，并且提高欺诈行为的认定标准，就可以避免这一情况的发生。

第二，投保人未缴保费之情形。投保人及时足额缴纳保险费，是保险人承担保险责任的前提和条件。如果投保人未缴纳保险费，保险人基于此产生的解除权不应当受不可抗辩条款的限制。新《保险法》第三十六条规定：“（1）合同约定分期支付保险费，投保人支付首期保险费后，除合同另有约定外，投保人自保险人催告之日起超过三十日未支付当期保险费，或者超过约定的期限六十日未支付当期保险费的，合同效力中止，或者由保险人按照合同约定的条件减少保险金额。(2) 被保险人在前款规定期限内发生保险事故的，保险人应当按照合同约定给付保险金，但可以扣减欠交的保险费。”第三十七条规定：“(1) 合同效力依照本法第三十六条规定中止的，经保险人与投保人协商并达成协议，在投保人补交保险费后，合同效力恢复。但是，自合同效力中止之日起满二年双方未达成协议的，保险人有权解除合同。(2) 保险人依照前款规定解除合同的，应当按照合同约定退还保险单的现金价值。”可见我国《保险法》赋予了保险人在投保人未按时缴纳保费时的合同解除权，而且对于效力中止的保险合同不承担保险金给付责任。根据笔者在前文中的分析推测，此处的合同解除权应该不适用不可抗辩的条款，只是新《保险法》中没有对此予以明确。这里还有一个问题，就是保险合同复效后，可抗辩期间是否应重新计算。笔者认为，应当重新计算，因为保险合同复效须经“经保险人与投保人协商并达成协议”，这等同于保险人重新承保，保险人须根据被保险人复效时的健康状况作出是否承保或者提高保险费率的决定，此时投保人与被保险人同样负有如实告知义务，如果可抗辩期间不能重新计算，那么保险人对复效时投保人的未如实告知行为，将完全没有主张抗辩的机会，这显然是不合理的。

第三，保险单不具有保险利益之情形。保险利益原则是保险法的基本原则。我国新《保险法》明确规定，保险利益是指投保人对保险标的具有的法律上承认的利益。人身保险合同订立时，投保人对被保险人不具有保险利益的，合同无效。无效合同是自始、绝对、当然无效，既不能通过包括追认在内的任何行为使其变为有效，也不需要当事人行使解除权来终止合同。因此在人身保险领域，如果投保人涉及保险利益的未如实告知行为，使保险人错误地与其订立了不具有保险利益的合同，那么该合同自订立之时起就是无效的，无论经过多长时间，也无论保险人是否主张，合同无效的状态都不会发生改变，不可抗辩条款的适用范围当然不应包括人身保险合同不具有保险利益的情形。而新《保险法》关于财产保险合同的相关规定则有所不同，

第四十八条规定（财产保险合同）：“保险事故发生时，被保险人对保险标的不具有保险利益的，不得向保险人请求赔偿保险金。”因此在财产保险合同订立时，投保人与被保险人是否对保险标的具有保险利益，法律在所不问；如果被保险人在保险事故发生时对保险标的不具有保险利益，将丧失保险金请求权，但保险合同依然有效。由此可见，投保人与被保险人在订立财产保险合同时作出的与保险利益有关的未如实告知行为，在合同成立两年后，保险人不得以此为由解除合同和拒付保险金。

第四，可抗辩期间内被保险人已死亡之情形。新《保险法》第十六条第三款规定：“自保险合同成立之日起超过二年的，保险人不得解除合同。”按照一般字面理解，无论被保险人在两年期限内是否死亡，保险人都不能在合同成立两年后解除合同。我国台湾地区曾发生过这样的案例，被保险人在合同成立后两年内死亡，由于投保时存在不如实告知行为，为逃避保险公司调查，受益人没有立即向保险公司申请理赔，而是等到两年的可抗辩期经过后才要求保险公司给付保险金，保险公司当然拒付，双方因此诉至法院。有学者就此案例提出，如果被保险人在两年抗辩期内死亡，不应适用不可抗辩条款。美国保险立法中也有类似的规定，将被保险人自合同成立之日起生存超过两年，作为适用不可抗辩条款的必要条件，以防止受益人滥用不可抗辩条款。笔者认为，我国保险立法也应借鉴这一观点，将被保险人在两年内死亡的情形，作为不可抗辩条款的适用例外。

虽然目前新法施行时间不长，短期内再次修订的可能性不大，但近期仍可以通过立法解释和司法解释的方式，进一步明确不可抗辩规则的具体适用问题，例如承保范围之争和大多数适用限制条件，完全可以以法律解释的形式加以规定。而对财产保险合同和欺诈行为的适用限制，由于法律已作出明确规定，只能等到下次《保险法》修订时进行调整。好在我国《保险法》修订频率颇高，平均每七年修订一次，按照这个频率，再次修订时间也不会太晚，而且届时很多争议问题经过实践检验后都已有答案，相信再次修订后的不可抗辩条款会更加完善。

参考文献

[1] 克劳福特．人寿与健康保险［M］．周伏平，等，译．北京：经济科学出版社，2000.

[2] 张秀全．人身保险合同常见条款研究［J］．河南司法警官职业学院学报，2005（2）：28.

[3] 夏益国．中国寿险业规范发展的新起点［J］．上海保险，2009（5）：11.

辽西地区乡镇安全生产执法有关问题的研究*

侯昌男　齐　伟
（兴城市南大满族乡人民政府　125116　沈阳工业大学文法学院　110870）

摘　要　乡镇安全生产执法是整个安全生产管理工作中的基础，安全生产责任重于泰山。近年来，随着东北老工业基地振兴战略和环渤海五点一线战略的稳步推进，辽西地区安全生产工作实现了质的飞跃，各项指标创历史新高。目前辽西地区乡镇安全生产执法尚普遍存在执法权单一，执法程序尴尬，安全生产责任主体不明确，配备滞后，企业和群众安全意识落后等问题。解决乡镇安监站的执法困境，需要打“组合拳”。辽西地区应合理配置乡镇安全生产监管力量，取消委托执法改为职权执法，准确确定主体责任，建立区域专家服务网络，在执法过程中运用创造性的工作方法。

关键词　乡镇　安全生产执法　委托执法　安监站

安全生产执法是各级党委、政府践行科学发展观，落实安全生产监管责任，实现以人为本、关爱生命、构造和谐社会的重要内容。乡镇人民政府是我国五级政权组织①的最基层，承担着大量具体的社会管理职能和公共服务职能，正所谓“上边千条线，下边一根针”。安全生产责任重于泰山，事关经济发展、社会和谐，与人民群众的生命健康和家庭幸福、财产安全密切相关，是一项尤其重要的社会管理工

---

* 该调研报告同时为葫芦岛市法学会 2013 年度重点研究课题（葫法会［2013］10 号）的阶段成果。

① 我国《宪法》第三十条只规定了四级政权，除较大的市外。然而，现实中普通地级市也设立了一级政权。

作。乡镇安全生产执法是整个安全生产管理工作中的基础，其工作开展的如何，将直接影响整个安全生产工作的大局，影响到党和政府“以人为本”和为人民服务宗旨的落实。笔者通过实际工作、实地走访、同行交流、学者分析、资料研究等方式进行调查研究，试图通过发现辽西地区乡镇安全生产执法出现的问题，分析探讨影响乡镇安全生产执法的主要原因，最终为辽西地区乡镇社会和谐发展和安全生产执法科学化提出对策。

一、辽西地区乡镇安全生产执法的问题

（一）执法权单一，执法程序尴尬

安全生产执法是我国众多行政执法类型的一种，执法权作为行政权，来源于法律的明确赋予。我国《宪法》第五条第四款：“一切国家机关和武装力量、各政党和各社会团体、各企业事业组织都必须遵守宪法和法律。”《辽宁省行政执法条例》第十三条：“宪法、法律、法规、规章是行政执法的依据。”

《辽宁省行政执法程序规定》（省政府令第253号）第五十六条：“行政执法机关进入生产经营场所开展检查、调查等行政执法活动，必须有法律、法规依据；没有法律、法规依据的，当事人有权拒绝。”《安全生产违法行为行政处罚办法》（国家安监总局令第15号）第十二条：“安全监管监察部门根据需要，可以在其法定职权范围内委托符合《行政处罚法》第十九条规定条件的组织或者乡镇人民政府、城市街道办事处设立的安全生产监督管理机构实施行政处罚。受委托的单位在委托范围内，以委托的安全监管监察部门名义实施行政处罚。”结合上述法条，目前，辽西地区乡镇安监站只有行政处罚权，尚无行政检查权、行政强制权等其他权力，并且乡镇安监站的行政处罚权只是委托执法。

因此，这就出现了一个执法困境：乡镇安监站在无行政检查权的情况下，无法获知违法情况，导致处罚不力。在执法时和处罚后又无

行政强制措施和强制执行权，不能快速有效地消除安全生产隐患。也就是说，在现行立法下，乡镇安监站被虚置。

（二）安全生产责任主体不明确

邓小平曾经说过："官僚主义的另一个病根是，我们的党政机构以及各种企业、事业领导机构中，长期缺乏严格的从上而下的行政法规和个人负责制，缺少对于每个机关乃至每个人的职责权限的严格明确的规定……"① 从责任主体来看，体制不顺造成乡镇安全生产"管理严不起来，责任落实不下去"。

根据相关法律、法规和规章，乡镇政府只具有极少的安全生产监管职权，这造成了目前乡镇政府"有责无权"，即"心有余而力不足"的尴尬局面。我国《安全生产法》第九条："国务院负责安全生产监督管理的部门依照本法，对全国安全生产工作实施综合监督管理；县级以上地方各级人民政府负责安全生产监督管理的部门依照本法，对本行政区域内安全生产工作实施综合监督管理。"《辽宁省安全生产条例》第六条第一款："省、市、县（含县级市、区，下同）负责安全生产监督管理的部门，对本行政区域内安全生产工作实施综合监督管理，指导、协调和监督本行政区域内其他有关部门的安全生产监督管理工作；其他负有安全生产监督管理职责的部门在各自的职责范围内依法对有关的安全生产工作实施监督管理。"第二款："乡（镇）人民政府和街道办事处依照管理职权负责本辖区内的安全生产工作。"

从上述法条我们可以看出：安全生产的责任主体应该仅是县级以上安监部门和企业。但由于传统属地管理的思维习惯，无形中使乡镇不经意承担起了安全监管责任。乡镇一级政府没有安全生产执法权，加上乡镇级别低，安全管理人员大多是身兼多职，就好比骑自行车、摩托车的人去管那些开奔驰、宝马的老板，结果不难

① 中共中央文献编辑委员会．邓小平文选（第二卷）［M］．北京：人民出版社，2002：328.

想象。

另外，乡镇安监站是“符合《行政处罚法》第十九条规定条件的组织或者乡镇人民政府、城市街道办事处设立的安全生产监督管理机构”，而非乡镇人民政府本身。既然是委托执法，则还存在乡镇安监站是否同意接受委托的意思表示。

（三）监管泛泛、职权交叉

目前的安监部门监管泛泛，只强调对危险化学品、烟花爆竹、矿山等重点领域的监管，而不能顾及所有领域，为了强化监管力量，防止安全生产事故发生，各级政府部门不得不成立由各相关部门组成的“安全生产委员会”临时协调机构，这也造成了“安全生产委员会”与安全生产行政主管部门的权责混乱。同时，职权交叉较多，以我国《矿山安全法》为例。《矿山安全法》第四条：“国务院劳动行政主管部门对全国矿山安全工作实施统一监督。县级以上地方各级人民政府劳动行政主管部门对本行政区域内的矿山安全工作实施统一监督。”如此，劳动行政部门与安全监管部门就出现了职权交叉的问题。

（四）乡镇安监站配备滞后

在各级党委、政府的重视下，辽西地区乡镇安全监管队伍建设有了一定的进展，但是量大而广的监管任务与监管力量薄弱的矛盾没有得到根本性缓解。滞后的机构队伍建设与繁重的安全监管任务之间的矛盾已非常突出。

1. 乡镇安监站机构建设滞后。近年来，县以上安监队伍建设有所加强，但由于没有编制和经费，基层乡镇安全监管队伍建设仍不尽如人意。乡镇虽建立了安全生产机构，可机构是加挂的牌子；人员名义上是专职，但实际情况多数人员身兼多职，为“专人不专职”现象，带来的问题是无法集中精力从事安全监管工作。村一级安全生产网络尚未建立，安全管理工作未能延伸到村，重心下移的不够。

2. 安监执法相关设备短缺。安全生产涉及诸多方面，对安全生产的监管，需要配备大量的专业设备，如气相色谱仪、高精度电子万用表、防爆型静电测试仪、多功能噪声频谱分析仪、远距离炸药检测仪等：同时，还需要许多人员防护设备，比如安全帽、便携式呼吸设备、绝缘服等。目前，乡镇安监站普遍缺乏相关设备，这就给乡镇安全生产隐患的排查形成了诸多不便，工作很难开展。

3. 安监执法人员专业素养普遍滞后。安监工作对专业水平要求极高。我国《安全生产法》第五十六条："负有安全生产监督管理职责的部门依法对生产经营单位执行有关安全生产的法律、法规和国家标准或者行业标准的情况进行监督检查……"目前，我国有关安全生产的相关规定不计其数，如果再加上相关国家标准和行业标准，那简直是浩如烟海。仅以国家安全生产监督管理总局政策法规司编写的《安全生产法律法规汇编》来看，单从页数上就是972页，这还没有加上辽宁省的相关规定。从安全生产国家标准来看，就达148个[①]，这也还没有加上相关领域安全生产标准以及行业标准。如此浩瀚的规定，对于乡镇安监员专业水平提出了极大的考验。

（五）乡镇安全生产形势严峻、群众安全意识淡薄

近些年，乡镇企业蓬勃发展，安全监管滞后，安全形势不容乐观。主要表现是，部分企业负责人对安全生产重要性认识不足，重视生产经营，重视经济效益，不重视安全生产，要钱不要命；安全生产管理机构、规章制度、操作规程不健全，甚至根本就没有；部分企业生产设施设备简陋、落后，有些甚至是国家明令淘汰和禁止使用的设施设备，特别是非法生产、经营、储存、运输烟花爆竹和非法采矿，事故隐患大量存在；企业从业人员流动性大，企业对从业人员安全生产教育培训不到位，甚至干脆就不进行教育培训，造成从业人员安全意识不强。

---

① 国家安全生产监督管理总局政策法规司．安全生产法律法规汇编（上、下）［M］．北京：煤炭工业出版社，2012：129.

其次，劳动者安全素质不高。从近几年各地发生的事故分析，很多事故属于工人违章操作、冒险作业所致的责任事故。当前，随着民营经济的迅猛发展，农民工、临时工仍是生产经营单位和建筑工地的主要成员，这些劳动者优点是体力好、劳动积极，缺点是文化水平低、安全技能差、自我保护意识缺乏。他们往往是安全生产工作的薄弱环节，同时也是各类伤亡事故的直接受害者。

二、辽西地区乡镇安全生产执法问题产生的原因

（一）我国《安全生产法》适用对象范围模糊

乡镇安监站监管对象范围极广，我国《安全生产法》第二条："在中华人民共和国领域内从事生产经营活动的单位的安全生产，适用本法……"根据该法，凡是在管辖区内的生产经营单位均属于安监站的监管对象，包括一切从事生产经营活动的国有企业事业单位、集体所有制的企业事业单位、股份制企业、中外合资经营企业、中外合作经营企业、外资企业、合伙企业、个人独资企业等，无论其经济性质如何、规模大小，只要从事生产经营活动，都应遵守本法的各项规定。[①] 从类型上看，包括建筑施工、危险化学品、烟花爆竹、特种作业设备、矿山、交通、网吧、农药等诸多领域。

相对于城市和城镇而言，乡镇具有两个显著特点：一是地域大；二是人口多。以葫芦岛市为例，该市人口总数为 2 623 541 人，全市人口中，居住在城镇的人口为 1 089 843 人，占 41.54%；居住在乡村的人口为 1 533 698 人，占 58.46%。[②]

这样如此广泛和复杂的监管对象，让各级安监主管部门捉襟见肘，这必然形成了监管泛泛、职权交叉、权责混乱的局面。

---

① 刘作军，洪伟．《中华人民共和国安全生产法》释义及适用指南［M］．北京：中国民主法制出版社，2012：27.

② 葫芦岛市人民政府．葫芦岛市 2010 年第六次全国人口普查主要数据［EB/OL］．(2013-07-01)［2013-08-30］．http：//www.hld.gov.cn/Item/352.aspx.

（二）委托执法授权不成体系

目前，乡镇安监站只有根据《安全生产违法行为行政处罚办法》（国家安监总局令第 15 号）第十二条委托的行政处罚权，而没有其他行政检查权、行政强制权等配套执法权。由于执法权不配套，在具体实施执法时，经常力不从心。安监执法人员只有首先履行行政检查权后，才能发现违法行为，接着才能履行行政处罚权，如果没有行政检查权，那么行政处罚权也基本上无用武之地。行政处罚权履行时和履行后，如果行政相对人依旧没有改正，那么就需要执行行政强制权，强制行政相对人履行法律规定。现实中，由于安监站没有行政强制权，遇到相关问题尚需要逐级请示后由上级部门实施。安全生产违法行为事关重大，而且往往时间紧迫，如果耽搁过久，可能就会造成爆炸等恶性事件，因此，乡镇安监站亟待第一时间的行政强制权。

（三）乡镇安全生产工作的经费投入主体不清

根据我国《行政处罚法》第十八条和第十九条，以及《安全生产违法行为行政处罚办法》（国家安监总局令第 15 号）第十二条的规定，乡镇安监站的执法权来源于委托执法，既然是委托执法，则应由作为委托人的县级以上安全生产监管部门投入。

然而，在实际情况中，乡镇安监站往往由乡镇人民政府设立的，经费投入主要来自于乡镇财政。自从 2004 年乡镇机构改革，乡镇一级政府自身已经基本没有独立的财政收入来源，全部由县级以上财政支持。在这样的背景下，乡镇财政还得用自己很有限的经费，供养着为上级部门委托工作的机构。辽西地区各乡镇发展水平和经济实力差别较大，不能保证每一个安监站都能具备充足的硬件条件，也不能保证对乡镇建设中安全工作的隐患进行有效的整治，不利于总体的和谐发展。

（四）企业的安全责任主体意识差

由于传统观念影响，过分追求眼前利益，忽视了安全投入的必要性，很多企业普遍存在着减少安全资金、设施投入不足，甚至不投入的现象。安全管理意识、安全管理能力相当脆弱，不会管，更管不好。不知什么是隐患，也不知隐患在哪里，更不会处置隐患，安全隐患滋生。从业人员素质较低，安全事故防范和应急能力缺乏，加上流动频繁，很难适应当前安全生产工作需要。

（五）工会组织的作用亟待加强

关于工会在职工维权中的作用的讨论似乎已经成为一个老生常谈的问题，但这又确实是一个普遍存在的问题。

1. 工会既是雇工维权组织，又是被雇佣者

在当前劳动力供大于求的条件下，尤其是在低端劳动力市场，“找到工作有饭吃”成为劳动者最大的目标。在这种条件下，靠单个雇员或几位雇员与雇主就劳动安全方面进行谈判以争取较好的劳动条件，基本上可能性很小。然而现阶段，我国工会似乎处于一个比较尴尬的地位，它既是一个雇工组织，又不能脱离雇主而独立存在，“只有跟老板搞好关系才有饭吃”，在维护职工权益、协调职企关系中发挥作用的空间相当小[①]。笔者在调研过程中曾就工会在争取劳动保护权益、督促安全生产中的作用问题进行访谈和调查，而得到的几乎是一致的答案：发挥的作用实在太小了。

2. 工会行政化倾向严重

从中国目前的现状看，由于工会组织目前是由财政保障的社会团体，地方政权对其具有“人、财、物”方面直接的影响力，工会已不完全是一个很纯粹的利益维护组织和利益代表组织，它的本质职能

---

① 佚名．矿难后工会维权工作的思考［J］．工会博览，2005（17）：33-34.

有些弱化并且行政化、官僚化倾向明显。[1]

这样的工会组织在维护工人合法权益时，不得不考虑地方上各种复杂的关系，尤其是政企关系。假如，某企业是当地政府招商引资进来的纳税大户企业，经营过程中出现了对工人不利的事情，这时候，工会由于依靠地方财政生存，更依靠于纳税企业，那么在其为工人维权过程中，维权的力度必定会大打折扣，角色非常尴尬。

（六）我省“注册安全工程师”短缺

“注册安全工程师”是我国2002年开始实行的，通过全国统一考试，取得《中华人民共和国注册安全工程师执业资格证书》，并经注册的，在生产经营单位中从事安全生产管理、安全工程技术工作和为安全生产提供技术服务的中介机构的专业技术人员。

《注册安全工程师管理规定》（国家安监总局第11号令）第六条第一款规定：“从业人员300人以上的煤矿、非煤矿矿山、建筑施工单位和危险物品生产、经营单位，应当按照不少于安全生产管理人员15%的比例配备注册安全工程师；安全生产管理人员在7人以下的，至少配备1名。”第二款规定：“前款规定以外的其他生产经营单位，应当配备注册安全工程师或者委托安全生产中介机构选派注册安全工程师提供安全生产服务。”根据该规定，所有生产经营单位都应当配备注册安全工程师。

然而，目前我省的注册安全工程师数量远远满足不了需求，并且执业地点多集中在经济发达地区。仅以2012年为例，全省初始注册安全工程师登记的仅为728人。[2] 生产经营单位的注册安全工程师急缺，造成各单位安全生产状况堪忧。

① 颜江伟．行政化与回归社会：中国工会体制的弊病与改革［J］．中共浙江省委党校学报，2005（3）：29.

② 国家安全生产监督管理总局．国家安全生产监督管理总局公告（2012年第3、4、8、12、15、20、24、27、31号）［EB/OL］．（2013-07-02）［2013-08-30］．http：//www. chinasafety. gov. cn/newpage/zcaq/zcaq. htm.

三、解决辽西地区乡镇安全生产执法问题的对策

（一）精确界定《安全生产法》的调整对象，科学设计监管体系

1. 发达国家安全监管体系概况①

（1）德国

德国的安全生产监管工作由政府机关和行业协会共同负责，实行“政府—协会，双轨运行”。德国的劳动保护部门暨劳动保护局承担政府监管的职责，其职责包括：①依法检查企业执行劳动保护规章制度的情况；②为企业提供咨询，帮助改进劳动保护工作；③对企业劳动保护体系进行监管和整治。德国的行业协会发展完善，并且在安全生产领域发挥了重要的作用。它通过强制性手段收取企业会员的“会费”用于劳动保护预防、医疗救助以及事故赔偿支出，行业协会的这一项手段十分有效。

（2）日本

日本负责安全生产监管工作的机构是日本厚生劳动省劳动基准管理局，下设劳动基准监督署，分布于全国所有的都、道、县。劳动基准监督署直接面向企业，在属地范围内依法进行安全生产监察，并开展劳动技术咨询，指导企业进行安全生产保障工作防止事故的发生；同时，负责重大安全事故的处理以及工伤事故赔偿。劳动基准监督署内设有专职的安全监督官，对安全生产和卫生标准分别进行监管。

（3）美国

作为第一个颁布《职业安全卫生法》的国家，美国的安全生产工作快速发展。政府设立了职业安全卫生监察局、国家职业安全卫生研究所和职业安全卫生审查委员会三个机构。其中，职业安全卫生监察局隶属于劳工部，负责检查工作场所的安全卫生标准；国家职业安

---

① 耿云蕾．我国政府安全生产监督管理模式的分析与研究［D］．北京：首都经济贸易大学，2012：31-38.

全卫生研究所下设置健康部、教育部和福利部，对职业安全卫生工作进行监管；职业安全卫生审查委员会评判并协调政府监察过程中与企业产生的矛盾。

2. 构建我国科学高效的安全生产监管体系

在借鉴国外先进经验的基础之上，笔者认为，应当修改我国《安全生产法》，由劳动保障行政部门取代安全生产监管部门成为主要的安全生产主管部门。同时，大力扶持和改善工会等群众组织。

（1）从目前防止安全生产事故发生的角度转变为保护劳动者生命财产安全并以之作为立法出发点，由劳动保障部门担负起保障劳动者在劳动过程中的安全的重任。劳动保障部门的安全保障职能包括安全生产监管、职业病预防、安全人员管理等。

（2）大力扶持和完善工会、行业协会等群众组织。首先，改变现有工会浓重的行政化色彩，使各级工会组织真正成为工人们温暖的“家”。工会积极组织工人与用人单位签署安全措施完善的集体合同，工会设立负责受理劳动者诉讼的法律机构，以法律维权作为工会的主要工作方式，支持和代理工人的劳动诉讼。其次，充分发挥行业协会的规范和引导作用，自主制定行业章程，使各行业单位具有团结协作、“一荣俱荣、一损俱损”的团队荣誉意识。

（二）合理配置乡镇安全生产监管力量

在现有的立法体系不变的情况下，乡镇安全生产工作可以由县级安监部门直接分支结构进行大区域管理，取消各乡镇现有格局下的安监站。

首先，类似工商局与工商所的关系，由县级安监局在重要厂矿地区设立直接分支机构，同时，在其他地区打破乡镇行政区划限制，实行跨区域统一监管。如此设计，可以集中主要精力放在重要监管领域上，还不放松对其他地区的监管。

其次，新安监站是县级安监局的分支机构，执法类型不是委托执法，而直接是代表县级安监局的职权执法。新安监站不同于现有的安监站，其将可以行使所有县级安监局可以行使的职权，不存在委托执法权不配套带来的尴尬。

再次，新安监站的人员来源可以从现有安监站人员中择优录用，主要选拔中青年同志、具有相关工作经验、学历较高、工科专业或具有安全工程师资格优先等。同时，面向全国考录或者选调公务员、事业人员。所有人员经过系统培训后，持执法证上岗。

最后，新安监站数量少，人员精，布局宽严相济，可以将有限的经费、装备节省下来而投入到安监站的实际工作中，配足车辆和办公设备、选配常用的仪器设备，使安监站充分行使职权。

（三）准确确定主体责任

企业是安全生产的责任主体，企业主要责任人要切实承担起"第一责任人"的责任。所有生产、管理岗位都要建立健全安全责任制，同时要准确界定乡镇监管和行业管理之间的工作职能。分清哪些工作属于乡镇负责、哪些工作属于行业管理范畴，切实解决综合监管缺失问题，真正形成"政府统一领导、部门依法监管、企业全面负责、群众参与监督、全社会广泛支持"的安全生产工作格局。

（四）建立区域专家服务网络

"注册安全工程师"紧缺，已经是阻碍辽西地区安全监管工作的重要障碍，这个问题不是凭地方政府主管部门一己之力所能解决的。鉴于此，笔者认为，可以依靠辽宁工程技术大学与葫芦岛船舶学校以及葫芦岛锌厂等大型企业的安全专业技术实力创造性地开展"专家组查隐患，企业搞整改，政府抓督办"的区域专家服务网络。

建议工业企业相对集中的乡镇，建立小型专家组，专家组可就近聘请当地企业工程管理人员和附近学校、科研机构专家，既负责本区域工业企业的隐患排查与咨询、评价工作，同时又向其他乡镇提供服务。当地政府和企业可以通过向专家组提供工作补贴、科研课题支持、建立实验实习基地等方式与专家们进行良性互补。

（五）创新安监执法方法

安全生产工作责任重于泰山，这在经济发展处在重要机遇期和转型期的中国来说更是严峻。开展灵活多样的安监执法方法显得尤为重要。

1. 建立执法案件奖励机制

将每一个安监站的执法人员进行合理编组，两人或三人一组。对每组人员以一种科学的计算方法实行绩效统计，每个统计期进行一次评比奖励，以监管工作成绩作为奖励的唯一依据，激发工作热情，强化责任意识。

2. 发展特情（俗称：线人）

借鉴公安机关的侦查手段。创造性开展安监执法的特情工作，私下招募生产经营单位中的普通工人及中层管理人员，支持他们积极向安监部门提供线索，安监部门以一定形式予以补助。开展特情工作，可以迅速发现生产经营单位的安全隐患，第一时间制止违法行为，固定证据，维护劳动者切身利益。

四、结语

随着改革开放进入第三十五个年头，中国的改革进入了矛盾凸显期，这个时候的中国不仅需要强有力的宏观管理，更需要科学合理的权力运行。不能依靠“头痛医头、脚痛医脚”式的修修补补，唯有依托辩证施治的科学方法才能从根本上建设一个真正意义上的和谐社会。安全生产执法是和谐社会这座大厦中不可或缺的一环。通过完善立法、改变执法权类型、重新配置监管力量、准确确定主体责任、建立区域专家服务网络、创新执法方法等措施，才能保障安全生产形势持续稳定，百姓生活平安幸福。

参考文献

[1] 广东省佛山市南海区人民政府. 委托乡镇依法行政强化基层监督管理 [J]. 劳动保护，2004 (7)：11-12.

[2] 乔庆梅. 我国安全生产监督管理问题探析 [J]. 中国软科学，2006 (6)：20-30.

[3] 应松年. 行政法与行政诉讼法（上、下）[M]. 北京：中国法制出版社，2009.

[4] 姜明安. 行政法与行政诉讼法 [M]. 5 版. 北京：北京大学出版社，高等教育出版社，2011.

[5] 中国安全生产协会注册安全工程师工作委员会，中国安全生产科学研究院. 安全生产技术（2011 版）[M]. 北京：中国大百科全书出版社，2011.

[6] 国家安全生产监督管理总局政策法规司. 安全生产法律法规汇编（上、下）[M]. 北京：煤炭工业出版社，2012.

[7] 刘作军，洪伟.《中华人民共和国安全生产法》释义及适用指南 [M]. 北京：中国民主法制出版社，2012.

[8] 安志坚. 乡镇安全工作中存在的问题及解决对策 [J]. 科技创新与应用，2013 (14)：299.

司法公信三问

王子正
（东北财经大学法学院 116025）

摘 要 改革开放以来，我国市场经济取得了飞速发展，法治建设取得了重大成就，但是在法治建设的推进过程中，道德滑坡、诚信缺失的现象已经蔓延到司法领域，损害了司法权威和公信力，影响了社会公平正义的实现。本文从司法公信自身的价值入手，论证司法公信的现实意义，深入分析影响司法公信的现实因素和司法公信缺失的原因，就如何树立司法公信提出了若干建议。

关键词 司法公信 独立性 司法公信力

2011年10月，党的十七届六中全会提出要“把诚信建设摆在突出位置，大力推进政务诚信、商务诚信、社会诚信和司法公信建设，抓紧建立健全覆盖全社会的诚信系统，加大对失信行为的惩戒力度，在全社会广泛形成守信光荣、失信可耻的氛围”。诚信既是中华民族的传统美德，也是诚信社会构建的基石。司法公信作为国家诚信体系的重要组成部分，对我国社会诚信氛围的形成、司法公平正义的实现以及良好生活秩序的维护有着十分重大的意义。近年来，随着我国社会的快速转型，贫富差距不断加大，社会中急功近利、尔虞我诈、弄虚作假、道德滑坡、诚信缺失的现象屡见不鲜，并且已经蔓延到社会正义保障的最后壁垒——司法领域，给我国社会和谐与稳定造成了严重的不良影响。构建社会诚信道德体系，推进司法公信建设已成为全社会的当务之急。

一、司法为什么要有公信？

（一）司法公信是司法存在的前提与基础

司法公信，简单来说，就是社会公众对司法整体运作过程和司法裁判结果的尊重和信任，是司法机关通过其职权活动在公共社会中建立起来的一种令人信服的状态，这种信用表现为：一方面公众对司法的充分信任与依赖，对司法权威的遵从；另一方面则体现为法律在整个社会中的权威已经树立，社会公众对法律持有十足的信心。① 诚信作为现代法治社会的基本要求，应当通过社会的各个方面体现出来，不单单成为司法运行的道德基石，更应成为一种约束性规定。司法公信力的实现是建立在司法公正的基础之上，而司法公正的前提则是司法公信的实现。只有司法机关谨守诚信，依法审判，并将审判依法执行，司法公正才能实现，司法公信力才能被塑造出来。司法作为社会正义的最后一道防线，对维护社会的公平公正和良好秩序有着不可或缺的价值，缺乏诚信的司法是不能称之为良性法治的，诚信理应是我国法治社会的基本品质。现代法治，在某种程度上说，是公民之间、公民和政府之间的契约，是社会公共诚信的表现，这种诚信的最直接表现就是它对所有的社会公众都具有普遍的约束力，不得有任何人活动在规则之外。不论是司法活动的哪一环节失信，都构成整个法制体系的失信，基于法律实施产生的公信力也就无从谈起。

（二）司法公信是司法活动的内在价值

诚信作为道德领域内被普遍遵循的伦理规范，适用于社会生活的各个领域，越是对人们生活有重要影响的领域，越是不能离开诚信的

① 黄娟．在“应然”与“突然”之间——司法的公信力及司法权运行过程中的“信息失真”［J］．湘潭大学学报，2002（5）：87.

约束。司法机关适用法律裁决公民之间的法律纠纷，对公民的生活有着巨大影响，如果司法活动缺乏诚信，将导致公民对司法的逃避，最终使得其自身存在失去理性基础。司法公信是司法活动的内在价值之一，就一国的法治进程而言，司法活动需要诚信，这既是司法公正的需要，也是法治社会建立的必然要求。

司法公信是司法程序正当的要求。程序正当原则发轫于英国自然公正的理念，自然公正原则有两项基本原则：一是任何人不应成为自己案件的法官；二是任何人在受到惩罚或其他不利处分之前，应公正地听取其意见。[①] 程序正当的意义在于防止公权力的滥用，防止公民的合法权益受到公权力的不法侵害。程序正当要求在司法活动中应遵循公平、公开、公正参与等原则，对社会公平正义的实现有着重要的作用。现代法律程序的正当性已经不再仅仅要求程序意义上的正义，而更加倾向于实质意义上的正义。如果司法机关在司法活动中丧失诚信，在案件受理上，对于应当受理的案件不受理或不应当受理的指使当事人刻意改变管辖因素而受理；在案件审理上，上级法院不当干涉下级法院或者对案件随意改判，上级领导要挟法官按其指示裁判等，这些行为都违背了司法的程序正当要求，违背了司法本质，它们必然会影响到司法活动的正常运行，滋生司法机关的腐败，甚至逐渐使司法机关丧失其独立性。

诚信是对司法人员的道德要求。司法机关担负着惩恶扬善、伸张社会正义、维护社会秩序的职责，因而司法人员的道德素养直接关系到我国司法活动的开展和司法机关的形象。司法人员固然需要专业的法律素养、强烈的法治意识，但是更离不开诚信品格，司法人员在司法活动中的任何不诚信行为都会影响公民对司法机关的信任程度。在司法活动中，法律赋予了法官自由裁量权，如果法官不具备诚信的品质，不尊重客观事实，恣意妄断，必然会损害到司法的公正；如果法官丧失诚信，在司法过程中暗箱操作、具体程序不透明，曲解法律、不能保持中立的地位，而根据自己的好恶亲疏，根据当事人的贫富贵

① 马怀德．行政法学［M］．北京：中国政法大学出版社，2009：57.

贱办案，必然会损害当事人的合法权益，损害司法机关的良好形象，影响法律功能的实现。

（三）司法公信是其他领域诚信的守护神

司法最终解决原则是现代社会公认的一项基本原则，司法最终解决不仅仅是一种原则，更是一种理念，是对社会生活出现的矛盾和纠纷解决的终极权威和终极机制。司法最终解决原则的目的是保障弱势群体不受欺凌，保障社会秩序不被破坏，在这个意义上讲，司法是对国家的救济。司法公信是国家诚信的最后堡垒。[①] 司法公信是社会其他领域诚信的保护神。

1. 社会其他领域的诚信以司法公信为依托

当前社会是法治社会，社会层面的公平、正义、效率、秩序等价值最终必须得到法律的确认和保护。没有法律的制约，整个社会的运行风险将是极其高昂的：政府权力遭到滥用将无从规制，公民权利受到侵害而无从救济，在人的自利性面前，道德约束将会最终崩溃，从而使社会陷入无序状态。因此，社会离不开法律的制约，其他领域任何活动的开展都必须以法律的认可为依托，其他领域的诚信，如政务诚信、商务诚信和社会诚信须以司法公信为基础。

2. 其他领域诚信问题的解决以司法公信为归依

司法权的性质是解决纠纷、化解矛盾，当其他领域的诚信出现问题，需要化解冲突获得救济的时候，最终的解决途径是诉诸法律，依照法律的规定，按照客观事实证据，化解其矛盾和危机。如果司法机关不守诚信，无视法律的约束，滥用自由裁量权，对于社会其他领域的失信行为不加惩罚，对守信一方不加以救济，无疑会放纵失信者，使社会的失信现象越来越多，造成整个社会的诚信缺失。如果司法机关能够谨守诚信，依法对于失信行为进行纠正，维护守信方的合法权益，将不仅能够维护个案正义，而且会推动整个社会诚信之风的

① 谢鹏程．法治是国家的诚信［N］．人民日报，2006-09-27（6）．

形成。

（四）司法公信是社会和谐的重要保障

构建和谐社会是人类追求的理想与目标。胡锦涛同志指出："我们所要建设的社会主义和谐社会，应该是民主法治、公平正义、诚信友爱、充满活力、安定有序、人与自然和谐相处的社会。"构建和谐社会需要强有力的司法保障，需要司法公信。只有司法机关和司法人员诚信司法，才能保障司法公正，树立司法权威，并引导整个社会的诚信建设和公平正义的实现。可以说，司法公信对于实现和谐社会所要求的"民主法治、公平正义、诚信友爱和安定有序"都具有积极的促进和保障作用。①

二、哪些因素影响司法公信?

（一）影响我国司法公信的两种现象

1. 司法机关有法不依现象时有发生

司法公信的最大体现是有法必依，然而我国现阶段，司法机关有法不依的现象时有发生。

首先在受理阶段，对于一些敏感案件，依照法律法院本应受理，但是由于其受理后将承受各种压力，法院往往将这些案件拒之门外，并不受理。受理案件，继而对法律纠纷进行裁判是法院的使命，在符合法律的情形下受理案件是司法公信的基本要求之一，然而在现实生活中，我国法院或以维护大局，遵守政治性为借口，将一些敏感案件排除在法庭之外；或是由于司法腐败，拒绝受理应当受理的案件。这不仅违背了个案正义与司法公信，而且对司法公信造成了极大的损害。

---

① 陈海平．论司法公信及其制度保障［J］．海南大学学报（人文社会科学版），2012（2）：45.

其次在审判阶段，法官存在有法不依的情形。有法必依，是建设法治国家的基本要求之一，同时也是司法审判的基本要求之一。与法院拒绝受理案件一样，在审判过程中，法院因承受各种压力或腐败违法裁判的现象时有发生。我国社会正处于转型期间，各种矛盾逐渐激化，因而“人情”案与“压力案”大量出现，法官违背法律与诚信，枉法裁判的现象便逐渐增多。在河南郑州某法官宣称因“眼花判错案”的背后，是司法公信的缺失。

最后在执行阶段，司法机关存在着执行不力或违法执行的情形。判决执行不力与违法执行都是违背司法公信的行为。司法判决的生命在于执行，如果判决不能被有效执行，长久以往，法院的公信力将会受到严重的损害。我国司法领域面临的一个重要问题是，法院判决得不到有效执行，公民的权益得不到有效维护，这对于司法公信的构建造成了很大的消极影响。法院需加强对判决的执行力度，但是在执行判决时需要依法执行。司法机关的最大诚信在于对法律的遵守，如果违法使判决得到执行，虽然维护了判决的权威，但仍然违背了司法公信的要求。

2. 司法机关滥用自由裁量权的现象屡见不鲜

为了更好地适应社会现实的需要，法律赋予司法机关以自由裁量权。维护司法公信，重要的是抑制司法自由裁量权的运用。自由裁量权虽然受到法律原则与社会道德体系的约束，但毕竟为司法机关提供了权力的自由空间，从而为其提供了寻租空间。在我国，司法机关利用自由裁量权徇私的现象并不少见：上级主管机关可以利用司法机关的自由裁量权，实现其意图；上级领导可以利用法官的自由裁量权干预司法审判，维护地方利益。自由裁量权同样是腐败的温床，在违法成本越来越高的今天，很多法官利用其自由裁量权来获取私人利益。虽然，滥用自由裁量权的行为不能称为违法，但是其造成的社会危害却不比违法行为小。司法机关滥用自由裁量权，违背了司法公信的要求，损害了司法公信力。

（二）影响司法公信的现实因素

1. 影响司法机关独立行使职权的体制因素

司法独立是现代法治的一项重要原则，司法独立的内容一般包括司法机关的独立和司法人员的独立两个方面。我国的司法实践中存在诸多干扰着司法独立的因素，使得《宪法》赋予法院的独立审判权并未能真正实现，导致我国的司法公正无法保障。“如果一个法律体系的司法不能独立，而且自然正义不能维系，经常遭受到政治的干预、暴力的威胁和贪污贿赂的腐蚀……那么这个社会的个人自由也就失去了保障。”① 正是由于我国司法机关的独立性受到各种因素的制约，从而直接影响到了我国的司法公信。影响我国司法机关独立行使职权的因素主要有：其一，各级地方政府的干预。一些地方行政机关往往从狭隘的地方利益出发，对法院的审判工作横加干预，甚至大加指责，影响了司法公正的实现。其二，党政机关的干预。由于我国的党政机关职权不清，部分党委为了政治需要和地方利益，往往借对司法活动进行监督之名，行对司法活动进行干预之实，影响司法机关的独立性。其三，新闻媒体审判。新闻媒体为提高我国司法的透明性和公开性，推动我国的法治进步发挥了重要作用，但是近些年来，新闻媒体对一些案件往往过于“关注”。由于新闻媒体追求轰动效应的本质，对这些案件的报道往往带有倾向性，对社会舆论形成了强烈的导向作用，“媒体审判”的情形在我国愈演愈烈。由于新闻媒体普遍缺乏专业的法律知识，对公众容易产生误导，严重干扰了司法工作的正常开展，使公众对法院的公正性产生了遐想和怀疑，对我国司法公信的建设构成了很大的现实障碍。

2. 司法审判人员的不中立性

正义要以看得见的形式实现，司法程序的正当性要求司法人员在

① 汪习根．司法权论——当代中国司法权运行的目标模式、方法与技巧［M］．武汉：武汉大学出版社，2006：70.

审判的过程中必须保持独立性，这就要求司法人员在审判过程中客观理性，不受任何因素的干扰，始终站在中立的立场，根据案件事实和法律作出裁判。按照法律面前人人平等的宪法原则，法院审判人员应当平等地保护和对待双方当事人，平等对待既是司法中立性的内在要求，也是赢得当事人信服的重要因素，只有保持中立性，才能让当事人感到司法是可信的，从而服从法院的判决。然而在实际工作中，法官很难成为独立的中间人，在案件审理前，法官通常会提前阅卷了解案情，往往会据此形成先入为主的观念，有时甚至会轻率地作出结论，在辩论的过程中不能平等地对待双方当事人，限制某一方当事人的发言，对于当事人调取新证据、重新鉴定等合理诉求不予应允，导致案件在庭审阶段的质证辩论等环节成为一种摆设，这些现象直接造成司法公信力的下降。

3. 司法裁判结果的不统一性

司法判决结果的不统一，俗称为“同案不同判”，即对于案件事实相同或者相似的案件，判决结果因审判者的不同而不同。实现同案同判、法律适用的统一性是法治社会亘古不变的主线之一。法律面前人人平等和法制统一原则是我国《宪法》明确加以规定的，是法治精神的内在要求。但是在我国司法实践中，同案不同判的现象时有发生，就像培根在《论司法》中所述：“一次不公正的裁判比多次不平的举动为祸尤烈。因为这些不平的举动不过弄脏了水流，而不公的裁判则把水源败坏了。”[①] 同案不同判不仅损害了当事人的合法权益，不利于我国的法制统一，而且降低了司法社会公信力。法律适用上的不一致，导致社会公众对法院和法官的评价不高，人们对司法公信产生了怀疑，甚至产生了抵触情绪，司法公信体系的建立由此变得困难重重。

4. 司法程序公开的有限性

“没有公开则无所谓正义”，[②] 没有公开也就无所谓诚信。司法公

---

① 培根．培根论文集［M］．水同天，译．北京：商务印书馆出版社，1983：93.
② 伯尔曼．法律与宗教［M］．梁治平，译．上海：三联书店出版社，1991：48.

开是正义实现的重要途径，也是司法公信建立的必要环节。司法公开是现代司法理念——程序正义的客观要求，它要求应当把司法的运作过程置于阳光之下，并得到最广泛的民众的关注，通过阳光司法来增加民众与司法机关之间的信任，推进司法公信建设。但是目前我国司法公开的内容和范围，还远远不能满足公众对于司法知情权的要求：一是庭审不公开。例如，对于一些社会影响较大的案件，法院的庭审过程以种种理由拒绝普通民众和媒体旁听，使得民众对司法的审判过程产生怀疑，尤其当判决结果与自己的判断相去甚远的时候，民众更是会产生各种猜测，增加了对司法公正的质疑。二是裁判不公开性。证据作为案件裁判的重要依据，法官在进行裁判的过程中，对一些直接关系案件事实的证据，尤其在证据不予采信的情形下，法官往往不给出证据排除的充分理由，很难令当事人信服。裁判理由的公开性要求对事实的认定和法律的适用应当予以严密充分地论证，但是实践中，法官并不能给出充分的、可以服人的理由和依据，对裁判结果缺乏坚实的法理说明和法律依据，致使当事人对法院审判活动的公正性产生怀疑，损害了司法权威，影响了司法公信。

5. 司法权威性的缺失

权威对于司法解决矛盾功能的发挥有着重要作用，它不仅可以促进纠纷的快速解决，而且可以降低纠纷解决的成本。司法权威的高低在一定程度上体现着一个国家的法治化水平，当前我国处于社会的大转型、大变革时期，伴随着各种社会矛盾的增多、公私纠纷的加剧，我国的司法工作面临着空前的压力，司法权威也受到了严峻的挑战。我国司法权威目前的情形不容乐观，社会上各种司法腐败案件层出不穷，在司法处理的过程中，办人情案、办关系案，索贿受贿、枉法裁判等现象屡禁不止，而且有愈演愈烈之势，严重损害了司法人员公正廉明的形象，大大降低了社会公众对司法机关的信任感。再加上司法机关在我国政治体制中相对弱势的地位，当遇到复杂、影响较大的案件时，各级法院还要受制于地方政府或者向有关领导请示等，这些现象降低了司法机关在人民心目中的权威性。各种司法活动过多地掺杂了人为因素，且有个别的暗箱操作行为出现，给我国司法公信的构建设置了又一重障碍。

（三）司法公信缺失的原因

1. 重人情、轻法治传统思想的负面影响

我国两千多年的封建体制中蕴涵了丰富的法律文化，其中最核心的部分当属儒家思想。自从汉武帝推行“罢黜百家，独尊儒术”之后，其开始成为中国正统的法律思想。在国家治理上，儒家主张重德轻刑、德主刑辅；在社会关系中，儒家提倡伦理和道德的教化作用。这些儒家思想的传承对于维护我国社会秩序的稳定起到了积极的作用，但是也产生了影响司法公信形成的消极因素，如人治传统、等级观念、权大于法等封建思想，严重地束缚了当代民众法律信仰的形成，使得许多建立起来的法律制度并未得到民众的普遍遵从。以传统文化和社会制度为基础的法律传统，其消极因素使社会信用体系发生了裂痕，对我国司法公信产生了巨大的冲击，使得民众不敢轻易地信任司法机关，加上目前我国司法体制改革的步伐跟不上民众对司法救济的需求，进一步加剧了民众对司法的不信任，使得司法公信陷入了日渐衰微的境地。

2. 我国社会诚信法制体系的结构性缺失

随着社会经济的迅速发展，人们交往的频繁程度日益加强，现代社会已经成为一个陌生人社会，具有契约关系的社会交易活动仅仅依靠传统的私人关系去进行维系来减少风险已然是行不通的。熟人社会的传统行为方式和规范已经构成阻碍我国司法公信的又一大障碍。依靠熟人关系在小范围内的交往和交易加大了社会交易和交往的风险，人与人之间的诚信受到挑战。诚信原则是一种道德规范，是社会成员间的一种自我约束，属于公民的自觉遵从范畴。但是，根据我国目前的司法现状，司法公信仅仅依靠道德舆论的督促作用是远远不够的，需要通过法律的强制力来更好地发挥道德的规范作用，从而推动我国司法公信的建设。我国社会诚信法制体系的缺失，导致社会各种不诚信行为的出现，司法是保障民事权利的最后一道防线，而司法的随意性和不诚信，导致了民众对司法失去了信任，整个社会由此陷入一种不诚信的状态。因此，应当普遍地把诚信作为一项基本的法律原则纳入到更多的法律规范中，建立和健全我国的司法公信法制体系，通过将诚信原则法律化，更好地促进我国司法公信的建设。

3. 司法机关权力的行政化和地方化

司法权在国家中出现，其目的是对行政权力进行制衡，然而在我国的权力体系中，司法权处于进退两难的尴尬境地，行政权一直都处于强势地位，它的过度膨胀已经严重地影响到了司法权，造成司法权弱化。行政权对司法权的不当干预现象普遍存在，严重损害了司法的权威性，造成了司法活动中司法公信的缺失。

法院自身管理体制的行政化严重损害了我国的司法公信建设。在现实生活中，当下级法院遇到疑难复杂或者争议比较大的案件时，通常会采取向上级法院汇报的形式，请求上级法院作出指示、批复。这样，上下级提前沟通的机制，实质上等于将两审变成一审，当事人的上诉行为因此变得毫无意义。在法院内部管理系统中，对于案件的审判，合议庭或者独任法官在作出最终裁判之前，需要向庭长、院长汇报，“参考”领导的意见，这种行为造成我国司法审判的“审”和“判”相分离，直接导致了公众对司法公正的怀疑，也致使司法公信受损。

司法权力的地方化源于我国司法权力的不独立性。我国各级法院在人力、物力、财力等方面均受到地方政府的制约，在实践中，法院直接变成从属于或听命于地方政府的“地方机构”，法官甚至听命于个别领导，造成了“司法权的行使因受地方政权不同程度的制约而产生司法分裂的现象”。① 一些地方政府甚至把法院直接看成是自己的一个部门，直接对法院的各项工作进行“指导”，干涉法院的司法独立，使得法院的司法权威受到严重的挑战，在“法院地方化”的情形下，法院无法取信于社会公众，严重影响到了我国的司法公信建设。

---

① 蔡定剑．论法律支配权力［J］．中国法学，1998（2）：6.

4. 现行司法监督机制不健全

造成我国司法公信缺失现状的一个重要原因是，现行的司法监督机制不健全，具体表现在以下三个方面：第一，对法官的自由裁量权监督不到位。法官自由裁量权存在的目的是为了弥补法律的抽象性和滞后性，同时，法官运用自由裁量权平衡利益冲突，处理违规行为，消除社会矛盾，营造和谐的法律秩序。① 但是也应当看到，一切权力都有被滥用的可能。我国并没有明确限制法官自由裁量权的法律，自由裁量权的滥用导致一些不同地方的法院，甚至是同一个法院对相类似案件的判决相差甚远，而检察院对此类案件的抗诉监督效果也不明显。第二，对裁判的执行监督有所欠缺。裁判的执行是司法活动中的最后一个环节，由于监督机制的不完善导致当事人虽然赢得了判决，因随意执行、拖延执行等情形不时出现，生效的判决其实也就成了一张不能兑现的“法律白条”。第三，对少数司法人员裁判过程中的违法违规行为监督力度不够。司法腐败行为严重削弱了民众对司法的信任，现有的检察监督制度不能及时发现违法行为，况且这种近于自我监督式的手段，并不能从根源上推进我国的司法公信建设。

三、如何树立司法公信？

（一）完善司法公信法律规范体系

国家的司法机关是以国家的名义，依照法律规定的职权和程序来处理各项法律事务的，因而我们在讨论法治体系的时候一般会隐含这样的假设：国家的司法机关是中立的和诚信的。但是法院的裁判是法官个人作出的，这就使得法院判决不可避免地会掺杂法官的个人情感，有时法官甚至会抛开法律的规定，根据自己的亲疏好恶去作出裁判，这不仅影响到了社会正义的实现，而且影响到了司法权威的树立和司法公信的实现，因此，完善司法公信法律规范体系已成为必需。

---

① 贾和平．自由裁量与法官职业化建设之法哲学思考［J］．法律适用，2005（3）：24.

通过法律的系统规定，完善现有法律机制和信用机制，制定一套完整细致、操作性强的法律规范，规制司法者和执法者的个人行为，确保司法公信在最大范围内得以实现。

（二）强化法律适用的统一性

促进法律适用统一性的实现应当从以下两个方面入手，从短期来看，应当建立典型案例共享机制。各个法院对于自己审结的具有代表性的案件，上传到法院的内部检索系统，通过法院的内部检索系统实现案例资源共享，以供其他地区的法院在审理相同案件时参考。定期在一定范围内的法院之间举行疑难案件交流会，对有争议的法律事实进行沟通、探讨，形成统一的看法，以便在日后审理相似案件时达成统一认识。从长期来看，应构建全国案例指导制度。通过最高人民法院公布的案例指导地方法院对相似案件的审判，是统一法律适用的最有效途径。法官只需判断案件同属一类，且按照指导案例的判决不会显失公平即可依据法律作出判决，这样做既提高了司法效率，也保障了公平的实现，从而在根本上维护了司法公信。

（三）推进司法监督体系建设

针对我国司法工作中司法不诚信的表现，监督体系的完善显得十分重要。完善司法监督体系应当从以下几个方面着手：第一，充分发挥检察监督的作用。针对法院在审判过程不恰当地运用自由裁量权，明显违反法律原则、日常生活经验以及显失公平，损害当事人利益的案件，检察院应当及时提出抗诉，督促法院规范使用自由裁量权，在合法合理的前提下寻求当事人之间的利益平衡。第二，完善裁判的执行监督。可以设立专门的监督机关对裁判执行情况进行监督，赋予其质询权、调查权，对裁判的执行进展情况随时跟进，对执行过程中出现的随意执行、拖延执行等情况，可以同检察院监督权结合，提请检察院以检察建议的方式对裁判的执行工作进行监督。第三，加大对错误裁判的惩处，促进法官诚信司法。司法行为的不诚信背后往往隐藏着贪污腐败、枉法裁判等，加大对错误裁判行为的惩处力度，可以有效地减少冤假错案的发生，从源头上治理司法的不诚信行为。

（四）细化法官的自由裁量权行使的量化标准

法官的自由裁量权应属审判权的组成部分，其权力的发生依据为法律所赋予。① 如果法官的自由裁量权因缺乏有效地制约而导致其被不当运用，就会损害法律的权威性和司法工作的诚信性。为了制约法官滥用自由裁量权的情形，应当对法官行使自由裁量权的量化标准予以细化。具体操作过程中应注意的事项有：一是细化使用自由裁量权的原则。法官自由裁量权的行使应当遵循合法和合理原则，需在法律明确授权的前提下，依据案件的事实和法律规定，在符合社会伦理道德和公平正义的前提下行使，对案件的裁量结果不得脱离法律基本原则的范畴，不得违背法律的内在精神。二是保障法官在案件中的独立性。事实证明，案件越是自由裁量的部分就越容易受到干涉。因此，需在任职条件和管理体制等方面保障法官独立审判案件。三是加强案件裁判结果的说理性。对于案件的处理结果，法官应当对双方的争议和提出的证据作出合情合理的论证，对自己的裁判依据作出明确的说明，这样做既保障了公民的知情权，也有利于公民对法官的自由裁量权进行监督，加强对案件裁判的说理性对于法官的自由裁量权有着重要的约束作用。

（五）建立司法人员诚信考核机制

近些年来国家通过统一组织司法考试，基本解决了司法工作人员的队伍专业化问题，但是如何提高司法工作人员在道德领域的诚信问题，并未解决。提高司法工作人员的诚信，除了不断地进行思想教育之外，还需要有一套合理的考核机制。

第一，将当事人对案件的参与程度纳入司法公信考核。由于案件涉及当事人自身的利益，案件当事人对案件的每个环节都会予以极大的关注。当事人对案件参与的程度越深，对于司法工作人员的约束性

---

① 杨开湘．法官自由裁量权论纲［J］．法律科学，1997（2）：19.

便越强，案件当事人对司法人员的工作起到的督促作用便越有效。当事人对于案件的深度参与，使得司法工作人员的不诚信行为很容易被揭发，增加了司法工作人员的不诚信成本，由此司法工作人员在司法活动中，在同当事人的交往中会主动采取诚信行为，从而抑制了司法不诚信现象的发生。

第二，将司法审判人员的裁判文书，主要是判决书的判决理由作为诚信考核的指标。法官在审判的过程中是否正确地适用法律，是否对判决理由所适用的法律和依据的事实进行了合理论证，为司法公信度的重要参考。判决理由是司法权合理化的最重要的指标，也是法官思维水平的最典型的表现。①通过对判决书制作的严格化，通过加强判决书的说理性，由此引导法官在审判过程中做到守法、公正和诚信。

第三，建立司法人员诚信公示制度。根据司法人员的具体工作，合理制定司法公信的各项考核内容，将司法人员的考核结果划分为若干诚信级别，并定期对司法人员的考核结果予以公布，当某些司法人员的考核结果连续几次获得最低信用级别时，可以给予其一定的处罚。通过司法公信公示制度，来加强司法人员的诚信意识。

四、结语

社会和谐需要司法公信，经济发展需要司法公信，人民群众权益的保护更需要司法公信。实践已经证明，仅仅依靠道德教化和约束是不能实现司法公信的，对此应当诉诸制度性机制进行规范，唯有通过法律的手段使司法公信的实施有法可依、有章可循，才能使司法活动在合法合理的框架内高效运行。推进司法公信建设，这是构建诚信社会的题中之义，是规范社会秩序的客观要求，是实现社会和谐的有效选择，也是完善我国法治的必然途径。

---

① 季卫东．法治秩序的建构［M］．北京：中国政法大学出版社，2000：229.

参考文献

[1] 务乙洋．法律之治与信任之治——也谈构建法治和谐社会的新路［J］．海南人大，2012（1）：35-37.

[2] 刘昂．司法公信概念解析［J］．北京政法职业学院学报，2012（1）：28-32.

[3] 左德起．司法公信问题刍议［J］．保定学院学报，2012（2）：8-12.

[4] 徐国栋．我国司法适用诚信原则情况考察［J］．法学，2012（4）：22-31.

[5] 陈海平．论司法公信及其制度保障［J］．海南大学学报，2012（2）：100-105.

[6] 王胜俊．加强司法公信建设提升人民法院司法公信力［J］．求是，2012（17）：7-9.

[7] 张国臣．若干社会重点领域诚信建设刍议［J］．中州学刊，2012（5）：25-27.

[8] 高贤钊．试论法官品质与司法公信力［J］．山东审判，2012（5）：8-10.

[9] 夏敏．司法公信力在于祛除司法潜规则——以人民法院的司法公开为视角［J］．法治论坛，2012（1）：100-110.

[10] 肖尧．司法公正是社会诚信体系的根本［C］．吉林省行政管理学会．吉林省行政管理学会“政府法制与行政管理”理论研讨会论文集（行政与法）长春：2012.

生态文明建设中的失地农民社会保障权利的思考

林　俏
（大连财经学院法律与艺术系　116622）

摘　要　失地农民是近年来备受关注的一个群体。失地农民的社会保障问题是农村社会保障建设的重要一环，也是加快我国生态文明建设的迫切需要。失地农民社会保障法律制度方面存在不少问题，因此，有必要不断完善我国城乡社会保障体系，以确保广大人民的基本生活。只有这样，我们才能较好地避免贫困人群对资源过度索取、破坏生态环境，从而促进我国的生态文明建设。笔者认为，应建立和完善失地农民的养老保险法律制度、多元化的医疗保障法律制度、最低生活保障制度、就业培训和社会服务的保障制度。

关键词　生态文明　失地农民　社会保障权

一、失地农民的法律概念与法律地位

失地农民（又称被征地农民），是指失去土地的农民。对于失地农民的界定，学者见解不尽相同。刘翠霄认为：“失地农民是指那些原来拥有土地并且以土地收入为主要生活来源的农民，其土地被政府部门或开发商征用了，征用者只提供给农民有限的补偿费而不负责为其安排工作，有限的补偿费根本无法保障失地农民的长期稳定生活问题，这些没有稳定生活来源又失去了土地的农民被称为失地农民。"①李腊云、王全兴认为："失地农民指的是因非农建设需要（农民住宅用地除外）占用农村集体土地从而失去农业用地份额的农民。"② 黄建伟从广义、中义和狭义三种角度界定失地农民，认为广义上的失地农民可以界定为"被动或主动失去全部或部分农用地的法律主体"③。我们这里所说的失地农民，应从广义上去理解，即所有全部或部分失去农用地的法律主体。

关于失地农民的法律地位。白呈明认为，失地农民不但失去了生活保障、就业机会，而且失去了一项重要的财产和财产权，甚至"失去了与土地相关的一系列权益，包括政府对农民的技术、资金、农资等方面的支持以及由于失地导致的农民对村民自治失去热情，最终将失去对民主政治权利的追求"。④ 在农用地转为非农用地的过程中，政府通常先把农民的土地征为国有，再将土地使用权出让给非农用地单位。征地时往往征地价格相对较低，而土地的使用权转让给具体用地单位时，土地使用权的出让价格却通常相对较高，作为土地所有者的乡村集体和拥有土地承包权的农民实际得到的补偿相对甚少。有关资料显示，目前在城市建设征用农用地的过程中，征地收入的分配比例大致是：农民得10%～15%，集体得25%～30%，政府及其机构得60%～70%。⑤ 在城市化进程中，农民土地被征用不仅意味着农民丧失了农业生产的基本资料，也丧失了能提供社会保障的基础。现阶段，广大农民缺乏比较完善的基本社会保障，他们所拥有的土地无疑是他们抵御各种生活和生产风险的最后保障。虽然失地农民得到了一定的征地补偿费或安置，但许多地区都采取用"货币安置"来补偿农民，补偿标准较低，只能维持短期的生活所需，相当一部分失

① 刘翠霄．天大的事——中国农民社会保障制度研究［M］．北京：法律出版社，2006：45.

② 李腊云，王全兴．中国失地农民权益保障研究［M］//杨紫烜．经济法研究（第4卷）．北京：北京大学出版社，2005：94-95.

③ 黄建伟．失地农民的概念问题研究［J］．调研世界，2009（3）：24-27.

④ 白呈明．农民失地问题的法学思考［J］．人文杂志，2003（1）：127-132.

⑤ 王朝华．对农户土地征用意愿的调查分析［J］．农业经济，2009（2）：38-40.

地农民成为无地、无业、无保障的“三无”人员。

土地是农民的最后一道生活安全保障。失地农民由于没有了土地，大部分生活在城市，但又没有城市居民的身份，因此，他们既不同于城市居民，又不同于农民，具有特殊性。因此，可以说，失地农民是被城市和农村双双抛弃的弱势群体，成为“三无（耕作无田、就业无门、生活无保）”[①] 流民。失地农民的状况在不同区域存在差异，作为东北老工业基地的辽宁省在2003年的统计显示，农民失地前人均纯收入为3 332.6元，失地后为3 525.8元，比失地前增加193.2元，增长5.8%；失地前人均生活消费支出为2 184.7元，失地后的2478.4比失地前增加293.7元，增长13.4%。而在经济较为发达的浙江省，在被调查的255户农户中，2001年和2002年共有109户农户的耕地被征用，被征地农户人均获得补偿费11 318.3元，其中，大城市郊区人均为19 531元，中等城市郊区人均为12 442元，小城市郊区人均仅为10 345元。中小城市郊区农户的征地补偿分别只有大城市的63%和53%。[②] 据国家统计局抽样调查，70%失地农民的生活受失地影响，有60%失地农民生活困难，有81%的失地农民对未来生活担忧。其中，担忧养老占72.8%、经济来源占63%、医疗占52.6%。[③] 从中可以看出，失地农民生活质量在短期内确有明显提高，但从长远来看，失地农民的生活无保障，存在风险。

失地农民的权益得不到保障，体现在以下几个方面：首先，失地农民没有获得平等的养老保障。失地农民在土地被征用前，还有土地保障作为保障的形式，在失去土地之后，失地农民失去了保障的基本依托。在当前社会保障体系缺失的情况下，农民失去的不仅仅是土地，而且失去了土地所能带来的相关财产权利和社会保障权益，包括就业机会、基本生活保障，以及土地继承权、直接收益权、资产增值

① 李韶杰，刘桂华，郭向荣．关于失地农民弱势地位的法学分析［J］．农业考古，2010（6）：129-131.

② 李韶杰，刘桂华，郭向荣．关于失地农民弱势地位的法学分析［J］．农业考古，2010（6）：129-131.

③ 金彦．建立健全失地农民社会保障体系研究［J］．农业经济，2012（4）：59-61.

权等。同时，现行的货币安置方式仅仅为失地农民提供了必要的生活补偿，而且补偿标准过低，没有考虑到失地农民生活习惯、重新就业的问题，不能给失地农民提供养老保障。另外，征地补偿费在被征地集体经济组织和农民之间分配不合理。有些地区征用补偿费由村级集体组织提留，用于继续发展村集体经济投入，失地村民则从将来的利润中获取红利，而该投入存在风险，也导致农民权益受到损害。其次，失地农民无法获得平等的医疗保障。从90年代以来，中国的新农合制度的建立为农民提供了一定程度的医疗保障，但是，由于失地农民已经不再是农民，也就不再受新农合制度的保障，而且也未取得城市医疗体系的保障。再次，失地农民未享有平等的就业权。失地农民失去土地之后，大量涌入城市，由于地方政府人为地设置了“就业壁垒”，失地农民无法与城市居民享有平等就业机会，在就业市场竞争中处于劣势。同时，由于失地农民被迫改变生活方式，政府对失地农民教育培训服务的缺失，之前的经验和能力不再成为其取得生活来源的优势，由农民的行为方式、生产方式转化为市民的行为方式、生产方式，需要一个较长的时期，失地农民与城市居民在竞争中处于劣势。根据对无锡、苏州、宁波等城市征地中失地农民的调查，失地农民再次就业率仅达25%左右。[①] 2005年任建萍、徐玮调查了杭州失地农民个人月收入情况：12.4%的失地农民收入低于杭州地区最低工资水平；失地农民的月收入水平主要集中在600～1 500元之间，占总人数的76.3%。[②]

二、失地农民社会保障法律制度存在的问题

失地农民社会保障立法明显滞后，各行其是。中国的二元经济、

① 李韶杰，刘桂华，郭向荣．关于失地农民弱势地位的法学分析［J］．农业考古，2010（6）：129-131.

② 任建萍，徐玮．失地农民医疗保障现状调查研究［C］//原浙江省劳动保障厅．探索与创新——浙江省劳动保障理论研究论文选集（第五辑）．杭州：［出版者不详］，2005：231-237.

社会结构，在社会保障方面，表现为城市的社会保障水平明显高于农村；农村实行的是以家庭保障、土地保障和国家救济为主的社会保障制度。在农村，由于家庭联产承包责任制的推行，土地作为农民保障生活的最基本的方式，也是全部保障的来源。而失地农民在失去土地后，也失去了最基本的保障，却没有获得城市居民所享有的社会保障待遇。如前所述，西方发达国家社会保障制度，都以立法先行为显著特征，现代文明国家也都把社会保障权作为公民的一项基本权利。我国《宪法》中也规定了公民享有社会保障权。但是至今中国只有一部《社会保险法》出台，其余的社会保障方面的立法层次都比较低，而且适用的对象主要是针对城市居民或妇女、老年人、失业人员、退休人员等。

针对失地农民社会保障的立法相对缺乏。《社会保险法》仅在九十六条中对失地农民社会保险问题进行了原则性规定："征收农村集体所有的土地，应当足额安排被征地农民的社会保险费，按照国务院规定将被征地农民纳入相应的社会保险制度。"各地区具体做法差异较大，大多数参保失地农民都存在缴费基数低、保障数额少的问题，尚达不到解决基本生活保障的目的，其原因主要是社会保障资金不足。据测算，沈阳等大城市的社会保障成本在 8 万元/人以上，而目前征地补偿费一般都低于社会保障的参保门槛，只有沈北新区和浑南新区等地价较高、地区财政实力雄厚的少数几个地方，将被征地农民基本上纳入了城市社会保障体系。① 除此之外，在中国农村土地产权制度、土地征用制度、法定安置途径等方面也都存在不同程度的问题，使失地农民问题更加突出。为了体现社会公平，我们还应加快立法步伐，为维护失地农民的权益提供法律依据。

① 王春晨．试论城市化进程中失地农民社会保障法律制度建构［J］．农村经济，2007（11）：80-82.

三、完善失地农民社会保障法律制度

"公平正义是构建生态文明的重要原则。公平正义不仅是衡量一个社会是否和谐的重要尺度，同时也是评价一种制度文明程度的一个重要标志。因为一个社会只有做到公平正义，才能极大地调动社会成员的积极性、主动性和创造性，从而激发整个社会的活力。人生而平等，对自然资源的拥有也就应该平等。"① 失地农民问题是许多国家在城市化、工业化的过程中都曾遇到的重大经济和社会问题。1987—2000年，我国建设占用耕地226多万公顷，导致5 000万农民失去土地。② 据世界银行统计，1995年高收入国家的城市化水平为75%，中等收入国家城市化水平为30%。经过多年发展，2007年中国的城市化率已经达到了44.9%。按照1%的城市化率发展速度，2020年中国的城市化率将达到55.9%。③ 以上海浦东开发规划为例：1991—2000年为近期，规划400平方公里土地，其中集中城市化地区从38平方公里增加至90平方公里，2001—2020年为远期，其中集中城市化地区为200平方公里，这意味着浦东农业用地将在较短时间内被大量征用，这些地区原有的农村将迅速地城市化。④ 在城市化的进程中，失地农民的社会保障问题，成为非常突出、亟待解决的问题。完善失地农民社会保障法律制度，应从以下几方面着手：

（一）建立和完善失地农民的养老保险法律制度

目前，中国农村养老方式主要是依靠传统的家庭养老模式，由于失地农民失去了土地后，没有了基本的生产资料，依靠这种养老模式

---

① 吴长清，胡帆．人文的回归：和谐社会视野中的生态文明建设［J］．前沿，2010（11）：147-149.

② 何宏莲，王威武．新农村建设背景下失地农民社会保障体系的构建［J］．农机化研究，2007（10）：241-243.

③ 江泽英，何平．建立覆盖城乡居民社会保障体系［M］．北京：中国劳动社会保障出版社，2010：93.

④ 白呈明．农民失地问题的法学思考［J］．人文杂志，2003（1）：127-132.

具有一定的社会风险，需要从根本上消除农民对失去土地后养老问题的担忧。建立失地农民社会保障制度，应以“以土地换保障”为总体构想。在这方面，《社会保险法》已经做了有益的尝试，其第二十条规定：“国家建立和完善新型农村社会养老保险制度。新型农村养老保险实行个人缴费、集体补助和政府补贴相结合。”其第九十六条规定：“征收农村集体所有的土地，应当足额安排被征地农民的社会保险费，按照国务院规定将被征地农民纳入相应的社会保险制度。”但是，具体实施起来地区差异较大。对于失地农民的基本养老保险制度，应根据《社会保险法》制定《实施细则》，各地还应根据当地实际情况，建立多层次的养老保障体系。失地农民可以划分为两种情况：一种是已经作为城镇中就业人员的，可以将其纳入到城镇养老保险；另一种是，由于各种原因无法就业的，则可为其单独立法，既有别于城镇养老保障，也有别于农村的养老保障，以最终实现各种养老保障的一体化。这方面各地已经开始进行一系列有益的探索，如浙江省、江苏省、广东省等。目前非常棘手的问题是养老保险资金的来源问题。笔者认为，可以通过多渠道的资金筹集方式来解决问题。由政府、集体、个人共同负担。比如，政府承担的部分可以在年度财政或土地出让金中列支；村集体承担部分可从土地补偿费中开支；失地农民个人可通过安置补助费承担一部分。此外，还可来源于社会保障基金运营收入以及慈善机构的捐赠等。同时，还要健全基金的管理及运行法律制度。社会保障基金的投资运营关系到国家的发展和广大农民的切身利益。必须健全社会保障领域的法律法规，依法赋予监督主体相关的监督职责，社会保障基金的管理机构与经营机构应该分别设立，达到相互制衡的作用。

（二）建立多元化的医疗保障法律制度

失地农民由于失去了土地的保障，医疗保障状况不容乐观。失地农民不再受新农合的保障。因此，失地农民医疗保障问题也成为迫在眉睫的问题之一。目前的这种依靠社会保障主管部门和经办机构通过行政手段促进中国医疗保障制度发展的做法，只能起到事倍功半的效果。最好的做法是通过立法解决失地农民的医疗保障问题，使失地农民医疗保障做到有法可依。应根据中国的实际情况，尽快制定出适应市场经济体制的社会保障法规及具体实施细则，规定失地农民医疗保障的原则、性质和组织结构等等。由于中国各地经济发展程度不同，还不具备把所有失地农民统一纳入社会医疗保险制度的条件。因而，各地应根据地区实际情况，通过地方立法，建立多形式、多层次的医疗保障法律制度。目前，浙江省在这个方面进行了积极的尝试，在其11个地区中已经有10个地区以及20多个县（市、区）针对失地农民，就保障对象、保障资金管理、养老、就业和医疗以及相关工作，出台了试行办法和实施细则。其中，也包括失地农民医疗问题解决的一些尝试。在建立失地农民的医疗保障法律制度中，最为棘手的就是大病住院保障法律制度，应最先建立。政府要积极承担起社会保障的责任，发动社会力量，解决资金缺口。最根本的解决办法，是积极创立新型合作医疗保障法律制度。

（三）建立和完善失地农民最低生活保障法律制度

最低生活保障应覆盖全体公民。但是，目前中国对社会保障的投入还不足以实现在全国范围建立相同标准的低保制度。因此，应加大最低生活保障方面的投入，同时，各地也应因地制宜，通过地方立法在有条件的地方探索建立农村最低生活保障法律制度。在立法中应当合理界定保障对象。凡是生活水平低于最低生活保障标准的失地农民都应该得到保障。其中既包括无劳动能力、无法定抚养义务人、无生活来源的老年人、孤老优抚对象、残疾人、未成年人，也包括因残、因灾、因病致贫的，有一定经济来源但生活水平低于当地或国家规定的最低保障线的居民。

由于最低生活保障标准的发展在某种程度上具有不可逆性的发展特点，而且中国地域辽阔，各地经济发展差距较大，因此，现阶段应当结合各地不同的经济发展水平来确定相应标准，允许差别存在。对于社会保障水平，应与当地经济发展情况相结合，包括人均国民生产总值和地方财政的承受能力，并且要考虑首先满足当地基本物质生活需要。同时，也要将差距控制在合理范围内，做到“差距合理，底线公平”。

（四）建立就业培训和社会服务的保障法律制度

失地农民由于缺乏受教育或培训的机会，一旦失去土地，将面临重大的就业风险，因此，需要通过立法建立和完善失地农民就业保障机制。一方面，可以从政策上鼓励单位招收失地农民，比如对招用失地农民的企业，给予一定的税收减免等政策优惠；另一方面，政府可以鼓励农民自主创业，政策上向自主创业的失地农民倾斜，并设置相对优惠的创业条件。同时，政府应积极引导农民参加培训，提高其技能，同时应确保每个失地农民有平等的接受就业培训的机会，为此财政对失地农民的就业培训应给予补贴，以确保失地农民能平等地就业，确实提高失地农民的就业能力。

另外，还应当完善相关法律。由于失地农民作为弱势群体的地位，应通过立法将失地的农民作为法律援助的对象明确下来，以保障其权利在受到侵害时，能够通过法律援助得到及时的法律救济。

夫妻之间借款法律效力研究

孙　勇
（东北财经大学法学院　116025）

摘　要　近年来不断增多的夫妻之间借款纠纷案件，使原本并不引人注目的夫妻之间的借贷行为成为婚姻家庭财产关系的焦点之一。因夫妻之间借款而产生的债权债务关系有无法律依据？离婚时如何认定夫妻在婚姻关系存续期间签订的借款协议的法律效力？夫妻之间的借款属于夫妻法定共同财产的范围，还是夫或者妻个人财产的范围？思考和研究这些问题将有助于进一步完善我国的夫妻财产法律制度。

关键词　夫妻　借款　法律效力　约定财产

社会生活总是千变万化，体现统治阶级意志的法律法规对夫妻之间财产关系的保护和夫妻财产归属的认定，也会随着时代的发展而变化。我国的《婚姻法》从建国之初只承认夫妻法定共同财产的存在到20世纪80年代开始增设夫妻约定财产制度，再到21世纪初肯定夫妻财产个人私有的合法化，婚姻家庭生活丰富多样的实践活动成为婚姻家庭立法最有力的推进器。家庭财富的越积越多、理财观念的日新月异不断促使我国的婚姻家庭立法中的夫妻财产制度由不完善走向完善。近年来不断增多的多起离婚时夫妻之间借款纠纷案件再次向立法者提出了新的挑战。夫妻之间能否举债？夫妻之间的债务纠纷如何解决？现行的夫妻财产制度如何规范夫妻之间的借贷行为？对这些新问题的思考和研究必将有助于我国夫妻财产法律制度的进一步完善。

一、夫妻之间借款纠纷的现状及后果

（一）夫妻之间借款纠纷实例

2003年黑龙江省哈尔滨市中级人民法院受理了一起夫妻离婚案件，该案中夫妻之间借款的效力成为财产分割的焦点。该案具体情况如下：

于友和江丽1990年5月登记结婚。婚后夫妻感情尚好，1993年，他们的女儿出生后，二人开始因一些家庭琐事而经常吵架。1999年，于友开始炒股，赚了一些钱。江丽因没有固定工作，看到炒股赚钱容易，也想炒股，却苦于没有资金。于是江丽想了个向于友借钱炒股的办法。1999年9月19日，江丽先向于友借了5万元钱，同时二人签订了一份协议书，协议书中载明："江丽帮于友炒股，由于友投入五万元人民币，至十月二十七日江丽返给于友五万二千元人民币。"9月27日，江丽又向于友借了30万元，并签订协议称："甲方于友，乙方江丽。乙方用甲方个人资金三十万元炒股。乙方承担风险。乙方在一九九九年十二月二十七日归还甲方本金三十万元，然后一次性付给甲方股票红利一万二千元。"二人签协议时同时约定，今后个人的炒股所得归个人所有。而这35万元钱江丽并没有按协议约定的时间还给于友。2003年，由于江丽和于友在生活中的矛盾越来越多，江丽感到二人性格不合，已无法再共同生活下去，坚决要求离婚，于友也同意离婚，但二人在35万元借款的认定和抚养子女问题上始终无法达成一致，于是江丽将于友诉至法院。①

无独有偶，从2002年开始，北京、青岛、汕头等地人民法院也相继审理了一些夫妻之间因借款不还而引发的诉讼案件：有的是男方或女方向配偶借钱炒股；有的是男方或女方向配偶借钱开办公司；有

① 贾晋璇，刘柄柏．夫妻之间借款，离婚时应否偿还？［N］．人民法院报，2004-11-05（13）．

的是男方或女方向配偶借钱购买高档消费品，如小轿车、首饰、奢侈品等；还有的仅仅是夫妻二人之间的一张欠条。一时间，“夫妻之间借钱要不要还”成为老百姓关注的焦点。

（二）夫妻之间借款产生的根源

1. 投资和消费产生夫妻之间的借款需求

市场经济的快速发展在创造财富的同时也刺激了人们的欲望，为投资和消费提供了前所未有的机会，证券买卖、创办企业，或者购买汽车等高档消费品都需要大量资金。这时，如果夫妻一方资金有限或者没有经济来源，而另一方有一定的资金但不愿意从事这些投资项目或者消费领域，或者夫妻一方有投资或者消费意向，双方对投资或者消费达不成一致意见，即使有大量的共有资产，也会产生夫妻一方以向另一方借款的方式以解决资金需求的问题。

2. 中小企业融资困难是促成夫妻之间借款的社会土壤

我国目前存在大量的中小企业，有个体、合伙、私营等多种形式，修改后的《公司法》还允许设立一人有限责任公司，更加丰富了中小企业的存在模式。一个不可否认的事实是，中小企业已经成为市场经济活跃的生力军，但是由于中小企业资金少、规模小、抗风险能力差，融资困难成为目前中小企业发展中普遍存在的问题。社会信用体系的缺失导致民间借贷风险巨大，民间融资难度很大；如果不能提供不动产等可靠担保，从金融机构借款也难以实现，而且金融机构复杂的审批程序加大了贷款的难度。而夫妻之间有着同在一个屋檐下的空间便利、可靠的身份关系和容易沟通的情感基础，夫妻之间的借款要容易得多，成本也低得多。私营企业或者夫妻一方参与的合伙经营企业急需大量资金时，关系和睦融洽的夫妻关系就成为促成双方之间直接借贷的天然保障。这种情况下，借款的具体形式多种多样：有以企业名义借款，夫妻一方担保的；有以夫妻一方名义借款，企业担保的；还有些就是直接以夫妻一方名义借款。无论具体形式如何，当夫妻关系终止时，夫妻双方就会成为债权人和债务人。还有一种相当普遍的情况是，夫妻一方向金融机构借贷，另一方为其提供担保或者以双方共有的房产提供担保，甚至其中存在反担保。当金融机构的债权以担保权的方式实现的时候，就会产生担保人的追偿问题，夫妻双方此时就会成为实际的债权人或者债务人。

3. 夫妻经济地位不平等、感情不睦催生夫妻之间的借款

夫妻之间的经济地位不平等，双方的收入相差悬殊，在这种情况下，夫妻共同财产的处置权实际为一方控制，往往导致收入低的一方为能筹措到资金而委曲求全，签订夫妻之间的借贷协议。特别是如果夫妻之间的关系不和睦，彼此猜疑，互不信任，使另一方加大了规避资金风险的需求，此种情况下不打借条不借钱的冷酷经济法则就会顺理成章地替代夫妻间相濡以沫的情感纽带。

（三）夫妻之间借贷关系存在的法律依据

我国现行法律在允许民间借贷的同时并没有明文禁止夫妻之间借贷关系的发生，这表明夫妻之间是可以相互借贷的，夫妻之间的借贷行为并不违法。而法律对夫妻之间个人财产合法化的肯定使夫妻之间的借贷行为开始由隐蔽走向公开。2001 年修改后的《婚姻法》完善了夫妻财产制度，不但在夫妻法定财产制中增设了夫妻法定个人财产制，规定夫妻一方的婚前财产等归夫妻个人所有，而且对夫妻约定财产制度也作了进一步的补充，进一步明确了婚后财产约定的优先性原则。这些新的规定为夫妻之间借贷行为的合法化作了良好的铺垫，既为夫妻之间的借贷行为提供了法律许可，也为夫妻之间借款纠纷的解决提供了法律依据。人们有理由相信在实行夫妻法定共同财产与夫妻个人财产并存的当代家庭中，夫妻相互间的借贷行为理应得到法律的允许和保护，人们再也不必担心夫妻之间的借款纠纷得不到司法的救济。于是，需要借款的时候，夫妻之间便理所当然地打起欠条来。

（四）夫妻之间借款纠纷的后果

夫妻之间的借贷行为既有有利的一面，也有不利的一面。处理好了，双方各取所需；处理不好，往往导致感情破裂，家庭解体。现实生活中绝大多数夫妻是通过离婚来解决婚姻关系存续期间的夫妻借款

纷争的，而借款协议的效力问题又会成为离婚时财产分割的最大障碍。在一方死亡后，进行遗产分割时需要先将夫妻共同财产进行析产，也往往遇到如何界定夫妻之间的借款性质问题，这个问题在双方存在大额借款时，甚至成为确定遗产范围和生存一方个人财产范围的前提，也就成为遗产分配的障碍。

（五）正确处理夫妻之间借款纠纷的意义

1. 承认当事人间的意思自治，维护交易安全

长期以来，我国婚姻立法只注重对夫妻财产静态权属的调整和保护，忽视了对夫妻财产的动态、务实的调整，很少考虑夫妻财产关系的实际运作，导致婚姻关系的当事人处理具体夫妻财产关系时不知道该如何操作。正确处理夫妻之间的借款纠纷，不仅能够保障婚姻关系当事人的财产权益，也有利于维护民事关系的秩序化。

2. 减少矛盾，方便离婚财产分割或者遗产分配

我国现行婚姻法在夫妻财产制方面进行了不断完善，但相对于复杂的社会生活，这些粗线条的法律规定还是显得不够详细，尤其是在裁决夫妻财产争议时，缺乏具体明确的法律依据。正确地处理夫妻之间的借款纠纷，不仅能够减少社会矛盾，而且能为离婚时财产的分割或者继承时遗产的分配确立依据。

二、夫妻之间借款的性质和效力

（一）夫妻之间借款的性质

夫妻签订借款协议的过程应该从法律上确定为夫妻对夫妻共同财产和个人财产的合意处分。

我国现行婚姻法对夫妻之间处分共同财产和个人财产规定得十分笼统。婚姻法第十七条第二款仅仅规定夫妻对夫妻共同所有的财产有平等的处理权，而没有对处理权的内涵及处理财产的具体方式进行明确规定。按照一般意义上的理解，夫妻对夫妻共同财产常见的处理方

式应当包括家庭生活费、教育费和医疗费等支出，赡养老人、抚养子女和亲朋往来等正常开销，投资、赠与和转让财产等经济行为。夫妻之间的借贷行为本身是不是直接的财产移转方式，能否成为合法的处理方式，一直存在争议，法律对此规定的缺失导致现实生活中对夫妻之间借款的性质容易产生不同理解，夫妻之间的借款纠纷不断。既然法律已明确规定夫妻对夫妻共同财产有平等的处理权，同时我国的所有民事法律都没有禁止夫妻之间借贷行为的发生，夫妻之间的借贷行为作为经济快速发展的产物，是夫妻财产关系多样化的必然要求，是人们对夫妻关系中经济利益的重新定位，夫妻之间的借贷行为本应成为夫妻对夫妻共同财产和个人财产的合法处分方式之一。再次修改现行婚姻法时，应当明确夫妻之间的借贷行为属于对夫妻共同财产和个人财产的合意处分。

（二）夫妻之间借款的效力

既然现行婚姻法确立了夫妻一方的婚前财产法定个人所有制度，夫妻婚后所得可以约定为个人所有，那么以夫妻一方的个人财产出借的，这种债权当然要受到法律保护。事先约定偿还期限的，到期就应当偿还；未约定期限的，随时可以要求偿还；离婚时分割夫妻共同财产时，要对此加以明确；继承发生时，对此也要加以处理。

以夫妻共同财产出借的，应具体问题具体分析，有名义上的借和实质意义上的借两种。

如果明确了夫妻之间的借贷行为属于对夫妻共同财产的合意处分，应该将夫妻一方的借贷行为视为是夫妻双方同意将该款项借给夫妻一方个人使用。在借贷行为发生之时，该借贷法律关系中，借款一方是债务人，双方共体是借贷关系的债权人；但是一旦双方发生纠纷或者对借贷行为加以认定成为解决其他问题的前提条件时，该借贷行为中，一方是债务人，另一方就成为债权人，不过此时应当认定该借贷数额的一半为债权。

属于实质借贷关系的，应适用调整自然人之间借贷合同的民事法律规定。履约的，不产生纠纷；违约的或者有其他履行瑕疵的，同样应该承担相应的民事法律责任。

属于名义上的借贷关系的，如因胁迫、欺诈等原因签订借款协议的，或者为双方目的而订立的借款协议，或者制造虚假债务的，不是夫妻双方的真实意思表示，应当看做是对夫妻共同财产的无效处理，借款人应当在合理的期限内变更或者撤销该借款协议。

三、夫妻之间借款纠纷的解决

夫妻之间的借款是对夫妻财产的约定，只要该约定合法有效就应该归还。《婚姻法》第十九条第一款规定：“夫妻可以约定婚姻关系存续期间所得的财产以及婚前财产归各自所有、共同所有或部分各自所有、部分共同所有。约定应当采用书面形式。没有约定或约定不明确的，适用本法第十七条、第十八条的规定。”第二款规定：“夫妻对婚姻关系存续期间所得的财产以及婚前财产的约定，对双方具有约束力。”对于夫妻之间有明确的借款协议的，该借款协议就属于对夫妻财产的约定，借款就是夫妻之间约定的一方的个人财产，不再按照夫妻共同财产计算，借款人有义务归还该款项。当然，该借款协议应当符合《婚姻法》关于夫妻财产约定的有关条件。

1. 订立借款协议的夫妻双方应当具有完全民事行为能力

夫妻之间订立借款协议是一项事关婚姻关系当事人重大利益的重要民事活动，婚姻关系当事人双方都必须具有完全民事行为能力，对于夫妻双方或者一方属于无民事行为能力人或者限制民事行为能力人的，签订该借款协议应属无效。

2. 订立借款协议必须是夫妻双方的真实意思表示

对于夫妻一方借助自己经济上的优势地位，或者威胁对方签订的借款协议，除当事人可以行使撤销权外，人民法院应当查明真伪，主持正义。

3. 夫妻之间的借款协议只能采用书面形式

夫妻之间的借款协议不论涉及利益大小，都事关婚姻关系本身，应当是一项极其严肃的事务，应当慎重对待。夫妻之间的借款协议只有采用要式行为，即书面形式，才能做到证据确凿，明确当事人的权利义务，预防和解决离婚时发生的财产分割争议。

2011年8月13日起施行的《最高人民法院关于适用〈中华人民共和国婚姻法〉若干问题的解释（三）》第十六条规定："夫妻之间订立借款协议，以夫妻共同财产出借给一方从事个人经营活动或用于其他个人事务的，应视为双方约定处分夫妻共同财产的行为，离婚时可按照借款协议的约定处理。"该司法解释首次明确了夫妻之间借贷行为的性质，是对司法实践经验的总结，必将成为解决夫妻之间借款纠纷的有力依据。当然，该司法解释的法律位阶过低，再次修改现行婚姻法时，应当吸收类似的规定，上升为《婚姻法》的重要法律规定之一。

参考文献

[1] 史尚宽．亲属法论［M］．北京：中国政法大学出版社，2000.

[2] 孔祥瑞．完善夫妻财产制与保障民事交易安全［J］．河北法学，2000（4）：35.

[3] 蒋月．夫妻的权利与义务［M］．北京：法律出版社，2001.

[4] 王胜明．《中华人民共和国婚姻法》修改立法资料选［M］．北京：法律出版社，2001.

[5] 黄德鹏．《中华人民共和国婚姻法》释义及典型案例评析［M］．北京：国家行政学院出版社，2001.

[6] 张世湫．完善我国夫妻财产制之探讨［J］．云南大学学报，2001（1）：23.

[7] 夏吟兰．离婚救济制度之实证研究［J］．政法论坛，2003（6）：25.

[8] 龙翼飞．2003年婚姻家庭法学学术研究回顾［J］．法学家，2004（1）：12.

[9] 陈苇．婚姻家庭继承法学［M］．北京：群众出版社，2005.
[10] 巫昌祯．婚姻与继承法学［M］．北京：中国政法大学出版社，2007.
[11] 魏振瀛．民法［M］．北京：中国人民大学出版社，2007.
[12] 裴桦．夫妻共同财产制研究［M］．北京：法律出版社，2009.
[13] 杨立新．《最高人民法院婚姻法司法解释（三）》理解与运用［M］．北京：中国法制出版社，2011.
[14] 柏雪．婚后财产归属的域外立法［N］．人民法院报，2011-09-02（3）．